KB200440

현대 신학 논쟁

목창균 지음

도서
출판 두란노

현대 신학 논쟁

현대 신학 논쟁

지은이 | 목창균

초판 발행 | 1995. 4. 5.

37쇄 발행 | 2021. 3. 25.

등록번호 | 제3-203호

등록된 곳 | 서울특별시 용산구 서빙고동 95번지

발행처 | 사단법인 두란노서원

영업부 | 2078-3333   FAX 080-749-3705

출판부 | 2078-3477

■ 책 값은 뒤표지에 있습니다.

ISBN 978-89-531-1516-3   03230

■ 독자의 의견을 기다립니다.

tpress@duranno.com   http://www.Duranno.com

신학 15

두란노서원은 바울 사도가 3차 전도여행 때 에베소에서 성령 받은 제자들을 따로 세워 하나님의 말씀으로 양육하던 장소입니다. 사도행전 19장 8-20절의 정신에 따라 첫째 목회자를 돕는 사역과 평신도를 훈련시키는 사역, 둘째 세계선교(TIM)와 문서선교(단행본·잡지) 사역, 셋째 예수문화 및 경배와 찬양 사역, 그리고 가정·상담 사역 등을 감당하고 있습니다. 1980년 12월 22일에 창립된 두란노서원은 주님 오실 때까지 이 사역들을 계속할 것입니다.

현대 신학 논쟁
· · · · · · · ·

차 례

머리말

현대(modern)라는 말은 가장 진보된 기술이나 사상을 의미한다. 어디에서 사용되든, 그것은 최첨단의 뜻으로 이해되어 왔다.

그러나 최근 들어 상황이 변하고 있다. 현대란 말은 이제 더 이상 "최첨단"이라는 의미로 사용되지 않는다. 그것은 이미 과거가 되어버린, 혹은 최소한 이제는 지나가고 있는 한 시대를 지칭하는 말로 바뀌고 있다. 따라서 탈 현대, 혹은 현대 후기(postmodern)란 용어가 소개되고 있는 형편이다.

서구의 현대 정신은 르네상스로부터 시작되었다. 그러나 현대가 어느 특정한 시기를 지칭하는 것이라면, 그것은 17세기 이후를 말한다. 17세기의 데카르트를 현대 철학의 아버지로 간주하는 것이 이를 입증한다.

현대 신학은 현대 철학이나 과학보다 조금 늦게 시작되었다. 18세기 유럽의 지성계를 지배한 데카르트 – 뉴톤적인 현대 세계관과 사고방식은 기독교 신앙에 중대한 도전으로 대두되었다. 이는 전통 신학의 모든 전제들을 문제시하고 공격했기 때문이었다. 이러한 현대 정신의 도전에 직면하여, 19세기 초 신학적 응답으로 일어난 것이 현대 신학이다. 그것은 현대 세계에서 존립할 수 있는 신학이 어떻게 가능하며, 어디에서 그 토대를 발견할 수 있는가 하는 문제 제기에 대한 대답이었다. 따라서 인간의 상황과 경험을 강조하는 것이 현대 신학의 주요한 특징이다.

이 책은 필자가 월간 「목회와 신학」에 연재한 "신학 논쟁"을 근간으로 하여 그동안 발표한 현대 신학에 관한 글들로 이루어졌다. 논쟁 중심으로 현대 신학의 흐름을 정리한 것이다. 필자는 현대 신학의 흐름을 자유주의, 신정통주의, 근본주의 및 최근 신학으로 분류하고 이 흐름에 속한 대표적인 신학자의 핵심 주장과 이를 둘러싼 논쟁을 중심으로 현대 신학을 개관했다. 따라서 이 책은 현대 신학 논쟁사인 동시에 현대 신학 입문서이기도 하다.

필자는 보수적 복음주의 신앙과 신학 위에 서 있다. 김응조, 황성택 목사님의 가르침과 정승일, 이만신 목사님의 지도와 영향 아래 신앙이 형성되었으며, 성결교 신학교와 미국 헤이드 신학 대학원의 근본주의적 신학 교육을 통해 신학 노선이 정립되었다. 따라서 현대 신학에 대한 필자의 관점이 자못 비판적일 수밖에 없음에도 불구하고, 필자는 현대 신학의 실체를 객관적으로 파악하여 이를 복음주의적 입장에서 평가하려고 시도했다.

이 책이 나올 수 있도록 여러모로 도움을 준 사람들을 기억하고 싶다. 창간 이래 필자에게 글을 쓸 수 있는 많은 기회를 주었으며, 특히 수년 동안 신학 논쟁에 관한 글을 연재할 수 있도록 배려해 준 「목회와 신학」과 도서출판 두란노 출판부 식구들 그리고 현대 신학을 연구하고 이 책을 집필하도록 격려해 주신 서울 신학 대학교 여러분들에게 감사를 드린다. 필자의 현대 신학 강의를 진지하게 듣던 사랑하는 학생들을 잊을 수 없다.

언제나 남편의 원고를 즐겨 읽고 조언해 주는 아내와 우리 세 자녀, 진호, 진실, 진성에게 이 책을 출판하는 기쁨을 돌린다.

1994년 겨울
목동에서 저자

1부

자유주의 신학

1장
자유주의 신학의 태동

서론

19세기 신학은 단순히 연대기적으로 구획지어진 19세기의 신학을 의미하는 것은 아니다. 오히려 1799년 슐라이에르마허의 「종교론」 출판으로부터 제1차 세계 대전에 이르는 기간의 신학을 의미한다. 이는 형식과 내용, 특히 신학 방법론에서 그 전과 후의 정통주의 및 신정통주의 신학과 뚜렷이 구분된다. 이러한 19세기 신학은 여러 부류로 세분될 수 있으나, 구라파 특히 독일 신학계를 주도한 신학 사조를 흔히 자유주의 신학, 신개신교 신학, 혹은 현대주의 신학이라 한다. 이것은 1920년대까지 유럽 신학계를, 그리고 1930년대까지 미국 신학계를 주도했다.

자유주의 혹은 현대주의는 그 안에 다양한 입장을 포함하고 있기 때문에 그 뜻을 정확히 정의하기가 쉽지 않다. 그럼에도 기본적인 의미는 "제한받지 않는다"는 뜻이다. 어떤 사상 체계나 입장을 절대시하거나 그것에 제한을 받지 않는 것이다. 따라서 자유주의 정신은 개방된 마음, 관용, 진리에 대한 겸허하고 헌신적인 태도라고 할 수 있다.

자유주의는 19세기의 모든 사상, 즉 종교를 비롯한 과학, 철학, 경제, 정치 등에 광범위하게 영향을 끼쳤다. 종교적 자유주의는 현대의 과학적이며 합리적인 시대 정신에 근거하여 기독교 신앙을 재해석하거나 재진술함으로써 기독교를 변호하려는 노력이었다. 19세기 들어 개신교는 기독교의 본질에 대한 문제 제기에 직면하게 되었다. 그것은 현대에서 종교가 어떻게 가능하며 기독교가 어떻게 존재할 수 있는가 하는 본질적인 문제였다. 이것에 대한 응답으로 나온 것이 자유주의 신학이며 종교와 신학의 가능성 문제, 그리스도론의 가능성 문제 및 기독교와 문화의 관계 문제가 그 주 관심사였다. 자유주의 신학은 어느 특정 신앙 고백이나 신조에 종속되지 않고 종교 개혁 신앙을 그 시대에 적절하고 타당하게 만들려고 한 시도였다. 그러나 신학의 중심을 하나님의 말씀이 아닌 인간의 경험이나 정황(context)에 둠으로써 인간 중심적 신학이 되었다.

필자는 이 글을 통해 자유주의 신학이 왜 일어났으며, 어떻게 일어났는지, 무엇을 주장하며, 어떻게 발전하고 쇠퇴했는지 그리고 자유주의 신학의 오류는 무엇인지를 해명함으로써 자유주의 신학에 대한 바른 이해를 도모하고자 한다.

Ⅰ. 자유주의 신학의 사상적 배경

사상은 시대의 산물이라 할 수 있다. 때문에 자유주의 신학이 출현하게 된 배경을 파악하는 것이 자유주의 신학을 이해하는 데 필요하다. 어떠한 배경에서 자유주의 신학이 일어났는가를 이해하는 것은 자유주의 신학의 내용 자체를 이해하는 지름길이 된다.

19세기 자유주의 신학은 현대 정신에 대한 개신교의 응답인 동시에 그 시대의 산물이었다. 개신교는 18세기에 여러 측면으로 변화를 겪었다. 정치적으로는 100년 전쟁, 영국 시민 전쟁, 프랑스 혁명, 미국의 독립 전쟁과 같은 수많은 갈등과 투쟁이 일어났으며, 이런 과정을 통해 현대 민주주의가 출현했다. 경제적으로는 자본주의가 태동하고 산업 혁명이 일어났으며 사회 계급이 발생했다. 과학과 기술이 발전함에 따라 과학이 모든 문제를 해결할 수 있다는 신념이 확산되었다. 이러한 변화와 도전에 대응하여 자유주의 신학은 계몽주의와 조화하여 또는 계몽주의의 관점으로부터 기독교 신앙을 재해석하려 했다. 계몽주의는 17세기에 시작되어 18세기에 전성기를 누리며 전 유럽 사상의 주류를 형성했던 사조로서 개인의 자유와 이성의 능력을 무한히 신뢰하고 강조한 것이 특징이었다.

이 외에도, 경건주의와 19세기 초의 독일 낭만주의가 자유주의 신학 형성에 적지 않은 영향을 끼쳤으며 자유주의 신학이 성장하고 발육한 토양이 되었다.

1. 계몽주의

버나드 램(Bernard Ramm) 교수는 계몽주의가 현대 정신과 신학에 미친 영향으로 일곱 가지를 지적했다. 역사주의, 과학주의, 비평주의, 합리주의, 관용주의, 낙관주의 및 칸트주의가 그것이다. 이들은 계몽주의의 강조점인 동시에 특징들이다. 필자는 램의 글에 기초하여 이들이 자유주의 신학에 끼친 영향을 간략히 살펴보고자 한다.[1]

역사주의는 객관적이고 정확한 역사적 사실만을 진리로 인정하려는 사상이다. 이것은 성서의 역사적 자료에 대한 신뢰성과 사실성에 대해 계속적으로 문제를 제기했다.

과학과 기술의 발전이 자유주의의 발생을 촉진했다. 이것들은 사회, 윤리 및 영적 가치를 결정하는 지금까지의 삶의 양태와 가치 기준을 변화시켰으며 성서적인 세계관과 과학적인 세계관의 관계에 대한 문제를 제기했다. 계몽주의자들은 성서의 기록과 현대 과학이 충돌할 때, 성서보다 과학을 선호했다. 따라서 창조와 타락에 대한 성서의 이야기는 더 이상 무비판적으로 받아들여질 수 없었다. 자유주의 신학은 자연 세계에 대한 과학의 탐구 결과를 수용할 뿐만 아니라 과학적 탐구 방법을 신뢰하여 성서와 종교 연구에 사용했다.

비평주의는 모든 사실과 자료들의 확실성을 의심해 보거나 분석, 또는 검토해 보아야 한다는 사상이다. 따라서 성서 역시 재검사의 대상이 되었으며 고등 비평이란 이름 아래 성서 비평이 시작되었다. 성서 비평은 기독교가 계몽시대의 새로운 학문과 학문 방법에 적응해 보려는 시도였다.

합리주의는 이성의 완전한 능력을 강조하여 이성을 최종적인 권위와 진리의 척도로 간주하고 이성의 판단에 따라 행동하는 것이다. 기독교의 모든 교리 역시 이성에 의해 심판을 받아야 한다는 태도이다. 이 결과로 그리스도의 신성, 동정녀 탄생, 기적 등에 대한 교리들이 문제시되었다. 예를 들어, 당시 하이델베르그 대학 교수 파울루스(Paulus)는 기적에 관한 성서의 기록들을 저자들의 오해에서 비롯된 것으로 해석했다. 예수가 물위로 걸어가신 것은 제자들이 잘못 본 것으로, 부활은 예수가 정말 죽었다가 살아난 것이 아니라 기절했다 소생한 것으로, 승천 기사는 예수가 정말 죽기 전에 한 고별 인사라는 식으로 설명했다.[2] 이 합리주의를 신학에 도입하여 합리주의적 종교를 만든 것이 자연신론자들이다. 18세기의 자연신론과 자연 종교는 종교를 합리적으로 이해할 수 있는 것으로 축소시킴으로써 합리주의와 기독교 신앙 사이의 타협을 모색했다.

관용주의는 절대적 진리를 주장하지 않고 계속성의 원리를 강조하는 것이다. 이것은 자유주의가 인간과 자연 세계, 자연적인 것과 초자연적인 것, 인간과 하나님의 연속성과 기독교와 타종교의 공통성을 주장하고 기독교를 다른 종교 가운데 하나로 취급하도록 했다.

낙관주의는 인간과 인간의 미래를 신뢰하여 모든 것을 긍정적으로 보며 세계가 계속적으로 좋아지고 있다고 믿는 사상이다. 이것은 당시의 평화적인 분위기, 급속한 산업화, 민주적인 정치 구조, 역사의 진행에 대한 진화론적 해석, 과학에 대한 신뢰 등에 기인되었다. 이런 낙관적 정신에 근거하여 자유주의 신학자들은 전통적인 원죄 교리를 거부하고 죄를 극복할 수 있는 가능성을 적극적으로 주장했다.

계몽시대의 대표적인 사상은 칸트의 비판철학이다. 칸트는 초자연적인 종교의 가능성을 의심하고 단지 이성의 한계 내에서 가능한 종교만을 논함으로 종교를 도덕화시켰다. 이러한 칸트의 철학은 자유주의 신학의 이론적 토대가 되었다 할 정도로 슐라이에르마허, 리츨, 트뢸취를 비롯한 많은 신학자들에게 영향을 미쳤으며 특히 자유주의 신학이 종교의 윤리적인 측면을 강조한 것은 칸트의 영향이었다.

이상에서 살펴본 기독교 신앙에 대한 계몽주의의 영향은 세 가지로 요약될 수 있다. 성경의 권위와 기적의 가능성 문제 그리고 자연 종교의 발전이 그것이다. 계몽주의 시대의 합리주의, 과학의 발전 및 성서에 대한 역사 비평적 연구는 성경을 하나님의 계시된 말씀과 최고의 권위로 믿는 정통주의적 성서관에 의문을 제기했다. 성서의 권위가 문제시되자 그 변호자들은 진리의 보증으로 기적에 호소했던 반면, 계몽주의자들은 하나님이 일상 사건에 초자연적으로 개입하는 기적의 가능성을 자연 질서의 규칙성에 대한 과학적 발견에 근거하여 부정했다. 이런 결과로 기독교 정통주의에 반대되는 자연신론과 자연 종교와 같은 합리주의적 종교가 계몽시대에 발전하게 되었으나 이성으로 모든 것을 해석하려고 했기 때문에 계시나 복음에 대한 기독교적 이해를 상실하게 되었다.

2. 경건주의

18세기와 19세기 개신교 교회와 신학자들에게 큰 영향을 준 또 다른 사상 운동이 경건주의이다. 17세기 정통주의 개신교는 종교 개혁의 생명력 있는 신앙을 상실하고 형식화, 교리화되었다. 성서의 권위가 약화된 반면 세례단, 설교단, 고백실 등이 무언의 우상이 되었다. 이러한 현상에 대한 반동으로 나온 것이 경건주의이다. 경건주의는 사상의 체계라기보다 감정의 체계이며 신학적 분위기와 종교적 부흥운동이라 할 수 있다.

독일 경건주의의 창시자 스페너(Philipp Jakob Spener, 1635 - 1705)는 교회 개혁의 필요성을 통감하고 자신의 집에서 기도와 성서 연구 및 종교적인 문제에 대한 자유스런 토론을 병행하는 모임을 가지는 한편, 「복음적 교회의 개혁을 위한 열망(An Earnest Desire for a Reform, Pleasing to God, of the True Evangelical Churches)」

이란 책을 저술했다. 이 책에서 그는 성서의 진지한 연구, 평신도의 교회 행정 참여, 기독교인의 실천적 삶이 교리 지식에 대한 본질적인 보충물이 라는 것, 이단자들에 대한 관대한 취급 대신 혹독한 공격과 처벌을 할 것, 대학에서의 기도와 경건 생활, 수사학적 설교를 순수하고 신앙심 있는 설 교로 대치할 것 등을 제의했다.[3] 이러한 스페너의 호소에 많은 사람들이 호응하여 하나의 운동이 되었다. 스페너의 사후에는 프랑케(August Hermann Franke, 1663 –1727), 진젠도르프(Graf Nicholas Zinzen- dorf, 1700 –1760) 등이 지도자가 되었다. 그리고 프러시아 왕 프레드릭 3세가 경건주의를 적극 돕고 1694년에 할레(Halle) 대학을 설립함에 따 라 이 대학이 경건주의 운동의 중심이 되었다. 그 후 합리주의의 영향으 로 세력이 약화되다 18세기 말과 19세기 초에 신경건주의가 일어났으며 멘켄(Gottfried Menken, 1768 –1831) 등이 이를 대변했다.

경건주의의 특징은 다음 몇 가지로 요약될 수 있다. 첫째, 종교적 감정 과 경험을 강조했다. 의인, 중생, 성화를 교리로만 취급하지 않고 실제로 체험해야 되는 것으로 간주했다. 기독교는 교리가 아니라 삶이며 지식보 다 오히려 실천에서 존재하는 것이라는 주장이었다. 둘째, 윤리적인 면을 강조했다. 행위에 의한 구원을 주장한다고 비판받을 정도로 선행을 강조 했다. 셋째, 개인주의에 기초하여 종교의 개인화를 목적으로 삼았다. 경 건주의자들의 주 관심은 세계를 기독교화하는 것이 아니라 자신들의 영 혼만을 구원하려는 경향이 있었다. 넷째, 강력한 헌신 생활과 그리스도와 의 친밀한 교제를 중시하는 친교의 원리를 강조했다. 지역교회 제도와 그 원리와는 달리, 경건한 무리의 모임으로 교회를 간주하고 하나님과의 내 적인 연합과 중생의 경험을 강조하는 사람들이 세상으로부터 은둔하여 함께 더불어 사는 특수 공동체를 실현하고자 했다.

경건주의는 형식화된 정통주의 기독교에 생명력을 회복시키는 데 크 게 공헌했다. 하지만 자신의 영혼 구원에만 관심을 쏟는 개인주의적 신앙 이 근본적인 결점이었다. 경건주의는 칸트, 헤르더, 슐라이에르마허, 헤겔와 같은 다양한 사람들에게 영향을 미쳤을 뿐만 아니라 19세기의 개신교 사상의 재구성에도 중요한 요소로 작용했다. 따라서 자유주의 신학이 주관주의적이며 경험적이며 윤리적인 성격을 지니게 된 것은 경건주의의 영향이라 하겠다.

3. 낭만주의

18세기를 지배하던 합리주의와 기계론적 우주관을 거부하는 또 다른 흐름이 있었다. 1790년대 루쏘와 레씽에 의해 독일에서 시작되어 18세기 후반과 19세기에 이르기까지 예술, 문학, 과학 등 다방면에 걸쳐 광범위하게 전개되었던 낭만주의가 그것이다. 낭만주의 운동은 형태와 동기가 다양할 뿐만 아니라 낭만주의란 말 역시 너무 자유스럽게 사용되므로 통일된 정의를 내리기가 쉽지 않다. 헤론(Alasdair I.C. Heron)에 따르면, 낭만주의는 "인공적인 것보다 자연적인 것을, 강요된 것보다 자발적인 것을, 차가운 합리성보다 경험과 감정을, 외적이며 형식적인 것보다 내적이며 상상적인 것을" 강조하는 경향이 있다.[4] 웰치(Claude Welch)에 따르면, 낭만주의는 자유와 역동주의의 이름으로 형식주의와 구조주의에 저항한 것이며 개체성, 감정의 직접성 및 역사에 대한 관심을 강조하는 것이 특징이다.[5]

독일 낭만주의는 루쏘와 레씽에 의해 시작되어 헤르더(Herder)와 쉴러(Schiller)에 의해 육성되고 노발리스(Novalis), 슐레겔(F. Schlegel) 형제, 피히테(Fichte) 등에 의해 개화되었다. 낭만주의는 헤겔, 쉘링 등과 같은 철학자와 슐라이에르마허, 코러리지(Coleridge), 뉴우맨(Newman) 같은 신학자들에게 많은 영향을 끼쳤다.

Ⅱ. 자유주의 신학의 태동

르네상스로부터 시작된 현대 정신은 18세기 유럽의 지성계 대부분을 지배했다. 이것은 과학적이며 낙관적인 세계관을 형성했으며, 과학적 경험주의와 역사적 상대주의가 그 특징이었다. 이 현대적 세계관은 기독교 신앙에 중대한 도전이 되었다. 이는 성서의 역사적 확실성과 그 가치를 비롯한 전통적인 신학의 모든 전제들을 문제시하고 집중적으로 공격했기 때문이다. 당시 교회나 신학은 이런 도전에 의해 무력해지고 고립화되어 그 토대마저 흔들릴 정도였다. 이런 위기에 직면한 19세기 초의 신학적 과제는 기독교 신앙의 활력을 회복하고 창조적인 미래를 위한 신학의 토대를 발견하는 것이었다. 즉 현대 세계에 존립할 수 있는 신학이 어떻게 가능하며 어디에서 그 토대를 발견하는가 하는 것이었다. 이러한 도전에 직면하여 혁신적인 해결책을 제시한 사람이 슐라이에르마허(1768 – 1834)였다. 그는 현대의 정황에서 신학의 가능성을 문제 삼고 그에 근거하여 기독교의 전통적인 진리를 재해석함으로써 현대 자유주의 신학을 위한 방향을 제시했다. 이로 말미암아 그는 현대 신학의 아버지라는 영예를 얻게 되었다.

1799년에 출판된 그의 처녀작 「종교를 멸시하는 교양인에게 보내는 종교론(On Religion: Speeches to its Cultured Despisers)」은 이론의 여지 없이 현대 자유주의 신학의 선언서로 간주되었으며 하루밤 사이에 슐라이에르마허를 유명하게 만들었다. 제목이 보여 주듯이, 이 책은 경건주의를 배경으로 계몽주의와 낭만주의에 대해 종교가 현대에서 어떻게 존립 가능한가를 해명한 종교 변증서이다. 계몽주의의 종교 연구는 그 본질을 종교 현상에서 발견하려 함으로써 종교를 도덕으로 환원하거나 철학에 종속시키는 경향이 있었다.

이러한 합리주의적 종교는 19세기 초 독일 낭만파 지성인들로부터 철저히 외면당하게 되었다. 바로 이즈음 슐라이에르마허는 계몽주의 종교관의 비판을 출발점으로 종교의 직접적인 체험에 근거하여 독창적인 이론을 제시했다. 종교는 "무한자에 대한 감각과 맛"이며 "우주에 대한 직관과 감정"이라는 견해이다. 따라서 도덕화되고 이성화되었던 계몽주의 시대의 종교관에 반기를 들고 직관과 감정을 종교의 본질로 주장하여 종교의 독자성을 확보한 것이 그의 공헌으로 평가된다.

「종교론」은 젊은 지성인들에게 큰 감동을 주어 그들이 외면하고 멸시했던 종교로 다시 돌아오는 계기를 마련했다. 정통주의 교회의 지도자요 슐라이에르마허의 반대자였던 함즈(Claus Harms, 1778 - 1885)의 회고록이 이를 단적으로 증명한다. 그는 「종교론」을 읽고 그의 고상한 삶이 태어난 사건으로 간주할 만큼 깊은 감동을 받았다.[6]

한편, 슐라이에르마허의 교의학서인 만년의 저서 「신앙론」(1821-1822)은 기독교와 신학의 가능성을 입증한 것이다. 슐라이에르마허는 신학을 과거 도식의 단순한 반복으로 생각하지 않고 현대 세계와의 살아 있는 관계에서 형성되는 것으로 보았다. "교의 신학은 주어진 시대의 기독교 교회에서 널리 유행하는 교리를 체계화하는 학문이다." 이러한 정의는 슐라이에르마허가 현대의 정황에서 신학의 발전을 문제 삼았음을 말해 준다.

슐라이에르마허는 신학적 관심의 방향과 출발점을 자아에로 향했다. 그는 신학의 토대를 신조, 교의 또는 성경 본문이 아닌, 인간의 종교적 경험 혹은 기독교인의 자기 의식이어야 한다고 주장했다. "기독교인의 생활에서 발견되는 종교적인 감정을 기술하는 것이 기독교 교의학의 과제이다."[7] 이같이 슐라이에르마허는 신학의 가능성을 인간의 종교적인 경험에서 찾았다. 교리적 신조 배후에 있는 살아 있는 경험에로 돌아감으로써 신학의 새로운 토대를 확립하려 했던 것이다. 따라서 신학은 종교적인 의식에 대한 경험적인 기술이 되었다. 이것은 신학 방법론의 일대 변혁으로 경험주의의 도전에 각성하는 기독교 신앙을 대변한다. 슐라이에르마허는 미래의 신학이 단순히 권위에 대한 호소에 의해 정당화될 수 없음을 인식하고 경험적인 증거를 요구하는 현대 정신을 신학에 반영했다.

이러한 슐라이에르마허의 신학은 몇 가지 의의를 지닌다. 첫째, 그것은 현대 세계의 도전에 대한 최초의 신학적 응답이다. 그는 현대의 정황에서 신학의 발전을 문제 삼았을 뿐만 아니라 현대의 세계관을 수용하고 그 관점으로부터 기독교의 진리를 재진술한 최초의 신학자이다. 둘째, 인간의 경험을 신학의 주된 자료로 받아들임으로써 신학에 새로운 활기와 관심을 불어넣었다. 또한 인간 감정에 나타난 하나님 의식을 표현하는 것이 신학의 과제라고 주장함으로써 사변적인 철학으로 부터 신학을 독립시키려고 했다. 이것은 슐라이에르마허의 큰 업적으로 평가된다. 셋째, 현대 자유주의 신학의 문제점과 나아갈 방향을 제시했다. 이러한 이유로 슐라이에르마허는 흔히 현대 자유주의 신학의 창건자로 불려진다.[8] 그러나 후대 신학이 인간 중심적이 되거나 인간학화된 것은 슐라이에르마허의 방법론적 오류에 기인된 바 적지 않다. 그가 신학을 계시의 연구가 아닌, 인간의 자기 의식 또는 종교성의 연구로 전환시켰기 때문이다.

Ⅲ. 자유주의 신학의 조류와 특징

1. 신학 조류

자유주의 신학은 신학사적으로 슐라이에르마허로부터 시작하여 리츨, 트뢸취, 하르낙 등 독일 신학계를 지배해 온 신학 전통을 말한다. 이 자유주의 신학 전통은 대략 다음 세 가지 흐름으로 나눌 수 있다.

첫째, 슐라이에르마허로 대변되는 감정의 신학이다. 슐라이에르마허는 비록 학파를 형성하지는 않았으나, 신학적인 면에서 19세기 전체가 그의 세기라 해도 과언이 아닐 정도로 그 영향은 지대했다. 바르트에 따르면, 그의 영향력은 약화되지 않고 아직도 건재하다. 그의 신학을 비판하거나 거부하는 신학자들도 이것을 부정할 수 없다. 그들은 단지 그의 영향권 아래 있다는 것을 깨닫지 못할 뿐이다. 특히 네안더(A. Neander), 니이체(Karl Immanuel Nitzsch), 슈바이쳐(Alexander Schweitzer), 트베스텐(August Twesten) 등의 신학자들과 조정 신학파에 많은 영향을 끼쳤다.

둘째, 헤겔 철학에 기반을 둔 역사 비평적 신학 또는 헤겔학파의 신학이다. 칸트 이후 서양 철학은 헤겔에 의해 주도되었다. 그는 본래 철학자였으나 그의 철학이 곧 신학이라 할 정도로 신학에 많은 관심을 가졌다. 철학에 대한 그의 공헌은 특히 역사 철학에서 발견된다. 역사는 그 자체 의미를 지니고 있으며 변증법적으로 진보적 과정을 통해 발전한다고 주장했다.

이러한 헤겔의 사상을 신학에 도입하여 성서와 기독교의 본질 연구에 역사 비평적 방법을 사용한 학자들이 있다. 헤겔 좌파에 속하는 스트라우스(David Friedrich Strauss, 1808 - 1874), 바우르(Ferdinand Christian Baur, 1792 - 1860), 바이세(Christian Herrmann Weisse, 1801 - 1866), 비더만(A. E. Biedermann, 1819 - 1885) 등이 그들이다. 이들은 현대 사상과 과학의 요구를 최대한 수용하여 전통적인 기독교를 포기하거나 수정하려 했다. 특히 그리스도론이 관심의 대상이었으며 이상적 그리스도와 역사적 예수의 관계 문제를 해명하려고 시도했다. 한편, 벨하우젠(Julius Wellhausen, 1844 - 1918)은 구약 성서 연구에 역사 비평적 방법을 사용했다.

셋째, 칸트 철학에 기반을 둔 리츨학파의 신학과 트뢸취의 종교사학파의 신학이다. 슐라이에르마허로부터 시작된 경험 신학 전통의 탁월한 해석자요 자유주의 개신교의 왕자로 불리는 사람이 리츨(Albrecht Ritschl,1822 - 1889)이다. 리츨은 칸트의 추종자로 그의 비판 철학에 깊은 영향을 받았다. 그는 현상계와 본체계의 구분, 하나님에 대한 이론적 지식의 한계성, 도덕과 종교의 일치에 대한 칸트의 입장을 받아들였다. 그는 종교를 본질적으로 실천적이고 도덕적인 것으로 간주했다.

한편, 슐라이에르마허 역시 리츨의 사상 형성에 큰 영향을 주었다. 리츨이 형이상학적 신학을 거부하고 경험에 호소한 것은 슐라이에르마허와 유사하다. 그러나 중요한 차이점은 그는 신학을 그리스도인의 의식이 아닌 역사적 계시에 기초한다는 것이다. 리츨은 복음이 로마 가톨릭, 신비주의, 경건주의, 낭만주의 등으로 인해 변형되었다고 보고 그것을 종교 개혁적인 이해로 재해석하는 것을 자신의 과제로 삼았다. 그의 목적은 종교 개혁자의 길을 통해 신약 성서로 돌아가는 것이었다.

리츨과 더불어 기독교의 윤리적 의미와 사회적 의미를 강조하는 것이 자유주의 신학의 주류를 이루게 되었다. 이러한 리츨의 사상은 리츨 학파를 형성하여 헤르만(Wilhelm Herrmann, 1846–1922), 하르낙(Adolf von Harnack, 1852–1930), 고트쉬크(Gottschick), 카텐부쉬(Kattenbush), 숄츠(Hermann Scholz) 등에 의해 계승되었다.

한편 19세기 마지막 10년 간 독일에서 발전한 학파가 종교사학파이다. 이 학파는 세계 모든 종교를 역사의 발전 과정에서 이해하려 했으며 기독교의 발전 과정을 역사적, 지리적 환경에 비추어 연구하려 했다. 복음서에 나타난 초자연적인 요소를 고대 근동의 신비 종교로부터 들어온 것이라 하여 제거해 버렸다. 이 학파는 궁켈(Hermann Gunkel, 1862–1932)이 1888년 출판한 「성령의 역사」로부터 시작하여 부세트(Wilhelm Bousset), 브레데(Wilhelm Wrede, 1859–1906), 바이스(Johannes Weiss, 1863–1918) 등이 여기에 속하며 그 대표적인 인물이 트뢸취(Ernst Troeltsch, 1865–1923)이다.

미국의 자유주의 신학은 19세기 독일 자유주의 신학으로부터 파생되어 미국 특유의 자유주의적 환경에서 성장했다. 미국의 자유주의 신학파로는 유니태리아니즘(Unitarianism)과 사회 복음주의 신학을 들 수 있다. 전자는 자유주의 신학의 극단적인 형태로서 합리주의적인 해석에 의해 삼위 일체론을 거부하고 유일한 신격을 주장하는 것이 특징이다. 채닝(William Ellery Channing, 1780–1842)이 그 상징적인 인물이며 스튜아트(Moses Stuart), 깁스(Josiah W. Gibbs) 등이 이 파에 속한다.

후자는 당시의 낙관적 도덕주의에 기초한 것으로 복음의 사회적 의미를 강조하여 사회 윤리와 사회 구원을 주장하는 것이 특징이었다. 이것은 그래든(Washinngton Gladden)에 의해 시작되어 라우쉔부쉬(Walter Rauschenbush, 1861–1918)에 의해 미국의 전형적인 종교 형태로 발전하게 되었다. 그 밖에 저명한 자유주의 신학자로는 버스넬(Horace Bushnell, 1802–1876)이 있다.

한편, 호오던(William Hordern)에 따르면, 1930년대 이후 미국의 자유주의는 네 가지로 분류된다. 극단적 자유주의자인 인문주의 그룹, 윌맨(A.N. Wilmann), 브라이트맨(E.S. Brightmann)으로 대표되는 경험적 종교 철학 그룹, 워터맨(Leory Watermann)의 예수 운동 및 복음적 자유주의자인 대다수의 자유주의 교인이 그것이다. 복음적 자유주의자로 간주되는 대표적인 학자로는 포스딕(Harry Emerson Fosdick), 브라운(W.A. Brown), 코핀(H.S. Coffin) 등을 들 수 있다.[9]

자유주의 신학에 반대하는 새로운 신학 운동이 일어났다. 유럽의 신정통주의 신학과 미국의 근본주의 신학이 그것이다. 유럽에서는 제1차 세계 대전을 기점으로 그리고 미국에서는 1929년 경제 대공황 이후로 자유주의 신학은 쇠퇴하게 되었다. 이러한 사건들로 말미암아 인간 이성의 능력, 낙관주의, 역사적 진보주의에 대한 신뢰가 파괴됨으로 자유주의 신학은 그 사상적 기반을 잃었다. 자유주의 신학이 인간 본성의 어두운 측면을 인식하지 못하고 인간의 능력에 너무 낙관적이었다는 것이 위기의 시대에 아무런 도움도 될 수 없었다는 것을 통해 입증되었다. 따라서 인간 중심주의로부터 하나님 중심주의로의 전환이 신정통주의와 근본주의 신학에 의해 이루어졌다.

그러나 자유주의 신학이 붕괴된 이후에도 그 영향력은 소멸되지 않고 있다. 인간의 경험을 중시하는 해방 신학, 여성 신학, 흑인 신학, 민중 신학 등 급진 신학이 오늘날도 자유주의 신학의 맥을 잇고 있다고 할 수 있다.

2. 신학적 특징

19세기 자유주의 신학자들의 관심은 크게 세 가지로 정리될 수 있다. 신학의 가능성 문제, 그리스도론의 가능성 문제 그리고 기독교와 문화의 문제가 그것이다.[10] 슐라이에르마허, 헤겔, 코러리지, 채닝 등 19세기 초의 학자들은 종교의 본질과 신학의 과제를 신학적 토의의 주제로 삼았다. 이들이 제시한 새로운 토대에 기초하여 스트라우스, 바우어 등 19세기 중엽의 학자들은 그리스도론에 관심을 집중했다. 어떻게 역사적 인물 예수가 신앙의 대상이 될 수 있는가를 규명하는 것이 그들의 과제였다. 19세기 말 경에는 기독교와 문화, 또는 교회와 사회의 관계가 신학의 새로운 주제가 되었다. 트뢸취의 종교사학파와 사회 복음의 신학이 이를 입증해 준다.

그렇다면 이러한 주제에 대한 논의를 통해 여러 갈래로 전개된 자유주의 신학은 어떤 특징과 특색을 지니고 있는가?

첫째, 신학의 토대를 인간의 경험에 두었다. 성서나 신조를 신학의 출발점이나 궁극적 규범으로 생각하지 않았다. 슐라이에르마허가 인간의 종교적인 의식을, 리츨이 그리스도를 통한 화해의 경험을 신학의 근본적 자료로 간주한 것이 이를 입증한다. 따라서 자유주의 신학은 인간 중심적이며 주관주의적인 경향을 띠게 되었다.

둘째, 예수의 인간성을 강조했다. 자유주의 신학은 공관복음서의 자료에 근거하여 역사상의 예수를 신앙의 그리스도와 구분하려 했다. 특히 역사 비평적 신학파는 신앙의 그리스도는 후대 교회가 부가한 비역사적 요소에 근거한 것으로 취급하고, 역사적 예수를 회복시키는 것을 과제로 삼았다. 따라서 자유주의 신학은 그리스도의 선재성, 동정녀 탄생, 부활, 승천에 관한 전통적인 교리를 포기하거나 거부했다. 그리스도를 인간의 원형이나 모본 또는 교사로 봄으로써 인간 이상으로 생각하지 않았다. 슐라이에르마허는 그리스도를 완전한 신 의식을 소유한 분으로, 그리고 리츨은 탁월한 도덕적 능력을 소유한 분으로 이해했다.

셋째, 하나님의 내재성을 강조했다. 정통주의 신학은 무한하고 완전한 하나님과 유한하고 불완전한 세계 사이의 근본적인 분리를 주장했으나, 자유주의 신학은 세계 내에서의 하나님의 임재와 활동을 강조함으로써 하나님과 인간, 하나님과 세계, 신앙과 이성 사이의 연속성을 주장했다. 뿐만 아니라 기독교와 타종교 간에 연속성이 있다 하여 종교적 관용의 태도를 취했다.

넷째, 낙관주의적 인간관을 주장했다. 인간이 하나님의 형상 대로 지음을 받았다는 사실에 근거하여 인간이 근본적으로 선하다는 것을 강조한 반면, 타락과 원죄 교리를 거부했다. 따라서 인간의 본성과 인간의 미래에 대해 낙관적이었다.

다섯째, 기독교의 윤리적, 사회적 의미를 강조했다. 현재의 세계와 인간의 상황이 관심의 대상이었다. 이것은 도덕과 종교의 일치를 주장한 칸트의 영향이며 특히 리츨 학파, 종교 사학파, 사회 복음주의 신학파에서 현저했다.

여섯째, 현대 과학과 기독교의 전통적인 교훈을 중재하려고 시도했다. 이성의 능력을 신뢰하여 과학의 업적 뿐만 아니라 진리에 대한 접근 수단으로 과학적 탐구 방법을 수용했다. 성서 비평은 기독교를 이러한 학문 방법에 적응시켜 보려는 시도였다.

결론

자유주의 신학은 현대 정신을 신학에 반영하여 현대인이 이해할 수 있는 방식으로 기독교를 재해석한 것이다. 그러나 이러한 과제를 인간의 종교적 의식이나 경험에 근거하여 수행함으로써 인간 중심적인 신학이 되었다. 뿐만 아니라 이성과 과학을 진리의 척도로 간주하여 복음의 본질적인 부분을 거부하거나 왜곡하게 되었다. 그리스도의 선재성, 동정녀 탄생,

부활, 승천, 성경의 무오성 등의 부정이 그것이다.

　이러한 자유주의 신학의 오류는 그 출발부터 잘못된 데서 비롯되었다. 하나님의 말씀이 아닌, 인간의 능력이나 경험을 신학의 출발점으로 삼은 것이다. 시작이 잘못되면 결론 또한 잘못될 수 밖에 없다. 자유주의 신학은 복음의 핵심을 상실하고 기독교를 계시 종교에서 윤리 종교로, 하나님의 말씀 중심의 종교에서 인간 중심의 합리적인 종교로 만들었다. 신정통주의 신학자 틸리히가 유럽에서 "개신교는 죽었다. 개신교 신학의 마지막 200년은 본질적으로 잘못되었다"고 외친 것도 이러한 이유 때문이었다. 리츨에서 보듯이, 자유주의 신학은 정통주의 신학을 비판점으로 삼아 종교개혁 신앙으로 돌아가고자 했으나 오히려 종교 개혁 전통으로부터 단절되는 결과를 초래했다.

　건전한 신학은 성서, 전통, 이성 및 경험이라는 신학의 네 가지 근원이 균형을 이룰 때라야 가능하다. 우리는 어떤 문제를 다룸에 있어, 성서는 그 문제를 어떻게 다루고, 전통은 또 어떻게 해석하며, 이성은 어떻게 체계화하고 있는지, 존재론적으로는 과연 어떻게 인간 경험에 관련되어 있는지 제시해야 할 것이다.

　계시와 전통에 대한 재해석을 전제로 현대의 정황에 맞는 신학을 모색하고 있는 오늘의 급진 신학은 성서와 전통을 희생시킬 만큼 인간의 경험과 이성을 중시했던 19세기 자유주의 신학의 실패와 몰락을 본보기로 삼아야 할 것이다.

주(註)

1. Bernard Ramm, "The Fortunes of Theology from Schleiermacher to Barth and Bultmann", *Tensions in Contemporary Theology*, Stanley N. Gundry, Alan F. Johnson (ed.) (Chicago : Moody Press, 1976), pp. 16 - 18.
2. H. R. 매킨토쉬, 「현대 신학의 선구자들」(서울 : 대한기독교서회, 1973), p. 24.
3. Immanuel Kant, *Religion within the Limits of Reason Alone* (New York : Harper & Row, Publishers, 1960), pp. xii - xiii. T. M. Green이 쓴 서문을 참조할 것.
4. Alasdair I. C. Heron, *A Century of Protestant Thought* (London : Lutterworth Press, 1980), p. 12.
5. Claude Welch, *Protestant Thought in the Nineteenth Century*, vol. 1 (New Haven : Yale University Press, 1972), pp. 52 - 53.
6. B. A. 게리쉬, 「현대 신학의 태동」, 목창균 역 (서울 : 대한기독교서회, 1988), pp. 15 - 16.
7. Friedrich D. E. Schleiermacher, *The Christian Faith* (Philadelphia : Fortress Press, 1976), p. 88.
8. 목창균, 「슐라이에르마허의 신학 사상」(서울 : 한국 신학 연구소, 1991), p. 31.
9. 윌리암 호오던, 「프로테스탄트 신학 개요」(서울 : 대한기독교서회, 1976), pp. 97 - 103.
10. Welch, p. 4.
11. John Dillenberger, Claude Welch, *Protestant Christianity* (New York : Charles Scribner's Sons, 1958), pp. 211 ff.

2장

슐라이에르마허 1: 감정의 신학

서론

현대 신학의 아버지로 불리우는 슐라이에르마허 만큼 상반(相反)된 평가를 받는 신학자도 없을 것이다. 그는 19세기의 교부로, 또는 현대 신학의 아버지로 인정받는 반면, 19세기의 대이단자로도 비판받고 있다.[1]

　특히 칼 바르트의 입장이 그러하다. 그는 슐라이에르마허가 신학을 하나님의 계시에 대한 연구가 아닌 인간의 종교성에 대한 연구, 즉 인간학으로 전환시켰다고 신랄하게 비판했다. 그가 주도한 신정통주의 신학은 슐라이에르마허로부터 시작되는 19세기 자유주의 신학에 대한 거부와 반작용으로 일어난 것이다. 그럼에도 불구하고 바르트는 슐라이에르마허를 "영웅"으로 칭송하기를 주저하지 않았다. 슐라이에르마허의 업적은 너무 위대하여 19세기 전체가 그의 세기였다는 것이다. 바르트에 따르면, 슐라이에르마허의 영향력은 약화되지 않고 아직도 우리의 관점과 사고에서 활동한다. 그의 신학을 비판하거나 거부하는 신학자들도 이것을 부정할 수는 없다. 단지 그들은 슐라이에르마허의 영향권 아래 있다는 것을 깨닫지 못할 뿐이다.[2] 바르트는 자신의 집 이층으로 올라가는 계단 벽에 슐라이에르마허의 초상화를 걸어 두었는데, 이것은 그에 대한 슐라이에르마허의 영향을 단적으로 증명하는 예라 하겠다. 시카고 대학교 역사

신학 교수 게리쉬는 "우리가 어떤 판단을 내린다 할지라도, 슐라이에르마허는 우리가 항상 신학적 입장을 확인해야 할 몇 안되는 기독교 사상의 거장들, 즉 어거스틴, 아퀴나스, 루터 그리고 칼빈의 대열에 속한다" 고 주장했다.[3] 반면, 신정통주의자들은 슐라이에르마허가 루터와 칼빈으로 소급되는 상속선을 파괴했다고 비판했다. 특히 바르트는 칼빈, 루터, 사도 바울로 이어지는 위대한 전통에 이르는 길을 슐라이에르마허에게서는 결코 발견할 수 없다고 했다.

이렇듯 이중적 평가를 받고 있는 슐라이에르마허가 현대 신학의 아버지로 불리는 것은 어떤 이유에서인가? 슐라이에르마허는 현대의 정황에서 신학이 어떻게 가능하고, 현대 과학과 사상의 도전에도 불구하고 기독교는 어떻게 존립할 수 있는가를 해명하는 것을 자신의 신학적 과제로 삼았다. 현대 세계관에 기초하여 기독교의 전통적인 진리를 현대의 정황에 맞게 재해석함으로써 현대 신학이 나아갈 방향을 제시했다. 그는 기독교에 대한 현대 세계의 도전에 신학적으로 응답한 최초의 신학자였다. 이로 인해 그는 현대 신학의 아버지라는 칭호를 얻게 되었다.

그렇다면, 슐라이에르마허가 끊임없이 비판과 거부의 대상이 되는 것은 무엇 때문인가? 그것은 주로 그의 신학 방법론 때문이었다. 그는 성경 본문, 신조 및 교리를 신학의 토대로 삼는 전통적인 신학과는 달리, 인간의 종교적인 경험을 신학의 토대와 출발점으로 삼았다. 그는 "기독교인의 생활에서 발견되는 종교적인 감정을 기술하는 것"이 신학의 과제라고 주장했다.[4] 이것은 신학 방법론상의 일대 변혁이었다. 신학을 계시에 대한 연구로부터 인간의 종교 의식에 대한 연구로, 신학의 중심을 하나님에서 인간으로 전환시킨 것이다.

필자는 슐라이에르마허의 생애와 저술을 통해 그가 어떤 사람인지를 살펴보고, 사상적 배경에 대한 이해를 통해 그의 신학 사상이 어떻게 형성되었는지 제시하려고 한다. 그리고 그의 핵심 개념을 설명함으로써 그의 사상을 개괄하고 그 역사적 의의와 함께 문제점도 지적하려고 한다.

Ⅰ. 생애와 저작

슐라이에르마허는 1768년 11월 21일 독일 브레슬라우(Breslau)에서 개혁 교회 목사의 아들로 태어났다. 그의 친가와 외가 모두 목사 집안이었다. 아버지 고트리프 슐라이에르마허(Gottlieb Schleiermacher)는 프러시아 군대의 군목이었다. 고트리프는 그의 군대가 그나덴프라이에 주둔하고 있었을 때, 모라비안 공동체를 통해 신앙의 각성을 체험했다. 1783년 그의 전 가족은 그나덴프라이를 방문하여 7주 가량 체류했다. 이 때, 소년 프리드리히 슐라이에르마허는 회심을 체험했으며, 이 체험을 통해 "보다 높은 서열의 모라비안 교도가 되었다"고 후일 그는 회고했다.[5]

그는 1783년 니스키(Niesky)에 있는 모라비안 교단의 학교에 입학하여 철저한 경건 훈련을 통해 깊은 종교적 감화를 받았다. 1785년 9월 바르비(Barby)에 있는 모라비안 교단 신학교에 입학하여 신학적인 훈련을 받기 시작했다. 이 학교는 모라비안 교단의 지도자 양성을 목적으로 설립되었으며 개인의 경건성 강화에 교육의 목표를 두었다. 이런 이유로 학생들이 근대 문학 서적이나 철학 서적을 읽는 것을 금지했다. 그러나 슐라이에르마허는 친구들과 함께 비밀 독서 그룹을 만들어 비란트(Wieland)의 시와 괴테의 "베르더(Werther)" 등의 작품을 읽었다.

그러다 그에게도 기독교의 근본 교리에 대해 회의하는 신앙의 위기가 왔다. 그것은 자기 자신을 "인자(人子, Son of Man)"라 칭한 그리스도가 어떻게 "하나님의 아들"일 수 있느냐는 것이었다. 또한 그는 그리스도가 다른 사람을 대신하여 죽었다고 하는 대속(代贖)의 교리를 믿을 수 없었다.[6] 그러나 그는 이 위기를 신앙의 상실로 생각하지는 않았다. 그리스도에 대한 자신의 최초의 이해를 상실한 것으로 간주했다. 이러한 신앙적인 회의로 인해 슐라이에르마허는 1787년에 신학교를 중퇴하고 할레 대학교에 입학했다. 재학하는 3년 내내 그는 신학 보다는 플라톤이나 아리스토텔레스, 칸트 등의 철학에 더 몰두하여 지적으로는 많이 성장했지만,

철저한 신앙 생활을 하지는 못했다.[7]

1789년 대학 졸업 후, 슐라이에르마허는 드로센(Drossen)에서 목회를 하던 아저씨의 집에 체류했다. 이 때가 슐라이에르마허의 일생 가운데 가장 침체된 시기였다. 신앙은 회의로 흔들리고, 건강마저 잃게 되었다. 그러나 그는 아저씨의 강력한 권유로 1차 신학고시(지금의 목사 고시)를 치르게 되었다. 뛰어난 성적으로 합격한 슐라이에르마허는 아버지의 친구인 쟈크의 소개로 1790년부터 1793년까지 서프러시아의 슐로비텐(Schlobitten)에 위치한 부유한 귀족 도오나 백작 집의 기정교사가 되었다. 이러한 생활 환경의 변화는 슐라이에르마허에게 삶의 권태에서 벗어나 새로운 도약을 가능하게 했다. 그는 우정 그리고 신학과 그 표현의 관계에 대한 새로운 통찰을 가지게 되었다. 이것은 「독백록」에 나타난 다음과 같은 구절에 의해서도 알 수 있다. "낯선 가정에서 우정의 아름다움에 대한 나의 의식이 처음으로 싹트기 시작했다."

한편 침체기에 빠졌던 신앙 생활도 가정교사 생활을 통해 회복되었다. 그는 1794년 2차 신학 고시에 합격하여 목사 안수를 받았다. 그 후 1796년까지 란트스베르그의 개혁 교회의 부목사로 활동했다. 신학자와 사상가로서의 슐라이에르마허의 창조적인 시기는 1796년 베를린 자선 병원 원목으로 부임하면서 시작되었다. 이 병원은 베를린 수의과대학 근처에 위치한 빈민들을 위한 것이었다. 수의과 병원에서는 개가 사람처럼 대접을 받았던 반면, 자선병원에서는 사람이 개처럼 취급되었다. 슐라이에르마허는 이 병원에서 설교자로 활동하는 한편, 베를린 낭만파를 주축으로 한 젊은 지성인 모임에 참여하게 되었다.

1798년 슐라이에르마허의 30세 생일을 축하하는 젊은 지성인들의 모임이 있었다. 이들은 슐라이에르마허가 30세가 되도록 책 하나도 못 쓴 것을 질책하면서 다음 해 생일까지 쓰겠다는 약속을 간신히 받아 냈다. 이러한 권유로 쓴 책이 1799년 출판된 「종교론: 종교를 멸시하는 교양인에 대한 변론(On Religion: Speeches to Its Cultured Despisers)」이었다. 이책은 이름 그대로 종교를 멸시하는 지성인들에게 종교를 변론한 것이었다. 이 책이 염두에 둔 독자, 즉 종교를 멸시하는 지성인들은 슐라이에르마허에게 책을 쓰도록 권했던 바로 그의 친구들이었다. 그의 첫 저서이자 하룻밤 사이에 그를 유명하게 만든 「종교론」은 현대 자유주의 신학의 선언서로 평가되었다.

슐라이에르마허는 「종교론」 출판 1년 후 그 속편으로 간주되는 「독백록(Monologen)」을 저술했다. 1802년 베를린을 떠나 소도시 스톨프(Stolp)의 개혁 교회 목사로 부임하면서 사상이 성숙하기 시작했다. 그는 이곳에서 목회하는 동안, 플라톤의 글들을 독일어로 번역했으며 1803년 「이전의 윤리론 비판 개요」를 출판했다.

1804년 그의 나이 35세에 모교 할레 대학교의 신학 교수와 대학 교회 설교자로 부임하여 성서 주석학, 교의학, 윤리학, 해석학 등을 가르쳤다. 1806년 그리스도 성육신의 의미와 크리스마스의 기쁨을 대화 형식으로 논의한 「크리스마스 이브(Christmas Eve)」를 출판했다.

1806년 나폴레옹 군대가 프러시아를 침공하여 할레시를 점령하고 할레 대학교를 폐쇄하자, 슐라이에르마허는 그를 반대하는 설교를 하기 시작했다. 감자와 소금을 확보하여 목숨을 연명할 수 있는 한, 그는 할레를 떠나지 않으려 했다. 그러나 할레대학이 다시 문을 열 희망이 없자 베를린으로 가서 프러시아 재건 운동에 가담했다. 또한 베를린 삼위일체 교회 목사로 활동하면서 베를린 대학교 창립에 크게 공헌했다. 1810년 학교가 창립되자 신학부 초대 학장이 되어 네 차례나 연임되었을 뿐 아니라 총장직을 맡기도 했다. 그러나 50세 이후에는 학문에 전념하기 위해 행정직을 사양했다.

슐라이에르마허가 신학부 교수로 재직할 당시, 헤겔은 철학부 교수로 활동했다. 그러나 둘은 서로 친밀한 관계를 유지하지 못했다. 그것은 학적인 라이벌 의식에 기인된 면이 없지 않았다. 헤겔이 베를린 학술원 회원으로 가입하기를 소원했으나 그럴 수 없었던 것은 당시 총무였던 슐라이에르마허의 반대 때문이었다. 슐라이에르마허에 대한 헤겔의 감정 역시 좋은 편은 아니었다. 이것은 종교의 본질을 "하나님에 대한 절대 의존 감정"으로 정의한 슐라이에르마허의 견해를 비판한 그의 풍자에서 잘 나타나고 있다. 헤겔은 절대 의존 감정이 종교의 본질이라면, 개가 가장 종교적인 동물이라고 슐라이에르마허를 비꼬왔다. 개는 사람이 하나님에게 의존하는 것보다 더 전적으로 주인에게 의존하기 때문이었다.

1810년 256명(신학생 29명)으로 시작된 베를린 대학교는 창립 20주년인 1830년에 이르러서는 2,488명(신학생 641명)으로 발전했다. 이것은 슐라이에르마허의 명성에 힘입은바 컸던 것으로 평가된다.[9] 슐라이에르마허는 베를린 대학 교수로 활동하면서, 1810년에는 「신학 연구 개요」를, 1821-1822년에는 「신앙론(The Christian Faith)」을 출판했다.

1834년 2월 12일 급성 폐렴으로 1주간의 투병 끝에 그는 운명했다. 가족과 함께 성찬을 나누면서 고린도전서 11장을 인용한 후 "이 성서의 말씀에 나는 굳건히 서 있다. 그것들은 내 신앙의 근거"라는 말을 남긴 채 눈을 감았다. 역사가 랑케에 따르면, 그가 근 30년 간 설교 목사로서 활동했던 삼위 일체 교회에서 있었던 장례식에는 2만 내지 3만 명의 추모 인파가 몰려 그의 죽음을 애도했다고 한다.[10]

슐라이에르마허의 많은 저서 가운데 초기의 「종교론」과 후기의 「신앙론」이 그의 대표적인 저서로 간주된다. 18세기 계몽주의는 초자연적인 종교를 거부하고 합리적인 자연 종교를 주장했다. 종교의 본질을 형이상학적이며 사변적인 교리와 종교에 부수된 도덕적인 원칙에서 찾으려 했다. 따라서 종교가 형이상학이나 도덕에 예속되는 경향이 있었다. 한편 19세기 초의 독일 지성인들은 종교를 멸시하거나 도외시했다. 이런 상황에 처한 당시 기독교 사상가들이 해명해야 할 근본적인 문제는 종교는 어떻게 가능한가, 신학이 어떻게 가능한가 하는 것이었다. 이 문제에 대해 새로운 대답을 제시한 사람이 슐라이에르마허였다. 그의 「종교론」은 어떻게 종교가 가능한가를 해명한 반면, 「신앙론」은 어떻게 신학이 가능한

가를 해명했다. 전자는 종교를 멸시하는 지성인을, 후자는 기독교 신자를 대상으로 한 것이다. 전자는 슐라이에르마허가 종교 연구가로서 종교의 본질, 토대 및 형태 등을 다룬 종교 철학서라면, 후자는 그가 기독교 신학자로서 기독교인의 실제 신앙문제를 취급한 조직신학서이다.

「종교론」에서 슐라이에르마허는 종교가 인간의 어떤 소질(素質, Anlage)에서 일어나는지 해명함으로써 종교를 멸시하는 사람들로 하여금 종교에 대한 새로운 이해를 갖게 하고자 했다. 왜냐하면 그들은 잘못된 종교관에 근거하여 종교를 멸시하기 때문이었다. 그들은 종교가 인간 외부로부터가 아니라 인간 내부로부터 발생하는 것임을 깨닫지 못했다. 종교는 형이상학이나 도덕이 아니며, 이 양자의 혼합도 아니다. 종교는 교의(Dogma)도 아니다. 교의는 형이상학이 종교에 혼합된 것이기 때문이다. 종교의 본질은 "사유와 행위가 아니라 직관과 감정이다. 종교는 우주를 직관하는 것이다."[11] 슐라이에르마허는 종교란 형이상학과 도덕과 구별되는 그 자체의 독자적인 영역을 가지고 있다고 주장했다. 그것은 감정이다. 그는 종교를 형이상학 및 도덕과 동등한 제3의 것, 즉 본질적인 대립물로 간주했다. 따라서 형이상학과 도덕에 예속되었던 종교에 독자적인 위치와 고유의 가치를 부여한 것이었다. 이러한 그의 사상은 현대 종교사에서 획기적인 것으로 평가받고 있는 동시에, 「종교론」은 신학 사상사에 현대를 구획짓는 것으로 인정받고 있다.

「신앙론」은 슐라이에르마허가 루터 교회와 개혁 교회가 연합하여 이루어진 복음적 교회의 조직 신학서로 사용되기를 기대하며 저술한 만년의 저서였다. 이것은 칼빈의 「기독교 강요」에 필적하는 프로테스탄트 사상의 걸작품으로 평가되며, 대부분의 학자들은 슐라이에르마허가 이것을 통해 현대 신학의 기초를 이루었다고 이해한다.[12] 두 권으로 이루어진 「신앙론」은 그 내용이 놀라울 정도로 대담하고 합리적인 것이 특징이다. 신학은 어떻게 가능하며, 어디에서 그 토대를 발견할 수 있는가? 현대 과학과 사상의 직접적인 도전에도 불구하고, 이 문제를 최초로 해명한 사람이 슐라이에르마허이며, 그것을 다룬 책이 「신앙론」이다. 슐라이에르마허는 어느 시대나 제기될 수 있는 진부한 문제를 새로운 시각으로 조명하여 혁신적인 해결책을 제시했다.

그의 유고로는 「변증법(*Dialektik*)」, 「해석학(*Hermeneutik*)」 등이 있으며, 이는 딜타이가 편집한 슐라이에르마허 전집에 수록되어 있다.

II. 신학적 배경

슐라이에르마허의 신학 형성에 큰 영향을 끼친 몇 가지 요소가 있다. 종교적인 면에서는 개혁 교회적인 가정 배경과 모라비안 경건주의에서의 교육이었다. 철학적인 면에서는 할레 대학교 재학 시절의 칸트 연구와 번역 사업을 통해 접한 플라톤의 사상을 들 수 있다. 그리고 사상적인 측면에서는 베를린의 자선 병원 원목 시절 젊은 지성인들과의 교제를 통해 받은 낭만주의의 영향이라 하겠다. 이러한 요소들이 슐라이에르마허의 사상 형성에 어떤 영향을 미쳤는지 간단히 살펴보자.

1. 종교적 배경

종교적인 면에서 슐라이에르마허는 두 전통이 병행하는 가정 환경에서 성장했다. 개혁 교회 전통과 경건주의 전통이 그것이다. 슐라이에르마허는 부모의 가문 모두로부터 개혁 교회, 즉 칼빈주의 전통을 물려받았다. 그의 친가와 외가 모두 개혁 교회 목사 가문이었다. 슐라이에르마허 역시 개혁 교회 신앙 고백에 동의하고 개혁 교회에서 목사 안수를 받았으며 일평생 개혁 교회 목사로 활동했다. 실제로 그는 칼빈주의 예정론을 변호하고 루터 교도들을 설득하려고 시도했다. 뿐만 아니라 개혁 교회 전통에 대한 충성을 자주 고백했으며 자신이 전적으로 개혁파 출신임을 주장했다.[13]

한편, 슐라이에르마허의 가문에는 경건주의의 전통이 있었다. 아버지

고트리프는 개혁파 목사였으나 모라비안 경건주의로부터 강한 영향을 받았다. 모라비안 교단은 종교 개혁의 선구자 후스(J. Hus)의 감화로 15세기 모라비아와 보헤미아 지방에서 생겨난 보헤미안 형제단으로부터 기원했으며, 깊은 종교적 감정을 강조하는 것이 특징이었다. 보헤미안 형제단은 17세기 30년 전쟁 당시 로마 가톨릭 교회의 박해로 사방으로 흩어졌다. 그러다 1725년 작센(Sachsen) 지방의 헤른후트(Herrnhut)에서 진젠도르프 백작에 의해 재조직되었다.

고트리프는 아내와 자녀들 역시 경건주의적인 신앙을 가지도록 인도했으며, 그 결과 슐라이에르마허는 14세 때 회심을 체험했다. 그는 감수성이 예민한 어린 나이에 모라비안 교단 학교에서 경건 훈련을 받으면서 종교적으로 깊이 감화되었고, 외적, 내적으로 모라비안 교도가 되었다. 슐라이에르마허는 노년에 이르러서도 자신이 "높은 서열의 모라비안 교도"였음을 고백하기를 주저하지 않았다.[14] 이것은 그의 사상 형성에 모라비안파의 영향이 지대했음을 말해준다. 슐라이에르마허가 종교의 정서적인 면을 강조하여 종교의 본질을 감정으로 간주한 것이나 종교와 철학을 철저히 구별한 것, 그리스도 중심적인 신학을 주장한 것은 모라비안 경건주의의 영향이었다.[15]

한편, 슐라이에르마허는 모라비안 경건주의를 통해 루터의 사상에 접할 수 있었다. 왜냐하면 모라비안 교단과 루터교는 밀접한 관계를 가지고 있었기 때문이었다. 모라비안 교단의 전신인 보헤미안 형제단은 종교개혁 당시 루터 교회에 가입한 후 모라비아 지방에 정착하여 이루어진 것이 모라비안 교단이다.[16]

슐라이에르마허와 루터 교회와의 또 다른 인연은 그가 할레 대학교의 루터교 신학부의 교수가 된 것에서 찾을 수 있다. 프러시아 정부는 루터교 신학부에 개혁 교도인 슐라이에르마허를 초빙함으로써 연합의 길을 모색했다. 한편 슐라이에르마허는 베를린 대학교의 신학부 교수가 되었을 때, 루터교 신학자들의 저서를 교재로 선택했으며, 자신의 교의학서에 개혁 교회 신학자들보다 루터 교회 신학자들을 더 자주 인용했다. 이는 루터 교회와 개혁 교회 사이에는 본질적인 차이가 없다는 확신과 이 두 개신 교단의 연합에 대한 강력한 지지로부터 나온 것이다.[17]

요약하면, 슐라이에르마허는 신학적으로 개혁 교회뿐만 아니라 모라비안 경건주의와 그것을 통한 루터 교회의 유산을 물려받았다. 바로 이것이 그의 신학 형성에 큰 영향을 미쳤다.

2. 철학적 배경

슐라이에르마허의 사상 형성의 토대가 되었던 철학 사상은 칸트와 플라톤 철학이다. 그는 모라비안 신학교 재학 시절 칸트의 저서를 읽었다. 할레 대학에서 공부했을 때 그는 신학 과목보다 오히려 칸트의 철학이나 헬라 고전에 더 관심을 가졌다. 이는 당시 할레 대학교의 저명한 철학 교수 에베하르트(J. A. Eberhart) 교수와 고전 연구가 볼프(F. A. Wolf) 교수의 영향이었다. 그는 에베하르트 교수로부터 칸트의 철학 체계 전반에 대해 배웠을 뿐만 아니라 스스로 「순수 이성 비판」과 「실천 이성 비판」을 읽고 칸트 연구에 몰두했다. 또한 슐라이에르마허는 1789년 겨울 드로센의 아저씨 집에 체류하는 동안 집중적으로 칸트 철학을 연구했다. 그는 칸트의 영향을 받아 "종교보다 윤리학에 우위를 두었으며, 기독교 신앙을 칸트의 윤리학적인 관점으로부터 평가했다."[18]

칸트 철학 연구는 슐라이에르마허의 철학적 발전에 큰 영향을 끼쳤으며, 칸트의 저서들은 젊은 슐라이에르마허의 사색의 출발점이 되었다. 뿐만 아니라 슐라이에르마허는 칸트의 비판 철학에 대해 신학적으로 응답한 최초의 신학자들 가운데 하나가 되었다.[19] 슐라이에르마허에 대한 칸트의 영향은 특히 방법론적인 측면에서 발견된다. 그는 칸트의 철학이 계몽주의 신학을 합리주의의 늪으로부터 끌어내기 위한 도구로서 유용하다고 생각했다. 그는 사변적인 지식의 한계성에 대한 칸트의 비판 철학의 결론을 수용했다.

한편 슐라이에르마허는 에베하르트의 칸트 비판에도 많은 영향을 받았다. 그는 하나님의 존재와 영혼 불멸에 대한 칸트의 도덕론적 논증을 받아들이지 않았다. 그는 칸트가 하나님에 대한 합리적이며 철학적인 지식을 타파한 것을 받아들인 반면, 칸트가 실천 이성 및 도덕의 영역에서 종교적인 신앙의 자리를 발견한 것을 거부했다. 종교의 자리는 감정이라고 생각했기 때문이다. 또한 칸트가 이성을 순수 이성과 실천 이성으로 이원론적으로 구분한 것에 대해 비판적이었다. 칸트에 따르면, 순수 이성으로는 하나님의 존재나 영혼 불멸 및 자유와 같은 종교적인 주제를 알 수 없다. 그들은 단순히 생각되어질 수 있을 뿐이지 알려질 수 없다는 것이다. 그들은 지식의 대상이 아니라 신앙의 항목이다. 슐라이에르마허는 이런 이원론을 수용할 수 없었다. 종교는 아는 것(knowing)과 행동하는 것(doing)의 토대요 통일체이기 때문이었다.[20]

슐라이에르마허에 대한 플라톤의 영향은 학자들에 의해 자주 간과되어 왔다. 슐라이에르마허가 플라톤의 저서를 처음 접했던 때는 할레 대학교 학생 시절이었다. 그는 에베하르트 교수의 철학사 강의를 통해 헬라 철학에 접근할 수 있는 방법을 배웠으며, 특히 플라톤에 관심을 가지게 되었다. 그 후 베를린에서 원목으로 일하면서 「종교론」을 저술할 무렵(1799), 슐레겔로부터 플라톤의 저서들을 함께 번역하자는 제의를 받은 그는 플라톤 저서에 대한 번역을 시작했다. 그러나 슐레겔의 태만으로 슐라이에르마허 단독으로 번역을 추진하게 되었다. 이는 슐라이에르마허가 스톨프에서 목회하는 동안(1802 - 1804)과 1804년 할레 대학교 교수로 부임한 이후에도 계속되었다. 1804년 그의 플라톤 번역집 1권이 출판되었으며 1828년 까지 플라톤의 대화편 가운데 3개를 제외한 모두를 소개, 번역, 주해했다. 그러나 그는 「티마에우스(Timaeus)」, 「크리티아스(Critias)」, 「법률(The Laws)」에 대한 번역을 완성하지 못하고 죽었다. 슐라이에르마허는 플라톤 저서의 번역으로 당대의 가장 훌륭한 고전학자라는 명성을 얻게 되었을 뿐 아니라, 독일에서의 플라톤 연구에 새로운

장을 열었다. 왜냐하면 신플라톤 학파 이후 처음으로 진정한 플라톤 사상을 제시했기 때문이다.[21]

슐라이에르마허의 플라톤 연구는 자신의 독창적인 사상 형성에 큰 영향을 미쳤다. 그는 플라톤의 영향으로 기계론적인 윤리관을 거부하고 결정론적 윤리관을 주장하게 되었으며 낭만주의와 개인주의적 주관주의를 극복했다.

3. 사상적 배경

젊은 슐라이에르마허에게 큰 영향을 미친 사상 가운데 하나가 낭만주의이다. 그는 베를린의 자선 병원 원목 시절 도오나 백작의 소개로 낭만파 모임에 가담했다. 여기서 슐레겔 형제를 비롯한 낭만파 지성인들과 사귀게 되었고, 이 모임의 핵심 인물로 활동했다.

낭만주의는 18세기를 지배하던 합리주의에 대한 반작용으로 일어나 18세기 후반부터 19세기에 이르기까지 예술, 문학, 철학, 과학 등 다방면에 광범위하게 전개되었다. 낭만주의자들은 "인공적인 것보다 자연적인 것을, 강요된 것보다 자발적인 것을, 냉랭한 합리성 보다 경험과 감정을, 외적이며 형식적인 것보다 내적이며 상상적인 것"을 강조했다.[22]

슐라이에르마허가 낭만주의자인가 하는 문제는 학자들 사이에서 아직도 논란이 되고 있다. 이에 대한 대답은 낭만주의가 무엇을 의미하는가에 달려 있다. 그것이 "피상적이며 무비판적인 심미주의"나 "지적인 정확성과 완전성을 결여한 공허한 종교성"을 의미한다면, 슐라이에르마허는 결코 낭만주의자가 아니다. 왜냐하면 그는 삶과 신앙에 대한 그런 접근 방식을 신랄하게 비판했기 때문이다. 반면 낭만주의가 냉랭하고 분석적인 이성에 대한 반작용으로서 상상력과 직관에 의해 현상 배후에서 삶의 의미를 발견하려는 시도로 이해된다면, 슐라이에르마허는 낭만주의자이다.[23] 그는 낭만파 모임의 정회원이었으며 낭만주의 언어를 사용하고 그 문화세계에서 살았다. 그러나 거기에 예속되지 않고 자신의 독자성을 유지했다.

슐라이에르마허는 낭만파 친구들로부터 많은 것을 배웠으며, 「종교론」 「독백록」 「크리스마스 이브」 등과 같은 그의 초기 작품들은 낭만주의 사상으로 채색되어 있다. 그는 낭만주의로부터 시와 예술에 대한 이해를 배웠으며 자신의 해석학과 플라톤 해석에 대한 중요한 암시를 얻었다. 한편 낭만파 친구들에게 종교가 "예술에 대한 감흥"이 아님을 확신시킨 것은 낭만주의 발전에 대한 그의 공헌이라고 할 수 있다. 슐라이에르마허는 18세기 계몽주의와 계몽주의 신학의 초자연적 교리를 거부했던 낭만주의자들에게 공감하여 그들과 결합했으나, 신학과 철학에 대한 체계적인 연구를 통해 낭만주의에 종속되지 않고 그것을 초월하고 극복했다.[24]

Ⅲ. 감정의 신학

오늘날 현대 신학이 슐라이에르마허로부터 시작된다는 것을 부정할 사람은 아무도 없다. 슐라이에르마허의 깊은 통찰력과 혁명적인 방법론이 그를 현대 종교 사상과 신학 사상의 창건자로 만들었다. 후대의 학자들이 다루는 주제가 그에게 힘입지 않은 것이 거의 없다고 해도 과언이 아닐 만큼 그의 관심 영역은 다양하고 광범위했다. 현대 신학자들은 자신들이 직면한 문제가 무엇이건 그들 앞에 슐라이에르마허가 있다는 것을 발견하게 된다.

그렇다면 어떤 면에서 슐라이에르마허가 지속적으로 후대 신학에 영향력을 행사하고 있는가? 필자는 그의 주요 사상을 제시함으로써 이 문제에 대한 대답의 실마리를 찾고자 한다.

1. 신학 방법론
르네상스로부터 시작된 현대 사상은 18세기 유럽 지성계를 지배했다. 이것은 세속적이며 과학적이며 낙관적인 세계관을 형성했으며 과학적 경험주의와 역사적 상대주의가 그 특징이었다. 이 현대적 세계관은 기독교 신앙에 중대한 도전으로 대두되었다. 이는 성서의 역사적 확실성과 가치를 비롯한 전통적인 신학의 모든 전제들을 문제시하고 집중적으로 공격해왔기 때문이다. 당시 교회나 신학은 이런 도전에 의해 무력해지고 고립되어 그 토대마저 흔들릴 정도였다. 이런 위기에 직면한 19세기 초의 신학적인 문제는 기독교 신앙의 활력을 회복하고 활기 있고 창조적인 미래를 위한 신학의 토대를 발견하는 것이었다. 즉 현대 세계에서 존립할 수 있는 신학이 어떻게 가능하며, 어디에서 그 토대를 발견할 수 있는가 하는 문제였다. 이러한 도전에 직면하여 혁신적인 해결책을 제시한 사람이 바로 슐라이에르마허였다.

슐라이에르마허는 인간의 정신에는 세 가지 기능이 있다고 생각했다. 아는 것(Knowing), 행동하는 것(Doing), 느끼는 것(Feeling)이 그것이다. 감정은 지식이나 행위에 종속되는 것이 아니라 독자적이며 독특한 정신 기능인 동시에 보다 심원한 존재의 단계이다. 슐라이에르마허는 감정을 종교가 발견되는 장소로 보았다. 그가 「종교론」에서 종교를 "무한자에 대한 감각과 맛" 또는 "우주에 대한 직관과 감정"으로 정의한 것이나 「신앙론」에서 종교를 느끼는 것 또는 직접적인 자기 의식의 수식(modification)"으로, 종교의 본질을 "하나님에 대한 절대 의존 감정"으로 정의한 것이 이를 말해 준다.[25] 이러한 슐라이에르마허의 종교관은 종교연구의 새로운 길과 방향을 제시했다. 종교를 연구하는 것은 종교인의 신앙과 예배의 대상인 하나님을 연구하는 것이 아니라 종교인 자신, 즉 그의 종교적인 감정의 기원과 발전을 연구하는 것이 되었다. 이것은 종교 연구에 있어서 코페르니쿠스적인 변화였다.[26]

한편 슐라이에르마허는 신조나 교의 또는 성경 본문이 아닌, 인간의 종교적 경험 혹은 기독교인의 자기 의식을 신학의 토대로 간주했다. 그는 교리적인 신조 배후에 있는 살아 있는 경험으로 돌아감으로써 신학의 새로운 토대를 확립하려 했다. 신학의 과제는 "기독교인의 생활에서 발견되는 종교적인 감정을 기술하는 것"이다.[27] 신학은 사변학(speculative science)이 아니라 기술학(descriptive science)이기 때문이다. 또한 슐라이에르마허는 신학을 과거의 도식의 단순한 반복으로 간주하지 않고 현대 세계와의 살아 있는 관계에서 형성되는 것으로 보았다. "교의 신학은 주어진 시대의 기독교회에서 널리 유행하는 교리를 체계화하는 학문이다."[28]

슐라이에르마허는 현대의 상황에서 신학의 발전을 문제 삼았을 뿐만 아니라 현대 세계관을 수용하고 그 관점으로부터 기독교 진리를 재진술한 최초의 신학자였다. 그는 인간의 경험을 신학의 주된 자료로 받아들임으로써 신학에 새로운 활기와 관심을 불어넣었다. 또한 인간 감정에 나타난 자기 의식과 하나님 의식을 표현하는 것이 신학의 과제라고 주장함으로써 사변적인 철학으로부터 신앙과 신학의 독립을 확립했다.

2. 그리스도론

슐라이에르마허의 신학적인 통찰의 중심을 이룬 문제는 그리스도론이었다. 그는 기독교 신앙은 "그 안에 있는 모든 것이 나사렛 예수가 이룩한 구원에 관련되어 있다"고 하였다.[29] 따라서 그의 신학은 그리스도 중심적인 것이 특징이다. 학자들은 슐라이에르마허와 더불어 그리스도론의 새로운 시대가 시작된 것으로 평가한다. 스트라우스(David F. Strauss)에 따르면, 그의 그리스도론은 "교회적인 그리스도를 현대 정신에 수용하려는 마지막 시도"였다.[30]

그러나 슐라이에르마허의 그리스도론이 긍정적인 평가만 받는 것은 아니다. 오히려 그리스도론이 슐라이에르마허 신학의 문제 거리로 취급되기도 한다. 그것은 당시 기독교인들의 종교적인 경험, 즉 자아 의식에서 추론된 것으로 비역사적인 가정에 불과하다는 주장이다. 따라서 그의 신학은 그리스도론적으로 부적절하다고 지적된다.[31] 슐라이에르마허의 그리스도론의 특징은 몇 가지로 정리된다.

첫째, 그의 그리스도론은 역사적인 계시보다는 기독교인의 경험, 또는 의식에 의존하고 있다. "그리스도의 인격의 조명하에 기독교인의 경험을 해석하고 명료화하고 재건함으로써 그의 신학 전체가 형성되고 있다."[32]

둘째, 그는 그리스도를 원형적인 인간으로 이해했다. 그의 그리스도론은 하나님의 인격적인 성육신보다 오히려 원형적인 인간성을 강조하는 것이 특징이다. 그는 그리스도를 본래적인 인간의 원형 또는 이상으로 간주했다. 원형성은 근본적으로 하나님 의식의 절대적인 힘을 의미한다. 그리스도는 절대적으로 완전한 하나님 의식을 소유했다. 하나님 의식의 완전한 원형이 나사렛 예수 안에서 역사적으로 나타난 것이다.

셋째, 그는 자신의 그리스도론의 기초로서 요한복음을 일방적으로 선호했다. 그것이 공관복음보다 오래되었고 목격자의 눈으로 기록되었으며 예수의 의식이 진정으로 반영되었다고 믿었기 때문이다.

넷째, 그는 교회의 전통적인 용어나 성서적인 용어에 대해 소극적인 태도를 취했다. 그리스도의 양성의 교리를 거부하고, 신성이란 표현 대신 그리스도의 신의식이란 표현을 사용했다. 또한 그리스도의 동정녀 탄생 교리의 문제점을 지적하고 자연적인 탄생을 주장했다.

슐라이에르마허의 그리스도론은 현대 그리스도론의 발전에 큰 영향을 끼쳤다. 그의 그리스도 중심주의는 그리스도가 19세기와 20세기 신학의 중심 주제가 되는 데 이바지했다. 또한 그의 그리스도론은 예수를 인간학적인 지평 속으로 끌어들였다. 그는 예수의 생애에 대해 최초로 공개 강의함으로써 이 주제의 역사적, 신학적 중요성에 대해 관심을 일으켰다. 특히 19세기에 예수의 생애 연구가 성행하게 하는 계기를 마련했다.

한편 슐라이에르마허의 그리스도론은 몇 가지 면에서 전통적인 견해와 입장을 달리했다. 첫째, 그리스도의 신성을 인성으로부터 분리할 수 있다는 것을 부정했다. 따라서 그는 그리스도의 어떤 말씀과 행위는 신성에, 그리고 다른 것은 인성에 돌리는 전통적인 견해를 거부했다. 둘째, 그리스도의 양성이 서로 교류한다고 믿는 교류 교리를 거부했다. 이 교리가 두 본성의 결합을 폐기하며 본성의 상실을 가져올 뿐 아니라 신성에 대한 거짓 교리에 의존한다고 생각했기 때문이다.[33] 셋째, 그는 그리스도의 동정녀 탄생에 대해 비판적이었다. 그는 그리스도의 출생에서 남성의 개입을 완전히 배제하는 동정녀 탄생의 교리가 신약 성서의 기록과 모순된다고 주장했다.

이외에도, 슐라이에르마허는 그리스도의 부활과 승천 및 재림을 그리스도론의 적절한 요소로 간주하지 않았다.[34] 그것들을 그리스도에 대한 신앙과 직접적인 관계가 없는 것으로 생각했기 때문이었다.

3. 속죄론

속죄론은 기독교 복음의 중심 교리로서 그리스도의 사역을 다루는 것이다. 이것은 여러 측면에서 다양하게 해명되어 왔다. 교부 시대에는 그리스도의 사역을 속상금의 지불로 간주하는 교부 속상설(ransom theory)이 지배적인 견해였다. 중세 시대에는 안셀름(Anselm)의 만족설(satisfaction theory)로 대변되는 속죄의 객관적인 견해와 아벨라드(Peter Abelard)의 도덕 감화설(moral influence theory)로 대변되는 주관주의적인 견해가 대립했다. 종교 개혁 시대에는 안셀름의 만족설을 수정 보완한 루터와 칼빈의 징벌 대속설(penal substitution theory)이 제시되어 개신교 속죄론의 근간이 되었다.

슐라이에르마허는 그리스도가 인간이 받아야 할 형벌을 대신 받았다고 보는 징벌 대속설과, 대신 벌을 받으므로 하나님의 정의를 만족시켰다고 보는 만족설과 같은 전통적인 견해를 거부했다. 슐라이에르마허에 있어서 속죄는 하나님 의식이 자기 의식 안에 출현하여 그것을 지배하는 것이며, 그리스도의 구속 활동은 완전한 하나님 의식을 가진 그리스도가 신자에게 자신의 하나님 의식을 나눠 주는 것이다. 그는 그리스도의 구속 능력이 그의 특정한 행위 속에 있는 것이 아니라 그의 인격 속에 있다고 보았다. 따라서 그는 그리스도의 구속 사역의 본질을 고난이 아닌 강력한 하나님 의식으로 간주했다. 이러한 슐라이에르마허의 속죄론은 다음 몇 가지로 정리된다.

첫째, 그리스도의 구속 사역이 그의 전생애를 통해 일어났음을 강조했다. 그의 구속 능력은 십자가의 죽음과 같은 특정 활동에 있는 것이 아니라 그의 인격, 즉 하나님 의식 속에 있기 때문이다.

둘째, 그리스도와 신자 사이의 새로운 공동 생활의 건설이 그리스도의 구속 사역임을 강조했다. 그리스도는 자신의 하나님 의식의 능력을 통해 죄의 공동 생활에 대치되는 새로운 공동 생활을 이룩했기 때문이다.

셋째, 그리스도의 죽음을 속죄 사역의 본질적인 것으로 취급하지 않았다. 단지 그것에 부수적인 중요성을 부여했을 뿐이다. 슐라이에르마허는 그리스도의 대리적인 희생의 개념과, 그리스도의 고난이 죄의 징벌을 폐기한다는 전통적인 견해를 일관되게 거부했다.

넷째, 그의 속죄론은 주관주의적이며 인간 중심적이다. 그는 속죄를 하나님 의식에 뒤따르는 축복의 감각 또는 종교 의식의 변화로 간주했다. 그런 반면 그리스도의 십자가의 죽음에서 속죄가 이루어졌다는 사실을 부정함으로써 주관주의적 속죄론의 중요 대표자가 되었다.

그러나 슐라이에르마허 속죄론의 가장 큰 문제점은 성경보다는 인간의 의식에 근거했다는 것이다. 따라서 하나님의 의와 인간의 죄, 하나님의 진노와 그리스도의 온전한 희생에 대한 성경의 교훈을 충분히 설명하지 못했다. 또한 그의 속죄론은 인류 구속을 위한 그리스도의 필요성과 의의를 약화시킬 여지가 있다는 것이 문제점으로 제기된다. 슐라이에르마허는 그리스도가 자신의 절대적인 하나님 의식의 능력을 통해 신자 안에 하나님 의식을 일어나게 하는 것을 그리스도의 구속사역으로 이해했다. 그렇다면 신자가 하나님의 의식에 근접하면 할수록 더욱 더 그리스도를 필요로 하지 않게 된다.

4. 죄론

슐라이에르마허로부터 시작되는 19세기 자유주의 신학은 인간의 경험, 사회적 환경, 이성에 대한 확신, 예수의 인간성, 관용적 종교 태도를 강조하는 것이 일반적 특징이었다. 자유주의 신학은 특히 낙관주의적 인간관을 주장했다. 인간이 하나님의 형상으로 지음받았다는 사실에 근거하여 인간은 근본적으로 선하다는 것을 강조했다. 하지만 전통적인 타락과 원죄 교리를 거부하고 죄를 극복할 수 있는 가능성을 주장하기도 했다.

슐라이에르마허는 악을 인간의 삶에 장애물을 일으키는 것들로 간주하였다. 이를 다시 자연적인 악과 사회적 또는 도덕적인 악이라는 두 종류로 분류했다. 전자는 인간의 행위와 관계없이 일어나는 것이며, 후자는 인간의 행위로 인해 일어나는 것이다. 이 모든 악은 죄에 대한 벌로 간주될 수 있다. 사회적인 악이 직접적인 것이라면, 자연적인 악은 간접적이다. 따라서 죄와 악은 원인과 결과로서 서로 밀접하게 관련되어 있다.

슐라이에르마허는 성서에 근거하기보다는 오히려 기독교인의 종교적 의식, 즉 내적 경험에 근거하여 기독교의 모든 교리를 설명하고자 했다.[36] 죄론도 예외는 아니었다. 그는 인간의 하나님 의식에서 나타나는 반대물이나 장애물을 죄로 정의했다. 죄는 하나님께 대한 반역이 아니고 인간의 영육 간의 갈등과 대립이다. "우리는 하나님 의식이… 우리의 자기 의식을 고통으로 결정할 때마다 죄 의식을 가진다. 그러므로 죄는 영에 대한 육의 대항이다."[37] 육과 영의 대립은 인간 안에 쾌락과 혐오감을 일어나게 하는 것과 하나님 의식을 일어나게 하는 것 사이의 대립으로 이해할 수 있다. 대립으로 인간은 하나님께 대한 절대 의존을 자각하는 데 방해를 받는 것이다. 그러므로 슐라이에르마허는 죄를 하나님 의식의 무질서와 무력으로 규정했다.

슐라이에르마허는 죄와 악의 근원에 대한 전통적인 설명들에 비판적이었다. 뿐만 아니라 하나님은 죄의 창시자가 아니며 죄의 원인은 인간의 자유 의지의 남용이라는 교회의 전통적인 교리 역시 수정되어야 한다고 생각했다. 그는 하나님이 죄의 창시자라는 견해와 인간의 자유 의지가 죄의 원인이라는 견해를 양자 택일적인 것으로 취급하지 않고, 신적인 인과율(causality)과 인간의 자유라는 양자 사이에는 긴장이 유지되어야 한다고 주장했다. 그 중에 하나를 수용하고 다른 하나를 거부함으로써 그 긴장 관계를 해소하려고 한다면, 펠라기우스나 마니교같은 이단적 견해에 빠지게 된다고 보았다.

따라서 슐라이에르마허는 죄의 근원을 하나님 또는 인간이나 악마로 간주하거나 죄를 단지 무(無) 또는 단순한 결핍으로 보는 일방적인 견해를 거부했다. 그는 오히려 신적인 인과율과 인간의 자유 모두를 수용하는 입장을 취했다. "우리는 죄가 부분적으로 우리 자신 안에, 그리고 부분적으로는 우리의 존재 밖에 그 근원을 가지고 있음을 의식한다."[38] "악은 인간의 자유의지에 의해 일어나는 것이나 궁극적으로는 신적인 인과율에 근거한다."[39]

그러나 슐라이에르마허가 무조건적으로 하나님을 죄의 창시자로 생각한 것은 아니었다. 하나님을 거부하는 것이나 하나님에게서 돌아서는 행위가 죄라면, 하나님은 죄의 창시자일 수 없다. 죄의 상태에서도 인간은 아직도 여전히 하나님께로 향하고 있기 때문이다. 죄의 본질은 구속의 필요성을 나타내는 것이다. 따라서 슐라이에르마허는 단지 죄와 구속의 관계성이라는 조건하에서 하나님을 죄와 악의 창시자로 보았을 뿐이다. "죄는 하나님에 의해 명해진 것이다. 그렇지 않으면 구속 또한 하나님에 의해 명해지지 않기 때문이다."[40]

그러나 슐라이에르마허가 하나님을 구속의 창시자라는 것과 같은 의미로 죄의 창시자로 이해한 것은 아니었다. 은총은 하나님의 선물인 반면, 죄는 인간 자신의 행위이기 때문이다. 한편 우리가 죄를 짓지 않고 살아갈 수 없다는 것을 의식할 때, 하나님에게로 향하게 된다. 죄 의식 없이는 결코 은총에 대한 의식을 가지지 못하므로, 하나님은 은총과 병행하여 죄의 존재를 규정했다. 이런 의미에서 하나님이 죄의 창시자이다.[41] 하나님은 우리가 선을 추구하고 구속의 필요성을 의식하도록 자극하기 위하여 우리 안에 죄와 악에 대한 의식을 불러 일으킨다. 죄 의식은 구속의 필요성에 대한 의식이다. 따라서 죄와 악은 그 자체에서 혹은 그 자체를 위해서 존재하는 것이 아니라 단지 구속과의 관계에서만 존재한다.

죄를 존재하게 하는 신적인 인과율은 무엇인가? 하나님 의식의 무력 상태(incapacity)인 죄를 일으키는 신적인 활동은 무엇인가? 슐라이에르마허에 의하면, 그것은 하나님의 의지이다. 명령하는 하나님의 의지는 이 하나님 의식의 무질서를 우리에게 죄의 원인이 되게 한다. 따라서 죄는 하나님의 의지를 통해 일어난다. 죄를 포함하여 세계를 창조한 것과 나사렛 예수를 구속의 선포자로 정한 것은 하나님의 영원한 의지이기 때문이다. 모든 것이 하나님의 영원한 작정에서 시작되었다.[42]

전술한 바와 같이, 슐라이에르마허는 전통 신학과는 다른 죄관을 제시했다. 그는 하나님에 대한 불순종이나 불충성, 하나님께로부터 돌아서는 행위, 심지어 사탄에 속박당하는 것도 죄로 간주하지 않았다. 그는 죄가 인간의 연약함을 의미하는 것이 아니라, 자유로부터 일어나는 인간의 행위, 곧 하나님과의 관계의 혼란을 의미한다고 주장했다. 죄 의식을 무력한 신 의식과 동일시했다. 이 무력한 신 의식을 인간에게 죄가 되게 하는 것이 하나님의 명령적이며 효력 있는 의지이다. 따라서 죄의 원인을 하나님과 인간 모두에게서 찾은 것이 슐라이에르마허 죄관의 특징이며 하나님이 죄의 창시자라는 개념이 슐라이에르마허 죄론의 핵심이다.

결론

슐라이에르마허의 제자이자 동료였던 네안더(Johann Neander)는 스승 슐라이에르마허의 사망 소식을 들었을 때, 이렇게 말했다. "이제 신학의 새로운 시대를 열어 갈 그 사람이 운명하셨다."[43] 이 예언은 적중했다. 오늘날 현대 신학이 슐라이에르마허로부터 시작된다는 것을 부정할 사람은 아무도 없다. 리차드 니이버(Richard R. Niebuhr)에 따르면, 종교적인 측면에서 19세기는 슐라이에르마허의 세기였다. 프랑스 혁명과 칸트로부터 시작하여 트뢸취, 하르낙 및 제1차 세계 대전까지 전개되었던 프로테스탄트 사상의 발전을 설명하다 보면, 그런 결론에 이르지 않을 수 없기 때문이다.[44] 슐라이에르마허는 새로운 신학과 새로운 학파가 아닌 새로운 시대를 태동하게 했던 소수의 신학자 가운데 하나로 평가된다. 개신교의 신학적 통찰을 요약하고 기독교 사상이 지향해야 할 방향을 제시했기 때문이다. 그리스도인은 슐라이에르마허 없이 19세기와 20세기 신학을 생각하는 것은 사실상 불가능하다고 주장했다.[45] 뿐만 아니라 슐라이에르마허의 영향력은 약화되지 않고 아직도 지속되고 있다.

바르트에 따르면, 슐라이에르마허에 비판적인 신학자들도 이것을 부정할 수 없다. 그들은 단지 자신들이 슐라이에르마허의 영향권 아래 있다는 것을 깨닫지 못할 뿐이다. 슐라이에르마허는 현대의 정황에서 신학의 가능성을 문제삼고, 그것에 근거하여 기독교의 전통적인 진리를 재해석함으로써 현대 자유주의 신학을 위한 방향을 제시했다. 이로 인해 그는 현대 신학의 아버지라는 영예를 얻게 되었다.

슐라이에르마허는 이런 신학사적 위치에 있음에도 불구하고 흔히 비판과 거부의 대상이 되고 있다. 그 이유는 무엇인가? 그의 신학 사상의 결정적인 약점은 무엇인가?

슐라이에르마허의 오류로 흔히 세 가지가 지적된다. 범신론, 주관주의 및 불가지론이 그것이다. 특히 슐라이에르마허에 대한 비판의 핵심을 이루는 것은 소위 그의 범신론이다. 그는 「종교론」 출판 이후 끊임없이 범신론 혐의를 받아 왔다. 당시 사람들은 슐라이에르마허에게서 스피노자의 범신론을 발견했다는 이유로 그를 범신론자로 간주했다. 사실상, 범신론적 경향이 「종교론」 초판이나 「신앙론」 초판에서 발견된다. 이로 인해 슐라이에르마허는 많은 비판을 받게 되었으며 그 자신 만년에 가서 초기의 입장을 상당히 수정하게 되었다.

「신앙론」 2판에서 절대 의존 개념에 근거하여 하나님과 세계를 구별했다. 절대 의존 감정은 세계에 대한 의존감정이 아니라 하나님에 대한 의존 감정임을 분명히 함으로써 하나님을 세계로부터 구별하고 있다.[46] 이러한 수정에도 불구하고, 슐라이에르마허는 적지 않은 후대 학자들로부터 범신론자라는 비난을 받아 왔다. 그가 범신론 혐의를 받게 된 것은 하나님과 세계를 구별하지 않았기 때문이라기보다 오히려 하나님에게 인격성을 부여하지 않았기 때문이다.

슐라이에르마허에 대한 또 다른 비판점은 그의 심리적 주관주의이다. 그는 인간의 감정을 종교의 영역으로 간주하고 종교적인 경험에서 신학의 가능성을 모색했다. 따라서 그는 신학은 종교적인 감정에 대한 설명이며, 하나님은 단지 신자의 경험에서만 알려질 수 있다고 주장했다. 이것은 슐라이에르마허가 현대 자유주의 신학의 토대와 기본적인 전제를 제시한 것으로 평가된다. 반면 객관적인 계시를 등한시하고 주관주의적인 경험을 중시한 슐라이에르마허의 견해는 신학의 객관적인 토대를 거부하는 한편, 하나님에 대한 객관적인 지식의 가능성을 포기한 것으로 비판받고 있다.[47]

슐라이에르마허는 불가지론자라는 비판을 받아 왔다. 그는 하나님의 본성에 대해 알 수 없다고 주장했다. 그는 「종교론」에서 우주를 종교의 대상으로 간주했으나 그 본질을 체계적으로 해명하지 않았다. 우주 자체를 탐구하는 것은 종교의 영역을 벗어나는 것이라고 생각했기 때문이다.[48] 이런 불가지론적 경향은 「신앙론」에서도 발견된다. 그는 하나님 자체에 대해서는 알 수 없고 단지 인간이 경험하는 하나님만을 알 수 있다고 주장했다. 즉 우리는 의식 속에 직접적으로 나타나는 하나님을 감정에 의해 감지할 뿐이며, 하나님의 본질에 대해 탐색하는 것은 불가능하다. 슐라이에르마허의 이런 입장은 일종의 불가지론으로 평가된다. 그러나 적어도 하나님의 존재와 영적인 영역에 대해 불가지론적 입장을 보인 것은 아니다. 단지 하나님의 본성에 대해 그런 태도를 취한 것이다.

슐라이에르마허로부터 현대 신학이 시작되고 있음에도 불구하고, 그의 신학은 흔히 비판의 대상이 되어 왔다. 그것은 무엇보다도 그의 신학 방법론상의 오류에서 일어난 것이다. 그는 성경, 신조 및 교리를 신학의 토대로 삼는 전통적인 신학과 달리, 인간의 종교적인 경험과 현실 상황을 신학의 기본 자료로 삼았다. 이것은 계시에 대한 연구로부터 인간의 종교적인 의식 연구로 신학을 전락시켰나. 따라서 슐라이에르마허는 그가 도달했던 결론이 아니라 그가 택했던 방향에 의해서, 그리고 제시한 대답이 아니라 그가 제기한 문제에 의해 현대 신학의 아버지라는 영예를 누리는 것이다.

주(註)

1. James O. Duke & Robert F. Streetman, *Barth and Schleiermacher* (Philadelphia : Fortress Press, 1988), p. 52.
2. Karl Barth, *The Theology of Schleiermacher*(Grand Rapids : W. B. Eerdmans Publishing Co., 1978), p. xiv.
3. B. A. 게리쉬, 「현대 신학의 태동」 목창균 역(서울: 대한기독교서회, 1988), p. 20.
4. Schleiermacher, *Der Christliche Glaube*, lst edtion, # 23. *Der Christliche Glaube*(Berlin : Walter de Gruyter & Co., 1960), 이후로는 GI로 약칭함. 영역: *The Christian Faith*(Philadelphia : Fortress Press, 1976). 이후로는 CF로 약칭함.
5. Friedrich Schleiermacher, *Aus Schleiermachers Leben in Briefen*, Vol. I(Berlin : Druck und Verlag von Georg Reimer, 1860 – 1863), pp. 294 – 295. 이후로는 BR로 약칭함.
6. Ibid., p. 44.
7. C. W. Christian, *Friedrich Schleiermacher*(Wao : Word Books, Publisher, 1979), pp. 11 – 12.
8. F. Schleiermacher, *Soliloquies*(Chicago : Open Court, 1957), p. 74.
9. Stephen Sykes, *Friedrich Schleiermacher*(Richmond : John Knox Press, 1971), p. 14.
10. Ibid.
11. Schleiermacher, *Reden über die Religion*(Göttingen : Vandenhoeck & Ruprecht, 1967), p. 49. 이후로는 Reden으로 약칭함.
12. B. A. 게리쉬, 「현대 신학의 태동」, p. 17.
13. B. A. Gerrish, *Tradition and the Modern World: Reformed Theology in the Nineteenth Century* (Chicago : Univ. of Chicago Press, 1978), p. 16. 목창균 역, 「19세기 개신교 신학」(서울: 대한기독교서회, 1990), p. 26.
14. BR. I, pp. 294 – 295.

15. Richard B. Brandt, *The Philosophy of Schleiermacher*(Westport : Greenwood Press, 1971), p. 21. Christian, pp. 36 – 37.

16. Sykes, p. 76.

17. Gerrish, *Tradition and the Modern World*, p. 20. 「19세기 개신교 신학」, p. 31.

18. Martin Redeker, *Schleiermacher: Life and Thought*(Philadelphia : Fortress Press, 1973), p. 16.

19. Robert R. Williams, *Schleiermacher the Theologian*(Philadelphia : Fortress Press, 1979), pp. 4 – 11.

20. Claude Welch, *Protestant Thought in the Nineteenth Century*, vol. I(New Haven : Yale University Press, 1972), p. 62.

21. Redeker, p. 184.

22. Alasdair I. C. Heron, *A Century of Protestant Thought*(London : Lutterworth Press, 1980), p. 12.

23. Christian, pp. 38 – 39.

24. Ibid., p. 39.

25. Reden, pp. 49, 51. GI, # 3, CF, p. 5.

26. Christian, p. 46.

27. GI, Ist edition, # 23.

28. GI, # 19, CF., p. 88.

29. GI, 2판, # 11, CF, p. 52.

30. David F. Strauss, *The Christ of Faith and the Jesus of History* (Philadelphia : Fortress Press, 1977), p. 4.

31. Redeker, p. 131.

32. Alister E. McGrath, *The Making of Modern German Christology* (Oxford : Basil Blackwell Ltd., 1986) p. 26.

33. GI, II, # 94, CF, pp. 409 – 413.

34. GI, II, # 97, CF, pp. 402 – 406.

35. Emil Brunner, *The Mediator*(London : Lutter Worth Press, 1952), p. 52.

36. CF, p. 265.

37. Ibid., p. 271.

38. Ibid., p. 279.

39. Ibid., pp. 326 ff..

40. George Cross, *The Theology of Schleiermacher* (Chicago : The University of Chicago Press, 1911), p. 190.

41. Ibid.

42. CF, pp. 332 – 333.

43. Friedrich Lücke, "Recollections of Schleiermacher", *Christian Examiner* 20 (1836), p. 8.

44. Richard R. Niebuhr, "Friedrich Schleiermacher", *A Handbook of Christian Theologians* (Nashville : Abingdon Press, 1965), p. 17.

45. Christian, pp. 11 – 12.

46. Chang Kyun Mock, "The Development of Schleiermacher's Doctrine of God", Unpublished Ph. D. dissertation (Drew University, 1986), pp. 73 – 85.

47. Van A. Harvey, "A Word in Defense of Schleiermacher's Theological Method", *The Journal of Religion*, Vol. XIII (1962), p. 153.

48. Reden, p. 49.

3장

슐라이에르마허 2: 범신론 논쟁

서론

전술한 바와 같이, 슐라이에르마허의 신학적 오류로는 흔히 세 가지가 지적된다. 범신론, 주관주의 및 불가지론이 그것이다. 이 중에서도 범신론이 슐라이에르마허에 대한 비판의 핵심을 이루고 있다. 슐라이에르마허는 자신의 첫 저서인 「종교론」(1799) 출판 이후 끊임없이 범신론 혐의를 받아 왔다. 「종교론」이 스피노자의 범신론적 사상 체계를 제시하고 그것을 열렬히 변호했다는 것이다. 슐라이에르마허는 자신이 범신론자라는 비난을 단호히 거부했으나, 범신론 논쟁은 쉽게 종식되지 않았다. 이 논쟁은 슐라이에르마허 생전에는 그와 비판가들 사이에서, 그리고 그의 사후에는 슐라이에르마허 해석가들 사이에서 계속되고 있다.

「종교론」을 비롯한 슐라이에르마허의 초기 저서에는 범신론적인 경향이 없지 않았으나, 이런 경향은 만년에 이르러 대폭 수정되었다. 그렇다면 왜 범신론자라는 꼬리표가 슐라이에르마허를 떠나지 않고 맴돌고 있는 것인가? 슐라이에르마허는 하나님과 세계를 구별하지 않고 동일시했던가? 슐라이에르마허가 하나님과 세계를 동일시한 것은 아니다. 오히려 신인동형동성설(anthropomorphism)을 염려하여 하나님에게 인격성 부여하기를 주저했다.

필자는 슐라이에르마허와 당대 비판가들, 또한 슐라이에르마허 해석자들 사이에서 범신론 논쟁이 어떤 이유로 일어나 어떻게 전개되었는지 논의함으로써 그의 신관을 제시하려고 한다.

I. 하나님의 내재성과 초월성

하나님이 어떤 분인가를 나타내는 신학 용어는 하나님의 속성이다. 그것은 하나님의 본질 또는 특성을 의미한다. 그 가운데서도, 내재성과 초월성은 하나님과 세계의 관계를 나타내는 속성이다. 내재성은 세계 안에 계신 하나님을 의미한다. 따라서 그것은 자연, 인간 본성 및 역사 안에서의 하나님의 임재와 활동을 나타내는 것이다. 초월성은 세계 밖에 계신 하나님을 의미한다. 그것은 하나님이 자연, 인간 및 역사로부터 독립된 존재임을 나타내는 것이다.

하나님이 세계와 관계하는 이 두 가지 측면을 어떻게 취급하느냐에 따라 신관은 달라진다. 유신론, 범신론, 이신론이 그것이다. 유신론(theism)은 내재성과 초월성을 동시에 강조한다. 범신론(pantheism)은 초월성을 부정하고 내재성만을 강조하는 반면, 이신론(deism)은 내재성을 부정하고 초월성만을 강조한다.

서양 사상사에서 범신론적 세계관을 제시한 대표적인 인물은 스피노자(Spinoza, 1632 – 1677)이다. 그에 따르면, 이 세계에는 단 하나의 실체(實體)가 있다. 실체는 독립적으로 존재하며 그 자체를 통해 이해되는 것을 의미한다. 그것이 존재하기 위해 다른 것을 필요로 하지 않는다. 스피노자는 이 실체가 곧 하나님이요 자연이라고 보았다. 그는 자연과 하나님을 동일시했다. 하나님과 자연은 동일한 실체로 이름만 다를 뿐이다.

따라서 그는 창조주와 피조물을 구별하는 기독교 전통적인 신관을 거부하고, 하나님과 자연이 동일한 대상을 가리키는 것이라고 주장했다. 하나님과 자연의 관계는 "생산(生産)하는 자연"(natura naturans)과 "생산된 자연"(natura naturata)의 관계이다. 생산하는 자연은 능동적이며 창조적인 자연을 의미한다. 모든 만물을 생기게 하는 생산적인 힘이다. 생산된 자연은 피동적이며 일정한 순간에만 존재하는 자연을 의미한다. 그러므로 스피노자는 하나님이 곧 자연이라는 범신론적 세계관에 이르게 되었다.[1]

한편, 이신론을 주장한 대표적인 경우는 18세기 영국의 자연신학자들이다. 그들은 하나님이 세계의 창조주라는 것은 인정하지만, 세계 안에 존재하여 그것을 간섭하거나 지배하는 섭리주라는 것은 부정한다. 하나님은 독립적이며 법칙을 따라 움직이는 세계를 창조한 후에는 초월자로 세계 밖에 존재하신다는 것이다. 그러나 성경은 내재성과 초월성을 균형 있게 강조하고 있다. 성경은 하나님이 우주 전체에 임재하신다는 것(렘 23:24), 만물을 창조하시고 그것을 보존하신다는 것(창 1:2, 욥 33:4, 사 63:11), 인간 본성 안에서 활동하신다는 것(행 17:27-28, 미 3:8)을 분명하게 언급하고 있다. 한편 성경은 하나님의 초월성을 곳곳에서 말하고 있다. 특히 하나님의 초월성은 이사야서의 독특한 주제이기도 하다. "여호와의 말씀에 내 생각은 너희 생각과 다르며 내 길은 너희 길과 달라서 하늘이 땅보다 높음 같이 내 길은 너희 길보다 높으며 내 생각은 너희 생각보다 높으니라"(사 55:8-9). 이외에도 많은 구절이 하나님의 초월성을 뒷받침하고 있으며(사 6:3, 시 113:5-6, 123:1, 요 8:23), 내재성과 초월성을 동시에 말하고 있기도 하다(사 57:15).

성경이 하나님의 내재성과 초월성을 균형 있게 강조함에도 불구하고, 신학은 항상 이 두 개념 가운데 어느 하나를 강조하고자 하는 유혹을 받고 있다.

현대 신학에서 내재성을 강조하는 대표적인 예로 19세기 자유주의 신학자, 20세기의 폴 틸리히, 사신 신학자 등을 들 수 있다. 정통주의 신학은 초월성을 강조하는 경향이 있다. 하나님은 세계 밖에 계시며 기적을 통해 자연 과정을 간섭하신다. 따라서 정통주의 신학은 무한하고 완전한 하나님과 유한하고 불완전한 세계 사이의 근본적인 분리를 주장한다. 이에 비해, 자유주의 신학은 내재성을 강조하는 경향이 있다. 자유주의 신학은 세계 내에서의 하나님의 임재와 활동을 강조함으로써 하나님과 인간, 하나님과 세계, 신앙과 이성 사이의 연속성을 주장했다. 자연의 영역 밖에 초자연적인 영역은 없으며, 하나님은 자연의 영역 넘어서나 밖이 아니라 오히려 자연 안에 계신다는 것이다.

틸리히(Paul Tillich)는 정통주의와 자유주의의 중간 입장을 취하면서도 하나님의 내재성을 강조했다. 그의 사상의 핵심을 이루는 것은 신 개념이며, 그것은 그의 사상의 독창성을 잘 나타내고 있다. 정통주의 신학이 하나님을 최고의 존재 또는 무한한 존재로 이해하고 있는 데 비해, 그는 하나님을 존재(Being)가 아닌 존재 자체(Being Itself) 또는 존재의 근거(Ground of Being)로 정의했다. 하나님은 모든 것을 존재하게 하는 내적 힘이다. 따라서 하나님은 모든 것 안에 임재한다. 그러나 하나님은 존재하는 모든 것과 동일한 것은 아니다. 틸리히의 신관은 범신론이 아니라 만유재신론(panentheism)에 가깝다. 그의 입장은 하나님과 세계가 동일하다는 것이 아니라 하나님이 모든 것 안에 있다는 것이다.

세속화 신학의 극단적인 형태인 하나님의 죽음의 신학(the Death of God theology) 역시 하나님의 내재성을 강조했다. 하나님이 죽었다는 사신 신학의 주장은 초월적인 하나님의 죽음을 의미한다. 하나님은 한때 초월적으로 존재했으나, 그 초월적인 지위를 포기하고 이제는 자연과 인간 안에 내재한다는 것이다.

한편 초월성을 강조하는 대표적인 예로는 19세기의 키에르케고르, 20세기의 바르트, 희망의 신학자 등을 들 수 있다. 키에르케고르(Soren Kierkegaard)는 "질적 차이"라는 독창적인 표현을 통해 초월성의 개념을 제시했다. 그는 하나님과 인간의 차이는 정도의 차이가 아니라 질적인 차이라고 보았다. 하나님은 단순히 인간과 같은 분이 아니라 그 이상이다. 근본적으로 인간과 다른 종류의 존재이다.

키에르케고르의 초월성의 개념은 여러 가지 면에서 바르트에게 영향을 미쳤다. 바르트는 하나님의 초월성을 그의 사상과 저서, 특히 초기의 저서 「로마서 주석」에서 매우 강조했다. 그는 하나님을 "미지의 하나님"(the Unknown God) 또는 세계 위에 계신 "절대 타자"(the Wholly Other)라고 정의했다. 하나님은 인간의 일면이나 인간 본성의 가장 좋은 면이 아니다. 하나님은 무한한 질적 차이에 의해 인간으로부터 분리되어 있다. 따라서 인간 안에는 하나님과 유사한 것이 전혀 없다.

한편 몰트만이 주창한 희망의 신학은 하나님과 세계의 관계를 우주적인 면이 아닌 역사적인 면에서 고려했다. 하나님의 초월성은 공간적인 것이 아니라 종말론적이다. 따라서 희망의 신학은 우주적 또는 형이상학적인 하나님의 초월성 대신 하나님의 역사적인 초월성을 강조했다.

현대 자유주의 신학이 하나님의 초월성보다 내재성을 강조하게 된 것은 슐라이에르마허로부터 비롯되었다. 그렇다면 슐라이에르마허는 하나님의 내재성과 초월성을 어떻게 이해했는가? 그는 초월성을 희생시키고 하나님과 세계를 동일시할 정도로 과도하게 내재성을 강조한 것인가? 그의 주저 「종교론」과 「신앙론」에 근거하여 일어난 범신론 논쟁을 중심으로 이 문제에 대한 그의 입장을 살펴보도록 하자.

Ⅱ. 범신론 논쟁

슐라이에르마허 연구가들은 신론이 그의 사상의 핵심을 이룬다는 것을 일반적으로 인정하면서도, 또한 그것을 최대의 약점으로 보았다. 특히 슐라이에르마허에 대한 비판의 핵심을 이루는 것은 소위 그의 범신론이다. 이 범신론 혐의는 이미 슐라이에르마허 생전에도 제기되었던 문제이다. 이 문제를 최초로 제기한 사람은 그의 교회 상급자로 「종교론」의 검열관이던 작크(Sack)였다. 그는 슐라이에르마허에게 보낸 편지에서 「종교론」에 대해 말하기를, "범신론에 대한 열렬한 변호와 스피노자의 사상 체계를 제시한 것" 이외의 것을 발견할 수 없었다고 했다.[2]

이와 같이 비판가들은 슐라이에르마허에게서 스피노자의 범신론을 발견했다는 이유로, 혹은 그가 하나님과 세계를 동일시했다는 이유로 슐라이에르마허를 범신론자로 간주했다. 반면, 슐라이에르마허 자신을 비롯하여 그의 변호자들은 이러한 범신론 혐의를 성급한 판단으로 취급했다. 왜냐하면 슐라이에르마허가 하나님을 초월적이며 내재적인 존재로 이해했다고 보았기 때문이다.

슐라이에르마허의 신관을 둘러싸고 일어난 범신론 논쟁은 몇 가지로 세분된다. 시간상으로는 생전에 슐라이에르마허 자신과 당대 학자들 사이에 일어난 논쟁과, 사후에 해석자들 사이에 일어난 논쟁으로 나눌 수 있다. 그리고 내용상으로는 「종교론」을 중심으로 한 초기 신관에 관한 논쟁과 「신앙론」을 중심으로 한 후기 신관에 관한 논쟁으로 구별될 수 있다. 필자는 「종교론」에 근거한 논쟁과 「신앙론」에 근거한 논쟁을 구분하여 토의한 후 이들을 종합하여 정리하고자 한다.

「종교론」에서 슐라이에르마허는 신론을 체계적으로 논의하지는 않았다. 무엇보다도 형이상학과 도덕으로부터 구별되는 종교의 독자적인 영역을 확보하는 데 관심이 있었기 때문이었다. 슐라이에르마허는 「종교론」초판에서 종교의 본질을 "사유도 행위도 아닌 우주에 대한 직관과 감정"으로 정의했다.[3] 이 정의에 따르면, 종교의 대상은 우주이다. 그는 하나님이란 용어 대신 우주란 용어를 선호했다. 이것은 하나님이란 말이 당시 계몽주의의 신 개념으로 이해될 여지가 있었기 때문이었다. 계몽주의자들은 하나님을 "인간성의 천재", "인류의 모본"으로 간주하거나 인간을 "하나님의 원형"으로 간주했다. 그것이 당시 종교 비판가들에게 거부감을 주었다. 따라서 슐라이에르마허는 하나님이란 명칭의 사용을 의식적으로 피했다.

슐라이에르마허는 우주를 종교의 대상으로 간주하고, 그것을 모든 존재와 생성의 통일체로 이해했다. 그러나 우주에 대한 전통적인 유신론적 해석을 주저했다. 오히려 우주를 유한한 것에서 무한자가 나타난 것으로 주장했다. 따라서 종교의 대상을 우주나 세계 전체로 표현한 슐라이에르마허의 입장은 범신론을 반영한 것이라는 지적을 받아 왔다. 그에게 범신론 혐의를 두는 견해는 다음 몇 가지로 정리될 수 있다.

첫째, 슐라이에르마허와 스피노자의 사상이 유사하다는 견해이다. 슐라이에르마허는 초월적인 하나님에 대한 스피노자의 반대에 지극히 동정적이었으며, 하나님과 세계의 관계를 실체(substance)와 양태(mode)의 관계로 간주하는 스피노자의 견해를 수용했다. 따라서 슐라이에르마허를 범신론자로 취급해야 된다는 것이다. 왜냐하면 스피노자의 범신론이 그에게서 발견되기 때문이다. 작크는 「종교론」에 나타난 "나와 함께 거룩한 그러나 거부된 스피노자의 영혼에게 경건히 머리털을 바치자"는 구절 등에 근거하여 슐라이에르마허가 범신론을 변호했다고 비판했다.[4] 그러나 슐라이에르마허는 작크가 자신의 의도를 오해한 것으로 보았다. 그가 「종교론」을 저술한 것은 스피노자의 범신론 변호가 아니라 형이상학으로부터 종교의 독립을 확립하는 것이기 때문이었다.[5]

이러한 해명에도 불구하고, 그에 대한 범신론 혐의는 계속되었다. 쉬스킨트(Hermann Süskind)는 "다양성으로서의 우주"와 "통일성으로서의 하나님"은 동일하다는 슐라이에르마허의 주장에 근거하여 그를 범신론자로 취급했다.[6] 매킨토쉬(Hugh R. Mackintosh) 역시 철저한 스피노자주의에 비하여 슐라이에르마허는 유한한 개체에 좀더 풍부한 생명력을 부여했다는 것 이상의 차이는 없다고 주장했다.[7]

둘째, 슐라이에르마허가 하나님과 세계를 구별했다는 것은 인정하나 그것을 단지 형식적인 것으로 간주하는 견해이다. 벤더(Wilhelm Bender)는 슐라이에르마허가 하나님과 세계를 본질과 현상의 관계로 이해했다고 주장했다. 슐라이에르마허에 있어서 하나님과 세계는 "동일한 존재의 두 다른 존재 형식"에 불과한 것으로 해석함으로써 슐라이에르마허의 신론의 범신론적 성격을 입증하려고 했다.[8] 프루키거(Felix Fluckiger)는 슐라이에르마허가 실제가 아닌, 단지 관념으로만 하나님과 세계를 구별했다고 보았다. 따라서 그는 슐라이에르마허의 하나님은 세계와 동일하다고 주장했

다.[9]

셋째, 슐라이에르마허가 하나님의 인격성을 거부했다는 견해이다. 포스터(F. H. Foster)는 슐라이에르마허와 스피노자의 유사성에 근거하여 슐라이에르마허를 범신론자로 간주하는 견해를 비판한다. 그는 오히려 하나님의 인격성의 부정에 근거하여 슐라이에르마허에게 범신론 혐의가 있음을 주장했다. 스피노자가 모든 것을 유일한 실체인 하나님의 양태(mode)로 간주했다. 반면, 슐라이에르마허는 하나님이 세계와 동일하다고 생각하지 않았으나 하나님의 인격성을 부정했다. 따라서 포스터는 하나님의 인격성에 대한 부정을 범신론의 본질로 간주하고, 슐라이에르마허는 범신론 혐의를 피할 수 없다고 주장했다.[10]

한편 앞에서 논의한 바와 같이 「종교론」에 근거하여 슐라이에르마허의 신관이 범신론적이라고 비판하는 입장과는 다른 또 하나의 부류가 있다. 그들은 슐라이에르마허가 스피노자의 영향을 받았다는 것은 인정하나, 그의 사상이 범신론적이라는 것은 부정하는 해석자들이다.

레데커(Martin Redeker)는 슐라이에르마허와 스피노자 사이에는 유사점과 함께 본질적인 차이점이 있음을 지적했다. 자연 신론적인 신 개념과 초자연적인 계몽주의 신 개념을 부정한 것은 유사하나, 하나님과 자연의 동일성 문제는 전혀 다른 입장을 제시했다. 스피노자는 하나님과 자연을 동일시했으나, 슐라이에르마허는 결코 양자를 동일시하지 않았다.[11] 윌리암즈(Robert R. Williams)는 슐라이에르마허가 실체를 생산하는 자연(natura naturans)과 생산된 자연(natura naturata)으로 보는 스피노자의 신 개념을 거부했다고 보았다. 그것이 하나님과 세계의 무한한 질적 차이를 정당하게 다루지 못하기 때문이었다.[12] 보버민(G. Wobbermin)은 슐라이에르마허가 「종교론」에서 스피노자를 찬양한 것은 피히테(Fichte)의 극단적인 주관주의를 반대하기 위한 것이지, 범신론을 지지하기 위한 것은 아니라고 주장했다.[13]

반면 슐라이에르마허가 하나님을 초월적인 동시에 내재적인 존재로 생각했다는 데 근거하여, 슐라이에르마허가 범신론자라는 것을 부정하는 해석자들도 있다. 존슨(W. A. Johnson)은 슐라이에르마허가 「종교론」에서 절대자를 내재적인 동시에 초월적인 분으로 간주했다고 했고,[14] 바이써(Friedrich Beisser)는 슐라이에르마허가 하나님과 세계를 동일시하지 않고 명확히 구별했다고 보았다.[15]

이상에서 살펴본 슐라이에르마허의 신론에 대한 논쟁은 슐라이에르마허 자신의 불확실한 진술로 인해 일어났다. 그는 「종교론」에서 신학적인 용어 대신 낭만주의의 수사학적 언어를 사용했다. 심지어 하나님이란 말 대신 우주라는 용어를 사용하기까지 했다. 뿐만 아니라 무한한 조직체로서의 우주와 그 산물로서의 유한한 세계를 구별할 때 외에는 하나님과 세계를 구별하지 않았다. 따라서 「종교론」초판이 범신론적 경향을 포함하고 있다는 것을 부정할 수 없다.

슐라이에르마허의 성숙한 신관은 「신앙론」을 통해 제시되고 있다. 「신앙론」은 전체에 걸쳐 신론을 다루고 있다. 슐라이에르마허는 「신앙론」초판(1821 -1822)에서 하나님과 세계를 구별했다. 첫째, 그는 하나님의 무한성과 세계의 무한성의 차이를 지적함으로써 양자를 구별했다. 하나님의 무한성은 세계의 무한성과 다른 "단순하고 절대적인 무한성"이다. 둘째, 슐라이에르마허는 절대적인 원인과 유한한 원인의 구별에 근거하여 하나님과 세계를 구별했다.[17]

이와 같이 슐라이에르마허가 「신앙론」초판에서 하나님과 세계를 구별했음에도 불구하고, 당시 사람들은 그의 견해를 범신론이라고 비판했다. 트츠쉬르너(H. G. Tzschirner)는 슐라이에르마허의 사상이 쉘링(Schelling)의 철학에 기초했는데, 이 철학이 스피노자의 범신론의 수정이라고 주장했다. 뵈메는 슐라이에르마허가 주장한 단순하고 절대적인 하나님의 무한성은 곧 세계의 무한성이라는 이유로 그를 범신론자로 해석했다. 슐라이에르마허는 뤼케에게 보낸 편지에서 이런 비판을 자신에 대한 오해로 취급했다. 심지어 그는 비판가들이 자신이 아니라 동명이인의 다른 슐라이에

르마허를 공격했다고 주장했다.[18]

한편 크라이버(C. B. Klaiber)는 슐라이에르마허의 하나님은 초월적인 하나님이 아니며, 그의 견해는 하나님과 세계의 진정한 차이를 부정하고 양자를 동일시했다고 보았다. 따라서 그는 슐라이에르마허를 범신론자로 생각했다. 델브뤼크(Delbrück)는 「신앙론」서론에서 범신론적 종교를 발견하고, 슐라이에르마허가 스피노자주의를 수용했다고 비판했다.[19] 이에 대해 슐라이에르마허는 델브뤼크가 자신을 「종교론」에 근거하여 범신론자로 정죄했으며 자신의 교리를 화학적인 가공에 의해 완전히 나르게 만들었다고 주장했다. 그리고 자신이 스피노자를 칭찬하기는 했으나 결코 그의 추종자는 아니었음을 밝혔다.[20]

슐라이에르마허는 「신앙론」초판에 대한 비판들을 그의 견해에 대한 오해로 간주하고 그들의 분명한 논거의 부족을 지적했다. 한편 독자들의 오해에 대해 어느 정도 자신에게도 책임이 없지 않았음을 인식한 슐라이에르마허는 당시의 비판들을 반영하여 「신앙론」을 개정했다. 그는 보다 분명하게 하나님과 세계를 구별했다. 그는 세계를 존재의 전체로 정의한 반면, 하나님을 세계의 근거로 정의했다. 하나님은 모든 유한한 존재의 근원이다. 이것은 슐라이에르마허가 세계와 하나님 사이에 존재론적 차이가 있음을 지적한 것이다. 한편 슐라이에르마허는 종교의 본질을 "절대 의존적인 존재의 의식," 즉 하나님과의 관계에서의 존재 의식으로 정의했다. 이것은 종교적인 감정이 모든 다른 감정과 다를 뿐만 아니라 또한 하나님 역시 세계와 구별된다는 것을 의미한다.

슐라이에르마허는 「신앙론」 초판과 재판 모두에서 하나님의 초월성과 내재성을 변호했으나, 그 문제에 대한 접근 방법은 서로 달랐다. 초판에서는 하나님의 무한성과 세계의 무한성 사이의 차이점을 지적함으로써 간접적으로 하나님과 세계를 구별했다. 그러나 재판에서는 하나님과 세계가 동일하지 않다는 것을 보다 직접적으로 분명히 표현했다. 그는 하나님을 세계의 토대와 근거로 정의함으로써 양자의 존재론적 차이를 강조했다.

결론

슐라이에르마허는 현대 신학의 아버지라는 영예를 얻고 있으면서도, 비판과 거부의 대상이 되고 있다. 슐라이에르마허에 대한 비판 가운데 대표적인 것이 그의 범신론이다. 하나님과 세계에 대한 대한 슐라이에르마허의 모호한 진술은 끊임없이 범신론 혐의를 일으켰으며, 슐라이에르마허 연구가들 사이에서 뜨거운 논쟁점이 되었다. 「종교론」초판에서 그가 하나님과 세계를 동일시하지 않았다 하더라도, 범신론적 경향을 지니고 있었음을 부정하기는 어렵다.

「신앙론」초판에서 슐라이에르마허는 단순하고 절대적인 무한성의 개념에 근거하여 세계로부터 하나님을 구별했다. 그러나 그것이 범신론을 포함하고 있다는 비난을 받게 되자, 재판에서는 근원과 절대 의존의 개념에 근거하여 하나님과 세계를 구별했다. 그는 이 두 개념을 통해 하나님과 세계의 질적인 차이와 존재론적 차이를 확립했다.

슐라이에르마허는 하나님과 세계를 구별하고 그 자신에 대한 범신론 혐의를 단호히 배격했다. 그럼에도 불구하고 범신론 혐의를 계속적으로 받고 있는 또 다른 이유는 그가 하나님과 세계를 구별하지 않기 때문이라기보다, 오히려 하나님에게 인격성 부여하기를 주저했기 때문이다. 그는 신인동형동성설(anthropomorphism)을 두려워한 나머지 인격적인 하나님보다는 살아 있는 하나님(living God) 개념을 선호했다.

하나님의 내재성이 지나치게 강조되면 인격적인 신(personal God) 개념이 손상된다. 반면, 초월성이 지나치게 강조되면 활동적인 신(active God) 개념이 손상된다. 그 전형적인 예가 슐라이에르마허이다. 그는 하나님의 내재성과 초월성을 균형 있게 강조하지 못하고 내재성을 지나치게 강조했다. 그 결과 인격적인 신 개념이 상실되고 범신론 혐의를 받게 된 것이다.

현대 신학이 하나님의 초월성보다 내재성을 강조하는 것은 슐라이에르마허의 영향이다. 그는 현대의 정황에서 신학의 가능성을 문제 삼고 현대 신학이 나갈 방향을 제시했다. 그가 도달한 결론이 아니라 그가 택한 방향에 의해서, 그리고 그가 제시한 대답이 아니라 그가 제기한 문제에 의해서 슐라이에르마허는 현대 신학의 아버지로 불리는 것이다.

주(註)

1. 스터얼링 램프레히트, 「서양 철학사」(서울: 을유 문화사, 1963), pp. 347 – 351.

2. Friedrich Schleiermacher, *Aus Schleiermachers Leben in Briefen*, 4 vols.(Berlin: Druck und Verlag von Georg Reimer, 1860 – 1863), 2: 276. Briefe로 약칭.

3. Friedrich Schleiermacher, *Über die Religion: Reden an die gebildeten unter ihren Verächtern*(Göttingen, 1967), p. 49.

4. *Briefe*, III, p. 276.

5. Ibid., pp. 282 – 284.

6. Hermann Süskind, *Der Einfluss Schellings auf die Entwicklung von Schleiermachers System*(Tübingen: Mohr, 1909), p. 32.

7. Hugh R. Mackintosh, *Types of Modern Theology*(New York: Charles Scribner's Sons, 1937), pp. 51 –52.

8. Wilhelm Bender, "Schleiermachers theologische Gotteslehre," *Jahrbücher für deutsche Theologie*, XVII(Gotha: Rudolf Besser, 1871), pp. 656–657.

9. Felix Fluckiger, *Philosophie und Theologie bei Schleiermacher*(Zollikon Zurich: Evangelischer Verlag AG., 1947), p. 121.

10. F. H. Foster, "Schleiermacher's Absolute Feeling of Defence and its Effects on his Doctrine of God," *Bibliotheca Sacra 40*(1883), p. 552.

11. Martin Redeker, *Schleiermacher: Life and Thought*(Philadelphia: Fortress Press, 1973), p. 44.

12. Robert R. Williams, *Schleiermacher the Theologian*(Philadelphia: Fortress Press, 1978), p. 97.

13. G.Wobbermin, *Das Wesen der Religion*(Leipzig, 1925), p. 104.

14. William A. Johnson, *On Religiion: A Study of Theological Method On Schleiermacher and Nygren*(Leiden: E. J. Brill, 1964), p. 30.

15. Friedrich Beisser, *Schleiermachers Lehre von Gott*(Göttingen: Vanden

öck and Ruprecht, 1970), p. 43.

16. Friedrich Schleiermacher, *Der Christliche Glaube*(Berlin : Walter de Gruyter, 1980), # 9.3, p. 32.
17. Ibid., # 10.4, p. 36.
18. Friedrich Schleiermacher, *On the Glaubenslehre Two Letters to Dr. Lücke*(Chico : Scholars Press, 1981), pp. 37 – 47.
19. Ibid., pp. 49 – 50.
20. Ibid.

4장

데이비드 스트라우스

서론

현대 프로테스탄트 신학과 사상의 기초를 놓았던 인물들의 세대가 1830년 대에 들어서면서 종료되었다. 개신교 신앙 진리를 철학적으로 표현한 헤겔 (Hegel)은 1831년에, 그리고 헤겔의 사상적 맞수이자 현대 신학의 아버지 로 불리우는 슐라이에르마허는 1834년에 세상을 떠났다.

이후의 개신교 신학은 경험의 신학이라는 자유주의 신학의 기본 기조를 유지하면서도 19세기 초반의 신학과는 다른 양상으로 전개되었다. 기독교 와 신학은 현대 세계에서 어떻게 가능하느냐가 19세기 초의 신학적 주제였 다면, 19세기 중반에는 기독론이 신학적 관심의 초점이 되었다. 이 시대 거 의 모든 신학자가 기독론을 문제의 출발점으로 삼았다. 이러한 흐름의 분 기점이 되었던 것은 1835년에 출판된 스트라우스(David Friedrich Strauss)의 「예수전(*Leben Jesus*)」이었다.

19세기 중반, 유럽 대륙의 신학은 헤겔 사상에 영향을 받은 신학자들에 의해 주도되었다. 튀빙겐학파의 창시자 바우르(Ferdinand C. Baur)와 그 의 제자 스트라우스, 스위스의 대표적인 자유주의 조직 신학자 비더만(A. E. Biedermann)등이 그 대표적인 인물들이다. 이들은 모두 헤겔 좌파에 속하는 신학자들이었다.[1] 이로 인해 이들의 신학은 헤겔학파의 신학 또는 합리주의 신학이라고 불리운다.

한편 이들의 신학은 역사 비평적 신학으로 불려지기도 한다. 그들이 한결같이 역사적 비평을 신학과 성서 연구에 받아들였기 때문이었다. 역사 비평적 신학의 특징은 역사학의 타당한 원리들을 성서 연구에 적용시킨 것과, 역사 비평적 연구의 결과를 기독교 본질을 파악하는 원리와 신학 재구성의 근거로 삼은 것이다.[2] 역사적 비평은 루터의 성서 주석으로부터 시작되어 역사 비평적 신학의 시조로 간주되는 제믈러(Johann S. Semler)를 거쳐 19세기 중엽에 이르러 하나의 신학적 흐름을 형성했다.

이러한 역사 비평적 연구를 본격적으로 전개하여 많은 사람들로 하여금 역사적 연구를 하도록 자극을 준 사람이 바우르와 스트라우스였다. 특히 스트라우스의 「예수전」은 역사 비평적 성서 연구의 전형이었다.

그러면 스트라우스를 중심으로 역사 비평적 신학이 어떤 것인지 살펴보자. 스트라우스는 스승이자 동료였던 에센마이어(C. A. Eschenmayer)에 의해 "우리 시대의 가룟 유다"로, 하우스라트(Hausrath)에 의해 "병리학적 현상"으로 취급되던 사람이었다.[3] 스트라우스가 만년에 이르러서 기독교 신앙을 포기하고 기독교와 인연을 끊었다는 사실을 고려한다면, 이러한 평가는 상당한 설득력과 정당성을 지니고 있다.[4]

이렇듯 현대의 가룟 유다로 간주되는 스트라우스의 사상이 어떻게 형성되었는지 추적하기 위해, 그의 생애와 저술 및 신학 방법론을 먼저 개괄하려고 한다. 그리고 그의 「예수전」을 중심으로 역사 비평적 신학의 내용이 무엇인지, 그것을 둘러싼 신학 논쟁이 어떠했는지 해명하려고 한다.

Ⅰ. 생애와 저작

스트라우스는 1808년 독일 스투트가르트 근처 루트비그스부르그(Ludwigsburg)에서 상인 가정에서 태어났다. 그는 경건하고 헌신적인 어머니로부터 많은 영향을 받았다.

스트라우스는 튀빙겐 대학교에 진학하여 철학과 신학을 공부했다. 스트라우스는 쉘링과 헤겔의 철학과 뵈메(Jakob Boehme)의 신비주의에 영향을 받았다. 그는 바우르의 교회사, 교리사, 사도행전, 고린도전서 강의를 청강했으며 초자연주의적 정통주의자 스토이델(J.C. Steudel)로부터 조직 신학을 배웠다.[5]

1830년 여름 스트라우스는 자격 시험을 거쳐 고향 마을 근처에 있는 교회 부목사(Vikar)로 부임하여 9개월 동안 설교와 교리 교육을 담당했다. 1831년 여름부터 잠시 동안 말브론(Maulbronn)의 예비 학교 교수로 활동했으며, "만물의 회복"이란 제목의 논문으로 튀빙겐 대학 철학부 박사 학위를 받았다.

1831년 10월 스트라우스는 헤겔과 슐라이에르마허의 강의를 청강하기 위해 베를린으로 갔으나, 헤겔의 강의를 들을 기회를 얻지 못했다. 헤겔이 11월 14일 콜레라로 사망했기 때문이었다.[6] 그는 베를린에 체류하는 동안 슐라이에르마허의 강의와 설교에는 직접 참석했다. 하지만 예수의 생애에 대한 강의는 청강하지 못하고 학생들의 강의 노트만을 얻을 수 있었다.[7]

1832년 5월 튀빙겐 학원(Stift)의 지도 교사로 부임하기 위해 베를린을 떠나 튀빙겐으로 돌아온 스트라우스는 신학생들을 지도했다. 뿐만 아니라 대학에서 헤겔의 논리학, 플라톤, 현대 철학 등을 비롯한 철학 과목을 성공적으로 강의했다.

한편 그는 1835년 복음서 이야기에 대한 철저한 역사 비평적 연구를 시도한 「예수전」을 출판했다. 이 책은 일찍이 그 예를 찾아보기 힘들 정도로 큰 신학적 화제를 일으켰다. 그 시대의 거의 모든 독일 신학자들이 이 책을 거론했으며 논쟁의 근원이 되었다. 그것은 스트라우스를 한 순간에 유명 인사로 만들었던 반면, 대학과 교회에서 일할 수 있는 기회를 잃게 했다. 그에 대한 반대가 강력하고 일반화되었기 때문이다.

스트라우스는 튀빙겐에서 일자리를 잃고 루트비그스부르그의 학원 교사로 옮겼으나 1년이 못 되어 그만 두고 스투트가르트로 이사했다. 여기서 여러 해를 보내면서 「예수전」 개정판을 냈으며 「예수전」에 대한 비판을 논박하는 「반박문(Streitschriftes)」을 썼다.

1839년 스트라우스는 스위스의 자유주의 신학자들의 주선으로 취리히 주정부로부터 새로 설립된 취리히 대학의 교의학 교수로 초빙받게 되었다. 그러나 정통주의자와 경건주의자들의 맹렬한 반대로 민심이 동요되자, 주정부는 교수 임명을 취소하고 스트라우스에게는 연금만을 지불했다. 이후, 스트라우스는 신학자들에 대해 적대감을 가졌다.

1840 – 1841년에 스트라우스는 「신앙론(Die christliche Glaubens-lehr)」을 저술했다. 이것은 새로운 학문과 철학이 기독교와 신학에 대해 어떤 관계를 갖느냐는 문제를 다룬 것이다. 스트라우스는 철학과 신학은 동일한 내용을 가지고 있으나 그것을 표현하는 형식이 다르다고 본 헤겔의 견해를 포기하고, 철학과 종교는 서로 반대적인 것이라고 주장했다. 또한 "교리의 진정한 비판은 교리사이다"[8]라는 신념에 근거하여 역사적 상황들이 교리들을 만든다는 것과 이들이 또한 교리들을 와해시키는 모순들을 만든다고 주장했다.

스트라우스는 「신앙론」 출판 후 신학은 물론 신학자와도 인연을 끊었다. 그는 정치 활동에 참여하기도 했으며 프리랜서 작가가 되어 신문 칼럼, 백과사전 등에 글을 쓰기도 했다. 또한 전기 작가로서 명성을 얻었으며 문학 비평가로 활동하기도 했다.

스트라우스는 신학을 영원히 포기할 수 없고 그렇다고 개업한 신학자일 수도 없는 불행한 인물이었다.[9] 그는 20여 년 만에 다시 신학계로 돌아와 1864년 「독일인을 위한 예수전」을 저술했다. 이것은 신학자가 아닌 일반 지식인들에게 그의 입장을 호소한 것이었다. 1865년 슐라이에르마허의 「예수의 생애」를 비판한 「신앙의 그리스도와 역사의 예수(The Christ of Faith and the Jesus of History)」와 쉔켈(Schenkel)의 「예수의 생애」를 공격한 「절반과 전체(Die Halben und die Ganzen)」를 출판했다.

스트라우스의 마지막 저서는 1872년 출판된 「옛 신앙과 새 신앙(Der

alte und der neue Glaube)」이었다. 이 책의 내용은 우리는 아직도 기독교인인가, 우리는 아직도 종교를 가지고 있는가, 우리는 어떻게 세계를 이해하는가, 우리는 어떻게 삶의 순서를 정하는가 하는 네 개의 문제를 다룬 것이다. 이것은 수개월 만에 6판이 출판될 정도로 많은 관심과 함께 논쟁을 일으킨 문제작이었다.

1872년 스트라우스는 고향 루트비그스부르그로 이주하여 플라톤의 「파이돈」 등의 책을 읽으면서 생애 마지막 기간을 보냈다. 1874년 2월 8일 병들고 노쇠하여 아들의 품속에서 그는 숨을 거두었다. 유언에 따라 그의 장례식에는 가족과 친지만 참석했을 뿐 목사는 아무도 참석하지 않았다.

Ⅱ. 신화적 성서 해석

스트라우스는 「예수전」에서 복음서의 이야기들에 대해 철저한 역사 비평적 연구를 시도했다. 그가 역사적 비평의 과제로 삼았던 것은 두 가지였다. 첫째, 복음서 이야기에서 역사적이라기보다는 신화적이라고 판단될 수밖에 없는 요소들을 확인하는 것이다. 둘째, 이 신화적인 이야기들이 어떻게 성립되어 예수와 결부되었는지를 제시하는 것이다.[10]

스트라우스가 이 과제를 수행하기 위해 사용한 것이 신화적인 해석 방법이었다. 이것은 종래의 초자연적인 방법과 합리적인 방법을 비판적으로 종합한 것이었다. 정통적, 초자연적 방법은 성서의 내용 모두가 진실하다는 것을 전제한 해석이다. 따라서 복음서의 초자연적 요소들을 본문에 기록된 그대로 역사적인 사실로 설명했다. 반면, 합리적인 방법은 역사적으로 또는 합리적으로 설명 가능한 내용만이 진실하다는 것을 전제로 한 해석이다. 따라서 초자연적 요소들을 임의적인 허구(fiction)로 취급하는 자연적이며 믿을 수 있는 설명을 제시했으나 결과적으로 본문의 의미를 포기했다.[11]

스트라우스는 앞서 말한 두 방법의 이러한 난점과 모순을 해결하기 위해 제3의 방법으로 신화적 해석을 도입했다. 그는 복음서의 초자연적 요소들을 단순한 역사적 사실로 간주하거나 여분의 장식물로 이해하지도 않았다. 그것들을 복음서 저자들이나 초대 교회가 예수의 중요성에 대한 그들 자신의 의식을 표현하기 위한 수단들로 해석했다.

예를 들어, 초자연적 방법은 부활을 죽은 예수가 다시 살아난 것으로 해석한 반면, 합리적인 방법은 예수가 실제로 죽지 않았다거나 또는 실제로 다시 살지 않았다는 식으로 설명했다. 그러나 스트라우스는 부활 이야기를 초기 기독교인의 문화적 의식의 표현으로 해석했다. 이는 신화의 개념을 복음서의 초자연적 요소에 적용시킨 것이다. 신화적 해석은 초자연적 해석을 명제로, 합리적인 해석을 반명제로 하여 이들을 종합한 변증법적 방법이었다.[12]

스트라우스는 예수에 관한 복음서의 기록에서 역사적인 것으로부터 비역사적인 것을 구별하는 두 가지 기준을 제시했다. 소극적 기준과 적극적 기준이다. 전자는 기록된 방식으로는 일어날 수 없는 사건들 즉 기적을 말하며, 후자는 특별한 유형의 기적, 즉 신화를 의미한다. 역사적 탐구의 기본 원칙은 모든 사건들이 동질성과 내적 연관성을 지닌 것으로 간주하는 것이다. 이것은 사건의 자연적 진행의 중지 또는 신적인 간섭을 의미하는 기적을 용납하지 않는다.

신화는 전설의 무의식적인 창조력에 의해 형성되고 하나의 역사적 인물 속에서 구체화된 종교적 관념들을 역사적인 이야기 형태로 표현한 것을 의미한다. "복음적 신화는 예수에 직접 또는 간접적으로 관련된 이야기들로서 사실의 표현이 아니라 그의 최초 추종자들의 관념의 산물로 간주될 수 있는 것이다."[13]

스트라우스는 신화를 순수 신화와 역사적 신화로 나누었다. 순수 신화는 두 가지에서 기원했다. 그 하나는 변화산상의 이야기와 같이 당시 유대인의 메시야 개념과 기대로부터 기원한 것이고, 다른 하나는 예수의 운명시 성소의 휘장이 찢어진 이야기와 같이 예수의 인격, 행동, 또는 운명이 남긴 특정 인상으로부터 기원한 것이다. 역사적 신화는 종교적인 열광주의에 의해 채택되거나 그리스도에 대한 관념으로 부터 발췌된 개념들로 꾸며진 특정 사실을 말한다. 그것은 예수가 세례 요한으로부터 세례받은 이야기와 같이 역사적 사실들이 불가사의한 일로 바뀐 것들이다.[14]

신화적인 해석은 스트라우스의 독창적인 방법은 아니었다. 그 이전에도 이미 제믈러, 바우르, 파울루스(Paulus) 등이 구약 성서나 예수의 탄생과 부활 기록에 이 방법을 적용했다. 그러나 그들 중 누구도 신화의 진정한 개념을 파악하거나 그것을 성서 해석에 일관되게 적용하지 않았다.

반면, 스트라우스는 신화적인 해석을 예수의 탄생으로부터 그의 승천에 이르기까지의 복음서 전체에 보다 철저히 적용했다. 스트라우스의 공헌은 그의 역사 비평적 방법의 독창성에 있는 것이 아니라, 그것을 복음서 기록 전체에 철저하게 적용한 것에 있었다.

Ⅲ. 예수전 논쟁

「예수전」의 내용은 대부분 예수에 관한 복음서 기록의 역사적 진실성을 검토하고 신화적인 해석을 토대로 초자연적 이야기들을 설명하는 것으로 이루어졌다. 스트라우스는 예수의 생애에 관한 모든 복음서 기록에서 신화적인 요소가 발견된다고 보았다. 따라서 그는 신화의 개념을 이용하여 역사성이 모호한 이야기에 포함된 진리성을 찾아내려고 했다.

예를 들어, 예수의 수세(受洗)에 관련된 이야기들은 모두 신화로 꾸며져 있다. 그의 세례에 앞선 이야기들(마 1 - 2장, 눅 1 - 2장)은 구약 성서의 서술 형식을 본받아 메시아적으로 해석되는 구절들을 고려하여 엮은 것이다. 예수와 세례 요한이 만나게 되기 때문에, 이에 앞서 그들의 부모가 서로 관련을 가진 것으로 나타내는 것이 필요하게 되었다. 예수가 세례받은 직후 하늘이 열리고 성령이 임하면서 그의 메시아됨을 세례 요한에게 계시한 이야기는 비역사적인 것이다. 왜냐하면 그 후 요한이 그의 메시아됨을 의심했기 때문이다. 그럼에도 불구하고, 스트라우스는 예수가 세례 요한의 친근자 중에 있었다는 것, 그에게 세례를 받았다는 것, 그와 같은 소식을 가지고 갈릴리에 등장했다는 것, 그를 정중히 대했다는 것은 역사적인 것으로 남는다고 보았다.

예수가 광야에서 시험받은 이야기 역시 구약 성서로부터 암시를 받아 짜 맞추어진 원시 기독교 전설이었다. 그가 처음 제자들을 부른 것도 그들과 전혀 모르는 사이였다면 불가능했을 것이다. 따라서 복음서에 기록된 것은 엘리야가 엘리사를 부른 방식을 본따서 꾸민 것이다. 예수의 치유 이야기들 중 일부는 역사적인 것이라고 할 수 있지만 대부분은 전설이다.

이와 같이 스트라우스는 예수의 탄생, 성장, 수난, 부활, 승천, 기적 등을 비역사적인 신화로 해석했다.[15] 그럼에도, 그는 이러한 이야기들의 기초가 되었던 것은 역사적인 사건으로 간주될 수 있다고 생각했다. 따라서 예수가 실제로 살았으며, 제자들이 있었고, 자신을 메시아로 간주했으며 십자가에 죽었다고 말할 수 있다.[16] 그러므로 스트라우스는 합리주의의 자연주의적 해석은 진리를 파괴하는 데 반해, 신화적인 해석은 합리적임에도 불구하고 진리의 보전을 가능하게 한다고 주장했다.

스트라우스는 역사적인 인물 예수와 기독교인이 믿는 신앙의 그리스도를 철저히 구분했다. 그에 따르면, 나사렛 예수는 역사적으로 존재했던 평범한 인간이었다. 그가 죽은 후 추종자들은 그에게 무의식 중에 전설적이고 신화적인 속성을 부여했으며, 메시아에 관한 구약 성서의 구절들에 근거하여 이상화된 그리스도상을 형성했다. 따라서 예수에 대한 신약 성서의 기록은 역사적 사실과 신화의 개념을 통해 그를 신격화시킨 교회의 신앙이 결합된 결과였다. 따라서 스트라우스는 역사의 예수는 신앙의 그리스도로부터 철저히 분리되어야 한다고 보았으며, 이 일을 하는 것이 신약성서 연구의 과제라고 생각했다.[17]

스트라우스는 요한복음서의 역사성을 의심했다. 이것은 그가 요한복음서를 선호했던 슐라이에르마허나 헤겔의 입장보다는 바우르의 입장을 따랐음을 말해 준다.[18] 바우르는 마태복음서를 가장 오래되고 근원적인 것으로 취급한 반면, 요한복음서는 다른 복음서보다 훨씬 후대에 저술된 헬라 문화권의 산물이며 역사적 자료가 아니라고 보았다. 스트라우스 역시 요한복음서를 예수에 대한 역사적 자료라기보다는 오히려 초기 교회의 신학을 위한 자료로 취급했다. 그것은 헬라 사상으로부터 로고스, 선재성, 신의 아들 등과 같은 개념을 도입하여 예수를 신격화한 것이다.

　　스트라우스의 「예수전」은 거센 반발과 논쟁을 일으킨 충격적인 저작이었다. 이 책이 출판된 후, 수십 년 동안 학자들은 수많은 논문을 통해 「예수전」을 배척했다. 반면, 스트라우스는 여러 편의 반박문과 제2의 「예수전」을 저술하여 자신의 입장을 변호했다. 스트라우스가 기적을 부인하고 그것을 신화로 해석한 것, 신앙의 그리스도와 역사의 예수를 분리한 것, 요한복음서의 역사성을 부인한 것이 논란이 되었다. 그것은 1세기 이상 신약 성서의 자료와 역사적 예수에 관한 많은 논쟁을 일으켰다. 스트라우스의 역사 비평적 연구를 지지하는 입장과 성서의 영감과 계시를 믿는 전통적인 입장이 첨예하게 대립되었다.[19] 예를 들어, 바이세(Christian Weisse)는 스트라우스에 동조하여 복음서에는 신화적인 요소가 많고 요한복음도 역사적인 것이 아니라고 주장했다.[20] 반면 비판자들은 그를 현대의 가룟 유다로, 그리고 「예수전」을 무가치한 책으로 취급했다.[21]

　　맥그래트에 따르면, 스트라우스의 다음과 같은 주장이 현대의 기독론에 심각한 도전을 제기했다. 첫째, 기독교의 교리적 진리는 본질상 철학적인 것이며 역사적 사건과 필연적으로 관련된 것이 아니다. 둘째, 나사렛 예수에 대한 복음서의 이야기를 탐구하는 것은 신학적인 작업이 아니라 역사적인 작업이다. 역사 비평적 해석만이 복음서 이야기의 역사적 진실성을 확립할 수 있다. 셋째, 복음서 저자들은 그 당시의 신화적 세계관을 지니고 있었다. 따라서 복음서 이야기들은 신화적 요소들로 가득 차 있다.[22]

결론

스트라우스는 헤겔 철학을 신학적 토대로 삼은 헤겔 신학파의 대표자였다. 또한 역사학의 원리들을 신약 성서 연구에 도입한 역사 비평적 신학자였다. 그는 역사비평적 방법을 통해 복음서에서 신뢰할 수 있는 역사적인 지식 확보를 자신의 신학적 과제로 삼았다. 그는 예수에 대한 복음서의 기록은 대부분 역사적인 것이 아니라 그에 대한 신앙의 표현, 즉 신화적인 것이라고 주장했다.

이러한 역사 비평적 해석은 성서의 역사적 연구에 대한 관심을 불러일으켰으며 현대 자유주의적 신약 성서 연구의 기본 원리가 되었다. 따라서 신약 성서의 역사적 연구에 새로운 지평을 연 스트라우스의 「예수전」은 바우어의 저서와 함께 신약 성서 연구 분야에서 획기적인 것으로 평가된다.

한편 그의 신화적 해석은 독창적인 것이 아니었다. 왜냐하면 이 방법은 그 이전에도 제믈러 등에 의해 이미 사용되었기 때문이다. 그의 역사적 의의는 성서 해석에 단편적으로 사용되던 신화적인 해석을 철저히 사용했다는 데 있다. 이런 면에서 그는 20세기의 불트만과 입장을 같이했다. 그러나 불트만이 신화의 의미를 재해석해야 한다고 주장한 데 비해, 스트라우스는 신화는 포기되어야 한다고 주장했다.

스트라우스의 가장 큰 문제점은 역사적 회의주의에 빠져 복음서의 역사성을 지나치게 과소 평가하고, 「예수전」을 부정적으로 연구했다는 것이다. 그는 예수의 탄생, 수난, 부활, 승천, 이적과 같은 복음서의 거의 모든 초자연적인 이야기들을 신화로 취급했다. 그의 역사 비평적 연구는 전통적인 기독론에 큰 손상을 주었으며 기독교를 파괴하는 결과를 가져왔다.[23]

스트라우스의 견해는 "불신자가 된 신학자의 관점"을 나타낸 것이다. 그가 교회뿐만 아니라 하나님과도 인연을 끊었던 것이 이를 뒷받침해 준다.[24] 따라서 스트라우스가 현대의 가룟 유다라고 불린 것이나 「예수전」이 신자들에게 검증이나 논박할 가치도 없는 책으로 간주된 것은 정당한 평가였다.

주(註)

1. 헤겔이 죽은 후, 그의 추종자들은 좌우로 분리되었다. 좌파는 현대 비판 과학과 사변의 요구로 전통적으로 이해된 기독교는 포기될 필요가 있다고 생각했다. Strauss, Feuerbach, Brun Baur, F. C. Baur가 이를 대변한다. 한편 우파는 현대 사상을 희생시키며 옛 초자연주의로 돌아가기를 선택했다. 좌파와 우파를 화해시키고 중재하려는 다수의 조정신학(mediating theologies)이 있었다. 이 목적을 위해 발간된 잡지가 『Theologische Studien und Kritiken(1828년 창간)』이다.
2. 김광식, 「현대의 신학 사상」(서울 : 기독교서회, 1975), p. 42.
3. David F. Strauss, *The Christ of Faith and the Jesus of History*(Philadelphia : Fortress Press, 1977), pp. xvii - xviii.
4. 바르트에 따르면, 스트라우스는 1839년부터 교회뿐만 아니라 하나님에 대해 반대 입장에 섰다. Karl Barth, *From Rousseau to Ritschl*(London : SCM Press LTD, 1959), p. 368.
5. 1826년 튀빙겐 대학의 신학 교수 자리가 비게 되자, 124명의 학생들이 학교 당국에 바우르를 초빙하도록 청원했다. 그 결과, 바우르는 튀빙겐 대학교수로 부임했다.
6. Strauss, *The Christ of Faith and the Jesus of History*, p. xxiii.
7. 스트라우스가 확보한 이 강의 노트들이 Rutenik가 슐라이에르마허 사후에 편집, 출판한 「예수의 생애」의 토대가 되었다.
8. Strauss, *The Christ of Faith and the Jesus of History*, p. xxxii.
9. Ibid., p. xxxvii.
10. Claude Welch, *Protestant Thought in the Nineteenth Century*, Vol. I(New Haven : Yale University Press, 1972), p. 148.
11. Hans Frei, "David Friedrich Strauss," Ninian Smart(ed.), *Nineteenth Century Religious Thought in the West*, Vol. I(Cambridge : Cambridge University Press, 1985), p. 222.
12. Albert Schweitzer, *The Quest of the Historical Jesus*(London : Adam & Charles Black, 1963), p. 80.

13. David Friedrich Strauss, *The Life of Jesus Critically Examined* (London : 1972), pp. 86.

14. Ibid.

15. 스트라우스가 신화적인 것으로 취급한 중요한 것은 다음과 같다. 예수의 출생에 관련된 모든 이야기, 12세의 성전 방문, 세례 요한의 예수인식과 그의 수세에 뒤이어 일어난 초자연적 사건, 예수의 시험, 그의 사역의 연대기, 수가성의 사마리아 여인 이야기, 이적 기사, 변화 산상의 이야기, 그의 십자가 죽음과 부활에 대한 예고, 수난에 관련된 이야기, 그의 죽음과 부활 승천에 관련된 기적적인 요소들.

16. Alister E. McGrath, *The Making of Modern German Christology* (Oxford : Basil Blackwell Ltd., 1986), p. 37.

17. Strauss, *The Christ of Faith and the Jesus of History*, p. xxxii.

18. Claude Welch, p. 151.

19. 슈바이처는 스트라우스의 「예수전」에 관한 논쟁을 그의 저서 *The Quest of the Historical Jesus* 9장에서 잘 요약해 놓았다.

20. 김광식, 「현대의 신학 사상」, p. 46.

21. 이것은 에센마이어와 벡크(J. T. Beck)의 평가였다.

22. McGrath, pp. 35 – 36.

23. Hans Frei, 'David Friedrich Strauss," p. 232. 매킨토쉬, 「현대 신학의 선구자들」(서울 : 대한기독교서회, 1973), p. 125.

24. Barth, *From Rousseau to Ritschl*, p. 368.

5장

죄렌 키에르케고르

서론

19세기 프로테스탄트 신학을 개괄하다 보면, 자유주의 신학 전통과 입장을 달리하면서도 정통주의 기독교에 비판적이었던 신학 사상을 발견하게 된다. 키에르케고르의 역설의 신학이 그것이다.

키에르케고르는 덴마크가 낳은 가장 독창적인 사상가인 동시에 "19세기 최대의 기독교 사상가"였다. 그는 헤겔의 관념론에 대한 예리한 비판가요 항거자였다. 그의 사상은 20세기 들어 실존주의 철학을 형성하게 되었으며 변증법적 신학의 사상적 토대가 되었다. 따라서 키에르케고르를 빼놓고서 현대 신학을 이해하는 것은 불가능하다 해도 지나치지 않다.[1]

키에르케고르는 생전보다는 오히려 사후에 인정을 받은 사상가였다. 42년이라는 비교적 짧은 인생을 살았으면서도 30여 권의 저서와 많은 유고를 남겼다. 그러나 심미적인 작품을 제외하고, 그의 철학 및 신학적 작품들은 생전에 정당하게 이해되거나 평가받지 못했다. 그의 중요한 철학적 저서인 「비과학적 추서의 결론」은 단지 60권밖에 팔리지 않았다. 이렇듯 냉대를 받았음에도, 키에르케고르는 자신의 사상과 저서의 영원한 가치를 확신했다. "내가 죽은 후 내 생애는 세인을 향해 절규하리라." 예견대로, 그의 사상은 사후에 재평가되기 시작했다. 그의 사상의 중요성이 20세기 초 하이데거나 야스퍼스 같은 철학자와 바르트나 브룬너 같은 신학자를 통해 재발견되었다.

키에르케고르의 사상은 그의 특수한 생애로부터 형성되었다. 키에르케고르 연구가들은 일반적으로 그의 사상은 그의 생애에 대한 연구를 통해서만 이해될 수 있다고 주장한다. 필자 역시 그의 사상을 논하기에 앞서 그의 생애를 개괄하려고 한다. 그리고 그의 사상의 출발점이자 핵심인 실존과 역설의 개념이 무엇을 의미하는지 분석하고, 그의 기독교 비판을 중심으로 한 논쟁을 살펴보고자 한다.

Ⅰ. 생애와 저작

죄렌 키에르케고르(Sören Kierkegaard)는 1813년 5월 5일 덴마크의 수도, 코펜하겐에서 부유한 상인 가정의 7남매 중 막내로 태어났다. 신체적으로 허약한 편이었으나, 그에게 "여우"라는 별명이 붙을 정도로 총명했다. 아버지 미카엘은 종교적 열정과 매우 경건한 사람이었던 동시에 우수(憂愁)의 사람이었다. 그는 자녀들에게 엄격하고 철저한 기독교 교육을 시켰다.

키에르케고르의 사상 형성에 큰 영향을 미친 사람으로는 아버지와 약혼녀 레기나 오르젠(Regine Orgen)을 들 수 있다. 그는 아버지가 지녔던 우수의 영향으로 내성적이고 사색적이었다. 1830년 키에르케고르는 아버지의 소원에 따라 코펜하겐 대학 신학부에 입학했으나 공부보다는 술과 향락에 빠져 방탕한 생활을 했다.[2] 이것은 아버지의 생의 비밀을 알게 되었을 때 받은 충격의 반작용으로 이해된다. 1838년 키에르케고르는 아버지의 이해와 도움에 힘입어 이런 위기를 극복하게 되고 하나님의 은혜를 체험했다. 1840년 그는 복음 사역에 헌신할 것을 결심하고 국가 고시를 치는 한편, 소크라테스에 심취하여 철학 박사 학위 논문으로 "아이러니의 개념, 언제나 소크라테스를 바라보면서"를 저술했다.

키에르케고르의 삶과 사상에 큰 영향을 끼친 또 다른 사람이 레기나 오르젠이었다. 레기나는 이미 약혼자가 있었음에도 불구하고, 키에르케고르와 깊은 사랑에 빠졌으며 1840년 그와 약혼했다. 그러나 끝내 결혼에 이르지는 못했다. 키에르케고르는 자신의 우수와 고독의 분위기를 그녀에게 주지 않기 위해 사랑하면서도 파혼을 선언했다.

1841년 키에르케고르는 베를린에 4개월 남짓 체류하며 쉘링의 강의를 청강했다. 귀국 후 키에르케고르는 저술 활동에 몰두하여 1843년부터 1846년사이에 익명으로 많은 저서를 출판했다. 「이것이냐 저것이냐」, 「두려움과 떨림」, 「반복」, 「철학적 단편」, 「불안의 개념」, 「인생 길의 여러 단계」, 「철학적 단편의 결론으로서의 비과학적 후서」 등이 그것이다. 이 작품들을 통해 그는 작가로서의 명성을 덴마크 전역에 널리 떨치게 되었다.

키에르케고르는 시골로 은퇴하여 목회하려고 했으나 「코르사르」지(誌)와의 뜻하지 않은 논쟁에 휘말리면서, 그 계획은 실현되지 못했다. 「코르사르」는 코펜하겐에서 발행되던 상당한 부수를 지닌 악명 높은 풍자 신문이었다. 사건의 발단은 1845년 밀러(P.L. Möller)와 키에르케고르의 논쟁으로 부터 시작되었다. 밀러가 문학 연감에서 키에르케고르의 저서를 혹평하자, 키에르케고르는 그것을 반박하는 한편, 밀러가 사실상 「코르사르」의 편집인이라는 사실을 폭로하게 되었다. 이로 인해 코펜하겐 대학 미술 교수가 되고자 했던 밀러의 계획이 좌절되었다. 밀러는 「코르사르」의 논설문을 통해 키에르케고르를 공격했으며, 「코르사르」는 풍자적인 만화로 키에르케고르의 인격과 저서를 조롱 거리로 만들었다.

1년 반 이상 계속적으로 매호마다 키에르케고르에 대한 공격 기사를 게재한 「코르사르」 사건은 그를 유명 인사로 만들었을 뿐만 아니라 그에게 큰 영향을 미쳤다. 그것은 자신의 내면 세계에 몰두해 있던 그가 외부 세계, 즉 현대 사회 문제에 관심을 가지는 계기가 되었다. 키에르케고르는 「코르사르」 사건을 객관화하여 현대 일반의 본질을 향해 싸웠다.[3] 1846년 출판된 「현대의 비판」이 그것이다. 이 후, 키에르케고르는 「사랑의 행위」(1847),

「저술가로서 나의 저술 활동에 대한 관점」(1848), 「죽음에 이르는 병」(1849), 「그리스도교에서의 훈련」(1850), 「자기 고찰을 위하여」(1851) 등을 저술했다.

키에르케고르는 덴마크 국가 교회와의 투쟁에 생의 마지막 부분을 보냈다. 덴마크의 기독교가 신약 성서의 기독교와 전혀 다르다는 것과 민스터 감독의 생활 태도는 복음을 위해 박해와 고난을 감수해야 하는 순교자적 생활과 거리가 멀다고 보았다. 특히 1854년 민스터의 장례식은 키에르케고르가 기독교를 공개적으로 비판하는 직접적인 요인이 되었다. 장례식 설교에서 그의 후계자 마르텐젠(Martensen)은 민스터를 진리의 증인이요, 사도 시대로부터 현대에 이르기까지 역대 성자의 반열에 참여할 자라고 칭송했다. 키에르케고르는 신문의 논설이나 소책자를 통해 민스터와 마르텐젠을 격렬하게 공격했다. 그는 이에 대한 글을 모아 「순간」이라는 소책자를 발간했다. 키에르케고르와 마르텐젠을 비롯한 그의 동료들 사이의 논쟁은 반년 이상 계속되었다.

이와 같이 기성 교회와의 논쟁에 모든 힘을 소진한 키에르케고르는 1855년 10월 거리에서 졸도하여, 11월 11일 42세에 세상을 떠났다.

II. 실존과 역설

1. 실존의 개념

키에르케고르는 헤겔 철학에 대한 비판을 사상의 출발점으로 삼았으며 이를 위한 효과적인 도구로 실존 개념을 사용했다. 그는 코펜하겐 대학 재학 시절 하이베르그(J.L. Heiberg, 1761–1860)와 마르텐젠(Martensen, 1808–1884) 교수를 통해 헤겔 사상을 접하고 열성을 다해 헤겔 연구에 몰두했다.

그러나 곧 그는 헤겔에 대해 반감을 가지게 되었다. 헤겔 철학은 추상만 강조할 뿐 현실(reality)을 소홀히 했기 때문이었다. 1841년 베를린을 방문한 그의 목적은 헤겔 철학에 대한 쉘링의 비판적 강의를 청강하는 것이었다.[4] 그가 저술한 「두려움과 떨림」(1843), 「불안의 개념」(1844), 「철학적 단편」(1844) 등과 같은 여러 책들은 헤겔 철학에 대한 비판서였다.

헤겔은 사유와 현실을 동일시하여, 이성적인 것은 현실적인 것이며 현실적인 것은 이성적이라고 주장했다. 그러나 키에르케고르는 헤겔이 사고하면서 사고하는 자신을 잃어버렸다고 보았다. 헤겔은 모든 것을 추상화함으로써, 그의 사유의 세계 속에는 보편성만 존재하고 개체성은 존재하지 않았다. 헤겔에 있어서, 개별적 존재는 참되거나 이성적이지 못한 추상적 존재인 반면 보편만이 구체적이며 참된 존재이다.[5]

추상적 관념만을 중시하고 실재의 사실을 무시하는 헤겔에 대항하기 위해 키에르케고르가 사용한 개념이 실존이다. 헤겔은 존재라는 말을 사상가의 사유와 같이 관념적이고 보편적인 것으로 이해했던 반면, 키에르케고르는 존재를 이 세계에 실제로 생존하고 있는 구체적이고 개별적인 존재로 이해했다. 키에르케고르는 인간의 존재 양식을 실존으로 보았다. 실존은 개인이 자기 자신에 대하여 취하는 태도이다. 따라서 실존 개념은 키에르케고르가 인간이란 무엇인가 하는 물음을 변형시킨 것이다.

키에르케고르에게 있어서, 진실한 인간 존재, 곧 실존은 "하나님 앞에 홀로서는 단독자(單獨者)"였다. 단독자는 그의 사상의 중심 개념이었으며 사람들에게 단독자가 되도록 일깨우는 것이 저술 활동의 목적이었다. 그는 사람이 단독자가 되는 길을 세 단계로 생각했다. 미적 실존, 윤리적 실존, 그리고 종교적 실존이 그것이다. 각 단계는 삶과 삶의 목적에 대한 태도에 의해 특징되는 인간 실존의 종류를 나타낸다. 한 단계에서 다른 단계로의 이동은 선택과 결단을 통한 비약에 의해 이루어진다.[6]

실존의 첫 단계는 미적 실존이다. 이것은 감각적인 직접성의 영역이다. 이 단계에서의 삶의 목적은 향락이다. 네로, 나폴레옹, 괴테, 돈주앙(Don Juan) 등이 이 단계에 속하는 전형적인 사람들이다. 이 미적 단계의 생활은 절망, 권태, 불안에 대한 승산 없는 싸움이다. 이 절망을 타파할 수 있는 길은 오직 비약의 길뿐이다. 인간은 자유로운 선택에 의해 다음 단계로 비약할 수 있다.

두 번째 단계는 윤리적 실존이다. 미적 실존과 윤리적 실존의 경계선을 이루는 것이 아이러니(irony)이다. 이 아이러니(反語)를 통과해야만 미적 단계에서 윤리적 단계로 이동할 수 있다. 아이러니는 가장, 변장 또는 가면을 쓰는 것을 의미한다. 모르는 것을 아는 것처럼 행동하는 것이 아이러니이다. 윤리적 단계의 특징은 의무와 의무에 대한 복종이다. 그러나 윤리적인 실존은 같은 것이 반복되는 삶이다. 인간은 이런 반복에 대한 권태로 절망하게 된다.

세 번째 단계는 종교적 실존이다. 종교적 실존의 초점은 고난이다. 윤리적 실존으로부터 종교적 실존에 이르는 경계선이 유머(humor)이다. 유머는 바울의 표현대로, "원하는바 선은 하지 아니하고 도리어 원치 아니하는바 악은 행하는"것(롬 7:19)을 의미한다. 종교적 단계에 이르기 위해 유머를 거쳐야 한다는 것은 절망을 거쳐야 한다는 것이다. 신앙과 함께 형성되는 종교적인 실존은 절망을 전제로 하는 것이다. 절망은 죽음에 이르는 병이면서, 또한 죽음에 이르는 병이 아니다. 죽음에 이르기 때문에 신앙이 일어날 수 있다. 따라서 절망은 신앙의 길을 열어 주는 가능성이다. 여기서 키에르케고르는 역설(paradox)의 개념을 도입했다. 다른 실존의 단계는 인간 스스로 도달할 수 있으나 종교적 실존은 하나님의 능력으로만 가능하다. 인간과 영원한 질적 차이를 가지신 하나님만이 절망을 해결할 수 있다. 키에르케고르에게 있어서 신앙은 역설과 밀접한 관계가 있다. 이해의 영역을 초월한 이 역설을 받아들이는 것이 신앙이다.

이 세 단계는 서로 중복될 수 있으며 서로 배타적인 것이 아니다. 따라서 세 단계의 실존이 있으나, 결국은 이것이냐 저것이냐이다. 미적 단계이든가, 또는 종교적 단계이든가이다. 윤리적 단계는 과도기적인 것이다.

한편 키에르케고르는 영원한 진리는 객관적으로는 결코 파악할 수 없으며, 실존적 또는 주관적인 방법을 통해서만 파악할 수 있다고 주장했다. 하나님은 실존적 인간에게만 존재하신다. 하나님의 진리를 알기 위해서는 그 진리를 인격적으로 받아들이는 결단의 행동을 취해야 한다.[8] 따라서 진리는 이해의 문제가 아니라 실존의 문제이다. 여기서 진리는 주관이라는 키에르케고르의 사상이 나왔다.

2. 역설의 개념

키에르케고르는 역설(逆說)의 개념을 종교와 신학에 도입했다. 역설적이란 말은 "진리가 인간에게 하나의 통일체로서 이해되지 아니하고 반대물의 긴장에서 항상 변증법적으로 이해될 수 있다"는 것을 의미한다.[9] 역설은 키에르케고르가 한 영역에 속하는 진리와 다른 영역에 속하는 개별적인 인간의 관계를 표현하는 방식이다. 두 영역이 본질적으로 구별되기 때문에 진리는 역설적이 된다.

키에르케고르의 역설의 개념은 하나님과 인간, 무한자와 유한자, 영원과 시간 사이에는 무한한 질적 차이가 있다는 그의 철저한 이원론적 신념으로부터 유래한 것이다. 즉 헤겔의 변증법과 대비되는 소크라테스적인 질적 변증법에 토대를 둔 것이다. 헤겔의 변증법은 정(正), 반(反), 합(合)의 변증법이었다. 그것은 한 존재에 대한 반대와 모순은 보다 더 높은 실재의 최고 수준에 의해 종합의 형식으로 해결되어 한 단계에서 다음 단계로 계속 전진한다는 개념이다. 반면, 키에르케고르의 질적인 변증법은 각기 절대로 구분된 것을 드러내고 각기 부정하면서도 상대편에 의지하는 것이다. 은혜와 책임, 영원과 시간이 그런 것이다. 따라서 정과 반이 종합되거나 통일되지 않고 정에서 반으로, 그리고 다시 반에서 정으로 미끄러져 갈 뿐 중간이 없다. 헤겔이 사상과 존재를 하나의 통일체로 파악했던 데 반해, 키에르케고르는 그들을 예리한 대조물로 파악했다. 존재와 사유 사이에는 존재론적 차이가 있기 때문이다.

키에르케고르에 따르면, 영원한 진리는 그 자체만으로 역설적이지는 않다. 왜냐하면 하나님에게 있어서 사상과 존재는 하나이기 때문이다. 그러나 실존적인 인간과의 관계에서 그것은 역설적이다. 왜냐하면 현세의 인간에게는 사상과 존재는 별개의 것으로 나뉘어져 있기 때문이다. 그러므로 영원한 진리는 역설의 형식을 통해서만 시간 속에 있는 실존적 인간에게 자신을 제시한다.

키에르케고르는 기독교를 역설의 종교로 간주했다. 그것은 이중의 역설에 기초하고 있기 때문이다. 첫째, 영원한 하나님은 그 본성과는 정반대의 존재, 즉 시간적인 존재로서 나타나셨다. 하나님이 인간의 형태로 존재하셨다. 둘째, 시간적인 인간은 첫 번째 역설에 대한 신앙으로 말미암아 그 본성과는 정반대의 존재, 즉 영원한 존재가 될 수 있다.[10]

기독교의 핵심은 예수 그리스도 안에서 시간과 영원의 교차, 즉 신(神) – 인(人)의 오심을 인식하는 데 있다. 이것은 우리의 이해와 설명 능력을 초월한다는 것을 깨닫게 될 때, 비로소 파악된다. 따라서 시간과 영원의 교차는 헤겔식의 정반합의 운동이 아니라 절대적인 역설이다. 참 하나님과 참 인간이 한 인격 안에 동시에 존재하는 신인(神人)이라는 점에서, 예수 그리스도가 절대적인 역설인 것이다. 또한 신인의 역설은 하나님이 인간이 되신 역설일 뿐만 아니라, 영원히 시간 속에 들어온 역설이기도 하다.[11]

Ⅲ. 기독교 비판 논쟁

키에르케고르는 기성 교회에 대해 비판적이었다. 그는 「후서」에서 종교성 A와 종교성 B를 구분하고 많은 기독교인들이 종교성 A에 살고 있다고 보았다. 종교성 A는 내재적 종교를 말하며 소크라테스적인 윤리적 종교나 자연 종교가 여기에 속한다. 이는 미적 내지 윤리적 단계의 종교를 의미한다. 반면, 종교성 B는 초월성의 종교를 말하며 기독교가 여기에 속한다. 인간과 하나님, 시간과 영원 사이의 영원한 질적 차이를 의미한다. 기독교 계시는 인간 이성을 거스려서만 파악된다. 즉 인간에게 역설적인 형식으로만 전달된다.[12] 사람은 종교성 B의 단계, 곧 영원하신 하나님과의 개인적, 실존적 관계에 들어갈 때, 비로서 참된 의미의 단독자가 된다.

키에르케고르의 기독교관은 특히 그의 「기독교에서의 훈련」에서 분명히 제시되고 있다.[13] 첫째, 기독교인의 생활은 세상의 것과 그 의미가 다르다. 그것은 고난이며 세상과의 싸움이다. 국가 교회의 세속적인 성공과 대조되는 십자가 죽음이다. 둘째, 기독교는 고난의 생활이다. 왜냐하면 그것은 그리스도가 원형이 되는 제자직의 생활이기 때문이다. 기독교인이 되는 것은 그리스도를 모델로 삼는 것이며, 따라서 일생 동안 예수의 싸움과 수난에 동참하는 제자가 되는 것이다. 셋째, 기독교인은 그리스도와 동시대성(同時代性, contemporaneity)을 지닌 것으로 기술될 수 있다. 동시대성은 역사적이며 시간적으로 그리스도와 같은 시대라는 의미가 아니라 실존적으로 신앙을 통해 예수 그리스도의 구체적인 인격과 실제적으로 만나는 것을 의미한다.

키에르케고르는 신약 성서의 기독교를 참된 종교로 간주하고 이를 규범삼아 기성 교회를 비판했을 뿐만 아니라 기성 교회에 끝까지 투쟁했다. 현실의 교회가 교회의 참 모습을 지니고 있지 않다고 보았기 때문이었다. 키에르케고르는 그의 기독교 비판을 둘러싼 논쟁에 생의 마지막 부분을 보냈다. 그의 기독교 비판의 핵심 주제는 19세기 중엽 덴마크의 "공식 기독교"(official Christianity)는 신약 성서의 기독교가 아니라는 것이다. 그것은 진정한 기독교의 형태로 정당화될 수 없다는 것이다. 키에르케고르가 기독교를 공개적으로 비판하게 된 직접적인 요인은 1854년 민스터 감독장례식 때 마르텐젠이 한 설교였다. 키에르케고르는 신문의 논설이나 소책자를 통해 민스터와 마르텐젠을 격렬히 공격했다.

키에르케고르는 현실 교회의 문제점으로 수천 명의 사무직원, 금전상의 이익과 권력을 위해 많은 교인을 모으려고 하는 성직자의 이기주의, 유아세례와 견신례의 희극화, 기독교의 권위와 타당성이 교인 수에 비례한다는 사고나 민스터 감독을 진리의 증인으로 부를 수 있는 철저한 세속화를 지적했다. 또한 현실 교회가 고난 당한 예수는 잊고 영광의 예수만 찬미하고 있는 것도 문제라고 생각했다. 반면, 그는 신약 성서의 교회를 전투적인 교회로 이해했다. "싸우는 교회이기를 그치고, 삶의 즐거움, 단란한 가정의 행복한 종교로 변한 승리의 교회는 이미 이교로 변용된 것일 뿐, 신약 성서의 기독교는 아니다." [14] 그는 이런 기독교를 "철저한 위선이며 하나님에 대한 조소와 배신이며 공개적인 배교"라고 신랄히 비판했다.

키에르케고르는 엄밀한 의미에서 신약 성서적인 교회가 이 세상에 존재한다는 것에 대해 회의적이었다. 따라서 임종 때까지도 교회를 공박했고 목사가 주는 성찬을 거부했다. 임종이 가까와 오자, 친구 뵈센 목사가 성찬을 받을 생각이 없느냐고 물었다. "받겠다. 그렇지만 목사에게서는 받고 싶지 않다. 목사들은 국가의 관리이다. 국가의 관리는 그리스도교와 관계가 없다"라고 키에르케고르는 대답했다.

키에르케고르의 현실 교회 비판은 청년들로부터 열렬한 지지를 받았으나, 대부분의 목사들로부터 분노를 샀다.

결론

키에르케고르는 신학자나 철학자라기보다 오히려 종교 사상가라고 불리는 것이 더 적절한 인물이다. 그는 생전에 옳게 인정받지 못하고 냉대받았으나, 20세기 들어 재평가됨으로써 각광받았다. 그는 실존 철학의 아버지로 불릴 만큼 야스퍼스와 하이데가 같은 실존철학자들에게 큰 영향을 미쳤다. 그의 사상은 바르트의 저서를 통해 신학자들에게 소개되어 변증법적 신학의 근본 토대가 되었다.

키에르케고르의 사상은 몇 가지 특징을 지니고 있다. 첫째, 그는 헤겔의 관념론적 철학을 철저히 비판하고 이를 거부했다. 추상적인 관념보다는 구체적인 실존을 중시한 반면, 헤겔과 같이 기독교를 합리적으로 변증하거나 신앙과 사변적인 철학을 일치시키는 것에 대해 항거했다. [17]

둘째, 그는 인식론적 관점으로부터 실존적인 관점으로 신학의 관점을 전환시켰다. 종래의 기독교 신학은 주로 기독교란 무엇인가, 기독교 신학의 내용은 무엇인가에 관심이 있었다. 그러나 키에르케고르는 기독교 신학의 본질적 과제를 기독교인이 된다는 것은 무슨 의미인지 해명하는 것으로 간주했다.[18] 키에르케고르 이후 신학은 기독교인이 되는 것에 대한 개인적인 요구와 결단을 요구하는 조건과 전제를 가지게 되었다.

셋째, 그의 신학은 역설의 신학으로 정의된다. 그는 예수 그리스도를 절대적인 역설로 이해했으며, 영원한 진리는 역설의 형식을 통해서만 파악된다고 주장했다.

한편 역설을 신학에 도입한 것과 현실의 교회를 지나치게 부정적으로 본 것이 키에르케고르의 문제점으로 지적된다. 특히 그는 현대의 많은 정통주의 신학자들로부터 성육신을 역설로 취급함으로써 신학의 신뢰성을 손상시켰다고 비판받았다.[19]

주(註)

1. H.R.매킨토쉬, 「현대 신학의 선구자들」(서울: 대한기독교서회, 1973), p. 214.
2. 그의 아버지는 소년 시절 양을 치면서 심한 기아와 가난에 못이겨 하나님을 저주한 적이 있었다. 그 후 사업에 성공하여 부자가 되었지만, 성령을 훼방한 용서받지 못할 죄를 지었다는 자책감으로 불안과 공포를 갖게 되었다. 뿐만 아니라 그는 여종과 부정한 관계를 맺었다. 그 여종이 다름아닌 키에르케고르의 어머니였다.
3. 하워드A. 존슨, 「키르케고르의 실존사상」(서울: 종로서적 주식회사, 1979), p. 186.
4. 월터 라우리, 「키르케고르」(서울: 종로서적, 1982), pp. 22, 189.
5. F. 짐머만, 「실존 철학」(서울: 서광사, 1987), p. 29.
6. Frederick Patka, *Existentialisit Thinkers & Thought*(New York: The Citadel Press, 1962), pp. 80 – 82.
7. H. V. 마틴, 「켈케골의 종교 사상」(서울: 성암문화사, 1960), p. 57.
8. 매킨토쉬, 「현대 신학의 선구자들」, p. 219.
9. Ibid., p. 67.
10. 존슨, 「키르케고르의 실존 사상」, pp. 113 – 114.
11. 마틴, 「켈케골의 종교 사상」, pp. 96, 100.
12. Ibid., pp. 150 – 151.
13. Claude Welch, *Protestant Thought in the Nineteenth Century*, vol. 1(New Haven: Yale University Press, 1972), p. 297.
14. 표재명, 「키에르케고어의 단독자 개념」(서울: 서광사, 1992), p. 120.
15. Soren Kierkegaard, *Attack upon" Christendom*(Princeton: Princeton University Press, 1968), pp. 32 – 37.
16. 월터 라우리, 「키르케고르」, p. 329.
17. 매킨토쉬, 「현대 신학의 선구자들」, p. 251.
18. 마틴, 「켈케골의 종교 사상」, p. 147.

19. Ninian Smart(ed), *Nineteenth Century Religious Thought in the West*, vol. 1(Cambridge : Cambridge University Press, 1985), pp. 181,210.

6장

알브레히트 리츨

서론

알브레히트 리츨(Albrecht Benjamin Ritschl)은 슐라이에르마허로부터 시작된 자유주의 신학 전통의 가장 탁월한 대표자로서, 흔히 자유주의 신학의 왕자로 불린다. 그는 현대 문화에 조화될 수 있는 동시에 현대인에게 설득력 있는 기독교관을 제시하려 한 19세기 프로테스탄트 신학의 흐름을 대변했다.

슐라이에르마허가 한 시대의 창건자라면, 리츨은 한 학파의 창건자였다. 바르트는 리츨을 19세기 신학사에서 "에피소드"로서의 중요성을 지닌 인물로 간주했다. 이것은 리츨의 신학사적 위치를 과소 평가한 것이라기보다 리츨이 새로운 신학적 시대를 전개한 인물은 아니라는 점을 지적한 것이라고 볼 수 있다. 바르트는 슐라이에르마허와 헤겔식의 접근 방법을 포기하는 것이 가능하다는 것과 완전한 계몽주의를 위한 출발점을 제시한 리츨의 공로를 정당하게 평가했다.[1] 리츨은 계몽주의를 극복하려는 이전의 모든 시도들을 거부하고 오히려 계몽주의의 이론적이며 실천적인 철학을 수용했다. 그는 계몽주의의 대표적인 철학자 칸트의 사상에 근거하여 기독교를 삶의 실천적인 이상으로 해석했다.

19세기 후반기의 프로테스탄트 신학 사상에 접근하려면, 첫 번째로 이해해야 할 사상가가 리츨이다. 그러나 1920년부터 1960년에 이르는 수십 년 동안 리츨은 신학적 관심의 대상이 되지 못했다. 그것은 이 시대의 신학을 주도했던 신정통주의 신학의 영향 때문이었다. 신정통주의 신학의 대표자들인 바르트와 브룬너는 리츨이 고전적 기독교를 완전히 이탈했다고 비판했다.[2] 1960년 이후 최근 몇 십 년 동안 리츨의 신학과 그의 역할에 대한 관심이 신학계에서 고조되고 있다. 그럼에도 불구하고, 리츨의 신학은 한국에 폭넓게 소개되지 못했다. 그렇다면 리츨은 어떤 인물인가? 그의 신학은 무엇에 근거했으며 신학적 방법의 특색은 무엇인가 그리고 그의 사상의 핵심이 무엇인가?

리츨은 당시 기독교가 성서적이며 종교 개혁적인 모습을 상실하고 다른 형태로 변형되었음을 지적하고 칸트와 슐라이에르마허의 사상 체계에 근거하여 종교 개혁적인 기독교를 회복하려고 했다. 그는 다른 사람의 사상을 반대하는 방법을 통해 자신의 견해를 제시했다. 그의 신학의 특징은 윤리적인 면을 강조하는 것이었다.

I. 생애와 저작

리츨은 1822년 독일 베를린에서 루터교 목사의 아들로 태어나 지금은 폴란드 국토인 포머라니아의 스테틴에서 성장했다. 1839년부터 1846년까지, 본, 할레, 하이델베르그, 튀빙겐 대학에서 공부했다. 1843년 할레 대학에서 "아우구스티누스의 창조, 죄, 은혜론에 관한 연구"로 철학 박사 학위를 취득했다. 조정 신학의 전성기에 그는 대학 시절을 보냈으며 본 대학에서는 조정 신학자 니체가, 할레 대학에서는 뮐러와 토루크가, 하이델베르그 대학에서는 로테가 그의 스승이었다. 튀빙겐 대학에서는 바우르로부터 가르침을 받았으며 그의 영향은 리츨의 초기 저서들에서 잘 나타나고 있다. 리츨은 처음에 교의학에 특별한 관심을 가지고 공부했으며 그 후 그의 관심은 교회사를 거쳐 신약 성서로 이동했다.

그는 프러시아 연합 교회의 분위기에서 성장했다. 그로 인해 리츨은 루터교 고백주의를 반대하는 한편, 루터와 칼빈주의 연합을 지지하게 되었다. 따라서 그의 사상은 19세기 중엽의 주요한 독일 신학적 분위기에 의해 형성되었다.

리츨은 평생을 대학 교수로 활동한 강단 신학자였다. 성서 학자로 시작하여 교회사가를 거쳐 교의학자에 이르는 교수 경력이 그 학문의 폭과 깊이를 말해 준다. 1846년 본 대학의 강사로 시작하여 1852년에 부교수, 1858년에 정교수가 되었다. 그는 처음에는 신약 성서와 교리사를, 나중에는 교의학을 가르쳤다. 1864년 괴팅겐 대학으로 옮겨 1889년 사망할 때까지 조직 신학 교수로 활동했다. 리츨은 교수 활동을 통해 당시 독일 신학계에 큰 영향을 끼쳤다. 그의 제자들이 20세기에 이르기까지 하이델베르그 대학을 제외한 전 독일의 신학 교수직을 차지한 것이 이를 말해 준다. 대표적인 제자로는 바이스(Johannes Weiss), 하르낙(Adolf von Harnack), 헤르만(Wilhelm Herrmann), 트뢸취(Ernst Troeltsch) 등을 들 수 있다.

한편 신학계에 대한 리츨의 영향력은 교수 활동 못지 않게 그의 저술을 통해 이루어졌다. 저술 활동 역시 신약 성서와 초기 교회사 분야로부터 시작되었다. 첫 저서는 「마르시온의 복음과 누가의 복음(*The Gospel of Marcion and the Canonical Gospel of Luke*, 1846)」이었다. 이것은 「고대 가톨릭 교회의 태동(*The Rise of the Old Catholic Church*, 1851)」과 함께 그가 바우르와 튀빙겐 학파의 영향 아래 있을 때 나온 것이었다. 2세기 후반의 기독교(옛 가톨릭주의)를 유대적 기독교인(베드로주의자들)과 이방적 기독교인(바울주의자들) 사이의 갈등의 결과와 화해로 간주한 것이 이를 입증한다. 그러나 그는 그 후 바우르의 영향으로부터 벗어나게 되었다. 「고대 가톨릭주의의 태동」의 제2판(1857)은 바우르와의 학문적인 단절은 물론 인격적인 단절까지 초래하는 논쟁을 일으켰다. 그는 바우르가 초기 교회사를 갈등 모델에 기초하여 해석한 것을 지나치게 사변적 또는 헤겔적인 것이라 하여 거부했다. 오히려 그는 모든 사도들의 메시지는 근본적으로 비슷하다는 것, 예수의 사역은 구약 성서의 조명 아래 해석되어야 한다는 것, 유대적 기독교와 이방적 기독교는 본질적인 차이가 아닌 상대적인 차이가 있을 뿐이라는 것을 주장했다. 그는 초기 가톨릭주의는 유대 – 이방적 종합이 아니라, 전적으로 이방적 현상이며 기독교의 점진적 비유대화의 결과로 간주했다.

1850년대 들어 리츨의 관심은 점차 교의 신학에로 향했다. 괴팅겐 대학 교수로 재직하는 동안 그는 각각 세 권으로 이루어진 두 개의 기념비적 저서를 출판했다. 그의 주저가 된 「칭의와 화해의 그리스도교적 교리(*The Christian Doctrine of Justification and Reconciliation*, 1870 – 1874)」와 「경건주의의 역사(*History of Pietism*; 1880 – 1886)」가 그것이다. 전자는 신약 성서 중에도 바울서신과, 종교 개혁자들 특히 루터가 진술한 칭의와 화해의 교리에 기초하여 기독교를 포괄적으로 해석한 책이다. 1권은 이들 교리에 대한 역사적 연구이고, 2권은 성서적 연구이다. 3권은 그 교리들을 철학적이며 조직 신학적인 면에서 체계화한 것이다. 후자는 「칭의와 화해」 출판 이후 십 년의 연구 끝에 만들어진 소산이었으며, 경건주의를 윤리적 기독교의 본질을 손상하는 것으로 규정한 것이 그 핵심 주장이었다. 그는 경건주의를 기독교 생활에 이질적인 로마 가톨릭 개념이 독일 개신교 안에 주입되어 일어난 잘못된 부흥 운동으로 간주했다. 리츨은 이 두 저서를 통해 당대 제일의 프로테스탄트 조직 신학자라는 국제적인 명성을 얻게 되었다.

이외에도, 리츨은 「기독교인의 완전(*Christian Perfection*, 1874)」, 「기독교 교육(*Instruction in the Christian Religion*, 1875)」, 「신학과 형이상학(*Theology and Metaphysics*, 1881)」 등을 저술했다.

Ⅱ. 사상적 배경

리츨은 기독교의 복음이 로마 가톨릭 교회, 신비주의, 경건주의 등으로 인해 변질되었다고 생각했다. 그래서 이를 종교 개혁적 이해로 재해석하는 것을 평생의 과제로 삼았다.[3] 따라서 그는 칸트와 슐라이에르마허의 사상 체계를 이용하여 종교 개혁자들의 근본 개념들을 새롭게 표현한 프로테스탄트 신학을 제시하려고 했다. 이런 면에서 칸트와 슐라이에르마허는 리츨의 신학 형성에 큰 영향을 주었다.

1. 칸트와 리츨

리츨은 계몽주의를 극복하려는 모든 시도를 거부하고 오히려 계몽주의의 이론적이며 실천적인 철학을 철저히 수용했다. 그는 계몽주의 철학자 칸트에게로 되돌아 갔다. 그는 철학 및 도덕적인 면에서 칸트의 추종자였으며 칸트의 이원론을 수용했다. 현상계(알려질 수 있는 것)와 본체계(알려질 수 없으나 도덕적 근거에서 요청될 수 있는 것) 사이의 구별이 그것이다.

칸트는 「순수 이성 비판」에서 순수 이성으로 하나님의 존재, 영혼 불멸, 자유와 같은 현상의 세계를 초월한 문제, 즉 대상 자체(물 자체)를 인식할 수 있다고 본 종래의 형이상학을 거부했다. 그는 단지 시간과 공간을 통해 경험되는 현상의 세계만을 인식할 수 있다고 주장했다. 그는 인간의 지식의 범위를 현상의 세계에 국한시켰다. 따라서 그에게 하나님에 대한 형이상학적이며 철학적 인식은 불가능했다. 리츨은 이런 칸트 철학에 근거하여 형이상학이나 이론적 사변이 하나님에 대한 지식의 원천이 된다는 것을 거부하고 신에 대해 불가지론(agnosticism)적 입장을 취했다.

한편 칸트에게는 또 다른 인식의 영역이 있었다. 그것은 도덕적 의식의 영역, 실천 이성의 영역이다. 인간은 누구나 도덕적 의무를 의식하고 있다. 이러한 도덕적 의식을 설명하기 위해서는 종교가 필연적으로 요청된다. 종교는 도덕 의무를 하나님의 명령으로 해석하는 것이다. 따라서 종교는 실천 이성의 문제가 된다. 순수 이성은 하나님, 자유, 영혼 불멸을 인식할 수 없다. 그럼에도 불구하고 도덕이 제 기능을 발휘하기 위해서는 그들이 존재해야 한다. 종교는 지식의 항목이 아니라 신앙의 항목이다. 칸트에게 있어 종교는 도덕과 밀접한 관계가 있을 뿐만 아니라 종교는 곧 윤리학의 문제였다. 그는 최고선의 개념에 이르러 종교를 도입했다. 최고선은 인간 생활의 궁극적이며 완전한 목표에 대한 도덕적 이상이다.

칸트는 덕과 행복을 최고선의 두 요소로 간주하고, 이에 근거하여 최고선을 최상선과 완전선으로 나누었다. 최상선은 인간의 의지와 도덕 법칙이 완전하게 조화를 이루는 상태, 곧 거룩이다. 거룩 혹은 덕은 최상선이기는 하나 완전선은 아니다. 착한 사람은 착한 만큼 행복해야 된다는 소망, 즉 덕에 비례하는 행복이 있어야 한다는 의식이 인간에게 있기 때문이다. 따라서 완전선은 덕과 행복이 일치하는 경지, 즉 덕에 비례한 행복을 의미한다.

도덕적 존재로서의 인간은 최상선을 성취하는 것이 의무이다. 그러나 유한한 존재로서의 인간은 단지 그것에 접근할 수 있을 뿐이다. 이 모순을 해결하기 위해서는 그 의무를 이행할 수 있는 조건이 필요하다. 도덕적 완성의 낮은 단계로부터 가장 높은 단계로의 접근이 무한히 계속된다면, 그것은 가능하다. 따라서 최상선의 조건은 영혼 불멸이다. 최상선은 영혼 불멸의 전제에서만 가능하다. 한편 영혼 불멸은 최상선을 성취할 수 있게 할 뿐, 완전선을 성취시키지는 못한다. 행복은 덕과 전적으로 다른 것이기 때문이다. 행복은 자연 세계에 속하는 반면 덕은 도덕 세계에 속한다. 이 두 세계는 완전히 분리되어 있다. 그렇다면, 덕에 비례한 행복, 즉 완전선은 어떻게 성취될 수 있는가? 자연 세계와 도덕 세계가 분리되어 있으나, 궁극적으로 연결되어 있을 때에만 가능하다. 즉 동일한 존재자가 도덕 법칙과 자연 세계의 저자라면 가능하다. 따라서 도덕과 행복을 일치시켜 주는 매개자로서 하나님이라는 존재를 요청하게 된다.

이와 같이 칸트에게서는 도덕의 이상적 상태인 최고선을 이루기 위한 조건이 영혼 불멸과 하나님의 존재이다. 칸트는 도덕과 종교, 철학과 신학의 경계선에 서서 이 두 영역의 상호 관계를 확립하려고 했다. 도덕의 완성을 위해 종교가 도입되었다. 도덕은 필연적으로 종교로 인도된다. 도덕적 의무는 그것을 성취할 수 있는 조건들이 존재해야 된다는 신앙을 필요로 하기 때문이다.

칸트의 사상은 특히 두 가지 면에서 리츨의 신학에 영향을 미쳤다. 형이상학이나 이론적 사변이 하나님에 대한 지식의 원천이 된다는 것을 거부한 점과 종교적 사상은 본질적으로 실천적이며 도덕적이라는 신념에 기초하여 기독교의 의미를 해석한 점이다. 리츨이 기독교를 규정할 때 형이상학적 성격이 아니라, 도덕적이고 윤리적 성격을 지닌 것이라는 것이 그 대표적인 예이다. 리츨은 기독교를 하나님의 나라를 창건한 예수 그리스도의 인격과 사역 위에 세워진 영적 윤리적 종교로 정의했다. 이에 따르면, 기독교는 하나의 중심을 가진 원이 아니라, 두 개의 중심을 가진 타원이다. 종교적 또는 영적 중심과 도덕적 중심이 그것이다.

이외에도 칸트가 하나님의 나라를 인간 사회의 윤리적인 조직체로서 해석한 것이나, 사실 판단과 가치 판단 구별 등을 리츨은 수용했다. 리츨은 하나님의 나라를 지고의 윤리적 이상으로 간주했다. 이 세상에서 실현되는 윤리적 인간 공동체가 하나님의 나라였다. 그리고 이 공동체를 창건한 예수는 윤리적으로 위대한 교사요 인류의 원형이었다. 한편 리츨은 종교적이며 신학적인 진술은 본질적으로 가치 판단들이라고 믿었다.[4] 따라서 그리스도교적 하나님 지식은 계시에 의하여 일어난 가치 판단 안에서 형성되는 것이다. 모든 교의학적 확인은 가치 판단 위에 서 있다.

2. 슐라이에르마허와 리츨

칸트와 더불어 리츨의 사상 형성에 큰 영향을 미친 사람이 슐라이에르마허였다. 리츨은 슐라이에르마허가 시작한 경험적 신학 전통의 가장 탁월한 대표자였다. 리츨이 만년의 저서에서 슐라이에르마허를 비판하고 있음에도 불구하고, 신학 연구에 과학적 연구 방법을 도입한 개척자로서 슐라이에르마허를 간주했고 자신을 그의 계승자라고 말했다. 양자의 신학 방법론의 유사성이 이를 입증해 준다.

첫째, 리츨은 슐라이에르마허 이상으로 형이상학을 반대했다. 신학과 철학을 철저히 구별하고, 신학은 사변적인 형이상학으로부터 어떤 지시나 영향을 받지 않는 독자적인 영역을 가지고 있다고 주장했다. 슐라이에르마허는 「신앙론」에서 신학과 철학의 기원상의 차이점을 지적함으로써 양자를 명확히 구별했다. 철학적인 명제들은 과학적인 관심에서 생겼고, 신학적인 명제들은 종교적인 감정의 반성에서 생긴다.[5] 따라서 양자는 본질에서부터 다르다.

둘째, 리츨은 기독교를 가장 순수하고 가장 발전된 종교 형태로 간주한 슐라이에르마허의 입장을 수용했다. 슐라이에르마허는 의식의 발전 단계에 따라 종교들을 분류했다. 우상 숭배나 물신 숭배는 가장 낮은 단계인 동물적인 의식에 속하며, 다신교는 그 다음 단계인 감각적 의식에 속하고, 유일신 종교만이 최고 단계인 종교적 의식에 속한다. 유일신 종교는 마호멧교, 유대교 및 기독교이다. 슐라이에르마허는 기독교를 "가장 발전된 종교 형태들 중 가장 완전한 형태"라고 생각했다. 또한 그는 "기독교는 유일신론적 신앙이며, 종교의 목적론적 유형에 속하며 그 안에 있는 모든 것이 나사렛 예수 안에서 성취된 구속에 관련되어 있다는 사실에 의해서 다른 신앙으로부터 본질적으로 구별된다"고 주장했다. 리츨은 기독교의 독특한 성격을 유일신론적 신앙으로 확인하려고 한 슐라이에르마허의 노력을 높이 평가하고 슐라이에르마허의 업적은 기독교를 목적론적 종교로 인식한 것이라고 지적했다. 따라서 리츨은 슐라이에르마허의 활동을 완성하는 것을 자신의 신학적 과제로 삼았다.

이외에도, 리츨은 인간의 측면으로부터 하나님에게 접근하는 슐라이에르마허의 방법론을 계승했다. 슐라이에르마허는 하나님은 그 자체로서는 그리고 세계로부터 떨어져서는 우리에게 제시되지 않으므로, 우리는 단지 세계 내에서의 하나님의 활동을 통해서만 하나님을 알 수 있다고 했다.[8] 리츨은 사물 자체를 지각할 수 있다는 전통적인 형이상학의 인식론을 거부하고 우리는 사물의 실재를 그 활동에 의해서 알 수 있다고 주장했다. 이것은 칸트의 인식론이 슐라이에르마허를 거쳐 리츨 신학 사상에 반영된 것으로 이해된다.

리츨이 형이상학적 신학을 거부하고 경험적인 신학을 택한 것은 슐라이에르마허의 영향이었다. 그러나 리츨은 만년의 저서에서 슐라이에르마허의 신학에 비판적인 입장을 취했다. 리츨이 슐라이에르마허로부터 많은 영향을 받았음에도 불구하고, 그의 신학적 토대와 출발점은 슐라이에르마허와 명확히 구별된다.

슐라이에르마허의 신학은 기독교인의 경험 또는 의식에 기초했다. 따라서 그는 종교를 감정이나 직접적인 자기 의식 표현으로 이해하고 기독교 교리들을 기독교인의 종교적인 감정들에 대한 기술로 정의했다.[9] 리츨에 따르면, 이것은 주관주의이자 경험에 대한 심미적인 해석이었다. 그것은 기독교의 도덕적인 면을 축소하며 자비와 용서의 진정한 평가를 배제한다.[10] 그러므로 리츨은 경험에 대한 심미적 해석 보다 윤리적인 해석을 시도하고, 종교의 신비적 성격보다 윤리적 성격을 강조했다. 특히 리츨은 역사적 계시를 강조했다.

슐라이에르마허의 신학이 기독교인의 의식으로부터 출발한데 비해, 리츨의 신학은 예수 그리스도 안에 주어진 복음으로부터 출발했다. 그는 역사적 사실, 즉 신약 성서에서 진술된 예수 그리스도 안에 나타난 계시에 기초하여 자신의 신학을 전개했다. 이로 인해 그의 신학 방법론은 슐라이에르마허의 방법론 보다 더 탁월한 것으로 평가받고 있다.[11]

이와 같이, 슐라이에르마허와 리츨 신학에는 출발점과 강조점에서 중요한 차이점이 있다. 그러나 이를 지나치게 강조해서는 안된다. 왜냐하면 많은 면에서 리츨은 슐라이에르마허에게 도움을 입었기 때문이다.

3. 신학적 과제

리츨은 종교 개혁 이후 프로테스탄트 교회는 성서적이며 종교 개혁적인 모습을 상실하고 다른 형태로 변형되었음을 지적하고, 그것을 종교 개혁적인 의미로 재해석하는 것을 평생 과제로 삼았다. 그는 비평적 연구와 역사적 연구를 통해 종교 개혁자들의 근본 개념들을 회복하고 칸트와 슐라이에르마허의 사상 체계에 근거하여 프로테스탄트 신학 재구성을 사명으로 생각했다. 그는 다른 사람의 사상을 반대하고 부정하는 방법을 통해 그것을 수행하고 자신의 입장을 전개했다.[12]

따라서 리츨이 거부하려 했던 것이 무엇인지 먼저 살펴보는 것이 그의 사상을 이해하는 지름길이다. 리츨이 반대했던 개념들과 사고 방식들은 네 개의 범주로 분류될 수 있다. 사변적 합리주의, 주관주의, 신비주의와 경건주의, 프로테스탄트 정통주의가 그것이다.

첫째, 리츨은 신학에서 사변적 합리주의를 축출하려 했다.[13] 사변적 합리주의는 신학의 진정한 기반을 이론적 형이상학에서 찾아야 한다는 주장이다.[14] 이미 확립된 철학 개념의 체계 속에 복음을 집어 넣으려는 것이다. 헤겔과 그의 추종자들이 대표적인 예이다. 헤겔주의자들은 신학은 철학적 개념과 판단에 따라야 한다는 것을 강조하면서 신학을 철학에 종속시키려 했으며 19세기 중엽의 조정 신학은 기독교와 일반적이며 합리적인 세속적 세계관을 조화시키려고 노력했다. 이에 반해, 리츨은 오히려 신학에서 형이상학을 제거하려 했다. 그는 신학을 철학에 종속시키는 헤겔주의뿐만 아니라 형이상학이 끊임없이 기독교 사상에 영향을 미쳤다고 보는 신학에 대한 형이상학적 접근 역시 거부했다. 먼저 신앙이 존재하고, 형이상학은 후에 그 신앙을 변호하기 위해 채용된 것에 불과한 것으로 보았기 때문이다. 리츨에 따르면, 살아 계신 하나님에 대한 견해가 형이상학에서 말하는 보편적 이념의 영역을 훨씬 초월해 있다. 따라서 그리스도인은 모든 점에서 그리스도 안에 있는 계시에 따라야 한다. 리츨은 종교적 지식은 가치 판단에서 존재한다고 주장함으로써 철학적 지식으로부터 종교적인 지식을 구별했다. 이것이 신학에 미친 리츨의 최대 공헌이다.

둘째, 리츨은 신학에서 주관주의를 배제하려고 했다. 주관주의는 역사적 사실이 아닌, 신자의 마음속에 일어나는 경험을 신학의 토대와 출발점으로 삼으려는 입장이다. 역사에 무관심한 것이 주관주의의 특징이자 약점이다. 그 대표적인 예가 슐라이에르마허이다. 슐라이에르마허는 신학적 토대를 인간 존재의 내적 영역, 즉 감정에 두었다. 그는 기독교 교리들을 종교적인 감정들에 대한 기술로 정의했다. 리츨에게 있어 이것은 주관주의요 낭만적 감상주의였다. 리츨은 슐라이에르마허의 주관주의를 거부했다. 그리고 성서의 계시를 신학의 토대로 믿는 전통 신학의 입장을 수용했다. 그는 기독교인의 주관적인 감정이 아니라 역사적 사실, 즉 신약 성서에서 진술된 것과 같은 예수 그리스도 안에 나타난 계시를 신학의 출발점으로 삼았다.

셋째, 리츨은 신학으로부터 신비주의와 경건주의를 제거하려고 했다. 신비주의는 하나님과의 합일(合一)을 열망하고 그것을 종교의 본질로 간주하는 것이다. 그리고 이 합일의 경지는 중보자 없이 직접적인 경험을 통해 성취될 수 있다고 주장한다. 따라서 신비주의는 역사에 대해서도 무관심하다. 신비주의의 주장은 세 가지로 요약된다. 첫째, 인간의 영혼은 교회와 세계로부터의 격리를 통해 하나님과 관계를 맺을 수 있다. 둘째, 하나님과 사귀는 최고의 형태는 신약 성서의 메시지를 수락함으로써 이루어지는 것이 아니다. 셋째, 그리스도에 대한 우리의 정당한 태도는 믿음보다 사랑이다.[15]

리츨은 이러한 신비주의를 비판하고 논박했다. 리츨이 신비주의를 거부한 이유는 형이상학을 거부한 이유와 매우 유사하다. 첫째, 신비주의는 개별적인 것, 영적 생활의 구체적이며 도덕적인 것을 포기하고 그것을 초월한 보편적 존재를 선호한다. 따라서 기독교는 단지 기독교를 초월하는 데 이르기 위한 도구에 불과하게 된다. 그러므로 리츨은 신비주의를 반대하고 신비주의자가 합일의 대상으로 삼는 보편적인 존재는 기독교 신앙의 하나님이 아니라고 보았다.

둘째, 신비주의는 인간의 뜻과 하나님의 뜻을 간과한다.[16] 기독교는 신비주의가 주장하는 것 같이 하나님과의 직접적인 관계성이 결코 아니다. 오히려 기독교는 삶에 대한 전망이며 도덕성이다. 따라서 리츨은 삶의 이상에 대한 능동적인 실현을 포함하는 화해의 관점, 하나님 나라에 대한 윤리적 관점, 도덕적인 면에서 우리가 하나님의 자녀라는 관점에 따르면 신비주의를 근본적으로 거부해야 한다고 생각했다. 그러나 그는 신비주의를 여러 유형으로 구분하지 않았다. 그는 기독교 신비주의가 다른 신비주의와 다르다고 생각하지 않았다. 중보자를 필요로 하지 않고 역사에 무관심한 것이 동일하기 때문이다.

한편 리츨은 경건주의에 대해서도 맹렬히 반대했다. 그는 경건주의를 중세 수도원주의로 복귀, 즉 복음적인 프로테스탄트 교회에서 가톨릭 교회적인 생활을 가지고 일어난 잘못된 부흥 운동으로 간주했다. 그것은 세상을 부정하는 것을 삶의 이상으로 삼았으며, 이것은 세상으로부터의 도피를 이상으로 삼는 신비주의와 일치한다. 따라서 리츨은 경건주의 역시 신학에서 제거하려 했다.

마지막으로 리츨은 정통주의, 특히 루터교주의를 반대했다. 대부분 그의 논쟁은 정통주의자들과의 관계에서 일어났다. 그는 그들이 거짓된 형이상학을 채택하여 하나님, 그리스도, 자아, 죄, 화해, 교회의 개념을 손상시켰다고 보았다. 예를 들어 정통주의는 형이상학적인 절대자의 개념을 신학에 도입했으나, 리츨은 이를 반대했다. 하나님은 절대자라기 보다 사랑으로 정의해야 한다고 생각했기 때문이다.

또한 리츨은 민법으로부터 유래된 법적인 범주에 의해 지배되는 정통주의자들의 사고 방식을 공격했다. 일례로 그들은 국가의 법으로부터 이끌어낸 기준에 의해 하나님을 입법자나 재판관으로 이해하고 그 개념하에서 용서의 교리를 이해하려고 했다. 그러나 리츨은 그런 노력은 모순을 지니고 있을 뿐 아니라 기독교 개념들을 손상시킨다고 생각했다.[17] 왜냐하면 법적 개념들은 도덕적 친교의 개념보다 본질적으로 편협하기 때문이었다. 법적인 것에 대한 리츨의 거부는 그의 신학을 이해하는 데 중요하다. 칭의와 화해가 기독교 교리에 대한 그의 진술들을 체계화하는 주제들이기 때문이다.

Ⅲ. 기독교의 본질과 하나님의 나라

리츨의 신학 사상은 19세기 중엽 독일의 주요한 신학 조류에 긍정적 또는 부정적으로 대응하는 과정을 통해 형성되었다. 그의 신학 활동은 현대 정신의 요구에 부응하여 현대인이 이해할 수 있는 기독교에 대한 견해를 제시하려는 노력이었다. 리츨은 사변적이며 형이상학적인 것과 관계를 끊고 실천적이고 역사적인 것을 신학의 새로운 토대와 형식으로 수용함으로써 프로테스탄트주의를 재확립하려 했다. 특히 그는 신앙, 역사, 윤리에 관심을 가지고 이들을 의식적으로 함께 결합하려고 시도했다. 프로테스탄트 전통이 그것에 실패했다고 느꼈기 때문이었다. 따라서 리츨은 자신의 활동을 진정한 프로테스탄트의 원동력을 회복하여 그것을 세계에 제시하는 개혁자의 활동으로 보았다.

1. 기독교의 본질
리츨은 기독교의 본질적 성격은 슐라이에르마허가 생각한 것과 같이 인간의 직접적인 종교 경험에서 발견되는 것이 아니라 기독교의 기원에 대한 역사적 연구에 의해서 규명될 수 있다고 주장했다. 즉 기독교가 무엇인지는 예수에 의해 창건되고 사도들에 의해 유지된 초기 기독교 공동체에서 가장 잘 이해될 수 있다는 것이다. 리츨이 "종교 개혁의 길에 의해 신약 성서로 돌아가자"는 것을 자신의 신학적 모토로 정한 것도 이 때문이었다.
리츨은 기독교를 하나님의 나라를 창건한 예수 그리스도의 인격과 사역 위에 세워진 윤리적인 종교라고 정의했다. "기독교는 유일신론적이며 완전히 영적인 동시에 윤리적인 종교이다. 그것은 창시자의 생애에 기초했으며 하나님의 자녀의 자유 속에 존재한다. 창시자는 구원자이며 하나님 나라의 창건자이다. 기독교는 사랑의 동기로부터 행동하도록 하며 하나님의 자녀와 하나님 나라를 축복으로 간주한다."

이와 같이 리츨은 예수 그리스도와 사도적 공동체의 역사에 근거하여 기독교의 이중성을 발견했다. 기독교는 종교적인 신앙과 윤리학이라는 이중 구조를 가지고 있다. 기독교는 하나의 초점(중심)을 지닌 원이 아니라 두 개의 초점(중심)을 지닌 타원과 같다.[20] 하나의 초점은 예수이다. 이것은 종교적 중심이며 그리스도를 통한 구속을 의미한다. 그리스도는 우리에게 하나님의 사랑을 계시하며 우리를 하나님과 화목하게 한다. 또 하나의 초점은 예수가 창건한 영적이며 윤리적인 공동체이다. 이것은 도덕적 중심이며 하나님의 나라를 의미한다. 이 공동체는 곧 교회이기도 하다. 그 목표는 인간 사회 전체를 하나님의 나라로 전환시키는 것이다.

리츨은 특히 윤리적 초점을 강조했으며, 이것은 칭의와 화해의 교리를 토의하는 과정에서 잘 나타나고 있다. 그에 따르면, 도덕적 초점은 하나님 나라의 개념에 대한 적절한 인식을 통해 유지될 수 있는 것임에도 불구하고, 종래 기독교에서는 이것을 정당하게 평가하지 않았다. 예를 들어, 로마 가톨릭 교회는 교회와 하나님 나라를 동일시했으나 이런 측면을 인식하지 못했다. 종교 개혁자들은 하나님 나라의 개념을 윤리적인 것으로 이해하지 못하고 은혜와 그 작용을 통한 그리스도와 신자의 내적인 연합으로 간주했다. 슐라이에르마허는 하나님 나라의 목적론적 성격을 최초로 인식했으나 윤리적인 성격을 소홀히 했다. 이에 비해, 칸트는 하나님 나라를 도덕 법칙들에 의해 결합된 인간의 연합체로 간주함으로써 하나님 나라의 윤리학적 중요성을 지각했다.[21] 따라서 리츨은 칸트 사상에 근거하여 하나님 나라의 윤리적 성격 규명을 자신에게 부과된 과제로 생각했다.

리츨은 종교적인 것과 윤리적인 것을 서로 독립적으로 생각하지 않았다. 양자는 구분될 수는 있지만 분리될 수는 없으며, 상호 작용하고 있으나 완전하게 균형을 유지하고 있다. 따라서 기독교는 두 초점 중 어느 하나로 축소될 수 없다. 종교적인 것과 윤리적인 것은 기독교의 양극을 구성한다. 그 안에서 한 극은 다른 극이 생기게 하며 그것으로 인도된다. 양자는 서로를 포함하고 있다. 그러므로 종교적인 것과 윤리적인 것은 통일성 속에 있는 이중성으로 표현할 수 있다.[22]

이상에서 살펴본 바와 같이, 리츨은 기독교의 윤리적인 면을 강조했으나, 종교적인 것을 윤리적인 것으로 축소하지는 않았다. 단지 종교적인 것을 윤리적인 것과의 관계에서 그리고 도덕적 범주에 의해 해석해야 한다고 주장했을 뿐이다.

리츨은 도덕적 법칙을 하나님의 명령으로 해석하는 것이 종교라고 정의한 칸트의 종교관에 기초하여 기독교의 의미를 해석했다. 기독교는 형이상학적 성격이 아니라, 도덕적이고 윤리적 성격을 지니는 것이라고 본 것이 리츨의 기독교 이해의 특징이었다.

2. 하나님 나라

리츨이 후대 기독교 신학 발전에 큰 영향을 미친 것은 그의 하나님 나라 개념이다.[23] 하나님 나라를 종말론적인 것으로 이해하지 않고 윤리적인 것으로 이해한 것이 그 견해의 특징이었다. 리츨에 있어서, 하나님 나라는 하나님의 사랑에 감동된 행위를 통하여 이 세상에서 실현되는 윤리적인 인간 공동체를 의미한다.[24]

리츨은 하나님의 나라가 역사적으로 예수의 인격에 토대한다는 것을 강조했다. 그리스도는 그 나라의 창건자이며, 그 일을 위해 이 세상에 온 것이다. 하나님은 그리스도를 통하여 하나님 나라를 이룩하신다. 그리스도의 사역은 하나님 나라의 창건자로서 맡은바 사명을 성취하는 것이었다.[25] 한편 하나님 나라는 인간의 최고선이며 하나님과 화해된 인간의 궁극적 목적이다. "하나님이 초세계적이듯 그러한 초인간적 통일성이 바로 세계의 궁극적인 목적이요, 동시에 세계를 넘어 피조물들의 최고선이라는 사실이 바로 하나님 나라의 본질적인 특성인 것이다."[26] 따라서 하나님 나라를 실현하고 확산하는 것이 기독교인의 목표요 임무다. 인간 사회 전체를 하나님 나라로 전환시키는 것이 그 최종 목표다.[27] 이와 같이 리츨은 하나님 나라를 하나님과 인간의 궁극적인 목적으로 간주했다. 하나님 나라 건설이 하나님이 인간과 화목을 이루는 목적이다. 그러므로 하나님의 목적과 인간의 목적이 하나님 나라에서 서로 일치한다.

하나님 나라는 그리스도를 믿는 사람들로 구성되며 하나님의 사랑과 이웃 사랑에 근거한다. "하나님을 사랑하고 이웃을 사랑하라는 두 계명은 하나님 나라에 속한 행동과 관계된다." 특히 이웃 사랑은 하나님 나라의 표시이며 도덕법의 최고 성취다.[28]

리츨의 공헌은 종교 개혁자들이 주목하지 못했던 칭의 혹은 구원의 교리와 하나님 나라의 관계성 해명이다. 그는 하나님 나라를 도덕적 행위의 보편적 근거로 삼았다. 기독교는 도덕적인 종교라는 신념이 그의 개념의 중심에 위치했다. 한편 하나님 나라를 전적으로 윤리적인 면에서 이해한 것이 그의 문제점이기도 하다. 리츨에게 있어 하나님 나라는 이 세상에서 실현되는 윤리적인 인간 공동체였다. 따라서 그는 신약 성서의 하나님의 나라를 단지 인류의 도덕적 기관으로 취급한 감이 없지 않다.

Ⅳ. 칭의와 화해론 논쟁

리츨의 주저 「칭의와 화해론」은 바울서신과 루터의 신학 사상에 기초하여 기독교에 대한 포괄적인 해석을 제시한 것이다. 리츨은 종교 개혁자들이 성서적인 기독교의 본질적 요소들을 회복하고 교회를 개혁하려고 했던 노력을 높이 평가했지만 그 결과에 대해서는 비판적이었다. 그들은 종교적인 통찰들을 통전적인(holistic) 신학 체계로 정리하지 못했으며 칭의의 교리와 하나님 나라의 개념과의 관계성을 충분히 해명하지 못했다고 보았다.[29] 그들은 기독교의 두 중심 가운데 종교적인 중심은 강조했으나 도덕적인 중심은 소홀히 했다. 따라서 기독교가 주로 죄로부터의 개인적 구속인 반면,

사회의 도덕적 재건을 지향하는 윤리적 활동은 아니라는 인상을 남겼다. 그들은 칭의와 하나님의 나라를 법률적인 면에서 이해함으로써 그 윤리적인 의미를 정확히 파악하지 못했다. 그러므로 리츨은 프로테스탄트 종교 개혁은 완성되지 못했다고 생각했다.

리츨은 종교 개혁자들, 특히 루터 신학의 중요한 주제였던 칭의를 신학의 중심 문제로 간주했다. 그는 칭의를 인간 삶의 이상으로 규정했다. 그러나 칭의를 죄의 세력 제거로 이해하지는 않았다. 인간은 자신의 의지로 죄를 제거할 수 있다고 생각했기 때문이다.[30] 오히려 그는 하나님이 죄인을 용서하는 것을 칭의로 정의했다. 하나님은 그리스도의 명예를 위하여 죄인된 인간을 자유롭게 용서하며 죄로 인해 중단되었던 인간과의 교제를 재개하여 친교를 회복한다. 따라서 칭의는 인간에 대한 하나님의 행위이다. 인간은 칭의에 의해 하나님과 올바른 관계를 가지게 되며 죄나 죄책감에 의해 방해받지 않고 그 자신의 궁극적인 목표인 하나님 나라 건설에 참여한다.

리츨은 칭의의 교리를 법률적인 면에서 이해하기보다 윤리적인 면에서 이해했다. 칭의와 화목의 개념을 법률적인 범주로부터 도덕적 친교의 개념으로 전환했다.[31] 하나님은 의인을 의롭다 한 것이 아니라 죄인을 의롭다 했다. 하나님은 입법자와 심판자가 아니라 아버지로 표상된다. 칭의를 통해 하나님은 신자를 자녀로 대하며, 신자는 하나님을 아버지로 대하는 새로운 신뢰 관계에 들어가게 되며 죄인이 가지는 공포, 불신, 소외, 죄책에 대한 의식을 극복하게 된다. 이것이 화해이다. 화해는 칭의의 결과이다.

리츨은 화해를 하나님의 행위라기보다 인간의 경험으로 규정했다. 화해가 필요한 쪽은 하나님이 아니라 인간이기 때문이다. 인간이 하나님에 대한 불신앙을 포기하고 그리스도 편에 서는 것이 화해이다. 그것은 종교적으로 하나님의 섭리, 인내, 겸손, 기도에 대한 신앙에서 존재한다. 그리고 도덕적으로는 신자가 자신의 세속적인 직업에서 충성스럽게 활동하는 것과 이웃에 대한 덕을 발전시키는 데 존재한다. 따라서 화해는 새로운 윤리적 공동체 확립과 발전에서 이루어지는 것이다. 리츨에 따르면, 이 공동체가 곧 하나님의 나라이다. 그것이 하나님과 화해된 인간의 궁극적인 목적이다.

리츨은 개인적인 구원을 칭의로 본 반면, 인간의 도덕적 노력을 화해로 보았다. 칭의와 화해는 구별될 수가 있지만 분리될 수는 없다. 리츨은 칭의가 먼저 이루어지며 그 결과가 화해라고 설명했다. 칭의가 화해에 의존하는 것이 아니라 화해가 칭의에 의존한다. 리츨은 이 양 개념을 통합하는 것을 자신의 신학적 목적으로 삼았다.

앞서 설명한 리츨의 견해는 몇 가지 면에서 종교 개혁자들의 견해와 다르다. 첫째, 종교 개혁자들은 칭의와 화해를 법률적인 개념으로 이해했으나 리츨은 윤리적인 개념으로 이해했다. 둘째, 종교개혁자들은 화해가 하나님의 행위임을 강조했지만 리츨은 인간의 행위임을 강조했다. 셋째, 종교개혁자들은 화해가 먼저 일어나고 칭의가 그 다음에 일어나는 것이며 칭의가 화해에 의존한다고 이해했다. 화해가 있기 때문에 죄인이 하나님 앞에서 의인으로 인정받는 것이다. 반면, 리츨은 칭의가 먼저이고 화해가 그 다음이며 화해가 칭의에 의존한다고 주장했다. 그는 화해를 하나님의 성품에 대한 오해로부터 일어난 불신앙을 포기하고 그리스도 편에 서는 인간의 경험으로 간주했다. 이러한 근본적 차이점은 리츨이 신약 성서의 핵심 진리를 오해한 것으로 평가된다.[32]

결론

리츨은 기독교 복음이 로마 가톨릭주의, 신비주의, 경건주의, 주관주의 등에 의해 변형되었다고 보았다. 따라서 그것을 칸트와 슐라이에르마허의 사상 체계에 근거하여 종교 개혁적 이해로 재해석하는 것을 자신의 과제로 삼았다. 그의 목적은 종교 개혁자의 길을 통해 신약 성서로 돌아가는 것이었다. 그는 다른 사람의 사상을 반대하고 부정하는 방법을 통해 그것을 수행하고 자신의 입장을 전개했다.

리츨 신학의 특징과 공헌은 기독교의 윤리적 의미와 사회적 의미를 강조한 것이다. 리츨은 인간의 경험을 강조하는 자유주의 신학과 맥을 같이하면서도 자유주의 신학의 선배들과는 달리, 종교의 감정적이며 신비적인 면보다 윤리적인 면을 강조했다. 슐라이에르마허의 신학이 기독교인의 의식으로부터 출발한 데 비해, 리츨의 신학은 예수 그리스도 안에 주어진 복음에서 출발한 것이 이를 입증해 준다. 리츨은 역사적 사실, 즉 신약 성서에서 진술된 예수 그리스도 안에 나타난 계시에 기초하여 자신의 신학을 전개했다.

그의 신학 방법론은 자유주의 신학의 선배들보다 더 탁월한 것으로 평가되고 있다. 이로 인해 그의 신학 노선은 자유주의 신학의 주류를 이루게 되었으며, 그 자신은 19세기 자유주의 신학의 정점에 자리하게 되었다.

한편 리츨 신학의 문제점은 기독교를 계시 종교로부터 윤리 종교로, 하나님의 말씀 중심의 종교로부터 인간 중심의 합리적인 종교로 만든 것이다. 특히 화해를 하나님의 행위로 보지 않고 인간의 경험으로 간주한 것이 대표적인 예이다. 이것은 신약 성서와 종교 개혁자들의 교훈으로부터 완전히 이탈된다. 그는 정통주의 신학을 비판점으로 삼아 종교 개혁 신앙으로 돌아가고자 했으나, 오히려 그의 신학을 종교 개혁 전통으로부터 단절시키는 결과를 초래했다.

주(註)

1. Karl Barth, *19Century Protestant Thought*(London : SCM Press LTD, 1959), pp. 390 - 391.
2. Mircea Eliade(ed.), *The Encyclopedia of Religion*, Vol. 12 (New York : Macmillan Publishing Company, 1987), p. 404.
3. Ibid.
4. Ritschl, *Justification and Reconciliation*(Edinburgh, 1900), p. 203.
   사실 판단은 단순한 사실의 기록으로 어떤 사물이 그 자신의 성질 안에 존재한 그대로를 취급하는 것이다. 예를 들면, "예수 그리스도는 갈보리 산상에서 죽었다"와 같은 것이다. 반면, 가치 판단은 개인적 신념을 표현하는 것으로 어떤 실재가 우리를 위하여 절대 고귀하다는 인식이다. 예를 들어, "그리스도의 피로 말미암아 우리가 속죄함을 받았다"와 같은 것이다.
   예수가 하나님이라고 말하는 것은 사실 판단에 의한 것이 아니라 가치 판단에 의해서다. 그 안에서 숨겨진 하나님의 본성을 직접 관찰하거나 그 내부로부터 그와 아버지의 관계성을 탐구했다는 것을 의미하거나 주장하는 것이 아니다. 그것은 우리에게 있어서 그는 하나님의 가치를 가진다는 것을 의미하고, 그 안에서 우리를 향한 하나님의 사랑이 알려지기 때문이다.
5. Friedrich Schleiermacher, *The Christian Faith*(Philadelphia : Fortress Press, 1976), p. 82.
6. Ibid., p. 34 - 38.
7. Ibid., p. 52.
8. Ibid. 목창균, 「슐라이에르마허의 신학 사상」(서울 : 한국신학연구소, 1991), pp. 109, 111.
9. Schleiermacher, *The Christian Faith*, pp. 5, 76.
10. Claude Welch, *Protestant Thought in the Nineteenth Centurty*, Vol. 2(New Haven : Yale University Press, 1985), p. 10.
11. Hugh R. Mackintosh, *Types of Modern Theology*(London : Nisbet and Co. LTd., 1952), pp. 147 - 148.
12. Welch, p. 4.

13. 리츨의 이런 입장은 「칭의와 화해」 3권과 「신학과 형이상학」에서 제시되고 있다.

14. 형이상학(metaphysic)이란 말은 "물리학 뒤에 있는 것"을 의미한다. 아리스토텔레스 저서 중에는 책명이 없는 것도 있는데, 정리하던 제자들이 물리학 다음에 있었다고 이 책에다 그런 이름을 붙였다고 한다. 형이상학은 제일 철학이라고도 불리며 칸트에 이르기까지 서양 철학을 지배해 온 방식이다. 그것은 모든 존재의 보편적인 토대를 탐구하는 것을 근본 목적으로 한다.

15. Mackintosh, p. 149.

16. Welch, p. 11.

17. Ibid.

18. Ibid., p. 13.

19. Ritschl, *Justification and Reconciliation*, p. 13.

20. Ibid., p. 11.

21. Ibid. 리츨, "신론" 「세계 기독교 사상 전집」 3권(서울: 신태양사, 1975), pp. 93 - 96. 이것은 리츨의 *Die Christliche Lehre von Rechtfertigung und Verso-hnung*, 3권의 신론 부분을 번역한 것이다.

22. Welch, pp. 18 - 19.

23. 전경연, "리츨 신학의 정신 세계(II)" 「기독교 사상」(1991년 5월호), p. 152.

24. Welch, p. 18. Mackintosh, p. 158.

25. Ritschl, *Justification and Reconciliation*, pp. 443 - 449.

26. 리츨, "신론", p. 88.

27. Ibid., p. 116.

28. Ibid., p. 89.

29. *The Encyclopedia of Religion*, p. 404.

30. 리츨은 죄를 하나님 나라에 반대적인 인간의 행위로 정의했다. 죄는 내용 면에서는 이기심이며 형식 면에서는 하나님에 대한 적대감과 경외심의 부족이다. 그 기원은 인간의 무지이고, 결과는 하나님의 자녀로서의 권리 축소이다.

31. Welch, p. 21.

32. Mackintosh, p. 161.

7장

에른스트 트뢸취

서론

19세기와 20세기 신학 사상의 중요한 연결 고리 중 하나가 트뢸취의 신학이다. 그는 19세기 말 독일 신학계를 지배했던 자유주의적 기독교의 대표 신학자만 아니라 20세기 초 독일 신학계의 중심 인물이었다. 그는 슐라이에르마허와 리츨의 신학 전통을 이어받아 자유주의 신학과 사고의 틀 속에서 활동하는 한편, 신학의 재구성 문제를 제기하고 기독교의 본질에 대한 새로운 해석을 제시했다.

그럼에도 트뢸취의 저서들은 그의 사망 이후 최근까지 거의 신학적 주목과 인정을 받지 못했다. 그것은 1차 세계 대전 이후 트뢸취와 입장을 달리하는 변증법적 신학자들이 신학적 흐름을 주도한 데서 기인되었다. 그들은 트뢸취를 19세기 자유주의 신학의 "종착점" 또는 가장 위험한 대표자로 취급했다.[1]

트뢸취는 19세기 마지막 10년 간 독일에서 발전했던 종교사학파의 대표적 조직 신학자였다. 특별 계시에 근거하여 종교 문제를 해명하는 초자연주의적 입장을 거부하고 역사적 연구에 의해 종교를 이해하는 상대주의적 입장을 취한 것이 그의 특징이었다. 그가 관심을 기울인 주제는 신학과 역사 및 철학이었다. 특히 기독교의 절대성 문제는 일생 동안 트뢸취의 관심사요 학문 활동의 중심점이었다.

트뢸취의 사상은 최근 들어 종교 철학, 역사 철학, 종교 사회학 등의 분야에서 재발견되고 있으며, 종교 다원주의의 태동과 함께 기독교의 절대성에 관한 그의 견해가 논란의 대상이 되고 있다.

트뢸취의 신학 방법론은 역사적 방법이었으며, 그의 신학은 종교사의 신학이었다. 필자는 먼저 역사적 방법과 종교사의 신학을 중심으로 트뢸취의 사상을 개괄하고, 기독교와 다른 종교와의 관계에 대한 그의 상대주의적 입장과 이를 둘러싼 기독교의 절대성에 대한 신학 논쟁이 어떠했는지를 밝히려고 한다.

I. 생애와 저작

에른스트 트뢸취(Ernst Troeltsch)는 1865년 2월 17일 독일 아우그스부르크 근처 하운스테텐에서 의사의 아들로 태어났다. 아우그스부르크에서 소년 시절을 보내고 1883년 에어랑겐 대학에 입학하여 기초적인 신학 교육을 받았다. 그는 칸트, 피히테, 슐라이에르마허를 집중적으로 공부했으며 신앙과 지식의 화해 문제에 관심이 많았다. 그러나 트뢸취는 신경건주의와 루터교 고백주의가 지배적이던 에어랑겐의 신학적 분위기에 만족하지 못했다.

1885년 베를린 대학으로 옮겨 신학을 공부하다가 1년 후 리츨의 마지막 제자가 되기 위해 친구 부세트(Wilhelm Bousset)와 함께 괴팅겐 대학으로 옮겼다. 그는 리츨로부터 지식과 신앙을 구별하는 방법을 배웠으며 언어학자 라가르데(Paul de Lagarde), 구약학자 둔(Bernhard Duhn), 철학자 로체(Hermann Lotze)로부터 많은 영향을 받았다.

한편 그는 괴팅겐에서 교회사가 아이호른(Albert Eichhorn), 구약 성서학자 궁켈(Hermann Gunkel), 신약 성서학자 브레데(Wrede), 부세트(Wilhelm Bousset)와 깊은 친교를 가졌다. 이 젊은 학자들은 세계 모든 종교를 역사의 발전 과정으로 이해하려 했으며, 기독교의 기원 역시 고대 종교들, 특히 후기 유대교의 관점에서부터 연구했다. 따라서 그들은 성경의 외적 환경과 배경에 관심을 갖는 비교의학적이며 사회학적인 방법으로 성서를 연구했으며, 전통적인 성서 연구를 유대교와 초기 기독교의 종교사로 전환시키려고 했다. 이들이 바이스(Johannes Weiss), 하이트뮐러(Heitmuller) 등과 함께 형성한 학파가 곧 종교사학파였다.

트뢸취는 1891년 "게르하르트와 멜랑톤에 있어서의 이성과 계시"라는 제목의 논문으로 박사 학위를 받고 잠시 동안 괴팅겐 대학과 본 대학에서 강사 생활을 했다. 그 후 1894년 29세에 하이델베르그 대학 교수로 취임하여 21년 동안 조직 신학을 가르쳤다.

조직 신학 교수로서 활동하는 동안, 그는 많은 저서와 논문을 발표했다. 「신학에 있어서 교의학적 방법과 역사적 방법에 관하여」(1898)는 근대 역사학의 연구에 근거하여 신학을 정립하려 한 것이며, 「기독교의 절대성과 종교사」(1902)는 기독교 신앙을 포함하여 어떤 역사적 현상이 보편 타당하다는 개념을 거부했다. 그의 주저인 「기독교의 사회적 교훈」(1912)은 사회학적 접근 방법을 사용하여 기독교의 사회 윤리 발전을 탐구한 것이다. 트뢸취는 기독교 공동체를 세 가지 형태 즉 교회 유형, 소 종파 유형 및 개인적 신비주의 유형으로 구분했다. 교회는 사회적으로 안정 세력이 된 기성교회를, 소 종파는 거듭난 사람들의 배타적 공동체를, 개인적 신비주의는 자신의 내적, 영적 생활에만 관심있는 종교적 신비파를 의미한다.

트뢸취는 학문적 활동뿐만 아니라, 독일 개신교의 여러 단체에 깊이 관여했으며 교회 정치에도 적극적이었다. 따라서 그의 명성은 신학계의 영역을 넘어 널리 알려지게 되었다.

베를린 대학은 저명한 종교 철학자 프라이더러(Otto Pfleiderer) 후임으로 트뢸취를 초청했다. 그에게 맡겨진 것은 정확히 말하면, 종교, 사회, 역사 철학 및 기독교사 교수직이었다. 1915년 봄, 그는 하이델베르그 대학 조직 신학 교수로부터 베를린 대학의 철학 교수로 자리를 옮겼다. 베를린 대학으로의 이동은 철학을 위해 신학을 포기한 것으로 가끔 해석되기도 한다. 1923년 베를린에서 심장마비로 별세할 때까지 철학 교수로 활동하는 한편, 정치 활동에도 깊이 참여하여 바이에른 주의 상원 의원과 프러시아 지방의회 의원을 역임하기도 했다.

후기의 저술로는 「역사주의와 문제」(1922), 「세계 종교와 기독교」(1923) 등이 있다. 「역사주의와 문제」에서 트뢸취는 사상이나 이념은 역사의 변천과 더불어 변하며 교리나 도덕도 변치 않는 것이 없다는 역사적 상대주의를 주장했다. 「세계 종교와 기독교」는 1923년 옥스포드 대학에서 강의를 목적으로 쓴 논문이었으나, 그의 사망으로 인해 생전에 직접 발표하지는 못했다. 이외에도, 그의 조직 신학 강의록이 사후에 「신앙론」이란 제목으로 출판되었다.

II. 역사적 방법과 종교사의 신학

1. 역사적 방법

트뢸취는 "현대성의 가장 중요한 특징 중 하나가 인간사(human affairs)에 대한 역사적 견해의 발전"이라고 주장했다.[2] 그는 역사적 사고가 전 시대로부터 현대를 구획짓는다고 보았는데, 그의 저서에서 반복되는 주제였다. 트뢸취는 1898년에 출판된 논문 "신학에 있어서 역사적 방법과 교의학적 방법"에서 이런 그의 통찰을 체계화했다.

트뢸취는 인간사에 대한 역사적 견해란 역사적 방법의 원리들에 의해 상세히 진술될 수 있으며, 종교 문제 역시 역사적 연구에 의해서만 이해될 수 있다고 보았다. 역사적 방법의 기본 원리들은 비평, 유비 및 상관 관계이다.

비평은 모든 자료를 비판적으로 검토하고 모든 결론을 새로운 증거의 조명에 의해 검사되어야 한다는 것을 말한다. 비평의 원리는 역사의 영역에는 단지 개연성의 판단만이 있다는 것을 나타낸다. 즉 역사적 판단은 개연성의 판단을 의미한다.

유비(類比)는 모든 역사적 사건들은 동질성을 지니고 있다는 원리를 전제로 한다. 우리가 직접 경험한 사건은 과거의 사건들과 본질적으로 유사하기 때문에, 그와 비슷한 결과를 예고할 수 있다. 따라서 역사적 비평과 판단을 가능하게 하는 수단이 유비의 사용이다. 유비는 역사적 비평의 단서를 제공해 준다.

상관의 원리는 모든 역사적 사건들은 이전의 다른 사건들과 인과적으로 연결되어 있다는 것을 말한다. 전체 역사는 이런 내적 관계의 조직을 통해 형성된다. 따라서 모든 역사적 구조와 사건들은 다른 것과의 관계, 더 나가서 역사 전체와의 관계에서만 이해될 수 있다. 그러므로 역사적 방법의 특징은 모든 것을 상대화시키는 것이다.[3] 역사적 상대주의가 트뢸취의 결정적인 사상을 이루고 있다.

트뢸취의 신학 방법론은 철저하게 역사적 사고와 역사적 방법에 근거하고 있는 것이 특징이다. 그는 기독교 역시 전체 역사의 일부로 간주하고 모든 종교 및 문화 현상에 적용된다고 언급했다. 또한 동일한 종류의 역사적 탐구의 대상이 될 수밖에 없다고 보았다. "기독교의 본질은 단순히 그 기원을 관찰함으로써가 아니라 그 전체 역사적 발전을 관찰함으로써 결정된다."[4]

트뢸취는 전통 신학의 교의학적 방법을 역사적 방법과 전적으로 반대되는 것으로 취급했다. 교의학적 방법은 특별 계시와 기적에 근거한 것이다. 그것은 역사적 사건들의 동질성과 기독교와 다른 종교들의 유비를 부정하며, 기독교를 유일하고 절대적인 종교로 간주한다. 역사를 일상적인 영역과 특별한 신적 간섭의 영역으로 나눈다. 즉 일반 역사와 구속사를 구별하고 유일한 신적 인과성이 기독교의 구속사에 작용한다고 본다. 교의학적 방법은 구속사에 토대를 둔 것으로 일반 역사와는 무관한 것이다.[5]

반면 역사적 방법은 기독교와 다른 종교를 구별하기보다 오히려 모든 종교를 동질적인 현상으로 취급한다. 기독교뿐만 아니라 모든 종교가 초자연적이며 구속적이며 계시에 기초한 것으로 간주한다. "모든 인간 종교들은 종교적 직관 또는 신적 계시에 뿌리를 두고 있다."[6] 기독교는 유일한 종교가 아니라 여러 종교 중 하나이며, 기독교 역사는 다른 종교 역사와 유비되는 현상이다. 따라서 역사적 방법은 기독교를 전체 종교 현상의 맥락에서 설명하고 평가한다.

그는 일반적인 학문 방법과 구별되는 기독교 신학 특유의 방법을 주장하는 교의학적 사고를 거부하고, 모든 학문에 통용되는 보편화된 방법을 주장하는 종교사적 사고를 신뢰했다. 그는 기독교 신학의 독특성은 탐구나 증명의 특별한 방법에 있는 것이 아니라 그 대상의 내용에 있다고 보았다.[7]

트뢸취가 역사적 방법을 변호하고 우위성을 부여했던 것은 역사적 방법이 신학적 권위를 더 확실히 보증하거나 신학적 권위의 필요성을 더 잘 만족시킬 수 있기 때문이 아니었다. 전통적인 교의학적 방법보다 역사적 방법이 종교의 본질과 핵심에 더 가까이 접근하고 고전 신학의 주장들을 더 잘 변호할 수 있다고 생각했기 때문이었다.[8]

역사적 방법은 결과적으로 전통적인 교의학적 방법의 신뢰성을 손상시키며 기독교의 초자연주의적 견해를 배제한다. 왜냐하면 그것은 어떤 역사적 사건도 절대시하지 않고 상대화하기 때문이다.

2. 종교사의 신학

트뢸취의 신학은 흔히 종교사의 신학이라고 불린다. 그는 현대의 역사적 의식을 수용하여 종교를 역사적으로 연구하려 했던 종교사학파에 적극 가담했다. 종교사학파란 말은 종교적 사고와 교의 신학의 과제가 가지는 특별한 개념을 나타내기 위하여 독일 신학에서 만들어진 것이다.

트뢸취에 따르면 이 말은, 인간 종교는 서로 밀접한 관계를 가지고 발전하는 다수의 개별적 형태로서 존재한다는 뜻이다. 그리고 자연 계시와 초자연 계시를 구별하는 교의학적 방법으로는 이 개별적 형태에 관한 결정을 할 수 없다.[9]

기독교 역사에 대한 역사적 탐구와 종교 철학이 종교사학파의 주요한 관심사였다. 종교사학파는 성서적 종교가 다른 종교들과의 접촉을 통해 형성되었다는 것을 입증하려 했으며 종교사의 보편적 발전 내에서 기독교의 타당성을 확립하려 했다. 따라서 종교사학파는 종교의 절대성을 부정한다. 한편, 종교 다원론적 입장에서 역사적이며 비교 종교학적 방법으로 종교들을 탐구하려고 했다.

트뢸취는 이러한 종교사학파의 방법론적 토대 위에 자신의 신학을 건설했다. 그러나 그의 신학적 통찰이 독창적인 것은 아니었다. 스스로 "위대한 스승"이라고 불렀던 슐라이에르마허의 사상에 힘 입은바 컸다. 그는 슐라이에르마허의 신학이 이중의 토대, 즉 "종교에 대한 비교 철학과 기독교에 대한 역사 비평적이며 종교사적 탐구의 토대 위에 건설된 것"으로 이해했다.[10] 특히 그가 슐라이에르마허로부터 배운 것은 "의식의 신학(theology of consciousness)" 또는 역사 신학이었다.[11]

트뢸취는 종교사의 토대 위에 건설된 교의학은 세 가지 과제를 지닌다고 주장했다.[12] 첫 번째 과제는 다른 종교들과의 비교를 통해 기독교가 우리의 문화와 문명에 대한 지고의 가치를 가지고 있다는 것을 확립하는 것이다. 두 번째는 기독교의 본질을 결정하는 것이다. 기독교란 무엇인가라는 질문에 종교사적 고려를 통해 대답하는 것이다. 그에 따르면, 기독교 신앙은 하나님으로부터 소원해진 인간의 중생(rebirth)에 대한 신앙이다. 그러나 기독교의 본질은 시대의 영향을 받기 때문에 시대마다 다르다. 따라서 성경이나 교회의 신앙 고백보다 오히려 이 기독교의 본질이 교의학의 토대가 되어야 한다는 것이다. 세 번째 과제는 기독교의 본질적 내용에 대해 설명하는 것이다. 교의학은 하나님, 세계, 인간, 구원, 하나님의 나라, 영생의 개념들에 의해 기독교의 본질을 해명하는 것이다.

이외에도, 트뢸취는 교의학에 실천적이며 교육적인 과제를 첨부했다. 그것은 실천적인 목적을 위해 봉사하는 것이다. 교의학은 설교와 종교 교육을 위한 안내자이다. 그것은 설교자와 교사가 자유롭게 사용하도록 기독교 생활의 주요 주제들을 제공한다. 따라서 그는 교의학을 실천 신학의 일

부라고 정의했다.[13]

트뢸취의 신학은 종교 철학 혹은 종교학에 토대를 두고 있는 것이 특징이다. 이것은 슐라이에르마허의 영향의 결과로 평가된다. 그러나 트뢸취가 교의학적 과제를 종교 철학 위에 기초하려 했던 것은 상당한 비판과 반대에 직면했다. 비판가들은 트뢸취로부터 기독교 교의학을 기대할 수 없다고 보았다. 그가 교의학을 종교학이나 종교 철학 속에 환원 또는 용해시켰기 때문이었다.[14]

한편 슐라이에르마허가 「신학 연구 개요」에서 교의학을 역사 신학에 포함시키고 실천 신학을 신학 연구의 왕관 또는 목표로 제시한 데 비해, 트뢸취는 교의학을 실천 신학의 일부로 간주했다. 이것은 트뢸취가 실천적인 면을 강조하는 슐라이에르마허의 입장을 더욱 발전시킨 것으로 이해된다.

II. 기독교의 절대성 논쟁

트뢸취의 평생의 관심사요 학문 활동의 출발점과 중심점이 된 것은 기독교의 절대성 문제였다. 이것은 또한 그의 사상 중에 가장 논란과 비판이 되는 부분이기도 하다.

「기독교의 절대성과 종교사」(1901)에서 트뢸취는 비교 종교 연구와 역사적 방법에 근거하여 기독교의 독특성 문제를 논하고 역사적 연구는 기독교의 절대성에 대한 여지를 만들 수 없다고 결론지었다. "역사적 사고 방식에 기초하여 또는 역사적 수단의 사용에 의하여 기독교를 절대적 종교로 보는 이론을 건설하는 것은 불가능하다."[15]

트뢸취의 기본 입장은 어떤 종교도 절대적이거나 종국적일 수 없다는 것이다. 그는 기독교의 진리가 기적에 의해 보증된다는 정통주의나 경건주의 신학자들의 주장이나 진화의 개념에 근거하여 기독교의 절대성을 확립하려는 슐라이에르마허나 헤겔학파의 시도를 거부하는 한편, 기독교는 결코 절대적 종교가 아니라고 주장했다. 왜냐하면 기독교 역시 일반 종교사의

한 부분에 속하는 상대적 현상이기 때문이었다.[16]

트뢸취는 하나님의 계시가 모든 인간과 종교에 보편적으로 주어졌다고 생각했다. 기독교가 인간에 대한 하나님의 위대한 계시인 것 처럼, 다른 종교들도 하나님의 계시라는 것이다.[17] 이처럼 다른 종교의 상대적 진리성을 인정한다면, 기독교는 다른 종교에 대해 어떤 타당성을 주장할 수 있는가? 트뢸취에 따르면, 기독교의 타당성과 가치에 대한 기준은 기독교가 하나님 안에 있는 지고하고 초월적 생활을 나타내는 단순성, 깊이 및 능력이다.[18] 기독교의 타당성은 기독교가 모든 종교들 가운데 "인격주의적 종교 이해의 가장 강력하고 가장 농축된 계시"라는 데에 있다.[19]

트뢸취는 기독교의 절대성은 부정했으나 다른 종교에 대한 기독교의 우월성과 규범성은 인정했다. 그는 기독교를 모든 종교의 최고 절정으로 간주하고 그들을 위한 수렴점(convergence point) 역할을 하는 것으로 생각했다.[20]

한편, 트뢸취는 만년에 이르러 기독교의 우월성과 모든 종교의 수렴점으로서 기독교의 위치에 대한 종래의 입장을 수정하여 더욱 더 종교적 상대주의 쪽으로 나갔다. 옥스포드 대학교에서 강연하기 위해 집필한 「기독교와 세계 종교」(1923)에서 그는 기독교가 철저히 역사적, 상대적 현상이라는 것을 재확인했다. 또한 모든 종교는 제각기 진리의 요소를 가지고 있으므로 어느 종교가 다른 종교보다 더 훌륭하다고 말할 수 없다고 보았다. 기독교가 서구인들에게는 훌륭하고 유일한 종교이다. 기독교는 그들과 함께 성장했으며 그들 존재의 한 부분이 되었기 때문이다.[21] 마찬가지로 힌두교는 인도인들에게 훌륭한 종교이다. "타종교들 연구는 절대적 타당성에 대한 그들의 주장 역시 참되다는 것을 나에게 점점 더 확신시켜 주었다. 나는 특히 불교와 힌두교가 참으로 인도적이며 영적인 종교이며 기독교와 같이 그 신봉자들의 내적 확신과 헌신에 호소할 수 있는 종교라는 것을 발견했다."

트뢸취는 주장하기를, 모든 종교가 알려지지 않은 어떤 피안의 세계에 공동적인 목적을 두고 같은 방향으로 가고 있으며 신적인 정신(the Divine

Spirit) 안에 공동적인 근거를 가지고 있다고 했다.[23] 이것은 그가 기독교 절대주의를 완전히 포기하고 종교적 상대주의를 철저히 신뢰했다는 것을 명시해 준다.

타종교에 대해 관용적인 태도를 취한 자유주의 신학이 도달하게 된 막다른 골목이 트뢸취의 입장이었다. 기독교의 절대성에 관한 트뢸취의 견해는 종교사적 관점의 학자들이나 20세기 종교 다원론자들에 의해 크게 환영받았다.[24] 반면 정통주의와 신정통주의 신학자들로부터는 신랄한 비판을 받았다. 그들은 트뢸취의 규범을 "그리스도 없는 기독교"로 간주했다. 그는 기독교와 타종교의 관계를 논하면서 그리스도론을 전혀 고려하지 않았다.[25] 트뢸취에게는 예수의 인격이 절대적으로 필요한 것이 아니었다.

바르트가 종교를 불신앙으로 규정하고 예수 그리스도의 유일회성을 주장한 것은 트뢸취 신학에 대한 반작용이었다. 바르트는 예수 그리스도 안에 나타난 하나님의 계시에 근거하여 "우리의 의인과 성화, 회개와 구원이 유일회적으로 예수 그리스도 안에서만 일어났고 성취되었다"고 주장했다. 그리고 종교를 "계시의 반대"또는 "인간적 불신앙의 농축된 표현"으로 간주했다. 종교는 인간이 만든 것을 하나님의 일과 대체하려는 시도이기 때문이다.[26]

트뢸취가 제기한 기독교의 절대성 문제는 20세기 후반 들어 종교 신학 또는 종교 다원주의란 명칭 아래 아직도 논란이 계속되고 있다. 따라서 트뢸취는 기독교와 다른 종교의 관계에 대한 신학적 논쟁의 불길을 당긴 사람으로 평가된다.

결론

트뢸취는 슐라이에르마허부터 리츨로 이어지는 19세기 자유주의 신학전통의 마지막 주자였다. 그는 종교사학파의 대표적 조직 신학자로서 역사적 방법에 근거하여 신학적 과제를 재구성하려고 했다. 그의 신학은 철저하게 역사적 사고와 역사적 방법에 기초하는 것이 특징이다. 따라서 그의 신학은 흔히 종교사의 신학으로 불린다.

트뢸취 평생의 관심사는 기독교의 절대성 문제였다. 그의 기본적인 입장은 어떤 종교도 절대적이거나 종국적일 수 없다는 것이다. 그는 하나님의 보편적 계시가 모든 인간과 종교에 주어졌다고 보았다. 따라서 기독교의 절대성을 부정하고, 종교적 상대주의를 주장했다. 기독교 역시 다른 종교와 같이 취급했다. 그가 이런 입장을 취하게 된 것은 역사적 방법에 전적으로 의존한 결과라고 평가된다. 역사적 방법은 모든 것을 상대화시키기 때문이다.

그의 견해는 정통주의와 신정통주의자들로부터 신랄한 비판을 받았으나, 기독교와 다른 종교 혹은 기독교와 문화의 관계에 대한 새로운 신학적 관심을 일으켰다. 트뢸취는 20세기 후반 들어 활발히 논의되고 있는 종교적 다원주의의 선구자였다. 종교 다원주의의 개념이 기독교 절대성에 대한 트뢸취의 견해에서 암시되고 있기 때문이다.

트뢸취의 가장 큰 문제점은 몇 가지로 요약된다. 첫째, 기독교의 역사성만 인정하고 기독교의 절대성은 부정한 것이다. 기독교는 역사적인 종교인 동시에, 절대적인 종교이다. 트뢸취는 기독교의 양면성을 이해하지 못하고, 기독교의 일면인 역사성만을 지나치게 강조했다.[27]

둘째, 트뢸취의 신학은 성경 본문이나 신조보다는 오히려 종교 철학과 종교학에 기초했다. 종교 철학과 종교학이 그의 신학의 중심 학문이었다. 따라서 트뢸취는 기독교 신학을 종교사나 종교 철학 속에 용해시켰으며 기독교 신학을 종교학과 동일시했다는 비판을 받았다.

셋째, 트뢸취는 그리스도 없는 기독교를 주장했다. 그는 예수의 인격의 교리에 대해서는 말하지 않고 예수의 자기 의식에 대해서만 말했다. 따라서 트뢸취에게는 그리스도 없는 기독교가 전혀 불가능한 것이 아니었다. 그는 예수의 인격이 반드시 필요하다고는 생각하지 않았다.[28]

주(註)

1. Walter E. Wyman, Jr., *The Concept of Glaubenslehre: Ernst Troe-ltsch and the Theological Heritage of Schleiermacher*(Chico: Scholars Press, 1983), p. ix. Robert Morgan and Michael Pye, *Ernst Troeltsch: Writings on Theology and Religion* (Atlanta: John Knox Press, 1977), preface.
2. Ernst Troeltsch, *The Absoluteness of Christianity and the History of Religion*(Richmond: John Knox Press, 1971), p. 45.
3. Ernst Troeltsch, "Historical and Dogmatic Method in Theology," *Religion in History*(Minneapolis: Fortress Press, 1991), pp. 13 – 18.
4. Trutz Rendtorff and Friedrich W. Graf, "Ernst Troeltsch." *Nineteenth Century Religious Thought in the West*, vol. III, Ninian Smart(ed.) (Cambridge: Cambridge University Press, 1985), p. 279.
5. Troeltsch, "Historical and Dogmatic Method in Theology", pp. 20 – 23.
6. Ibid., p. 20.
7. Wyman, Jr., p. 10.
8. Rendtorff and Graf, "Ernst Troeltsch", p. 306.
9. Ernst Troeltsch, "The Dogmatics of the History of Religions School", *Religion in History*(Minneapolis: Fortress Press, 1991), p. 87.
10. Ibid., p. 91.
11. B. A. Gerrish, *The Old Protestantism and the New*(Edinburgh: T. & T. Clark Limited, 1982), p. 210. Wyman, Jr. p. 21.
12. Troeltsch, "The Dogmatics of the History of Religions School", pp. 95 – 100.
13. Ibid., p. 100.
14. Wyman, Jr., pp. xi, 6, 15.
15. Ernst Troeltsch, *The Absoluteness of Christianity and the History of Religions*(London: SCM Press LTD, 1972), p. 63.
16. Ibid., p. 71.

17. Ibid., p. 126.

18. Ibid., p. 95.

19. Ibid., pp. 111 –112.

20. Ibid., p. 114.

21. Ernst Troeltsch, "The Place of Christianity among the World Religions", *Christianity and Other Religions*, John Hick and Hebblethwaite (ed.) (Philadelphia : Fortress Press, 1980), p. 25.

22. Ibid., p. 23.

23. Ibid., pp. 29 – 30.

24. 폴 F. 니터, 「오직 예수 이름으로만?」(서울: 한국신학연구소, 1986), p. 63.

25. Troeltsch, *The Absoluteness of Christianity*, p. 15.

26. Karl Barth, "The Revelation of God as the Abolition of Religion", *Christianity and Other Religions*, John Hick and Hebblethwaite (ed.), pp. 37 – 38, 40.

27. 김광식, 「현대의 신학사상」(서울: 대한 기독교서회, 1975), p. 76.

28. bid. Troeltsch, *The Absoluteness of Christianity*, p. 15.

2부

신정통주의 신학

8장

칼 바르트 1 : 바르트와 자유주의 신학

서론

20세기 최대의 신학자로 칼 바르트를 꼽는 데는 이론의 여지가 없을 것이다. 그는 20세기 신학계를 주도한 신정통주의 신학의 창시자요 현대의 가장 영향력 있는 신학자이다. 그의 신학은 개신교뿐만 아니라 가톨릭 교회에도 폭 넓은 영향을 미치고 있다. 로마 교황이 그를 "토마스 아퀴나스 이후 최대의 신학자"로 평한 것만 봐도 잘 알 수 있다.[1] 신학적으로 19세기가 슐라이에르마허의 세기였다면, 20세기는 바르트의 세기라 해도 과언이 아니다. 그는 19세기 이후 신학계를 지배해 온 자유주의적 사고의 틀을 깨뜨리고 종교 개혁 신학으로 거슬러 올라감으로써 신학의 방법과 방향을 크게 바꾸어 놓았다.

바르트는 19세기 신학의 방법론을 정반대로 뒤집어 놓았다. 인간의 경험이나 종교적 의식이 아닌, 하나님의 말씀을 신학의 출발점으로 삼았다. 그의 신학은 한마디로 하나님의 말씀의 신학 또는 그리스도 중심적 신학이라 할 수 있다. 자유주의에 대한 맹렬한 공격과 하나님의 말씀과 그리스도의 중심에 대한 강조가 바르트 신학의 주요한 특징이다.

바르트와 자유주의 신학의 관계성을 이해하는 것이 그의 신학을 이해하는 지름길이다. 왜냐하면 그의 신학이 자유주의 신학과의 오랜 논쟁을 통해 형성되었기 때문이다. 그는 자유주의 신학적 교육을 받고 자유주의 신학자로 출발했으나, 후에 이와 결별할 뿐만 아니라 그 분쇄를 신학적 과제로 삼았다. 그의 신학은 자유주의 신학에 대한 반작용이었다.

그렇다면 자유주의자였던 바르트가 어떻게 자유주의 신학과 결별하고 도리어 공격하게 되었는가? 바르트와 자유주의 신학과의 논쟁의 핵심은 무엇인가? 필자는 바르트의 생애와 저술에 대한 개괄을 통해 자유주의자였던 바르트가 왜 반자유주의 신학자가 되었는지 밝히려 한다. 그리고 그가 보는 하나님의 말씀과 그리스도 중심적 신학 방법론을 개괄함으로써 그의 신학과 자유주의 신학의 차이점을 지적하려고 한다. 마지막으로 자유주의 신학자 슐라이에르마허에 대한 바르트의 입장을 분석함으로써 자유주의 신학과의 관계도 구체적으로 해명할 것이다.

Ⅰ. 생애와 저작

칼 바르트(Karl Barth)는 1886년 5월 10일 스위스 바젤에서 출생하여 개혁 교회적인 신앙 환경 속에서 성장했다. 아버지는 저명한 보수주의 신학자 프리츠 바르트였다. 바르트는 아버지가 교회사와 신약 성서 교수로 있던 베른 대학에서 신학 공부를 시작했다. 특히 그는 칸트의 철학과 슐라이에르마허의 신학에 흥미를 가졌다.

바르트의 신학 교육은 주로 독일에서 이루어졌다. 그의 스승들 대부분은 당대 신학계를 주도하던 자유주의 신학자들이었다. 베른 대학 시절 이미 자유주의 신학에 눈을 뜬 바르트는 자유주의 성향의 마르부르그 대학에 입학하여 헤르만 문하에서 공부하기 원했다. 그러나 할레 대학과 같은 보수적인 학교에서 공부하기를 바라는 아버지의 반대로 뜻을 이루지 못하였다. 그래서 절충안으로 선택한 것이 중도적 성격의 베를린 대학이었다. 1906년 바르트는 베를린 대학에서 카프탄, 궁켈, 하르낙 교수 밑에서 공부했다. 1907년 아버지의 명령에 따라 튀빙겐 대학으로 옮겨 보수 신학자 슐라터에게서 배웠다. 그러다 1908년 평소 소원하던 마르부르그 대학으로 다시 바꿔 헤르만과 하이트뮐러의 강의를 청강하는 한편, 자유주의적 개신교 기관지「기독교 세계」의 편집 일을 도왔다.

1909년 신학 교육을 마친 바르트는 제네바에서 독일어를 사용하는 개혁교회 부목사로 잠시 봉사했다. 그리고 1911년부터 10년 동안 스위스의 작은 공업 도시 자펜빌에서 목회했다. 바르트는 사회 정의, 저임금, 노동자 근로 조건 등 사회 문제에 많은 관심을 기울였다. 종교 사회주의 운동에 가담하는 반면, 노동 조합을 조직하여 노동자의 권익을 대변했다.

바르트는 자유주의 신학의 대가 하르낙과 헤르만으로부터 교육을 받았을 뿐만 아니라 자유주의를 신봉했다. 이 문제로 보수주의적인 아버지와 신학적으로 대립하기도 했다. 또한 하나님의 나라와 사회주의의 합일을 강조하는 그의 초기 사상은 하나님과 종교적, 윤리적 인간성의 합일을 강조하는 자유주의의 전제와 일맥 상통했다.

그러나 바르트의 신학적 입장은 급진적 변화를 겪게 되었다. 그는 자유주의 신학과 결별했으며 하나님 나라와 사회적 행동을 동일시하지 않았다. 바르트가 자유주의와 결별하게 된 결정적 요인은 1차 세계 대전과 자펜빌에서의 목회였다. 1914년 1차 대전이 일어나자, 독일 지성인 93명이 독일 황제 카이젤 빌헬름 2세의 전쟁 정책이 기독교 문명의 방어에 필요한 것으로 간주하여 이를 지지하는 성명서를 발표했다. 하르낙이 그것을 기초했으며 헤르만, 제베르그, 라데 등 자유주의 신학자 다수가 성명서에 서명했다. 바르트는 그들이「지성인의 선언」에 서명한 것은 잘못된 신학과 철학에 근거했기 때문이라고 보았다. 그들의 정치적 이념과 신학은 장래성이 없다고 확신했다. 따라서 그들의 입장을 더 이상 따를 수 없었다.[2]

한편, 그는 목회를 하면서 항상 무엇을 설교할 것인지 고심했다. 그리고 자유주의적 기독교와 역사에 대한 외경이 이에 대한 적절한 해결책이 되지 못한다는 것과 자유주의 신학으로는 청중들의 반응을 일으킬 수 없다는 것을 깨달았다. 이와 함께 키에르케고르와 오버베크(Overbeck, 1837 –

1905)의 철학 그리고 도스토예브스키의 소설 등의 영향으로 바르트는 신약 성서, 특히 바울서신을 깊이 연구하게 되었다.

1919년에 출판된 「로마서 주석」은 성경에 대한 재발견의 결실이었다.[3] 그의 첫 저서인 「로마서 주석」은 19세기 신학과 20세기 신학의 분기점으로 평가된다. 그것은 "하나님은 하나님이다"라는 유일한 근거하에 하나님과 하나님의 계시 대신 인간, 인간의 신앙, 경건, 감정 및 문화 등에 중심을 두는 자유주의 신학에 반기를 든 것이었다. 바르트는 하나님과 인간, 하늘과 땅, 초월과 내재의 연속성을 강조하던 초기의 입장을 포기하고 하나님과 인간, 시간과 영원 사이의 질적 차이를 강조했다. 그리고 이 질적 차이를 표현하는 수단으로 변증법을 사용했다. 「로마서 주석」은 "자유주의 신학자들의 놀이터에 폭탄이 떨어진 것"과 같은 충격을 신학계에 주었다.[4]

1921년 바르트는 괴팅겐 대학 교수로 초빙되었으며 무명의 목회자에서 20세기 신학의 전면에 등장하게 되었다. 바르트는 1922년 고가르텐, 투르나이젠, 메츠 등과 함께 잡지 「시간들 사이에」를 창간했다. 이것은 자유주의 신학에 반대하고 하나님의 말씀 중심의 성경적 신학을 주창하려는 변증법적 신학 운동의 기관지였다. 이 잡지의 창간과 더불어 변증법적 신학 운동이 시작되었다.

1925년 뮌스터 대학 교의학 및 신약 성서 주석학 교수가 되었으며 이곳에서 「교의학 개요」를 저술했다. 1930년 본 대학 교수로 부임했으며 「19세기 프로테스탄트 신학」, 「교회 교의학」을 저술했다. 바르트의 주저 「교회 교의학」은 1932년부터 사망할 때까지 13권을 출판한 필생의 역작이었다.[5]

1933년 히틀러가 정권을 장악하자, 바르트는 그에 대한 충성 서약을 거부했으며 복음 교회를 장악하려는 나찌의 시도에 반대하여 고백 교회 운동을 전개했다. 바르멘 선언은 바르트의 주도로 나온 것이었다.[6] 이로 인해 바르트는 1935년 본 대학 교수직에서 해임되었으며 독일에서 가르치는 것과 저서 출판이 금지되었다. 독일로부터 추방된 바르트는 스위스로 돌아와 1968년 사망할 때까지 바젤 대학 교수로 활동하며 여생을 보냈다.

Ⅱ. 하나님의 말씀과 그리스도 중심적 신학

바르트 신학의 중심은 세 가지 강조점에 잘 나타난다. 하나님은 하나님이다. 예수 그리스도 안에 하나님의 말씀이 실재한다. 하나님의 말씀 이외 어떤 다른 토대 위에 신학을 건설하는 것은 불가능하다. 바로 이 세 가지이다. 「로마서 주석」을 중심으로 한 초기 사상에서는 첫 번째와 세 번째, 즉 하나님의 타자성과 인간적 노력으로는 하나님에 대한 진정한 지식에 도달할 수 없다는 것이 강조되고 있다. 따라서 바르트의 초기 신학은 부정적인 성격을 띠게 되었다.

한편 「교회 교의학」을 중심으로 한 후기 사상에서는 두 번째, 즉 예수 그리스도 안에 나타난 하나님의 실재성이 강조되고 있다. 따라서 초기 사상에 비해 긍정적인 성격을 지니게 되었다.

그러나 전체적으로 바르트의 신학은 하나님의 말씀과 그리스도 중심을 강조하는 것이 특징이었다. 바르트의 신학은 하나님 말씀 중심의 신학 또는 철저한 그리스도 중심적 신학이었다.

1. 하나님 말씀의 신학

자펜빌에서 목회하면서 바르트는 자유주의 신학에 점차적으로 환멸을 느꼈다. 자유주의 신학은 하나님과 하나님의 계시 대신, 인간과 인간의 신앙, 경건, 종교, 문화 등에 신학의 중심을 두었기 때문이었다.

신학의 새로운 토대를 찾으려 했던 바르트에게 결정적인 힘을 준 것은 성경이었다.[7] 바르트는 모든 기독교의 선포 행위는 성서를 바탕으로 해야 한다는 것과 자신이 현실적 상황과 신약 성서의 유기적 관계를 발견하지 못한 것은 성서에 대한 지식 부족이라는 것을 발견했다. 그러므로 신구약 성서를 읽고 주석함으로써 신학적 기초를 새로이 다지기 시작했다. 그는 자유주의적 시각에서 성경을 읽던 것과는 완전히 다른 시각에서 성경을 읽었다. "마치 이전에 결코 읽어 본 적이 없는 것처럼 그것을 읽기 시작했다."[8]

이것은 특히 로마서 연구에서 결실을 맺었다.

바르트는 인간의 경험이나 철학에 기초한 모든 신학을 거부하고, "하나님은 하나님이다"라는 것만을 유일한 근거로 삼았다.[9] 그는 하나님의 말씀을 신학의 과제로 간주하고 설교자는 이 말씀을 선포하고 교수는 가르쳐야 한다고 주장했다.[10]

바르트가 「교회 교의학」 I권의 제목을 "하나님 말씀의 교리"라고 붙인 것은 하나님 말씀에 근거한 신학을 전개하며, 전적으로 하나님 말씀에 순종하는 신학자가 되기를 열망하는 그의 의도를 나타내기 위함이었다.[11]

바르트는 「교회 교의학」에서 하나님 말씀을 3중의 형식으로 설명했다. 첫 번째 형태는 계시된 말씀이다. 이는 성육신하신 말씀, 곧 예수 그리스도를 말한다. 두 번째 형태는 쓰여진 말씀으로, 하나님의 계시에 대한 인간의 기록, 곧 성경을 의미한다. 바르트는 성경을 무조건 하나님의 말씀과 동일시하는 개신교 정통주의의 성경 무오성의 교리를 비판했다. 그러면서도 성경의 중요성과 권위를 파괴하는 자유주의 입장을 거부했다. 바르트는 하나님의 말씀과 성경을 동일시하지 않고, 성경을 하나님의 말씀에 대한 증언으로 간주했다. 세 번째 형태는 선포된 말씀이다. 이는 하나님의 계시에 대한 설교를 의미한다. 이 세 가지 하나님의 말씀 가운데 근원적인 형태는 계시된 말씀, 곧 예수 그리스도이다. 기록된 말씀과 설교된 말씀은 계시의 원초적인 형태가 아니라 부차적이며 2차적인 형태이다.

하나님 말씀 중심적인 신학에 대한 바르트의 신념은 만년에 이르러서도 변함이 없었다. 죽기 한 달 전에도, "내가 결정적으로 추구하는 것은 성서를 통하여 신학을 세우자는 것"이라고 주장했다.[12]

바르트가 하나님 말씀을 신학의 출발점으로 삼았던 것은 자유주의 신학과의 단절을 의미한다. 자유주의 신학은 기독교적 경건을 신학의 토대로 간주한 데 반해, 바르트는 하나님의 말씀을 신학의 토대로 간주했다. 자유주의 신학의 관심은 기독교인의 자기 의식에 있었고, 바르트의 관심은 인간에게 전달된 하나님의 말씀에 있었다.[13]

2. 그리스도 중심적 신학

바르트의 사상 발전에는 분명한 전환이 있었다. 「기독교 교의학」(1927)과 「교회 교의학」 I권(1932)에서부터 초기의 변증법적 접근방법을 제한하는 한편, 기독론적 접근 방법을 강조했다. 「교회 교의학」 전체의 중심과 초점은 예수 그리스도 자신이었다. 바르트는 예수 그리스도를 모든 신학적 진술의 궁극적 표준으로 생각했다. 신학은 하나님과 인간, 인간과 인간 사이의 관계를 의미 있게 하는 자가 예수 그리스도임을 증거하는 것이다.

그리스도 중심적인 신학이란 하나님의 자기 계시인 예수 그리스도를 모든 신학의 기본이 되는 본문으로 간주하는 것이다. 네 개의 주제, 즉 하나님의 말씀론, 신론, 창조론, 화해론으로 구성되고 있는 「교회 교의학」이 이를 말해 준다. 하나님의 말씀론은 예수 그리스도 안에 나타난 하나님의 계시의 실재성이 신학의 출발점이 되어야 한다는 것을 논증한다. 바르트는 예수 그리스도를 통해 나타난 하나님의 계시 이외에 하나님의 지식에 대한 진정한 접근 방법은 없다고 보았다. 하나님은 단지 계시에 의해 알려지며, 그 계시가 예수 그리스도 자신임을 강조했다.[14]

신론은 하나님이 예수 그리스도를 통해 삼중의 양식으로 알려진다는 것을 논증하고 있다. 첫째로 하나님은 아버지, 아들, 성령이다. 둘째, 아들은 아버지의 말씀과 형상이다. 셋째, 성령은 그 형상을 나타내며 그 말씀을 전달하는 힘이다. 이 삼중적인 구조가 삼위 일체의 구조이다.

창조론, 인간론, 죄론 역시 기독론에 근거하고 있다. 바르트는 창조자로서의 하나님과 그의 창조 사역은 예수 그리스도를 떠나서는 이해될 수 없다고 보았다. 또한 인간의 본성에 대한 지식 역시 예수 그리스도 안에 계시된 하나님의 말씀에 기초해야 한다고 생각했다. 그는 또한 죄 인식과 예수 그리스도의 인식은 상관 관계에 있는 것으로 간주했다. 그리스도를 알 때, 인간이 죄인이라는 것, 죄가 무엇이며 인간에게 무엇을 의미하는지 알 수 있다.

하나님이 인간이 된 예수 그리스도의 의미가 화해론의 주제이다. 바르트는 심판과 자비, 유기와 선택이 예수 안에서 일어난 것으로 설명했다. 특히 바르트는 그리스도 중심적인 선택론을 제시했다. 그는 예수 그리스도를 선택하는 하나님인 동시에 선택된 인간 존재로서 기술했다. 또한 예수 그리스도로부터 분리된 하나님의 예정은 없다. 하나님은 그리스도 자신 안에서 죄인의 죽음을 작정했다. 십자가에서 예수 자신이 하나님에 의해 거부되고 유기된 자였다. 한편 하나님은 그리스도 안에서 인류의 생명과 구원을 작정했다.

이와 같이 바르트의 신학은 예수 그리스도로부터 시작하여 예수 그리스도로 끝난다고 할 만큼, 예수 그리스도를 유일한 중심점으로 하여 신학을 재정립했다. 따라서 절대적이며 철저한 그리스도 중심주의가 바르트 신학 방법론의 본질을 이룬다. 바르트는 예수 그리스도 안에 나타난 하나님의 계시의 현실성과 실재성을 신학의 출발점으로 삼음으로써 인간과 인간의 상황을 신학의 출발점으로 삼는 자유주의 신학 방법론을 뒤집어 놓았다.

그러나 바르트의 입장이 항상 자유주의 신학과 대립적인 것만은 아니었다. 그의 신학과 자유주의 신학 모두 그리스도 중심적 신학이었다.[15] 융겔에 따르면, 바르트의 그리스도 중심주의는 자유주의 신학의 영향으로 이해될 수 있다.[16]

Ⅲ. 바르트와 슐라이에르마허

바르트는 자유주의 신학적 분위기에서 교육을 받았으며 자유주의자로서 그의 경력을 시작했다. 그러나 자유주의 신학이 장래성이 없다는 것을 깨닫고 이와 결별하고 하나님 말씀 중심의 신학을 전개했다. 그렇다면 바르트는 자유주의 신학자들과 왜 결별했으며 그들에 대해 어떤 태도를 취했는가? 슐라이에르마허를 예로 들어 바르트와 자유주의 신학자들의 관계를 논하고자 한다.

슐라이에르마허가 없었다면 바르트의 신학이 존재하지 못했을 것이라 해도 과언이 아닐 만큼, 양자는 밀접한 관계를 지니고 있다.[17] 바르트의 신학은 슐라이에르마허를 근원으로 하는 자유주의 신학을 극복하려는 반작용으로 형성된 것이었다. 그럼에도 불구하고, 그는 슐라이에르마허에게 많은 것을 힘입고 있음을 스스로 밝힌바 있다.[18]

바르트와 슐라이에르마허의 신학적 만남은 베른 대학 시절부터 시작되었다. 바르트는 슐라이에르마허의 경험 신학에 흥미를 느꼈으며 그에 대한 관심은 일평생 지속되었다. 괴팅겐 대학에서 슐라이에르마허를 강의하기도 했으며 슐라이에르마허에 대해 여러 편의 논문을 쓰기도 했다.[19]

학창시절부터 슐라이에르마허를 예찬하고 그의 신학에서 많은 영향을 받았던 바르트가 슐라이에르마허의 신학을 비판하고 거부하게 되었다. 그 전환점은 1914년 빌헬름 2세의 전쟁 정책을 지지하는 독일 지성인들의 선언서였다. 하르낙, 헤르만을 비롯 바르트의 스승 중 많은 이들이 여기에 서명했다. 바르트는 그 선언서에 나타난 전체 신학이 슐라이에르마허에 토대를 두었으며 결정적으로 영향받았다고 판단했다.[20] 바르트는 슐라이에르마허의 천재성은 인정했지만, 훌륭한 신학 교사라고 생각하지는 않았다. 슐라이에르마허는 "인간은 인간이기에 전적으로 구원을 필요로 하며 스스로를 구원할 수 있는 소망이 전혀 없다는 것"과 "우리는 큰소리로 사람에 대해 말하듯 하나님에 대해 말할 수 없다는 것"을 잘 보지 못했기 때문이었다. 따라서 키에르케고르, 칼빈, 루터, 바울, 예레미야로 이어지는 자신의 사상 계열에 슐라이에르마허를 포함시키지 않았다.[21] 또한 슐라이에르마허로부터 아브라함과 이삭과 야곱의 하나님, 예수 그리스도의 아버지 하나님에 이르는 길은 없다고 보았다.[22] 바르트는 "프로테스탄트 신학의 왜곡"을 슐라이에르마허의 역사적 의의로 간주했다.[23]

이런 신랄한 비판에도 불구하고 바르트는 슐라이에르마허에 대해 찬사와 존경을 아끼지 않았다. 그는 슐라이에르마허를 "종교 개혁 이후 최대의 프로테스탄트 신학자", 신학에서는 찾아보기 힘든 한 영웅이라고 예찬했다. 그의 업적은 너무 위대하여 19세기 전체가 그의 세기였으며 20세기 또

한 그의 세기로 간주될 수 있다고 말했다.[24]

이와 같이 바르트는 슐라이에르마허에 대해 양면적인 태도를 취했다. 바르트에게 슐라이에르마허는 친구이자 원수였다. "종교 개혁 이후, 프로테스탄트교는 사실상 이 신학자보다 더 위대한 신학자를 가지지 못했다. 그렇지만 그는 우리 모두를 이 막다른 골목으로 인도했다."[25]

그렇다면 바르트와 슐라이에르마허의 결정적인 차이와 논쟁은 무엇인가? 그것은 신학의 개념과 방법론이다. 신학은 예수 그리스도 안에서 계시된 삼위 하나님에 대한 객관적인 지식의 발전인가? 또는 신자의 자기 의식 안에 주어진 것을 단순히 개념화하는 시도인가? 전자가 바르트의 입장이라면 후자는 슐라이에르마허의 입장이다.

슐라이에르마허는 하나님에 대한 절대 의존 감정을 신앙의 본질로 정의하고 이러한 감정 혹은 종교 의식을 신학의 출발점과 중심 대상으로 삼았다. 반면 바르트는 신앙을 하나님 자신의 말씀에 대한 응답으로 해석하고, 하나님 말씀에 근거한 신학을 전개했다. 슐라이에르마허의 관심사가 기독인의 자기 의식이었다면, 바르트의 관심사는 인간에게 전달된 하나님의 말씀이었다. 따라서 슐라이에르마허가 아래로부터 위로 올라가는 신학적 방법을 택했다면, 바르트는 이를 반대로 뒤집어 위에서 아래로 내려오는 방법을 택했다.

결론

바르트는 슐라이에르마허 이후 최대의 프로테스탄트 신학자였다. 그는 보수적인 개혁 교회 전통 속에서 성장했으나 신학 교육을 통해 자유주의자가 되었다. 그러나 목회 활동을 통해 성서를 재발견하고, 전쟁 정책을 지지하는 독일 지성인의 선언을 통해 자유주의 신학이 장래성이 없다고 느끼고는 그것과 결별했다. 특히 「로마서 주석」 2판은 자유주의 신학에 대한 반대 선언서였다.

바르트의 신학은 자유주의 신학에 대한 반작용이었다. 자유주의 신학에 대한 비판과 더불어 정립된 것이 그의 신학이었다. 특히 신학 방법론상에서 19세기 자유주의 신학과 정반대의 입장을 취했다. 전자가 인간의 경험이나 종교 의식을 신학의 출발점으로 삼았던 데 반해, 바르트는 하나님의 말씀을 신학의 출발점으로 삼았다.

하나님의 말씀과 절대적인 그리스도 중심주의가 그의 신학의 특징이었다. 그는 예수 그리스도를 모든 신학적 진술의 궁극적 표준과 모든 신학의 기본이 되는 본문으로 간주했다.

바르트의 가장 큰 공헌은 하나님과 하나님의 계시보다는 인간과 인간의 경험을 신학의 중심으로 삼았던 신학의 흐름에 반기를 들고 이를 차단하려 한것과 예수 그리스도 안에 나타난 하나님의 계시를 신학의 중심으로 삼은 것이다.

자유주의 신학과 신학자들을 비판하고 정죄했지만, 바르트는 그것과 완전히 단절하지는 않았다. 그는 19세기 신학과 연속성과 불연속성을 아울러 가지고 있다. 그는 자유주의 신학의 역사 비평적 성서 연구 방법을 수용하여 성경의 무오성을 인정하지 않았으며, 성경과 하나님의 말씀을 동일시하지도 않았다. 그의 그리스도 중심적 신학은 19세기 신학의 시도를 완성한 것으로 이해된다. 연속성과 불연속성은 슐라이에르마허에 대한 그의 평가에서도 나타난다. 그는 슐라이에르마허를 친구이자 원수로 대했다.

한편 바르트의 신학이 지나치게 하나님의 초월성을 강조한 것이라든지, 보편 구원론적인 경향성을 지니고 있다는 것 등으로 인해 비판받고 있다.

주(註)

1. 이는 교황 Pius XII의 평이다. Mircea Eliade(ed.), *The Encyclo-pedia of Religion*, Vol.2(New York: MacMillan Publishing Company, 1987), p. 68.
2. 칼 쿠피쉬, 「칼 바르트」(서울: 한국신학연구소 출판부, 1977), p. 7.
3. 「로마서 주석」은 처음에는 큰 주목을 받지 못했다. 스위스의 여러 출판사들이 이 책의 출판을 거부했으며, 초판 1,000부 중 300부가 기증본으로 나가고 나머지는 재고품으로 남았을 정도였다. 그러나 독일의 카이저 출판사가 판권을 인수하면서부터 재고본들이 순식간에 매진되고 재판을 인쇄하게 되었다.
4. 이것은 「로마서 주석」 2판에 대한 가톨릭 신학자 칼 아담스(Karl Adams)의 평가였다.
5. 처음 명칭은 「기독교 교의학」이었으나 그 후 「교회 교의학」으로 고쳤다. 「교회 교의학」은 5권으로 구성되어 있다. 1권은 서론으로 교의학의 대상과 원리와 방법론이고, 2권은 신론, 3권은 창조론, 인간론, 죄론, 섭리론이며, 4권은 기독론과 속죄론으로 구성되어 있다. 마지막 5권은 구원론과 창조론을 다룰 계획이었으나 사망으로 인해 완성되지 못했다.
6. 바르트가 대부분 기초한 바르멘 선언은 히틀러 정권에 의한 독일 민족교회에 반대하여 예수 그리스도의 주권을 선포한 것이다.
7. Eberhard Jungel, Karl Barth: *A Theological Legacy*(Philadelphia: The Westminster Press, 1986), p. 32.
8. Karl Barth, "Nachwort," *Schleiermacher - Auswahl*(Müche: Siebenstern-Taschenbuch, 1968), p. 294.
9. 김광식, 「현대의 신학 사상」(서울: 대한기독교서회, 1975), p. 83.
10. 칼 쿠피쉬, 「칼 바르트」, p. 86.
11. 데이비드 L. 뮬러, 「칼 바르트의 신학 사상」(서울: 양서각, 1986), pp. 34, 52.
12. Karl Barth, *Letzte Zeugnisse*(1969), p. 21. 칼 쿠피쉬, 「칼 바르트」, p. 191 에서 재인용.
13. 뮬러, 「칼 바르트의 신학 사상」, p. 34.
14. 예수 그리스도 이외에 하나님의 지식에 대한 진정한 접근 방법이 있는가? 이것이 바르트와 브룬너 사이의 논쟁점이다.

15. Robert W. Jenson, "Karl Barth," *The Modern Theologians*, vol. I, Dabid Ford(ed.)(Oxford: Basil Blackwell Ltd., 1989), p. 30.

16. Jungel, *Karl Barth*, p. 30.

17. Jenson, "*Karl Barth*", p. 29.

18. Karl Barth, "Nachwort," *Schleiermacher - Auswahl*, p. 290.

19. 바르트가 1923 - 1924년 겨울 학기에 괴팅겐 대학에서 행한 슐라이에르마허 강의 노트는 후일 「슐라이에르마허의 신학(*The Theology of Schleiermacher*)」이란 제목으로 출판되었다. 그리고 1924년 부터 1927년 사이에 쓴 슐라이에르마허에 관한 3편의 논문은 「신학과 교회(*Theology and Church*)」에 수록되었다. 이외에, 「19세기 프로테스탄트 신학(*Protestant Theology in the Nineteen Century*)」에도 슐라이에르마허에 대한 논문이 포함되어 있다.

20. Karl Barth, *The Theology of Schleiermacher: Lectures at Göttingen, Winter Semester of 1923/24*(Grand Rapids: Wm. B. Eerdmans, 1982), p. 264.

21. Karl Barth, *The Word of God and the Word of Man*(New York: Harper & Bothers Publishers, 1957), pp. 195 - 196.

22. Karl Barth, "Nachwort," *Schleiermacher - Auswahl*, p. 303.

23. Karl Barth, *The Theology of Schleiermacher*, p. 259.

24. Karl Barth, *From Rousseau to Ritschl*(London: SCM Press LTD., 1959), pp. 306 - 308.

25. Karl Barth, *The Theology of Schleiermacher*, p. 259.

9장

칼 바르트 2: 바르트와 에밀 브룬너

서론

18세기 말부터 20세기 초에 이르기까지 유럽 신학계를 지배했던 자유주의 신학은 1차 세계 대전을 기점으로 쇠퇴하기 시작했다. 그것은 자유주의 신학의 사상적 터전이 되는 인간 이성의 능력, 낙관주의 및 역사적 진보주의에 대한 신뢰가 전쟁을 통해 허구로 판명된 결과였다. 이러한 상황에서 20세기 초에 나타난 새로운 신학 사조가 신정통주의 신학이다. 이것은 "위기의 신학," "변증법적 신학" 또는 "하나님의 말씀의 신학"이라고도 불린다.

우선, 위기의 신학이라고 부르는 것은 모든 것이 하나님의 심판과 명령 아래 놓여 있다는 것과 계시를 이해하려면 하나님의 심판대 앞에 서 있다는 의식을 가져야 함을 강조하기 위해서다. 이 신학은 하나님과 인간, 계시와 이성 사이의 모순과 대립을 지적한다. 그리고 이 양자 사이의 무한한 차이를 표현하는 수단으로 변증법적 형식을 사용하기 때문에, 변증법적 신학이라고 불린다. 그것은 하나님의 계시와 인간의 이해 사이의 관계를 긍정적으로 파악하지 않고 긍정과 부정의 변증법적 관계에서 파악한다. 자유주의 신학이 하나님의 말씀을 등한시하고 사람의 말을 중시한 데 비해, 이 신학은 하나님의 말씀을 신학의 토대와 출발점으로 삼고 있다. 따라서 하나님의 말씀의 신학이라고 한다.

한편 루터와 칼빈주의적 정통주의 신학과도 다르고 19세기 자유주의 신학과도 다른 점에서 신정통주의 신학이라고도 부른다. 정통주의를 새로운 시각으로 재해석한 것이다.

이러한 신정통주의 신학의 대표자가 칼 바르트(Karl Barth, 1886 – 1968)와 에밀 브룬너(Emil Brunner, 1889 – 1966)이다. 이들의 관계는 우정과 갈등의 관계로 표현할 수 있다. 자유주의 신학을 분쇄하고 종교 개혁 신앙에 기초한 정통주의 신학을 재정립하는 데 뜻을 같이한 동료요 동지였으나, 자연 신학에 대한 견해 차이로 서로 등을 돌리게 되었다. 이들의 우정의 토대는 무엇이었으며, 그것을 갈라놓은 견해 차이는 과연 무엇이었는가? 그것은 일반 계시와 자연 신학을 인정하느냐, 하지 않느냐의 문제였다. 바르트는 이를 부정했고 브룬너는 인정했다.

필자는 바르트와 브룬너의 생애와 신학을 중심으로 이들의 관계성을 해명한 후, 갈등의 원인이 되었던 자연 신학 논쟁을 분석하고자 한다.

I. 바르트와 브룬너

바르트와 브룬너는 많은 공통점과 유사점을 지닌 신학자들이다. 첫째, 이들은 모두 스위스 출신 개신교 신학자이다. 바르트는 1886년 5월 10일 바젤에서 출생했으며, 그의 아버지 프리츠 바르트(Friz Barth)는 베른 대학의 교회사와 신약 성서 교수였다. 브룬너는 1889년 12월 23일 취리히에서 출생했으며 생애 대부분을 이곳에서 보냈다.

둘째, 바르트와 브룬너는 그들의 학력과 경력에 있어서도 공통점을 지니고 있다. 이들은 스위스와 독일에서 자유주의 신학적인 교육을 받으면서 성장했지만, 목회 활동을 하면서 자유주의 신학의 한계성을 깨닫고 그것과 결별했다. 그들은 인간의 경험에 기초한 자유주의 신학을 무너뜨리고 하나님의 말씀에 기초한 종교 개혁적인 신학으로 돌아가려 했다.

바르트는 스위스 베른에서 대학 교육까지 받고 독일로 유학했다. 베를린 대학에서는 당대의 가장 탁월한 교회사가요 자유주의 신학자인 하르낙 (Adolf von Harnack) 밑에서, 튀빙겐 대학에서는 보수적인 신약 성서 학자 슐라터(Adolf Schlatter)밑에서, 그리고 마르부르그 대학에서는 유럽 최고의 칸트주의 신학자요 자유주의 신학자인 헤르만(Wilhelm Hermann) 밑에서 공부했다. 그리고 스위스의 작은 공업 도시 자펜필에서 10년 동안(1911 - 1921) 목회 활동을 했다.

그의 「로마서 주석(초판 1919년, 재판 1921년)」은 그를 시골의 무명 목사에서 20세기 신학의 거두로 부상하게 했다. 「로마서 주석」은 "신학자들의 유희장에 폭탄이 떨어진 것과 같다"는 평을 받을 정도로 신학적 선풍을 일으켰다.[1] 그것은 슐라이에르마허로부터 시작되는 자유주의 신학 전통에 대한 반대 선언서였다. 「로마서 주석」 출판이 계기가 되어 바르트는 1921년 독일 괴팅겐 대학 교수로 초빙받게 되었다. 그 후 뮌스터 대학을 거쳐 1935년 나치스 정권에 의해 교수직에서 해직될때까지 본 대학 교수로 활동했다. 그는 히틀러에게 대한 충성 서약을 거부하고 독일 복음 교회를 지배하려는 나치스의 시도에 반대하기 위해 일어난 독일 고백 교회 운동에 주도적인 역할을 했다. 이로 인해 신학 교수직을 박탈당한 유일한 교수가 되었으며, 1935년 독일로부터 추방된 후 고국 스위스로 돌아와 1968년 죽을 때까지 바젤 대학 교수로 활동했다.

한편 브룬너는 츄리히 대학을 거쳐 독일의 베를린과 미국 뉴욕의 유니온 신학교에서 공부했으며, 1913년 츄리히 대학에서 신학 박사 학위를 받았다. 그는 1차 세계 대전을 겪으면서 인간의 경험에 근거한 모든 신학을 의문시했다. 그의 「신비주의와 말씀(Mysticism and the Word, 1924)」은 슐라이에르마허에 대한 비판서였다. 그는 슐라이에르마허나 자유주의 신학에 대한 비판에서 바르트와 입장을 같이했다. 그는 스위스 농촌 교회에서 목회를 하기도 했으나, 1924년 이후 은퇴할때 까지 40여 년 간 츄리히 대학에서 조직 신학과 실천 신학 교수로 활동했다. 그리고 잠시 동안 미국과 일본 등지에서 가르치기도 했다.

셋째, 바르트와 브룬너는 공통적인 학문적 배경을 지니고 있다. 이들은 신학적으로는 칼빈주의의 후예들이며, 철학적으로는 칸트 철학과 키에르케고르(Kierkegaard) 및 하이데거(Heidegger)의 실존주의 철학의 추종자들이었다.

바르트는 개혁 교회적인 가정 환경에서 성장했을 뿐만 아니라 베른 대학 시절부터 개혁 신학을 그의 신학의 근본 토대로 수용했다. 그는 또한 칸트의 이론 철학과 실천 철학을 공부했으며 키에르케고르의 변증법을 그의 신학 전개 방법으로 이용했다. 특히 1921년 「로마서 주석」 제2판으로부터 시작되는 변증법적 신학 기간에 그는 헤겔에 대한 키에르케고르의 비판에 많은 영향을 받았다.

한편 브룬너는 지식과 신앙에 관한 저술에서는 칸트의 영향을, 종교적인 경험에 대한 강조에서는 키에르케고르의 영향을, 그리고 하나님의 초월성과 사회 및 정치적 활동에 대한 필요성 강조에서는 루터와 칼빈의 영향을 받았다.[2] 특히 바르트와 브룬너가 하나님과 인간 사이의 무한한 질적 차이를 강조하고 하나님에 대한 진리는 오직 변증법적으로만 표현할 수 있다고 주장한 것은 키에르케고르의 사상에 힘입은바 크다.

넷째, 바르트와 브룬너의 신학은 공통적인 특색을 지니고 있다. 이들의 신학을 신정통주의 신학, 하나님의 말씀의 신학, 변증법적 신학, 위기의 신학, 또는 스위스학파로 부르는 것이 좋은 예라 하겠다.[3] 그리고 이들의 신학 사상이 철저히 그리스도 중심주의라는 것도 또 다른 중요한 공통점이다. 이것은 변증법적 신학의 특징이기도 하다.

바르트 신학의 본질은 절대적인 그리스도 중심주의이다. 예수 그리스도로부터 시작하여 예수 그리스도로 끝난다. 그는 계시, 특히 예수 그리스도 안에 나타난 하나님의 계시에 신학의 토대를 두고 있다. 따라서 그의 신학의 중심에는 기독론이 있다. 이는 그가 30년 이상 저술하여 사망할 때까지 (1932 –1967) 13권을 완성한 「교회 교의학」에 의해서도 입증된다. 「교회 교의학」의 전체 중심과 초점은 예수 그리스도 자신이다. 예수 그리스도는 진정한 하나님이며 진정한 사람이다. 바르트는 예수 그리스도에 유일한 중심을 두고 신학의 방향을 재설정했다.

브룬너 역시 바르트처럼 하나님은 오직 계시에 의해 알려지며, 계시는 예수 그리스도 자신임을 강조했다. 계시는 하나님이 예수 그리스도 안에서 자신을 나타낸 것을 의미하며, 이것이 신학의 규범과 내용이 된다. 그리스도는 하나님과 인간의 중보자요, 하나님과 인간이 만나는 만남 장소이다. 따라서 브룬너는 기독론을 모든 교리의 핵심으로 간주했다. 그는 기독론으로 다른 모든 교리들을 이해하고 해석했다. 이러한 입장은 그의 저서 「중보자(The Mediator)」와 「교의학(Dogmatics)」에 잘 나타나 있다. 특히 「교의학」은 그리스도 중심적 관점을 토대로 계시, 하나님, 창조, 인간 등 기독교의 모든 교리들을 논의했다.

이러한 공통적 기반 위에 있었던 바르트와 브룬너는 동료요 동지였다. 이들은 바르트의 「로마서 주석」 출판 이후, 변증법적 신학으로 불리는 새로운 신학 운동을 주도했다. 불트만(Rudolf Bultmann), 고가르텐(Friedrich Gogarten), 틸리히(Paul Tillich)가 이 운동의 또 다른 지도자였으며, 이들은 공동으로 학술 잡지 「시간들 사이에서(Zwischen den Zeiten)」를 창간하여 그들의 신학을 전개했다.

변증법적 신학은 19세기 자유주의 신학에 대한 비판을 그 출발점으로 삼았다. 자유주의 신학은 하나님을 인간으로 대치했으며 신학을 인간학으로 변경시켰다. 하나님의 실재성, 계시의 필요성, 성경의 권위, 인간의 유한성과 죄성, 신앙의 본질 등에 대해 충분하고도 진지하게 취급하지 못했다. 그것은 하나님의 말씀 자체의 본질을 오해했다. 변증법적 신학은 이러한 평가를 토대로 자유주의 신학의 방법론을 정반대로 뒤집어 놓았다. 아래에서 위로 올라가는 것이 아니라 위에서 아래로 내려오는 길을 택했다. 인간의 경험이 아닌 하나님의 계시를 신학의 근거로 삼았다. 따라서 변증법적 신학은 하나님은 하나님이다, 하나님의 말씀은 예수 그리스도 안에 실재한다, 하나님의 말씀 이외 어떤 다른 토대 위에 신학을 건설하는 것은 불가능하다는 것을 강조했다.

그러나 변증법적 신학의 지도자들은 많은 공통점을 지닌 건 사실이지만 모두가 다 같은 공통점만 있는 건 아니었다. 이로 인해 시간이 지남에 따라 그들은 사상적으로 서로 갈라지게 되었다. 1920년대부터 바르트와 브룬너, 불트만과 고가르텐 사이에 틈이 생겼다.

특히 바르트와 브룬너 사이의 논쟁은 자연 신학 문제에서 비롯되었다. 예수 그리스도 이외에 하나님에 대한 지식에 접근할 수 있는 길이 있느냐는 것이 바르트와 브룬너의 논쟁점이었다. 이 논쟁은 접촉점(point of contact)의 문제였다. 이 문제에 대해 브룬너는 긍정적인 입장이었고, 바르트는 부정적인 입장을 취했다.

브룬너가 자연 신학에 대해 관심을 가지기 시작한 것은 1920년대부터 였으며, 1934년에는 자신의 입장을 제시한 「자연과 은총(Nature and Grace)」을 출판했다. 이것은 바르트에 대한 비판서이기도 했다. 브룬너는 신학에서 그리스도 중심을 강조하면서도 바르트의 절대적이며 철저한 그리스도 중심주의는 거부했다. 이에 대한 바르트의 반응은 즉각적으로 나타났다. 그는 1934년 10월 모든 자연 신학에 대해 「아니오!」 응답했다. 이렇게 시작된 바르트와 브룬너의 논쟁은 깊은 우정에도 불구하고 끝내 치유될 수 없는 갈등과 균열을 초래했다. 그들은 1930년대 부터 서로 등을 돌리고 각자의 길을 가게 되었다. 따라서 바르트의 「로마서 주석」 출판을 계기로 형성되었던 변증법적 신학 그룹(group)은 단지 10년 간 지속되었으며, 1933년 그들이 더 이상 그룹이 아님을 확인한 후에는 학술 잡지의 공동 출판도 중지했다.[4]

바르트는 자신과 브룬너의 관계를 코끼리와 고래의 관계로 비유한 적이 있다. 정말이지 바르트와 브룬너는 코끼리와 고래 같았다.[5] 양자 모두 하나님의 창조물이지만 서로 만나는 것은 불가능했다. 동료와 동지였던 바르트와 브룬너는 왜 이런 관계가 되었는가? 그것은 일반 계시와 자연 신학에 대한 견해 차이 때문이었다. 따라서 필자는 일반 계시와 자연 신학이 무엇인지 해명한 후, 이에 대한 바르트와 브룬너의 견해를 대비함으로써 양자 사이의 논쟁점이 무엇이었는지 제시하려고 한다.

Ⅱ. 일반 계시와 자연 신학

하나님은 무한하고 인간은 유한하기 때문에, 인간 스스로의 힘으로 하나님을 아는 것은 불가능하다. 하나님이 자신을 인간에게 알려 줄 때, 인간은 하나님을 알 수 있다. 이렇듯 하나님이 인간에게 그 자신을 나타내는 것, 인간이 하나님을 알 수 있고 그와 친교를 나눌 수 있는 방식이 계시이다. 신학의 대전제가 계시이다. 계시가 없다면, 기독교 신학은 불가능하다. 하나님이 자신을 나타내는 데 주도권을 가지고 있다는 것이 신학의 중요한 전제 가운데 하나이다. 신학은 계시를 체계적인 방법으로 이해하는 것이다.

계시(revelation)라는 신학적 용어는 "아포칼리프시스"(apocalypsis)와 "파네로시스"(phanerosis)로 표현된 신약 성서의 개념을 결합한 것으로부터 유래했다. 전자는 "벗기다, 드러내다" 등을 의미하고, 후자는 "지금까지 숨겨져 있던 것이 나타나는 것"이나 "쓰고 있던 가면 혹은 껍질을 벗어 버리고 드러내는 것"을 의미한다. 계시는 인류에 대한 하나님의 구원 계획을 나타내는 것이다. 따라서 계시는 정보의 분여(impartation)를 의미하는 것이 아니라 하나님의 자기 표명(self-manifestation), 하나님의 자기 폭로(self-disclosure)를 뜻한다.[6]

로마 가톨릭 교회와 개신교 정통주의는 일반적으로 계시를 두 종류로 분류한다. 일반적인 계시 혹은 자연적인 계시, 특별 계시 혹은 초자연적인 계시가 그것이다. 전자는 하나님께서 창조하신 자연을 통한 계시를 말하며, 후자는 성경에 기록되어 있는 예수 그리스도의 계시를 의미한다. 일반 계시는 하나님이 때와 장소 및 사람을 가리지 않고 모든 사람에게 그 자신을 나타내는 것이다. 이것은 모든 사람에게 일반적으로 주어질 뿐만 아니라 그 내용 또한 일반적이다. 특별 계시는 하나님이 특정한 때, 특정한 사람에게 자신에 대한 특별한 것을 나타내는 것을 의미한다.

일반 계시는 자연, 역사 및 인간 존재를 통해 나타난다. 신구약 성경은 하나님의 일반 계시에 대해 증거하고 있다. 피조된 자연 질서를 통해 알 수 있는 하나님에 대한 지식이 있다. 또한 역사적 사건들 속에서 하나님의 섭리를 인지하는 것이 가능하다. 뿐만 아니라 일반 계시는 하나님이 자신의 형상을 따라 만든 인간 자신을 통해 나타난다. 그것은 인간의 육체적 구조나 정신적 능력 또는 종교적 본성에서 발견된다.

일반 계시에 대한 가장 고전적인 성서적 근거는 창세기 1:16, 욥기 12:7 - 15, 시편 19, 사도행전 17:27, 로마서 1:19 - 20 등이다. 이런 구절들은 하나님은 그가 창조한 자연 세계에 그 자신에 대한 증거들을 남겼다는 것을 시사한다. 그러나 일반 계시만으로는 하나님을 명확히 알 수 없다. 인간의 죄가 일반 계시의 증거를 파괴해 버렸기 때문이다(창 3:17 - 19, 롬 8:18 -25, 고후 4:4). 따라서 일반 계시는 인간을 구원으로 인도할 수 있는 적극적이며 긍정적인 기능을 가지고 있지 않다. 그것은 인간으로 하여금 하나님의 존재를 알지 못했다고 변명할 수 없게 하는 소극적이며 부정적인 기능을 가지고 있다(롬 2:14 - 16, 3:9 - 18).

특별 계시는 이스라엘의 역사와 예수 그리스도를 통한 계시를 의미한다. 하나님은 모든 자연과 역사를 통하여 자신을 일반적으로 알리는 한편, 특별히 선택한 민족의 역사를 통하여 자신을 나타내셨다. 하나님은 한 민족을 택해 그 민족을 통해 자신을 계시하셨다. 그것이 이스라엘 민족이다. 구약 성서는 이스라엘의 역사다. 또한 하나님은 그리스도의 인격과 사역에서 자신을 나타내셨다. 그리스도 자신이 하나님의 계시이며 하나님의 말씀이다. 그리스도를 통하여 하나님의 모든 다른 계시가 이해된다. 그리스도는 이전의 모든 계시의 목표요, 인류에 대한 하나님의 계시의 결론이다. 하나님의 은혜와 분노가 특별 계시의 내용이다. 하나님의 은혜는 그리스도 안에서, 그리고 하나님의 분노는 이방인과 유대인들에게서 나타났다. 후자는 율법을 통하여, 전자는 그리스도의 복음을 통하여 계시된다. 하나님은 율법을 통하여 인간을 심판하는 반면 복음을 통하여 인간을 구원한다.[7] 특별 계시에 대한 성서적 근거는 요한복음 1:14-18, 14:8-9, 사도행전 4:11-12, 로마서 3:21-26, 5:12-21, 갈라디아서 2:15-21 등이다.

일반 계시의 본질, 범위 및 효력에 대한 견해는 다양하다. 그중의 하나가 자연 신학이다. 자연 신학은 자연, 역사 그리고 인간의 양심을 통해 하나님의 계시가 나타나며 그것으로부터 하나님에 대한 진정한 지식을 얻는 것이 가능하다고 주장한다. 단지 이성에 기초하여 하나님에 대한 진정한 지식에 이르는 것이 가능하다는 것이 자연 신학의 핵심이다. 성경 혹은 계시와 관계없이 인간의 직관, 도덕적 통찰 및 이성적 추론에 근거하여 신학을 하는 것이다. 이와는 달리, 기독교 신학은 하나님 자신의 계시에 대한 반성으로부터 시작된다. 따라서 그것은 계시 신학, 신조 신학 또는 고백적 신학이라고 부른다. 그것은 하나님의 계시나 기독교 신앙 공동체의 신조 혹은 고백에 기초하고 있기 때문이다. 자연 신학은 인간이 하나님을 찾아가는 데 초점을 두고, 계시 신학은 하나님이 인간을 찾아오는 것에 초점을 둔다.[8]

자연 신학은 몇 가지 중요한 신념 위에 기초하고 있다. 객관적이고 보편 타당한 일반적인 계시가 있다는 것, 인간은 자연 세계로부터 지각하고 배울 수 있다는 것, 그리고 인간 정신과 하나님의 창조물 사이에는 일치점이 있다는 것이다. 하나님이 자연을 통해 자신을 알리며, 인간은 자연적인 제한과 죄와 타락의 결과에도 불구하고 하나님의 창조물을 인식하고 해석하는 것이 가능하고, 인간 정신의 질서는 기본적으로 우주의 질서와 동일하다는 것이 자연 신학의 전제이다.[9]

자연 신학의 역사는 자연이나 실재에 대한 고대 철학자들의 설명으로부터 시작되었다. 기독교가 "신학"이란 용어를 사용하기 훨씬 이전에 그것은 헬라 사상가들의 저서에서 사용되었다. 플라톤은 잘못된 신학적 신앙을 교정하고 무신론이 국가에 위해하다는 것을 제시하기 위하여 이 세계에서 활동하고 있는 신적 이성의 존재를 논증했다.[10]

자연 신학은 기독교인들에게 두 가지 문제점을 제기했다. 자연 신학과 계시 신학의 관계성과 인간의 책임성이 그것이다. 자연 신학이 특별 계시를 불필요한 것으로 만들지는 않는가, 자연 신학에 대한 부정이 하나님을 모르는 것에 대한 인간의 책임성 부정은 아닌가 하는 문제였다. 중세 기독교는 자연 신학에 대해 적극적이고 긍정적이었으며, 신학의 중요한 분야로 취급했다. 인간은 이성적 추론을 통해 하나님의 존재를 알 수 있다고 보았다.

따라서 자연 신학의 대표적인 주제는 하나님의 존재 증명이었다. 안셀름은 순수 사유에 의해 하나님의 존재를 증명하려고 했다. 존재론적 증명이 그것이다. 존재론적 증명은 하나님에 대한 관념으로부터 하나님의 존재를 증명한다. 하나님은 더 이상 위대한 분을 상상할 수 없는 가장 위대한 존재이다. 그런 존재가 인간의 관념 속에서만 존재하고 실재하지 않는다면, 가장 위대한 존재가 될 수 없다. 따라서 가장 위대한 존재자는 인간의 관념에서 뿐만 아니라 실제로도 존재해야 한다는 것이다. 토마스 아퀴나스(Thomas Aquinas) 역시 순수 이성에 의해 하나님의 존재나 인간 영혼의 불멸에 대한 신념을 증명할 수 있다고 주장했다. 그가 하나님의 존재를 증명하기 위해 제시한 논증 가운데 하나가 우주론적 논증이다. 이는 자연 세계에 대한 관찰로부터 하나님의 존재를 증명하는 것이다. 운동이 있다는 사실로부터 최초의 운동자(prime Mover)로서의 하나님, 그리고 인과 관계가 있다는 사실로부터 제일 원인으로서의 하나님을 논증한 것이다. 중세의 알셀름, 아퀴나스 이외에도 현대의 데카르트(Rene Descartes), 헤겔(Georg Hegel), 하트숀(Charles Hartshorne) 등이 자연 신학을 발전시켰다.

자연 신학은 많은 철학자들과 신학자들에 의해 비판을 받았다. 18세기 영국의 철학자 흄(David Hume)은 원인과 결과 사이에 필연적인 관계성을 부정함으로써 우주론적 증명을 비판했다. 그는 자연 신학을 단순한 사변에 불과한 것으로 간주했다. 하나님의 존재에 대한 또 다른 논증인 목적론적 논증 역시 다윈(Charles Darwin)의 진화론을 통해 도전과 비판을 받게 되었다. 칸트(Immanuel Kant)는 「순수 이성 비판」에서 순수 이성으로 하나님의 존재, 인간 영혼의 불멸, 자유를 증명하거나 인식할 수 있다는 전통적인 형이상학을 거부하고 하나님의 존재에 대한 합리적인 증명을 비판했다. 하나님의 존재나 영혼 불멸은 지식의 항목이 아닌 신앙의 항목이라고 생각했기 때문이다.

한편 자연 신학에 대한 반대는 철학뿐만 아니라 신학에서도 제기되었다. 그 대표자가 바르트이다. 바르트는 일반 계시와 자연 신학을 모두 거부했다. 하나님의 계시는 항상 그리고 오직 예수 그리스도 안에서만 존재한다는 그의 신념에서 비롯된 것이었다. 이러한 바르트의 주장에 반기를 들고 자연 신학을 변호하려 한 사람이 다름아닌 친구 브룬너였다. 1934년 그는 공개 서한을 통해 바르트에 도전했다. 그것이 토마스주의의 유명한 표어를 표제로 사용한 「자연과 은총(Nature and Grace)」이다. 이 책은 바르트의 계시관에 대한 비판서였다. 이에 대해 바르트는 같은 해 10월 「아니오! 에밀 브룬너에 대한 응답(No! An Answer to Emil Brunner)」이라는 저술을 통해 즉각적으로 응답했다.[11] 바르트와 브룬너 사이의 자연 신학 논쟁은 이렇게 시작했다.

III. 자연 신학 논쟁

자유주의 신학에 대항하여 새로운 신학 운동을 일으킨 동지였던 바르트와 브룬너는 끝내 화해할 수 없는 적수로 변했다. 이유는 자연 신학에 관한 논쟁 때문이었다. 바르트는 일반 계시와 자연 신학을 부정했고, 브룬너는 그것을 인정했다. 그렇다면 어떤 근거에서 바르트는 자연 신학을 부정하고 브룬너는 인정하게 되었는가? 필자는 「자연과 은총」과 「아니오!」를 중심으로 양자의 견해를 대비함으로써 이를 해명하고자 한다.

브룬너는 「자연과 은총」에서 자신이 이해하고 교정하기 원한 자연 신학에 관한 바르트의 견해를 명제(theses) 형식으로 언급한 후, 그것에 대한 반명제(counter-theses) 형식으로 자신의 입장을 제시했다. 브룬너가 이해한 바르트의 견해는 여섯 개의 명제로 요약된다.

첫째, 인간은 하나님의 형상을 완전히 상실했다. 인간의 죄가 그것을 완전히 파괴했기 때문이다. 둘째, 일반 계시가 있다고 주장하는 모든 시도는 철저히 거부되어야 한다. 오직 하나의 계시밖에 없다. 예수 그리스도 안에 있는 하나님의 완전한 계시가 그것이다. 셋째, 창조와 보존의 은총은 없다. 예수 그리스도가 인간의 구원을 위한 하나님의 유일한 은총이다. 넷째, 보존을 위한 하나님의 제도나 법령은 없다. 다섯째, 하나님의 구원 역사에 대한 접촉점은 없다. 접촉점은 그리스도의 구원 은총의 역사에 모순되는 것이기 때문이다. 여섯째, 새로운 창조는 결코 옛 창조의 완성이 아니다. 그것은 옛 것의 철저한 파괴에 의해 이루어지는 것이다. 새사람이 옛사람을 대치하는 것이다.[12]

브룬너는 바르트의 견해에 반대되는 여섯 개의 명제로 자신의 입장을 제시했다. 첫째, 인간 안에 있는 하나님의 형상은 형식적(formal) 형상과 실질적(material) 형상으로 구분된다. 실질적 형상은 죄로 인해 완전히 상실되었으나, 형식적 형상은 소멸되지 않았다. 형식적 형상은 인간이란 개념을 의미한다. 그것으로 인해 인간은 다른 피조물과 구별된다. 인간은 죄인이든 아니든 간에 하나의 주체자요, 합리성과 책임성을 지닌 존재이다. 형식적 형상은 죄를 범하거나 하나님을 믿을 수 있는 가능성의 전제(前提)이다. 그것은 또한 하나님의 계시를 인식할 수 있는 가능성을 의미한다.

둘째, 인간은 하나님의 창조물인 자연 세계를 통해 하나님을 알 수 있다. 세계의 창조는 동시에 계시요 하나님의 자기 전달이다. 인간이 그것을 인식할 수 있는 가능성은 죄에 의해 영향을 받지만 파괴되지는 않는다. 그러나 창조 안에 나타난 계시를 통해 구원의 하나님에 대한 충분한 지식을 얻을 수는 없다. 그리스도 안에 나타난 계시를 통해서만 하나님에 대한 참된 지식을 가질 수 있다.

셋째, 하나님의 보존 은총(preserving grace)이 있다. 이것은 지켜 주고

도와주는 하나님의 임재를 의미한다. 타락하여 그와 소원해진 피조물 안에
도 하나님은 임재하신다.

넷째, 보존을 위한 제도가 존재한다. 그것은 역사적 생활과 사회적 생활
의 기본적 요소이다. 그것이 없다면, 공동 생활은 상상할 수도 없다. 결혼
제도는 창조의 질서라면, 국가는 보존의 질서이다.

다섯째, 인간에게는 구속 은총에 대한 접촉점이 있다. 그것은 계시를 인
식할 수 있는 능력을 의미한다. 형식적인 하나님의 형상이 그것이다. 죄인
도 그것을 상실하지 않았다.

여섯째, 새 창조는 옛 창조의 완성이다. 옛 아담의 죽음이 새 아담의 생명
의 조건이다. 옛 아담의 죽음은 결코 인간 본성의 형식적인 면이 아닌 실질
적인 면을 항상 의미한다.[13]

브룬너는 은총과 자연을 불연속성의 관계가 아닌 연속성의 관계에서 이
해했다. 은총은 자연을 파괴하는 것이 아니라 그것을 완전하게 하는 것이
다. 따라서 브룬너의 주장은 하나님의 일반 계시가 있다는 것과 자연 신학
이 있어야 한다는 것으로 요약된다. 브룬너는 성서와 종교 개혁자들, 특히
칼빈의 교리에 근거하여 이를 주장했다. 성서는 하나님께서 지으신 것들이
하나님을 계시한다는 것과, 그리스도 이전의 인간에게도 하나님의 진리가
있음을 증거하고 있다(시 19편, 롬 1 : 18, 2 : 4 - 5, 요 1 : 4 - 5, 행 14:17).[14]

바르트는 1934년 10월 30일, 종교 개혁 기념일에 출판된 「아니오!」에서
브룬너를 "타협의 선구자"로 간주하고 그의 자연 신학을 거부했다. 바르트
는 자연 신학을 "신학적이라고 주장하는 하나의 체계 형성"으로 이해했다.
그리고 자연 신학의 주제는 예수 그리스도 안에 있는 계시와 근본적으로 다
르며, 그 방법은 성경의 설명과 전적으로 다르다고 주장했다. 자연 신학은
진정한 신학의 범위 안에서 별개의 주제로 존재하지 않는다. 바르트의 자
연 신학 거부는 그것을 별개의 문제로 인정하기를 거부하는 것을 의미했
다.[15]

한편 바르트는 「아니오!」에서 브룬너의 반(反)명제들을 조목조목 반박

했다.[16] 첫째, 브룬너는 하나님의 형식적 형상은 파괴되지 않고 남아 있다고 했다. 그러나 바르트는 브룬너가 하나님의 실질적인 형상이 완전히 파괴되었다는 것을 인정하면서도, 인간에게 계시를 위한 능력이 있다고 주장하는 것은 모순이라고 보았다.

둘째, 브룬너는 세계가 하나님의 창조로서 인간에게 알려진다고 말함으로써 하나님에 대한 지식이 계시 없이도 가능하다고 주장했다. 그러나 바르트는 하나님에 대한 참 지식은 계시 없이는 나타나지 않는다고 보았다.

셋째, 브룬너는 보존 은총이 있다고 주장했다. 그러나 바르트는 어떤 의미와 어떤 권리로 그리스도의 은총에 선행하는 또 다른 특별 은총이 있다고 말하느냐고 브룬너에게 반문했다.

넷째, 브룬너는 창조의 질서와 제도가 있다고 주장했다. 그러나 바르트는 인간이 그리스도 없이 이런 질서와 제도를 어느 정도 인식할 수 있다면, 계시에 대한 능력이 단지 인간의 형식적 요소만 의미하냐고 반문했다. 바르트는 형식적 형상과 실질적 형상은 구별될 수 없다고 생각했다.

다섯째, 브룬너는 구속의 은총을 위한 접촉점, 즉 계시에 응답할 수 있는 능력이 있다고 주장했다. 이것은 하나님의 형식적 형상을 의미한다. 그러나 바르트는 형식적 하나님의 형상이 남아 있기 때문에 하나님과 인간의 접촉이 가능한 것이 아니라, 하나님이 접촉의 가능성을 준비해 주시기 때문에 가능하다고 주장했다. 따라서 바르트는 브룬너가 "오직 믿음으로, 오직 은총만으로"라는 말로 대변되는 종교 개혁 신앙을 포기한 것으로 간주했다.

여섯째, 브룬너는 계시가 없어도 인간은 어떻게 해서든지 하나님을 알고 어느 정도 그의 뜻을 성취할 수 있다고 주장했다. 그리고 갈라디아서 2:20과 고린도전서 2:10을 토대로 그것을 증명하려 했다. 또한 옛 아담의 죽음이 인간 본성의 형식적인 면이 아닌 실질적인 면의 소멸을 의미한다는 것을 증명하기 위해 이 본문을 사용했다. 그러나 바르트는 그것을 성경 본문에 대한 임의적인 사용으로 취급하고 바울 서신에는 그런 의미가 포함되어지 않다는 것을 분명히 했다.

바르트는 브룬너를 토마스주의자와 신개신교주의자로 규정하는 동시에, 자연과 은총을 대립적인 것으로 간주하고 어떠한 종류의 자연신학도 단호히 거부했다.[17] 그는 하나님을 예수 그리스도의 계시로부터 이해했으며 그리스도를 떠나 자연을 통해 하나님을 아는 것은 가능하지 않다고 했다. 자연 세계를 통해 하나님을 인식하는 것이 가능하다면, 즉 일반 계시를 인정한다면 예수 그리스도 안에 나타난 하나님의 특별 계시가 불필요하기 때문이었다.[18]

1934년부터 시작된 바르트와 브룬너의 자연 신학 논쟁은 근 20년 동안 계속되었다. 바르트는 브룬너의 입장을 토마스주의적이며 신개신교주의적이라고 신랄히 비판했다. 반대로 브룬너는 바르트의 입장이 비성서적이며 비종교 개혁적이라고 비판했다. 이 논쟁 과정을 통해 바르트와 브룬너는 자신들의 초기 입장을 다소 수정하기도 했다. 특히 바르트는 「교의학(Church Dogmatics)」에서 예수 그리스도가 유일하고 참된 말씀이며 생명의 빛이지만, 창조는 그의 영광을 나타내는 수많은 작은 빛을 포함하고 있다는 것을 인정했다. 따라서 만년에 이르러 바르트가 브룬너의 입장에 보다 가까이 접근한 것으로 이해된다. 그렇지만 바르트의 입장이 근본적으로 변한 것은 아니었다.[19] 양자 사이의 완전한 화해는 끝내 이루어지지 않았다.

결론

바르트와 브룬너의 자연 신학 논쟁은 예수 그리스도 이외에 하나님의 지식에 이를 수 있는 길이 있는가 하는 것이 핵심 문제였다. 바르트는 하나님의 계시가 전적으로 예수 그리스도 안에 있다는 것을 강조함으로써 일반 계시와 자연 신학의 가능성을 부정했다. 바르트에게 있어 계시는 항상 예수 그리스도 안에 나타난 하나님의 계시를 의미했다. 반면, 브룬너는 바르트의 절대적인 그리스도 중심주의를 받아들이지 않았다. 그는 칼빈의 교리에 근거하여 자연 세계를 통해 나타나는 하나님의 일반 계시가 있다고 주장했다. 그렇지만 인간이 일반 계시를 통해 하나님의 지식에 이를 수 있다고 생각하는 독립적인 자연 신학의 가능성에 대해서는 부정적이었다.

브룬너의 견해는 바르트의 견해보다 온건한 동시에, 종교 개혁적이며 성서적이라고 평가된다. 루터와 칼빈은 시편 19편, 로마서 1 – 2장 등에 근거하여 일반 계시를 인정했다. 자연을 통해서도 하나님을 알 수 있다는 것이다. 따라서 일반 계시를 인정하는 브룬너의 견해가 그것을 부정하는 바르트의 견해보다 더 성서적이며 종교 개혁자들의 신학과 일치된다.[20]

바르트는 그리스도의 유일성과 그리스도의 계시를 극단적으로 강조한 나머지 성경이 증거하고 있는 일반 계시를 부정했다. 뿐만 아니라 이를 합리화하기 위해 성경 본문을 임의적이거나 독단적으로 해석한 경우가 없지 않았다. 반면, 브룬너가 일반 계시뿐만 아니라 또한 자연 신학도 인정한 것이나 인간의 타락으로 실질적인 하나님의 형상은 파괴되었으나 형식적인 형상은 상실되지 않았다고 주장한 것 등은 문제점으로 지적된다.

우리는 성경 저자들이 일반 계시가 제공하는 증거에 근거하여 하나님의 존재를 논증하려 하지 않았다는 사실을 주목해야 한다. 자연, 역사 및 인간의 양심을 통해 하나님의 일반 계시가 나타난다. 그러나 성경은 자연 신학을 건설하기 위해 그것을 사용할 수 없다는 것을 교훈해 준다. 일반 계시는 인정된다. 그것이 신자와 불신자 사이의 접촉점이 될 수 있다. 그러나 일반 계시를 통해 하나님을 어느 정도 알 수 있으나 명확히 알지는 못한다. 일반 계시는 인간을 성경의 하나님에게로 인도하거나 구원에 이르게 할 수 없다. 따라서 인간의 이성에 의해 하나님에 대한 참 지식에 이르는 것이 가능하다고 주장하는 자연 신학은 인정될 수 없다. 그리스도 안에 나타난 하나님의 계시를 통하지 않고는 하나님과 구원에 관한 진정한 지식에 접근할 길은 없기 때문이다. "내가 곧 길이요 진리요 생명이니 나로 말미암지 않고는 아버지께로 올 자가 없느니라"(요 14:6).

한편 바르트와 브룬너의 자연 신학 논쟁은 이 문제를 현대 신학의 새로운 관심사로 부각시킨 데 역사적 의의가 있다. 이 문제는 바르트와 브룬너 이후에도 논란의 대상이 되었다. 바르트의 입장은 몰트만이나 틸리히 등으로부터 비판을 받았다. 그러나 후대 학자들은 브룬너의 견해를 지지하는 쪽과 바르트의 견해를 지지하는 쪽으로 대부분 나뉘어진다. 알트하우스(P. Althaus), 베일리(J. Baillie), 버코워(G. C. Berkouwer), 카이퍼(A. Kuyper) 등이 전자에 속하는 반면, 니젤(W. Niesel), 토란스(T. F. Torrance) 등은 후자에 속한다.

주(註)

1. Clifford Green, *Karl Barth*(Glasgow: Collins Publishers, 1989), p. 16.
2. Mircea Eliade, *The Encyclopedia of Religion*, vol.2(New York: Macmillan Publishing Company, 1987), p. 315.
3. H. R. 매킨토쉬, 「현대 신학의 선구자들」(서울: 대한기독교서회,1973), p. 260.
4. David F. Ford, *The Modern Theologian*, vol. I(New York: Basil Blackwell Inc., 1989), p. 32.
5. Alasdair I. C. Heron, *A Century of Protestant Theology* (London: Lutterworth Press, 1980), p. 90
6. Thomas C. Oden, *The Living God*(New York: Harper & Row, Publishers, 1987), p. 17.
7. 김균진, 「기독교 조직 신학」 I(서울: 연세대학교 출판부, 1986), pp. 118 – 119.
8. Oden, op. cit., p. 6.
9. Millard J. Erickson, *Christian Theology*, vol. 1(Grand Rapids: Baker Book House, 1983), p. 156.
10. Oden, p. 7. 반A. 하비, 「신학 용어 핸드북」(서울: 소망사, 1992), p. 211.
11. 이 두 논문은 영어로 번역되어 출판되었다. Baillie, *Natural Theology* (London: Centenary Press, 1946).
12. Ibid., pp. 20 f. Green, p. 154. 이 책에는 바르트의 「아니오!」의 서론과 2부 및 3부가 수록되어 있다.
13. Ibid., pp. 22 – 34, Green, pp. 156 – 167.
14. 브룬너는 그의 저서 「계시와 이성」(*Offenbarung und Vernunft*)에서 자연 계시에 대한 다양한 성서적 근거를 제시하고 있다. 김균진, 「기독교 조직 신학」, pp. 134 – 136을 참조
15. Baillie, p. 75, Green, pp. 154 – 155.
16. Ibid., pp. 79 – 94, Green, pp. 156 – 167.
17. Ibid., pp. 87 – 90, Green, p. 164.
18. 바르트가 일반 계시를 거부한 이유에 대해서는 김균진, 「기독교 조직 신학」, pp. 136 – 138을 참조

19. Heron, p. 90.

20. 이종성, 「신론」(서울: 대한기독교서회, 1987), pp. 105 – 130. 여기서 저자는
    바르트와 브룬너의 논쟁을 자세히 논술하고 있다.

10장

루돌프 불트만

서론

루돌프 불트만(Rudolf Bultmann)은 당대 제일의 신약 성서 학자로서 현대 신학의 형성과 발전에 지대한 영향을 끼쳐 온 인물로 평가받고 있다. 오그덴(Schubert M. Ogden)에 따르면, 불트만의 공헌은 어떤 기준에 의해 판단되든지간에 과소 평가될 수 없으며, 그의 신학은 20세기 개신교 신학의 흐름에 결정적인 영향을 미쳤다.[1]

불트만이 평생의 과제로 삼았던 신학적 관심사는 예수 그리스도의 복음이 현대인에게 어떻게 해석되고 전달되어야 하는가였다. 불트만은 두 가지 접근 방법을 통해 이 과제를 수행하고자 했다. 신약성서의 비신화화(非神話化)와 실존론적 분석이 그것이다. 이 두 가지 방법은 불트만의 신학적 과제에 대한 그의 분석인 동시에 해결책이었다. 전자가 소극적 방법이라면, 후자는 적극적 방법이다. 비신화화는 "1세기의 신화적 세계상(世界像)과의 관계에서 신약 성서의 메시지를 이해하고 이 세계상이 신약 성서에 표현된 실존에 대한 이해에 얼마나 불필요한가를 제시하는 것"이다. 즉 신화적 표현이나 사고로 둘러 싸여 있는 복음의 진리를 그것으로부터 벗겨 내는 것이다. 한편, 실존론적 분석은 1세기의 개념, 언어, 의미들을 현대인이 이해하기 쉽고 인간 실존의 현실 상황에 일치하는 용어들로 전환하는 것이다.[2]

불트만의 비신화화와 실존론적 분석은 학계에 다양한 문제점을 제기함과 동시에 격렬한 논쟁을 일으켰다. 특히 비신화화론은 바르트의 「로마서 주석」에 비견되는 파문을 신학계에 던졌다. 1941년에 불트만이 "계시와 구원의 사건(Offenbarung und Heilsgeschehen)"이란 제목의 논문을 발표한 것을 계기로 비신화화의 문제가 제기되었으며, 이에 대한 논쟁이 시작되었다. 이 논문에서 불트만은 마르틴 켈러(Martin Kahler)의 "Historie"와 "Geschichte" 사이의 구별에 근거하여 계시가 사건으로 일어나지 않으면 그 사실의 보도만으로는 현대인에게 의미가 없다는 것과 신약성서에는 신화가 많다는 것을 주장했다. 이 논문은 그 후 "신약 성서와 신화론(Neues Testament und Mythologie)"으로 제목이 바뀌었다.[3]

비신화화 논쟁은 1941년에 독일 루터 교회 내부에서 처음 시작되었으며 세계 대전 이후에는 유럽 대륙의 신학계에 널리 전개되었다. 1952년 독일 루터 교회 총회는 불트만의 학설을 이단으로 규정했고, 감독 회의는 비신화화론에 반대하는 선언문을 채택하기에 이르렀다. 1950년대는 비신화화 논쟁의 시대라 해도 과언이 아닐 정도로, 비신화화론에 대한 찬성과 반대을 둘러싸고 열띤 논쟁이 일어났다. 그것은 근 20년 가까이 계속된 20세기 최대의 신학 논쟁으로 성서 신학은 물론 조직 신학, 실천 신학 등 신학의 전분야에 걸쳐 큰 영향을 미쳤다.

필자는 불트만의 생애와 신학적 배경을 서론적으로 개괄한 후 "신약 성서와 신화론"에 근거하여 그의 비신화론의 핵심 내용을 제시하려고 한다. 그리고 비신화화론에 대한 논쟁점이 무엇인지 논의하려고 한다.

Ⅰ. 생애와 저작

불트만은 1884년 8월 20일 독일 올덴부르그(Oldenburg)의 비펠드스테데(Wiefeldstede)에서 루터교 목사의 아들로 출생했다. 그는 아프리카 선교사였던 할아버지의 경건주의적 유산과 아버지의 온건한 루터교 신앙으

로 이루어진 가정 환경에서 성장했다.[4]

불트만은 전생애를 학문 세계에서 보낸 사람이다. 그는 1895년 올덴부르그 인문 고등학교(Gymnasium)에 입학하여 헬라어와 로마 문학을 공부했다. 당시 그곳에는 후일 실존주의 철학자로 활약했던 야스퍼스(Karl Jaspers)도 재학 중이었다. 그 후 불트만은 튀빙겐 대학, 베를린 대학, 마르부르크 대학에서 공부했다. 베를린 대학에서는 궁켈(Herman Gunkel) 밑에서 구약 성서를, 하르낙(Adolf von Harmack) 밑에서 교리사를 공부했다. 마르부르크 대학에서는 율리허(Adolf Julicher)와 바이스(Johannes Weiss) 밑에서 신약 성서를, 헤르만(Wilhelm Herrmann) 밑에서 조직 신학을 공부했다. 그의 성서 신학 교수 대부분은 종교사학파에 속한 자유주의 신학자들이었다. 그는 1910년 마르부르크 대학에서 신학 박사 학위를 취득했다. 그의 지도 교수는 하이트뮐러(Wilhelm Heitmüller)였으며 학위 논문은 "바울의 설교 양식과 견유 및 스토아학파의 논증화법(Der Still der Paulinischen Predigt und die Kynisch - stoische Diatrike)"이었다. 1912년 그는 "테오도르 몹수에스티아의 주석학(Die Exegise des Theodor von Mopsuestia)"이란 제목의 논문으로 교수 자격 심사를 통과했다.

불트만은 1912년 마르부르크 대학에서 신약 성서학 강사로서 교수 생활을 시작하여, 1916년에는 브레슬라우 대학 신약 성서 조교수가 되었다. 1920년에는 종교사학파의 성서 신학자 부세트(Bousset)의 후임자가 되어 기센(Giessen) 대학의 정교수로 잠시 활동했다. 1921년 스승 하이트뮐러의 후계자로 모교 마르부르크 대학의 신약 성서 교수로 부임하여 1951년 은퇴했다.

신약 성서 학자로서의 불트만의 학문적 방향과 위치는 1921년에 출판된 「공관복음 전승사(The History of the Synoptic Tradition)」를 통해 분명하게 예시되었다. 그는 궁켈의 양식 비평적 분석과 역사 비평적 방법을 도입하여 공관복음서 안의 모든 자료의 성립과 역사를 비판 연구했다.

그는 전승된 예수의 말씀 대부분은 초대 교회가 환경의 영향을 받아 새롭게 구성한 것이며, 공관복음서는 역사적 사실에 기초한 전기가 아니라 교회의 신앙과 예배를 위해 만들어진 예배서라고 주장했다. 복음서는 교회의 케리그마이며, 설교된 그리스도는 역사의 예수가 아닌 신앙과 예배의 그리스도라는 것이다. 따라서 불트만은 예수에 대한 공관복음서 기록의 역사적 신빙성에 부정적이었다.[5] 「공관복음 전승사」는 양식사적 성서 이해의 길을 열었다는 데 역사적 의의가 있으며, 공관복음서에 대한 양식 비평적 분석의 고전으로 평가 받고 있다.

1926년에 출판된 「예수(*Jesus*)」에서 불트만은 신약 성서가 예수의 전기로서 신뢰할 만한가 하는 문제를 다루면서 부정적인 자신의 입장을 제시했다. 그는 예수의 인격에 대해서는 아무것도 할 수 없음을 강조했다.[6] 1933년에 출판된 「신앙과 이해(*Faith and Understanding*)」는 불트만의 첫 번째 논문집으로 1924년에서 1930년 사이에 저술된 모든 논문들이 수록되어 있다. 신앙과 이해는 불트만의 신학적 삶의 과제였다. 그는 그리스도의 복음을 계시적인 면과 이성적인 면, 즉 신앙과 이성이 조화될 수 있도록 해석하려고 했다. 이 논문집을 통해 불트만의 사상발전에 미친 하이데거의 영향이 잘 나타나 있다.[7] "신약 성서와 신화론"은 1941년에 처음으로 발표되었는데, 당시 제목은 "계시와 구원의 사건"이었다. 그러나 1948년에 출판된 「케류그마와 신화(*Kerygma and Myth*)」[8]에는 "신약 성서와 신화론"으로 개제(改題)되어 수록되었다. 분량은 비록 작지만, 이것은 불트만의 평생에 걸친 연구의 축소판이며 비신화화 논쟁의 도화선이 된 작품이다. 불트만은 역사 비평과 양식사 비평의 방법을 사용하여 신화적인 것이라고 생각되는 신약 성서의 내용과 언어를 재해석한 것이다.

걸작품으로 평가받는 「요한복음서 주석(*The Gospel of John*, 1941)」과 「신약 성서 신학(*The Theology of New Testament*, 1948, 1953)」에서 불트만은 신약 성서에 대한 신학적 해석을 전개했다. 불트만은 제4복음서 저자가 전승을 비신화화했으며 실존론적 해석을 암시했다고 주장했다. 그는 역사적 예수와 신앙의 그리스도를 엄격히 구별했다. 1955년 영국 에딘버러 대학에서 행한 기포드 강연(Gifford Lectures), 「역사와 종말론 (*History and Eschatology : The Presence of Eternity*, 1957)」은 종말론을 주제로 하고 있으며 그의 현재적, 실존적 종말론이 제시되고 있다. 불트만은 세상의 종말을 현재 안에서 계속해서 일어나는 사건으로 이해했다. 또한 불트만 사상 연구에 중요한 것은 "해석학의 문제(The Problem of Hermeneutics, 1950)"에 대한 논문과 비신화화와 역사사적 예수에 관한 그의 후기 논문들이다. 이외에도, 불트만은 많은 저서와 논문을 저술했다.

Ⅱ. 비신화화와 실존론적 해석

불트만의 신학 사상은 결정적인 변화 없이 일관성을 지니면서 발전한 것이 특징이다. 사상적 발전에 큰 변화가 많았던 바르트와는 달리, 불트만은 본질적으로 동일한 입장을 한결같이 유지했다.[9] 그의 신학적 발전은 자유주의 신학적 배경으로부터 시작되었다. 그는 튜빙겐, 마르부르크, 베를린대학에서 궁켈, 하르낙, 율리허, 헤르만과 같은 당대의 대표적인 자유주의 신학자 밑에서 신학을 공부했다. 그는 자유주의 신학에 대항하여 일어난 변증법적 신학 운동에 참여한 이후에도, 자유주의 신학의 합리적인 방법들을 포기하지 않았으며 신학에 대한 철학의 중요성을 부정하지도 않았다. 그는 자유주의 신학의 역사비판적 방법을 평생 자신의 성서 연구에 수용하여 그것을 더욱 발전시켰다. 뿐만 아니라, 하이데거의 철학을 도구로 하여 자신의 독자적인 신학인 실존 신학을 형성했다.

불트만은 그리스도의 복음을 현대인에게 어떻게 전달해야 하는가 하는 문제를 신약 성서 학자로서의 자신의 평생 과제로 삼았다. 이를 위해 초기에는 19세기 자유주의 신학의 양식사 비판(form criticism)과 종교사적 접근방법을 수용했으며, 이에 기초하여 후기에는 비신화화와 실존론적 해석 방법을 개발했다.

양식사 비판은 구전 전승들을 분석하고 해석하는 문학 해석의 방법이다. 성서 중에 있는 문학 양식과 고대 근동의 문헌들을 문학 및 역사적으로 비교, 검토하여 그 사상의 유래가 어디에 있는가를 결정하는 것이다. 궁켈이 이 방법을 구약 성서 연구에 처음으로 도입했다. 그는 고대 근동 문화를 연구하여 창세기의 배후에는 당시의 이교(異敎) 문학이나 신화로부터 유래된 것이 많으며, 시편 양식들이 종교 의식상의 특정 축제나 마술적인 제례에서 근원한다고 주장했다. 불트만은 디벨리우스(Martin Dibelius, 1883 – 1947), 슈미트(Karl Ludwig Schmidt, 1891 – 1956) 등과 함께 양식사 비판을 신약 성서 연구에 도입하여 그 기술을 개척하고 발전시켰다.

양식사 비판에 따르면, 복음서가 기록되기 전 예수의 생애와 교훈에 대한 구전 즉 원래의 복음인 케리그마가 있었으며, 초대 교회가 그것을 필요에 따라 가감하여 보존한 것을 편집한 것이 복음서였다는 것이다. 예를 들어, 예수를 하나님의 아들, 메시아 등으로 부르고 부활과 승천 사건을 첨가했다. 따라서 양식사 비판은 복음서 기록 배후에 있는 예수의 생애와 교훈에 대한 구전 문학 양식을 연구하고 평가하는 방법이다. 그 목적은 초대 교회 교인들이 첨가한 내용과 재해석한 것들을 제거하고 예수의 말씀과 행적에 대한 구전의 원형태를 찾아보려는 것이다. 이런 입장이 불트만의 초기 저서 「예수(Jesus, 1926)」에 반영되고 있다.

한편 불트만은 신약 성서 연구에 종교사적 접근 방법을 사용했다. 이것은 19세기 후반에 독일 괴팅겐대학을 중심으로 활동한 종교사학파의 방법이었다. 종교사학파는 성서학을 주로한 학파로서 성서의 외적 환경에 관심을 가졌다. 그리고 히브리 종교와 고대 근동의 이방 종교 및 헬라 종교 사이의 밀접한 관계성을 강조했다. 그리고 세계 모든 종교를 역사 발전 과정에서 이해하려 했으며 기독교의 발전 과정을 역사적, 지리적 환경에 비추어 연구했다.[10] 이 학파는 복음서에 나타난 동정녀 탄생, 부활, 승천과 같은 초자연적 요소들은 고대 근동 지방의 여러 신비 종교로부터 원시 기독교 공동체에 들어온 것이라 하여 제거하려 했다. 불트만은 신약 성서 연구에 이 연구 방법을 도입하여 발전시켰다. 즉 그는 성경의 개념과 교훈을 고대 문화의 배경과의 관계성 속에서 해명했다. 기독교는 주변 정황과 관계없이 독자적으로 형성된 것이 아니라 오히려 환경에 영향을 받은 역사적 산물이라고 주장했다.

후기에 불트만은 비신화화와 실존론적 해석을 통해 신약 성서를 연구했다. 그는 신약 성서가 신화로 구성되어 있다는 전제로부터 시작했다. 신약 성서에는 케리그마라고 불리는 복음의 진수(眞髓)와 신화적인 성격을 가진 세계관이 있다. 그리고 케리그마의 중심 요소들은 비성서적인 용어들로 표현되었다.

신약 성서의 신화적인 요소는 세 가지 유형으로 분류된다. 첫째, 하늘의 존재가 세상 속에 임재하는 극적 이야기이다. 초대 교회는 예수의 근본적인 의의를 표현하는 수단으로 기독교 이전 영지주의의 "구원자 신화"(redeemer myth)를 수용했다. 이것은 지상에 와서 계시를 전하기 위해 인간으로 나타난 하늘의 존재에 대한 극적인 이야기이다. 이 신화는 기독교의 역사보다 더 오래된 것으로 고대 페르시아의 조로아스터교에서 유래한 것이다. 둘째, 과학 이전의 우주론이다. 신약 성서 저자들의 세계관은 신화적이었다. 그들은 세계가 3층, 즉 하늘과 땅과 땅 밑의 세계로 이루어져 있다고 생각했다. 땅은 인간의 자연적인 생활이 이루어지고 있는 장소이며, 하늘은 하나님과 하늘의 존재, 곧 천사들이 사는 곳이요, 땅 밑은 음부, 즉 고통의 장소이다. 그들은 인간의 삶과 역사의 진행은 선과 악의 초자연적 힘에 의해 지배된다고 믿었다. 땅은 "초자연적인 하나님과 그의 천사들의 활동이 이루어지는 곳이며 또한 사탄과 그의 마귀들이 활동하는 무대이다."[11] 뿐만 아니라 불트만은 그리스도의 선재성(先在性), 죽음, 부활도 신화적인 세계관에 의해 표현된 것이라고 하였다. 셋째, 하나님을 인간과 같은 형태로 존재하고 활동하는 것으로 해석하고 표현한 것, 즉 저 세상적인 것을 이 세상적인 것으로, 신적인 것을 인간적인 것으로 표현한 것이다. 하나님의 초월성이 공간적인 거리로 묘사되는 것이 그런 것이다.

불트만은 이러한 신화적 표현은 현대인에게 무의미하다고 생각했다. 예를 들어, 신화적인 신 개념은 신학적으로 지지될 수 없을 뿐만 아니라 문화적으로 시대에 뒤떨어진 것이 되었다. 신화적 세계관은 기독교적인 것이 아니라 과학 이전 시대의 우주론이다. 현대인은 이런 세계관을 받아들이지 않는다. 그들의 사고는 현대 과학에 의해 형성되었기 때문이다. 따라서 신약 성서의 신화적인 표현은 현대인의 복음 이해에 막대한 장애가 된다.

불트만은 현대인이 신약 성서의 케리그마를 이해할 수 있게 하기 위해서는 신약 성서를 현대인의 과학적 세계관에 맞게 재해석해야 한다고 주장했다. 이러한 과제를 수행하기 위한 방법으로 제시된 것이 성서의 비신화화이다. 불트만의 비신화화는 신약 성서에 대한 해석의 방법이다. 그것은 초월적인 것을 이 세상의 것으로 말하는 것이며, 성서의 진리에 대한 당시의 해석을 현세의 해석으로 고치는 것이다. "케리그마를 그 신화적 윤곽으로부터 벗겨 내는 것"이다.[12]

신약 성서에 신화적인 요소가 있다고 주장한 것은 불트만이 처음은 아니다. 이미 19세기 자유주의 신학자들이 그런 주장을 했다. 그러나 불트만은 신약 성서에 신화적인 요소가 있다는 데에는 그들과 입장을 같이했지만, 그것을 어떻게 해야 하느냐는 그들과 입장을 달리했다. 스트라우스나 하르낙과 같은 자유주의 신학자들은 신화를 상대적이며 시대적인 것으로 보았다. 따라서 신약 성서에서 일체의 신화적인 요소들을 제거할 수 있으며 종교와 윤리의 기본적인 원리만을 보전할 수 있다고 주장했다.

반면, 불트만은 그들을 제거할 것이 아니라 바르게 해석해야 한다고 주장했다. 신화적인 요소와 사고를 제거하면, 그 속에 담겨져 있는 케리그마도 제거하게 되기 때문이다.[13] 그는 신화의 제거나 파괴와 같은 소극적인 방법으로는 신약 성서의 진정한 의미가 무엇인지를 밝힐 수 없으며 현대인의 복음 이해라는 과제를 충분히 수행할 수 없다고 보았다. 신약 성서의 진정한 의미를 파악하기 위해서는 보다 적극적으로 신약 성서에 있는 신화적인 요소의 진정한 기능이 무엇인지 발견해야 한다고 주장했다. 그것이 신화에 대한 재해석이며 비신화화(非神話化)이다. "신화적인 개념들 배후에 있는 보다 깊은 의미를 회복하려고 시도하는 신약 성서의 해석 방법을 나는 비신화화라 부른다. 그 목적은 신화적인 진술들을 제거하는 것이 아니라 그들을 해석하는 것이다."[14]

불트만이 신화를 재해석하는 방법으로 제시한 것이 실존적 해석이다. 불트만은 신약 성서의 진정한 의미는 과거에 일어난 역사적 사실을 객관적으로 기록한 것에 있는 것이 아니라 초대 교회의 케리그마, 즉 그리스도 안에서 이루어진 하나님의 구속 행위에 관한 메시지를 새로운 세대에 전하는 것에 있다고 이해했다. 신약 성서의 사명은 독자로 하여금 자신의 존재를 바르게 이해하도록 하는 것, 즉 인간의 실존적 자기 이해에 있다. 따라서 불트만은 신약 성서의 신화 역시 우리의 실존을 위해 어떤 의미가 있는가 하는 측면에서 해석해야 한다고 주장했다. "신화의 본 의도는 객관적인 세계상을 제시하는 데 있지 않고 자기가 살고 있는 세계에서 인간의 자기 이해를 표현하는 것이다. 그러므로 신화는 우주론적으로가 아니라 마땅히 인간학적으로 또는 실존적으로 해석되지 않으면 안된다."[15] 불트만에 따르면, 신약 성서의 신화론은 유대 묵시 문학과 영지주의 구원 신화로부터 유래된 것이다. 그들은 현세계와 인간은 악마적인 힘의 지배 하에 있으며, 따라서 구원이 필요하다는 이원론적 사고를 근본 구조로 하고 있다. 이 두 형태의 신화가 표현하는 것은 인간 실존에 대한 이해이다. 그러므로 그들을 실존론적으로 해석해야 한다는 것이다.

불트만의 인간 실존에 대한 이해는 실존주의 사상, 특히 하이데거의 사상에 영향을 받았다. 하이데거의 철학적 관심은 존재의 본질 규명에 있었다. 그는 그것을 철학의 근본 문제로 보았다. 그는 인간 존재를 존재에 대한 해명의 출발점으로 삼았다. 인간은 "세계 내 존재"로서 항상 근심, 걱정하면서 사는 존재이다. 근심과 걱정이 현존재의 근본 성격이다. 인간은 다른 존재자와 같이 존재하지만, 존재를 문제시하는 점에서 다른 존재자와 다르다. 그에게는 자기 자신의 존재가 문제가 된다. 인간은 매순간 양자 택일의 결단 앞에 놓여 있다. 인간은 비본래적인 존재가 되든가 아니면 본래적인 존재가 되든가 하는 두 가능성 앞에 결단해야 하는 존재이다. 하이데거는 인간 존재를 현존재(Dasein)라고 불렀다.

불트만이 하이데거의 철학 전체를 받아들인 것은 아니다. 다만 그의 사상에서 신약 성서의 메시지를 이해하고 재해석하는 데 필요한 적절한 구조를 발견했다. 그는 하이데거의 실존 분석을 해석학적 도구로 사용했다. 불트만에 있어 인간은 실존이다. 실존은 이럴 수도 있고 저럴 수도 있는 것이 아닌, 인간의 존재 양식을 의미한다. 실존은 인간의 본질이나 자세를 의미하는 것이 아니라, 인간 자체가 바로 실존이다. 인간 존재는 언제나 삶의 구체적인 상황 속에서 결단을 통해 잃어버릴 수도 있고 얻을 수도 있는 것이다. 그러므로 실존이란 언제나 순간적인 결단에서 일어나는 사건이다.[16] 불트만은 인간 존재를 신앙 없는 인간 존재와 신앙을 가진 인간 존재로 분류했다.[17]

신약 성서에 대한 불트만의 실존론적 해석은 그리스도의 십자가와 부활 사건에 대한 분석에서 잘 나타나 있다. 그는 신약 성서가 그리스도의 사건을 신화적인 언어로 제시하고 있다고 보았다. 따라서 그것을 비신화적인 용어로 재해석해야 한다는 것이다. 그리스도의 십자가는 신화적인 성격과 역사적 성격이라는 양면을 지니고 있다. "십자가에 달린 예수는 선재적인 존재이며, 인간이 된 하나님의 아들이었다. 그러므로 그는 죄가 없었다. 그는 피로써 우리의 죄를 소멸하는 희생물이었다. 그는 대속적으로 세상의 죄를 지셨고 우리를 대신하여 형벌을 당함으로써 우리를 죽음으로부터 해방한다."[18] 이것이 십자가에 대한 신화적인 해석이며, 현대인은 더 이상 주장할 수 없다.

불트만은 신화적인 언어를 과거 사건의 의미를 표현하기 위한 수단에 불과한 것으로 보았다. 따라서 그것이 지니고 있는 의미를 파악해야 한다고 보았다. 그리스도의 십자가는 우주적인 의미를 지니고 있다. 그것은 과거의 사건이 아니라 시간 안에서 그리고 시간을 넘어서 일어난 종말론적 사건이다. 그리스도의 십자가를 믿는 것은 "우리와 우리의 세계 밖에서 이루어진 하나의 신화적 과정이거나, 우리를 위하여 하나님께서 이루신 객관적 사건 관찰을 의미하는 것이 아니다. 오히려 그리스도의 십자가를 내 자신의 것으로 만든다는 것이며 그리스도와 더불어 십자가에 달리는 것을 의미한다."[19]

따라서 불트만은 그리스도의 십자가를 과거의 사건이나 신화론적 사건이 아닌, 영원한 현재적 사건으로 해석했다. 현재 우리들의 삶과 결정적인 관계를 가지고 있는 사건인 것이다. 그는 대속적인 속죄론이나 만족설과 같은 전통적인 해석과는 달리, 세상에 대한 심판과 인간에 대한 심판과 구원을 십자가의 영원한 의미로 간주했다.

불트만은 그리스도의 부활 역시 십자가에 죽으신 그리스도에게서 일어난 역사적 사건이 아니라 신화적인 사건이라고 주장했다. 죽은 자가 현세의 삶으로 다시 소생한다는 것은 신화이며, 그런 신화적인 사건은 신빙성이 없다.[20] 그는 그리스도의 육체적 부활, 빈 무덤, 부활하신 그리스도의 나타남과 같은 이야기는 역사적 사실이 아니라 후대 교회가 그리스도의 죽음에 대한 원시 전통에 첨부한 신앙의 항목이라고 주장했다.[21] 제자들의 마음속에서 일어난 신앙의 사건 또는 종말론적 사건으로 보았다. 부활이란 세상으로부터 하나님에게로 방향을 전환하는 것이며 진정한 삶의 시작을 의미한다. 부활의 신앙은 "십자가의 구원의 효능에 대한 신앙"이다. 그것은 "십자가가 선포되는 방식"이며 "설교의 말씀에 대한 신앙"이다.[22] 그러므로 기독교의 부활절 신앙은 역사적 사건이 아니라 구원 사건, 즉 실존적 체험으로서의 그리스도의 부활에 관심을 가지는 것이다. 기독교인은 매일의 삶을 통해 그리스도의 죽음뿐만 아니라 그의 부활에 참여해야 할 것이다.[23]

이러한 실존론적 해석은 본문이 말하는 사실과 그 본문이 전달하고자 하는 의미 사이, 역사가들에 의해 탐구되는 과거 역사(Historie)와 실존적 역사(Geschichte) 사이의 구별에 근거한 것이라고 평가된다. 불트만은 양자 사이의 구별을 받아들이고 사실보다는 의미, 과거의 역사보다는 실존적 역사를 중시했다. 실존론적 해석은 그리스도가 십자가에 달리셨다는 과거의 역사적 사실보다는 오히려 그 사건이 오늘 나에게 어떤 의미인가에 관심을 가지는 것이다. 그 사건의 교리적 내용보다는 오히려 인간 실존과의 관계성을 문제시하는 것이다.

Ⅲ. 비신화화 논쟁

불트만의 신학은 1950년대와 60년대에 많은 신학적 논쟁을 일으켰다. 이 것은 사실과 의미, 과거의 역사와 실존적 역사, 역사와 신학에 대한 그의 예리한 구별로부터 시작되었다. 논쟁의 주요 문제는 역사적 연구와 역사적 예수에 대한 그의 태도 그리고 실존론적 성서 해석에 관련된 것이었다. 역사적 예수에 대한 논쟁이나 역사와 신학의 관계 문제에 대한 논쟁이 그것이다.

1953년 불트만의 제자, 케제만(Ernst Kasemann)은 마르브르크 대학 동창 모임에서 "역사적 예수의 문제(The Problem of the Historical Jesus)"라는 제목의 논문을 발표했다. 이 논문에서 케제만은 스승 불트만의 역사적 회의주의는 과장된 것이며 십자가의 케리그마 위에 모든 것을 집중함으로써 신앙의 그리스도와 역사적 예수 사이의 관계성을 위태롭게 했다고 지적했다. 케제만은 불트만을 설복하지는 못했지만, 불트만학파 내에 역사적 예수에 대한 새로운 연구를 촉진시켰다. 그것은 부활절 케리그마는 단지 초대 기독교인의 창작물이 아니라 예수 자신의 말씀과 행적에 근거함을 제시하려는 것이었다. 불트만이 십자가의 죽음이라는 역사적 사실보다 오히려 십자가에 대한 선포와 초대 교회의 그리스도론을 강조했던 것과는 달리, 예수의 역사성에 관심을 기울이는 것이었다.[24]

알트하우스(Paul Althaus)는 1958년 출판된 「소위 케리그마와 역사적 예수」에서 케리그마와 역사적 예수의 문제를 분리시킨 것이 불트만의 문제점이라고 지적했다.

한편 신학과 역사에 대한 논쟁은 판넨버그(Pannenberg)에 의해 제기되었다. 그는 1961년에 저술한 「역사로서의 계시(*Offenbarung als Geschichte*)」에서 역사와 신학의 분리에 근거한 불트만의 신학을 문제시했다. 그는 계시의 역사적 사건을 단지 실존의 의미에서만 이해하는 불트만의 케리그마 신학을 비판했다. 그는 신학과 역사를 분리하는 불트만의 입장이나 전체 역사로부터 구원의 특별 역사, 즉 구속사를 분리하려는 바르트와 브룬너의 입장을 거부했다. 그리고 역사와 신학을 결합했다. 그는 신학을 역사와 역사적으로 증명할 수 있는 사건들, 특히 예수의 부활에 근거하는 것으로 보았다. 하나님은 역사 내에서 자신을 알려지게 하기 때문에, 신학자가 일해야 하는 지평은 역사 자체의 지평이다.[25] 그러므로 판넨버그는 계시를 보편사의 차원에서 이해하는 보편사 신학을 제시했다.

그러나 초기의 작은 논쟁을 제외하고, 불트만의 신학에 대한 토의와 논쟁은 1941년에 발표된 논문 "신약 성서와 신화론"으로부터 시작되었다. 이 비신화화 논쟁을 통해 불트만은 2차 세계 대전 이후 신학계에 널리 알려지게 되었다. 불트만의 비신화화론에 대해 최초로 문제를 제기한 것은 불트만이 속해 있던 독일 루터 교회였다. 1942년에 저술된 자우터(H.Sauter)의 「신약 성서 비신화화의 찬성과 반대」와 틸리케(H. Thielicke)의 「신약 성서 비신화화의 문제」 그리고 1843년에 발표된 슈니빈트(Julius Schniewind)의 논문 "불트만에 대답한다" 등은 루터 교회의 관점에서 불트만의 비신화화론을 비판한 것이었다. 1952년 3월 독일 루터 교회 총회는 불트만을 이단으로 규정했으며, 1953년 루터교 감독 회의는 비신화화론에 반대하는 선언문을 발표했다.

비신화화 논쟁은 처음에는 루터 교회 내부의 논쟁으로 진행되었으나, 1946년 개혁 교회 신학자 오스카 쿨만(O. Cullmann)이 「그리스도와 시간」을 발표하면서 전유럽 대륙의 신학계로 확산되었다. 1950년대는 비신화화 논쟁의 시대 또는 케리그마신학 논쟁의 시대라고 불릴 정도로 비신화화론에 대한 찬성과 반대를 둘러싸고 격렬한 논쟁이 신학자들 사이에서 계속되었다. 독일의 고가르텐(Friedrich Gogarten), 스위스의 베르너(Martin Werner)와 부리(Fritz Buri) 등이 비신화화론을 지지했던 반면, 디임(H. Diem), 알트하우스(Paul Althaus)와 같은 루터교 신학자들과 바르트와 브룬너와 같은 개혁교 신학자들은 그것을 반대했다. 이 논쟁에는 개신교 신학자들뿐 아니라 로마 가톨릭 신학자들, 심지어 야스퍼스와 같은 철학자도 참여했다.

비신화화 논쟁은 유럽 대륙뿐만 아니라 전세계 신학계에 걸쳐 20년 이상 계속되었으며, 이와 관련된 논문만도 몇 권으로 출판될 정도로 분량이 방대하기 때문에 이 논쟁을 몇 페이지로 요약하여 정리하는 것은 사실상 불가능하다.[26] 따라서 필자는 불트만의 비신화화 논쟁의 핵심이 무엇이며 비신화화론은 왜 문제시되고 비판받게 되었는지 몇 가지로 지적하고자 한다.

첫째, 불트만이 신약 성서에 기록된 초자연적인 요소를 신화로 간주한 것 자체가 가장 근본적인 논쟁점이었다. 불트만은 19세기 자유주의 신학자들과는 달리 성서로부터 신화를 제거하는 것을 거부했음에도 불구하고, 그의 비신화화라는 슬로건은 부정적인 인상을 주었다. 따라서 그리스도의 복음을 단순히 과거의 역사적 사건으로 이해할 것이 아니라 현재의 실존적인 삶과의 관계성 속에서 이해해야 한다는 그의 실존론적 해석의 긍정적인 의도가 퇴색되었다. 이 때문에 비신화화 논쟁은 초자연주의와 자연주의, 보수주의와 자유주의 사이의 논쟁으로 간주되고 있는 것이다.

둘째, 불트만이 과거의 역사보다는 실존적 역사, 사실보다는 의미를 강조한 것이 논쟁의 대상이 되었다. 불트만은 그리스도의 동정녀 탄생, 십자가의 죽음과 부활 등에 대한 성서의 기록이 역사적 사실이 아니라 신화적인 표현에 불과한 것으로 보고 그 신화의 현재적 의미를 찾고자 했다. 이러한 불트만의 입장은 복음의 역사성을 부정하며 기독교의 객관적이며 역사적인 토대를 파괴하는 동시에 신학을 인간의 주관적인 존재 영역으로 축소했기 때문에 논란이 되었다.

셋째, 불트만은 신화를 저 세상적인 것을 이 세상적인 것으로, 신적인 것을 인간적인 것에 의해 표현하기 위해 비유를 사용한 것이라고 정의했다. 그러나 문제는 그리스도의 복음이 그러한 신화적인 표현에서 과연 완전히 벗어날 수 있느냐는 것이었다.

결론

불트만은 어떻게 하면 과학 시대에 살고 있는 현대인에게 성경을 이해시킬 수 있을까 하는 관점에서 자신의 신학을 전개했다. 그가 일평생 신학적 주제로 삼았던 것은 신앙과 이해 문제였다. 그에 대한 방법론으로 제시한 것이 신약 성서의 비신화화와 실존론적 해석이다. 이것은 자유주의 신학의 역사적, 비판적 방법을 발전시킨 것이다. 따라서 불트만의 전체 신학 연구는 "비신화화"라는 주제에 집중되었다고 해도 과언이 아니다.[27]

현대인의 이해를 위해 성서를 재해석해야 한다는 불트만의 문제 제기는 많은 공감대를 형성하고 긍정적인 반응을 얻었다. 하지만, 그 문제에 대한 해결책으로 제시된 방법론과 신학은 그의 생존시부터 많은 논쟁과 논란을 일으켰다. 역사적 예수와 신앙의 그리스도, 신학과 역사의 관계성, 비신화화 논쟁 등이 그것이다. 불트만의 문제점은 몇 가지로 정리된다.

첫째, 불트만은 성서의 초자연적인 사건들을 신화로 취급하고 그 역사성을 인정하지 않았다. 동정녀 탄생, 그리스도의 신성을 부정하고 나사렛 예수와 그리스도를 분리시켰다. 불트만은 역사에 기초한 기독교를 신화에 기초한 기독교로 전락시켰던 것이다.

둘째, 불트만은 신약 성서가 성령의 감동으로 쓰여진 것이 아니라, 성서 저자들이 예수의 생애와 구전에 대한 전승과 고대 근동의 종교들로부터 유래한 자료들을 편집한 것이라고 주장했다. 따라서 그는 하나님의 말씀으로서 성서가 지니고 있는 권위를 인정하지 않았다.

셋째, 불트만은 하이데거의 실존 철학의 영향으로 모든 기독교 신학은 인간 실존에 관계된다고 주장했다. 기독교 신앙은 내적인 동시에 주관적일 뿐만 아니라 실존적이다. 그의 신학은 역사성과 객관성을 결여하고 있다. 그가 신학의 영역을 인간의 주관적인 영역으로 축소시켰기 때문이다. 따라서 그의 신학은 인간 중심적인 신학이 되었다.

마지막으로 불트만은 신적 계시의 우주적인 측면을 과소 평가했다. 하나님의 계시는 현재와 과거 및 미래적인 측면이 있다. 그것은 창조로부터 시작하여 시간적 종말의 세계 완성으로 끝난다. 그러나 불트만은 이 역사의 전과정을 외면하고 단지 그중에서 현재 속의 순간, 즉 인간의 실존에만 관심을 집중했다. 그의 실존론적 성서 해석이 그러하다.[28]

주(註)

1. Schubert M. Ogden, ed., "Introduction," *Existence and Faith: Shorter Writings of Rudolf Bultmann*(New York: Meridian, 1960), p. 9.
2. Thomas C. Oden, *Radical Obedience*(Philadelphia: Westminster, 1964), p. 47.
3. 이 책은 유동식과 허혁 교수에 의해 「해석학의 과제」와 함께 한국어로 번역되어, 「성서의 실존론적 이해」로 출판되었다. R. 불트만, 「성서의 실존론적 이해」(서울: 대한기독교서회, 1969).
4. 발터 슈미탈스, 「불트만의 실존론적 신학」(서울: 대한기독교출판사, 1983), p. 9.
5. Ibid., p. 13.
6. 이 책은 「예수와 말씀」이란 제목으로 영역되어 출판되었다. *Jesus and the Word*(New York: Charles Scribner's Sons, 1934).
7. 불트만은 이 책을 하이데거에게 헌정했다.
8. 이것은 H. W. Bartsch가 비신화화 논쟁에 관한 논문들을 편집한 것으로 1948년에 1권이 출판된 이래 현재까지 5권이 출판되었다.
9. 박봉랑, 「신학의 해방」(서울: 대한기독교출판사, 1991), p. 627.
10. 종교사학파 운동은 궁켈에 의해 시작되었다. 그의 「창세기 주석」에 따르면, 모세는 당시에 있었던 주변의 종교적 발전에서 독특한 유대교를 만들었다. 따라서 그 당시의 종교를 이해해야 창세기를 바로 이해하는 것이 가능하다.
11. 불트만, 「성서의 실존론적 이해」, p. 9.
12. Ibid., p. 11.
13. Ibid., pp. 22 – 23.
14. Rudolf Bultmann, *Jesus Christ and Mythology*(London: SCM Press LTD, 1964), p. 18.
15. 불트만 「성서의 실존적 이해」, p. 22.
16. Ibid., p. 38.
17. Ibid., pp. 28 ff.
18. Ibid., p. 53.

19. Ibid., p. 54.
20. Ibid., p. 58.
21. Ibid., p. 58.
22. Ibid., pp. 57, 60 –61.
23. Ibid., p. 59, 슈미탈스, p. 147.
24. Alasdair I. C. Heron, *A Century of Protestnat Theology*(Guildford and London : Lutterworth Press, 1980), pp. 110 –111.
25. Ibid., pp. 111 –112.
26. Hans W. Bartsch가 이 논쟁에 관련된 논문들을 편집하여 출판한 것이 *Kerygma und Mythos*이다. 1948년에 1권이 출판된 이래 1955년에 이르기까지 도합 5권이 출판되었다.
27. 슈미탈스, p. 255.
28. 김광식, 「현대의 신학 사상」(서울: 대한기독교서회, 1988), pp. 181 –182.

11장

폴 틸리히

서론

폴 틸리히(Paul Tillich)는 독일 태생의 미국 신학자요 철학자로 위대한 현대 기독교 사상가 중 한 명이다. 비판가들도 그의 사상과 저술이 20세기 기독교 사상에 끼친 탁월한 공헌을 인정하고 있다.[1] 그를 빼놓고 현대 미국 신학을 논하는 것이 불가능할 만큼, 그는 미국에서 영향력 있는 신학자다.

틸리히의 신학은 경계선상의 신학, 철학적 신학, 문화의 신학으로 특징된다. 그는 자신을 독일과 미국, 철학과 신학, 자유주의와 신정통주의 등 다양한 영역의 경계선상에 위치한 사람으로 간주하고 이들을 중재하여 종합하는 것을 평생의 과제로 삼았다. 특히 신학과 철학, 종교와 문화 사이를 연결하는 교량 건설이 그의 관심사였다. 그는 철학과 신학의 관계를 질문과 대답의 관계로 이해했다. 철학은 질문을 하고, 신학은 대답을 하는 것이다. 그는 철학적 질문과 신학적 대답을 서로 관련시켰다. 신학자는 철학적 질문에 관계되도록 기독교 메시지를 전해야 한다고 본 것이다. 한편, 그는 종교와 문화가 어떻게 상호 작용하는가에 주목했다. 따라서 현대 문화와 역사적 기독교 사이의 상관 관계를 제시함으로써 양자를 중재했다. 그는 양자의 관계를 대화에서 질문과 대답의 관계 혹은 예술 작품에서 형식과 내용의 관계와 같은 것으로 생각했다. 종교의 형식이 문화요, 문화의 내용이

종교다.[2]

틸리히는 라인홀드 니버와 함께 미국의 대표적인 신정통주의 신학자로 평가받고 있다. 이것은 그의 사상의 많은 부분이 루터 신학에 의존하고 있고, 변증법적 신학의 초기에 틸리히가 바르트의 협력자로 자신을 간주했다는 사실에 근거한 것이다.[3]

그러나 엄밀하게 말하면, 그의 입장은 변증법적 신학과 자유주의 신학의 중간이다. 전자는 신과 세계의 분리를 주장하고 신의 초월성을 강조한다면, 후자는 신과 세계의 종합을 주장하고 신의 내재성을 강조하는 것이 특징이다. 틸리히는 양자의 충돌을 극복하는 중재와 화해 그리고 종합이라는 제3의 길을 선택했다. 그것이 곧 철학적 신학이다.

그는 자유주의 신학과 나찌와의 투쟁에서 바르트의 동지요 협조자였으며 자신을 변증법적 신학자로 간주했다. 그러나 문화의 신학에 관심을 가지면서부터 변증법적 신학에서 멀어지게 되었으며 바르트 신학에 대한 비판가가 되었다. 한편, 그는 자유주의 신학을 비판했으나 결코 자유주의를 완전히 거부한 것이 아니라 성서 비평과 역사 비평에 대한 자유주의 신학의 공헌을 인정하고 그것을 수용했다. 바르트를 비롯한 다른 신정통주의 신학자들과는 달리, 그는 자유주의 신학에 대해 적극적인 태도를 보였으며 그의 저서는 그것과 큰 연속성을 지녔다.

틸리히는 학파를 창설하지 않았으나, 현대 신학에 큰 영향을 끼쳤다. 그의 영향은 그의 사상과 저술을 통해 일어난 신학 논쟁으로부터 형성되었다. 따라서 필자는 그의 생애와 저서에 대해 약술하고 신학논쟁의 주제가 되었던 그의 신학 방법론을 비롯한 주요 개념들, 즉 상관의 방법, 궁극적 관심, 새로운 존재의 개념을 논의하고 왜 그것이 논쟁을 일으키게 되었는지 밝히려고 한다.

Ⅰ. 생애와 저작

폴 틸리히는 1886년 8월 20일 독일 브란덴베르그(Brandenberg) 지방에 있는 작은 공업 도시 슈타르체델(Starzeddel)에서 루터교 목사의 아들로 태어나, 보수적이며 경건한 가정 환경에서 성장했다. 그는 베를린, 튀빙겐, 할레 대학에서 칸트, 피히테, 슐라이에르마허, 헤겔, 쉘링 등을 공부했는데 특히 쉘링이 그의 주된 연구 주제였다. 그는 쉘링(Friedrich Schelling)에 관한 논문으로 1910년 브레슬라우 대학 철학 박사 학위를, 1912년에는 할레 대학으로부터 신학 전문직 학위(the degree of Licentiat of Theology)를 취득했다. 뿐만 아니라 쉘링의 종교 철학에 대한 이 두 논문은 그의 철학적 신학의 토대가 되었다. 그는 자신의 중요한 개념 중 많은 것을 쉘링으로부터 받아들였으며 그것을 실존주의적 관점에서 재해석했다. 쉘링에게 배운 것이 그의 사상 발전에 결정적인 요소가 되었다고 스스로 고백할 만큼, 쉘링의 철학은 틸리히의 사상 형성에 지속적인 영향을 미쳤다.[4]

1912년 목사 안수를 받고 부목사로 활동했으며 1914년 1차 세계 대전이 일어나자 군목으로 입대했다. 4년 간의 군목 생활은 그의 생애의 일대 전환점이 되었다. 수많은 전상자를 돌보며 수백 건의 장례를 집례하면서 그는 죽음에 대한 공포와 불안을 체험했으며, 실존주의적 입장에서 인간을 이해하게 되었다. 전쟁을 겪으면서 그는 "전통적인 군주주의자(monarchist)로부터 종교사회주의자로, 기독교 신자에서 문화적 염세주의자로, 금욕적이며 청교도적인 소년에서 야성적인 사나이"로 변모했다.[5]

1919년부터 틸리히는 베를린 대학교에서 사강사(私講師)로서 종교와 정치, 예술, 철학, 심층 심리학, 사회학의 관계에 관한 과목들을 강의했다. 그리고 베를린에서 열린 칸트 학회에서 "문화의 신학의 개념에 관하여"라는 제목으로 첫 공개 강연을 했다.[6] 이것은 문화의 신학을 위한 프로그램을 선언한 것으로 신앙, 제의, 교리, 예배 등의 종교적 기능이 문화 기능과 어떻게 관계되는가를 추구했으며, 이것이 평생 동안 그의 연구의 중심 주제가 되었다.

1924년 마르부르그 대학 교수로 초빙되어 세 학기 동안 신학을 가르쳤고 1925년부터 「조직 신학」을 저술하기 시작했다. 이것은 1951년에 가서야 1권이 출판되었다. 틸리히는 같은 대학 철학 교수이던 하이데거(Heidegger)와의 교제를 통해 그의 실존 철학 영향을 받게 되었다.[7] 1926년 현대 세계의 종교적 상황을 해석한 「종교적 상황(*The Religious Situation*)」을 출판했으며 드레스덴 대학의 종교학 교수로 부임했다. 1929년부터는 프랑크푸르트 대학의 철학 교수로 활동하면서 독일 전체 학계에 알려지게 되었다. 그러나 1933년 히틀러가 독일 총통이 된 직후, 틸리히는 종교 사회주의에 가담하고 저서 「사회주의자의 결단(*The Socialist Decision*)」에서 나치의 정치 이념을 공박했다는 이유로 나치 당국에 의해 교수직에서 해임되었다.

틸리히의 생애에 두 번째 전환점은 1933년 가을 47세에 독일을 떠나 미국으로 이주한 것이었다. 그는 라인홀드 니버를 비롯한 미국 친구들의 주선으로 뉴욕시에 있는 유니온 신학교 교수로 초빙되었다. 생소한 문화와 언어 속에서 제2의 학문 생활이 시작되었다. 1936년 영어로 쓴 첫 저서 「역사의 해석(*The Interpretation of History*)」을 출판했으나 난해한 내용으로 독자들의 반응을 얻지 못했다.[8] 영어로 별 어려움 없이 자신의 사상을 저술하였으나, 그의 강의나 강연은 독일식 악센트로 인해 청중들이 알아듣기 어려웠다.

1948년 신학교 채플에서 행한 설교들의 모음집인 「흔들리는 터전(*The Shaking of the Foundation*)」이 출판되었다. 그의 첫 설교집 「흔들리는 터전」은 예상외로 독자들을 감동시켜 베스트 셀러가 되었다. 틸리히는 생전에 모두 세 권의 설교집을 출판했다. 「새로운 존재(*The New Being*, 1955)」와 「영원한 현재(*The Eternal Now*, 1963)」가 그것들이다. 전자는 병든 인간의 실존과 파탄에 이른 문명을 치유하는 분으로서의 예수 그리스도의 복음을 해명한 것이며, 후자는 인간의 종교적 상황을 분석하여 시간적인 것 가운데 영원한 것이 임재한다는 사실을 제시한 것이다.

또한 같은 해 그의 논문집 「프로테스탄트 시대(*The Protestant Era*)」가 영어로 번역 출판되었다. 이것은 프로테스탄트 정신에서 종교와 문화의 관계 문제를 다룬 것으로 현대 서구 문명을 프로테스탄트 원리에 근거하여 비판, 분석한 것이다. 이를 통해 틸리히는 어떻게 프로테스탄트주의가 문화에 영향을 주고 문화를 변화시킬 수 있는가에 대한 대답을 제시했다.

「조직 신학」 1권이 출판된 것은 1951년이며, 2권은 1957년에, 3권은 1963년에 출판되었다. 틸리히는 1920년대 마르부르그 대학교 교수 시절, 이 책을 저술하기 시작하여 40여 년 만에 완성했다. 이 책은 바르트의 「교회 교의학」과 더불어 20세기에 저술된 기념비적 조직 신학서로 평가되고 있다. 「조직 신학」에서 틸리히는 현대 문화와 역사적 기독교의 상관 관계에 근거하여 양자를 중재하려고 했다. 즉 질문과 대답의 상관 방법을 사용하여 종교와 문화의 관계를 다루고 있다.

「조직 신학」은 5부로 구성되었으며, 각 부는 성서와 기독교의 주요한 개념을 현대 문화에 나타난 인간의 주요한 질문에 대한 대답으로 관계시킨다. Ⅰ부는 우리가 어떻게 인간적으로 중요한 진리를 알 수 있는가, 즉 이성에 대한 질문과 그 대답으로서 계시의 문제를 다루고 있다. Ⅱ부는 우리는 어떻게 우리의 삶을 위협하는 파괴적인 세력에 저항할 수 있는가, 즉 존재에 대한 질문과 그 대답으로서 하나님의 문제를 다루고 있다. Ⅲ부는 우리는 어떻게 자신과 이웃으로부터 경험하는 소외를 치유할 수 있는가, 즉 실존에 대한 질문과 그 대답으로서 그리스도의 문제를 다루고 있다. Ⅳ부는 우리의 도덕성과 종교적인 실천 및 문화적인 표현들이 완전히 모호할 때, 어떻게 우리의 삶은 확실할 수 있는가, 즉 삶에 대한 질문과 그 대답으로서 성령의 문제를 다루고 있다. Ⅴ부는 역사는 어떤 의미를 가지고 있는가, 즉 역사에 대한 질문과 그 대답으로 하나님 나라를 다루고 있다. 이 다섯 가지 문제가 틸리히 전체 신학의 기본 틀을 형성하고 있다. 틸리히의 「조직 신학」은 신학계에 큰 관심과 열띤 토의를 불러일으켰으며, 일부 제한된 사람들

에게만 알려졌던 그를 미국 사상계의 수퍼 스타(super - star)로 만들었다.[9]

1952년 틸리히는 예일 대학의 테리 강좌(the Terry Lecture)에서 행한 강연을 정리한 「존재에의 용기(*The Courage to Be*)」를 출판했다. 이것은 용기가 무엇인지를 분석하고 그것을 실존 철학과 실존 신학의 관점에서 해명한 것이다. 그는 용기를 "비존재(nonbeing)의 사실에도 불구하고 존재의 자기 긍정"으로 정의했다.[10]

1955년 69세의 나이로 그는 22년 간 철학적 신학을 강의했던 유니온 신학교의 교수직을 은퇴했다. 그리고 하바드 대학이 세계적으로 저명한 은퇴 교수에게 제공하는 특별 교수로 초빙받아 "대학교 교수"(University Professor)가 되었다. 이것은 어느 분야든지 자유롭게 강의할 수 있는 영예로운 직책이었다. 1957년에 「신앙의 동력(*Dynamics of Faith*)」을, 1959년에 「문화의 신학(*The Theology of Culture*)」을 출판했다. 1960년에는 일본을 방문하여 신학 강의를 하는 한편, 불교 학자 및 승려들과 대화를 나눈 것을 계기로 기독교와 타종교의 대화를 강조하게 되었다.

1962년 임용 규정에 따라 하바드 대학 교수직을 은퇴하고 시카고 대학의 신학 교수직을 받아들였다. 틸리히는 두 번에 걸친 은퇴 후 다른 대학으로부터 다시 교수로 초빙받은 특이한 경력이 있다. 그는 1966년 80회 생일 이전에 시카고 대학 교수직을 떠나 뉴욕의 "뉴 스쿨"(the New School of Social Research)의 철학 교수직을 맡을 계획이었으나, 1965년 10월 22일 사망하여 실현되지 못했다.[11]

II. 상관의 방법

틸리히 자신이 고백했듯이, 그는 경계선상에서 일생을 산 사람이다. 신앙과 회의, 철학과 신학, 유럽의 구세계와 미국의 신세계, 기독교와 문화, 기독교와 타종교, 프로테스탄 교회와 가톨릭 교회, 자유주의와 신정통주의의 경계선이 그것이다. 그는 이 경계선상에서 양편, 특히 신학과 철학, 종교와 문화 사이를 조정하고 종합하여 교량을 건설하는 것을 자신의 과제로 삼고 전력을 다했다.

그는 신학의 방향을 결정하고 체계를 건설하는 것이 그 방법이라고 생각하고 무엇보다도 신학 방법론에 관심을 기울였다. 그의 신학 체계의 중심에 위치한 것이 신학 방법론이다. 어떤 의미에 있어서, 틸리히에게는 방법이 곧 신학이었다. 따라서 틸리히의 신학 방법론을 이해하는 것이 그의 신학을 이해하는 지름길이 된다.

틸리히 신학 방법론의 핵심은 상관 방법(method of correlation)이다. 이것은 철학과 신학, 종교와 문화 가운데 어느 하나만 선택하는 것이 아니라, 양편을 조정하고 중재하여 양자 모두 수용하는 신학 체계를 건설하려는 틸리히의 방법론이다. 이 개념은 1927년 드레스덴 대학에서의 강의를 통해 최초로 제시된 이래「조직 신학」의 지배적인 방법이 될 때까지 발전되고 개선되었다. 상관의 방법은 한마디로 철학적 질문과 신학적 대답을 서로 연결시키는 것이다. 틸리히 자신의 설명에 따르면, 상관 방법은 기독교의 메시지와 현대 상황을 결합하는 방법이다. "상황 속에 암시된 질문을 메시지 속에 암시된 대답과 관계시키는 것"이다. 즉 상관 방법은 "질문과 대답, 상황과 메시지, 인간 실존과 하나님의 계시를 서로 관계시키는 것"이다.[12] 따라서 상관 방법의 근본적인 목적은 기독교 신앙과 현대 문화 사이를 중재하는 것이라고 할 수 있다.

상관 방법은 하나님과 인간의 상호 의존적인 관계에 기초하고 있다. 하나님은 그 본질에 있어서는 인간에게 의존될 수 없지만, 자신을 나타내는 계시는 불가피하게 인간에게 의존한다. 하나님은 인간이 계시를 받아들이고 응답할 수 있는 방식으로 자신을 계시해야 하기 때문이다. 하나님은 인간이 적절한 질문을 할 때, 자신을 계시한다. 따라서 하나님과 인간의 관계는 질문과 대답의 관계 속에서 이루어진다. 신적 계시가 주는 대답은 인간 실존 전체에 관한 질문과 상관될 때 의미가 있다. 우리가 궁극적인 질문을 할 때만, 계시는 대답이 된다.[13]

틸리히는「조직 신학」에서 이 상관의 방법, 즉 실존적 질문과 신학적 대답의 상호 의존을 통해서 기독교 신앙의 내용을 설명했다. 서론에서 그는 신학 방법론, 즉 상황과 케리그마의 대화 방법을 제시한 후, 본론에서 이성(질문)과 계시(대답), 존재(질문)와 하나님(대답), 실존(질문)과 그리스도(대답), 삶(질문)과 영(대답), 역사(질문)와 하나님의 나라(대답)를 변증법적으로 상관시켰다. 따라서 틸리히의 신학은 변증적인 관점에서 역동적인 상관의 원리에 근거하여 형성된 것이 특징이다. 그는 "실존적인 질문이 일어나는 인간의 상황을 분석하고 기독교 메시지에서 사용된 상징이 이 질문들에 대한 대답이라는 것을 증명하는 것"이 조직 신학의 목적이라고 주장했다.[14] 이 같이 신학의 과제를 상황에 대해 대답하는 것으로 보았기 때문에, 틸리히의 신학을 상황 신학(situation theology)이라고 부르기도 한다.

메시지와 상황의 상관성을 강조하는 틸리히의 신학은 자유주의와 정통주의 및 근본주의 신학의 문제점을 극복하려는 시도였다. 틸리히에 따르면, 신학은 그 기초가 되는 두 개의 극(pole)을 가지고 있다. 영원한 진리와 이 영원한 진리가 받아들여져야만 하는 시대적 상황, 즉 메시지와 상황이 그것이다.[15] 신학은 항상 이 양자 중 어느 하나를 희생시킴으로 균형을 잃을 위험성이 있다. 19세기 자유주의 신학은 상황을 강조한 나머지 메시지를 희생시킨 반면, 정통주의와 근본주의 신학은 메시지를 강조한 나머지 상황을 이해하지 못했다. 틸리히의 상관 방법은 이러한 문제점을 극복하며 약점을 보완하려는 시도였다. 그것은 기독교의 메시지와 현대의 상황을 결합하는 방법이었다.

Ⅲ. 궁극적 관심과 새로운 존재

1. 궁극적 관심

틸리히는 종교 또는 신앙을 "궁극적인 관심"(ultimate concern), 혹은 "궁극적인 관심에 붙잡힌 상태"로 정의했다.[16] 그렇다면 궁극적인 관심이란 무엇인가?

궁극적 관심이란 어떤 것에 대하여 궁극적으로 심각하게 다루는 것, 만사를 제쳐놓고 심각하게 취급하는 것을 말한다. 틸리히는 우리들의 존재를 결정해 주는 것, 즉 우리들이 존재하느냐 혹은 존재하지 않느냐를 결정해 주는 것이 궁극적 관심이라고 했다. 궁극적 관심의 내용은 어떤 특정 대상, 심지어는 하나님이어도 안된다는 것이다. 오히려 틸리히는 존재하느냐 혹은 존재하지 않느냐 하는 것을 궁극적인 관심의 내용으로 간주했다. 다른 모든 관심은 궁극적인 의미가 없는 예비적인 관심에 불과하다. 궁극적인 관심은 무조건적이기 때문에 어떤 성격, 욕망, 환경 등에 의존하지 않는다. 틸리히는 종교적인 관심을 궁극적인 것으로 보았다. "종교적인 관심은 궁극적이며 무조건적이며 절대적이며 무한하다."[17]

그러나 궁극적 관심이 관심의 태도만을 의미하는 것은 아니다. 그 태도의 대상도 함께 의미한다. 「조직 신학」에서는 궁극적 관심이 관심의 태도인지 혹은 그 태도의 대상인지 분명하지 않았으나, 「신앙의 동력」에서는 궁극적 관심의 의미가 관심의 태도와 대상 모두임을 확실히 했다.[18]

인간에게 궁극적 관심의 대상이 되는 것은 하나님이다. 궁극적인 존재에 대한 인간의 관심이 신앙이라면, 인간이 궁극적으로 관심을 가질 수 있는 존재가 하나님이다. 인간은 하나님에 대해서만 궁극적인 관심을 가질 수 있다.[19]

한편, 틸리히는 궁극적인 관심의 상태인 종교적인 신앙은 상징적인 언어에 의해서만 표현될 수 있다고 주장했다. 신앙을 표현할 수 있는 다른 방법은 없다는 것이다. 신앙의 언어는 곧 상징의 언어이다. 상징은 그것 이상의 어떤 것을 지적하며, 지적하는 것에 스스로 참여한다. 상징은 우리에게 닫혀져 있던 실재의 영역을 열어 주는 동시에, 그것에 상응할 수 있도록 우리 영혼의 차원을 높여 준다. 상징은 인공적으로 만들어지는 것이 아니라, 개인적 또는 복합적인 무의식으로부터 자연적으로 태어나서 성장하다 죽어 없어지는 것이다.[20]

궁극적인 실재(ultimate reality)인 하나님에 대한 모든 신학적 진술 역시 상징적이다. 틸리히에 따르면, 궁극적인 관심의 근본 상징이 하나님이다. 하나님의 개념에 있어서 상징적인 것이 아닌 유일한 예외가 "하나님은 존재 자체"(God is Being Itself)라는 진술뿐이다. 하나님은 존재 자체이기 때문에 인간의 언어로 표현될 수 없다. 왜냐하면 존재의 근거로서의 하나님은 시간과 공간의 영역을 초월하고 있기 때문이다. 하나님에 대해서는 단지 간접적으로 그리고 상징적으로만 말해질 수 있다. 하나님을 인격적인 하나님, 창조주 하나님, 전지전능하신 하나님, 사랑의 하나님 등으로 부르는 것은 다 상징적인 것이다. 인간의 유한한 경험으로부터 유래한 표현을 세계를 초월한 무한한 존재에게 사용하고 있기 때문이다. 그것은 인간 경험의 단편을 포함하면서 동시에 인간의 경험을 초월한다.[21] 그러므로 틸리히는 성경의 비문자화(deliteralization)를 주장했다. 성경은 하나의 상징이므로 문자적으로 이해해서는 안된다는 것이다.

틸리히의 전체 신학에서 근본적인 것은 하나님을 존재 자체로 이해한 것이다. 틸리히에 따르면, 하나님은 존재가 아니다. 하나님은 다른 여러 존재 가운데 하나가 아니다. 하나님은 모든 존재의 힘과 근거이다. 존재의 힘 또는 존재의 근거는 존재 자체이다. 모든 것은 이 존재의 힘에 참여하고 의존함으로써 존재한다. 존재 자체는 모든 존재하고 있는 것들 혹은 존재들의 근거이다.[22]

틸리히는 하나님이 인격성을 지니고 있다는 것을 부정했다. 그는 성경에 나타난 하나님의 행동, 열정, 기대, 기억, 고난, 기쁨 등과 같은 인격적인 표현은 존재 자체에 관한 것이 아니고 하나님을 살아 있는 하나님(living

God)으로 만들려는 상징이라고 주장했다. 인격적인 하나님(personal God)이란 말은 "하나님이 하나의 인격"이라는 의미가 아니라 "하나님은 인격적인 모든 것의 근거라는 것과 그 안에 인격성의 존재론적 능력을 가지고 있다는 것"을 의미한다. 틸리히에 따르면, 고대 신학자들은 하나님이 인격적이라고 생각하지 않았다. 그들은 인격이란 용어를 하나님 자체가 아닌 삼위일체의 개체에 사용했을 뿐이다. 하나님을 인격적인 존재로 간주하게 된 것은 19세기 현대 신학자들에 의해서였다.[23] 그러므로 틸리히는 하나님의 인격을 상징적인 의미로밖에 인정하지 않았다.

2. 새로운 존재

틸리히는 인간의 실존 상황을 분석하고 그 해결책으로 새로운 존재의 개념을 제시했다. 인간의 실존 해명이 곧 그의 죄론이며, 새로운 존재의 개념이 그의 기독론이다. 틸리히는 인간의 실존 상황을 소외의 상태로 규정하는 한편, 이것을 극복할 수 있는 능력을 가진 새로운 존재의 지참자가 그리스도라고 주장했다.

"실존한다"(to exist)는 말은 어원학적으로 "밖에 선다"(to stand out)는 것을 의미한다. 그것은 존재성을 가지고 있다는 것, 즉 비존재로부터 나와서 존재하게 되는 것을 의미한다. 서양 철학은 실재를 본질과 실존의 두 측면으로 나누었다. 플라톤은 실존을 단순한 의견이나 악의 영역이요 참된 실재성이 없는 것으로 간주한 반면, 본질을 참된 존재요 영원한 이데아의 영역이라고 생각했다. 그는 실존을 본질적인 것으로부터 전락되거나, 참된 본질성을 상실한 것으로 이해했다. 한편 이와 다른 견해가 르네상스와 계몽주의 시대에 제시되었다. 그것은 본질과 실존 사이의 간격을 좁히고, 실존을 인간이 우주를 지배하고 변화시켜야 하는 장소로 보는 것이다. 플라톤이 본질로부터 실존으로 옮기는 것을 전락이나 타락으로 취급한 것과는 달리, 그것을 발전과 실현으로 설명하는 것이다. 이런 입장을 대변하는 것이 헤겔이었다. 그러나 헤겔 철학을 비판하고 인간의 실존 상황을 본질적인 성격으로부터의 소외(estrangement) 상태요 불안의 상태라고 주장한 것이 19-20세기의 실존주의였다.[24]

틸리히는 실존주의의 입장에 근거하여 실존의 상태를 소외 상태로 규정했다. "인간은 자기 존재의 근거, 다른 존재 그리고 자기 자신으로부터 소외되고 있다."[25] 인간이 실존한다는 것은 그의 본질적인 상태, 즉 참된 존재로부터 이탈되어 있는 것을 의미한다. 틸리히는 이러한 소외의 관점에서 죄를 재해석했다. 소외가 죄이기는 하지만, 죄와 동일한 것은 아니다. 소외가 비존재의 상태를 의미한다면, 죄는 소외가 되는 행위를 의미한다.

틸리히는 불신앙, 교만 및 육욕을 소외의 세 가지 특징이라고 주장했다. 불신앙은 인간이 하나님에게서 돌아서는 행동이나 상태이며, 교만은 인간이 자신의 유한성을 인정하지 않는 것이다. 인간이 신적인 중심으로부터 떠나는 것이 불신앙이라면, 인간이 자기를 세계의 중심으로 삼는 것이 교만이다. 육욕은 무제한적인 욕망을 의미한다. 이것은 전체 현실세계를 자기 속으로 끌어들이는 것이다.[26]

실존적 소외는 인간에게 죽음의 두려움, 죄책감, 무의미와 절망을 가져다 준다. 틸리히에 따르면, 인간은 율법, 금욕, 신비, 경건 등의 방법을 통해 실존적 소외를 극복하려고 하지만, 그와 같은 종교적 또는 철학적 노력은 소외 상태를 해결하는 데 실패했다.[27] 틸리히는 인간의 실존적 소외를 극복할 수 있는 길은 새로운 존재에 의해 새사람이 되는 것이라고 주장했다.

그렇다면 새로운 존재는 무엇을 의미하는가? 틸리히는 바울서신에 근거하여 이를 해명했다. 새로운 존재는 단순히 옛 존재와 대치하는 어떤 것이 아니다. 그것은 화해, 재결합, 부활을 의미한다. 화해, 재결합, 부활이 새로운 창조요 새로운 존재이다.[28] 새로운 존재는 "실존의 조건 아래 있는 본질적인 존재, 즉 본질과 실존 사이의 분열이 극복된 존재"를 말한다.[29] 그것은 실존 속에서 실존의 소외성을 극복한 것을 의미한다. 틸리히는 이 새로운 창조가 예수 그리스도 안에 나타나 있다고 보았다. 그리스도는 그의 실존 상황 안에서 자기 존재의 근거인 하나님과 하나되어 사신 분이었다. 예수 그리스도는 실존적 삶이 본질적 삶과 분리되지 않았다. 따라서 그는 실존적 소외를 극복할 수 있는 능력의 소유자이며 새로운 존재의 지참자이다.[30] 그리스도의 유일성은 새로운 존재가 왜곡됨이 없이 명료하게 실현된 유일한 장소가 바로 그라는 사실에 있다.

틸리히는 구원은 근본적으로 치유(healing)를 의미한다고 생각했다. 치유는 "소외된 것을 재결합하는 것, 분열된 것에 틈을 메우는 것, 하나님과 인간, 인간과 세계, 인간과 인간 사이의 분열 극복"을 말한다.[31] 구원은 새로운 존재의 능력을 통해 인간의 실존적 소외를 치유하는 것이다. 소외 상태에 있던 인간이 새로운 존재인 그리스도의 새생명의 능력에 참여할 때, 실존적 소외가 극복되는 구원 사건이 일어난다. 그리스도 안에 있는 사람들은 새롭게 창조된 사람들이다.

틸리히는 새로운 존재에로의 참여, 새로운 존재의 수용, 새로운 존재에 의한 변화를 구원 사건의 세 측면이라고 생각했다. 새로운 존재에로의 참여가 중생(regeneration)이며, 새로운 존재의 수용이 의인(justification)이며, 새로운 존재에 의한 변화가 곧 성화(sanctification)이다.[32]

IV. 신학 논쟁

틸리히는 그의 사상이 일으킨 논쟁을 통해 현대 신학에 대한 큰 영향을 미쳤다. 그의 신학 방법론, 상징론, 철학과 신학, 신론, 기독론, 은총론 등에 대한 그의 개념이 신학자들 사이에서 논쟁과 비판의 대상이 되었다.[33] 필자는 이들 중에서 몇 가지 문제에 근거하여 현대 신학사상에 미친 틸리히의 영향이 어떠했는지를 제시하려고 한다.

틸리히의 사상 중에 현대 신학에 가장 많은 영향을 미친 것은 상관의 방법이며, 틸리히 연구가들이 그의 가장 큰 공헌과 업적으로 지적하는 것도 신학 방법론이다. 또한 틸리히의 신학으로 인해 일어난 가장 중요한 논쟁 역시 그의 신학의 내용보다는 오히려 신학 방법론, 특히 상관의 방법에 관련되어 있다. 상관의 방법은 신앙과 문화, 메시지와 상황 사이를 중재하고 조정하려는 틸리히의 시도였다.

이 상관의 방법에 가장 신랄한 비판을 가한 것은 칼 바르트였다. 상관의 방법에 대한 비판은 두 가지로 요약된다. 첫째, 상관 방법은 하나님의 계시가 아닌 인간의 상황에 대한 질문을 신학의 출발점으로 삼고 있다. 따라서 바르트는 상관의 방법을 인간 중심적인 자유주의 신학에로의 복귀로 간주했다. 왜냐하면 그것은 하나님을 인간에게 의존하게 만들기 때문이다. 둘째, 계시가 인간의 실존적 질문에 대해 대답하지 않는다. 상관 방법은 인간의 상황으로부터 나온 질문의 대답을 계시에서 제시한다. 그러나 바르트는 대답이 질문에서 나올 수 없다는 것을 강조했다. 전자의 비판에 대해 틸리히는 상관의 방법이 어떤 의미에서 하나님을 인간에게 의존하게 한다는 것을 인정했다. 그러나 그는 하나님은 본질에서는 인간에게 의존될 수 없지만, 자신을 나타내는 계시에서는 불가피하게 인간이 응답하는 방식에 의존한다고 주장했다. 후자의 비판에 대해서는 기독교 신앙이 기초하고 있으며 인간의 실존에 대해 말하고 있는 계시 사건에서 인간의 실존적 질문에 대한 대답이 제시되고 있다고 주장했다.[34]

틸리히 사상 중 논쟁이 되는 또 다른 문제는 신학과 철학의 관계 문제이다. 틸리히는 이 문제를 1933년 그의 유니온 신학교 교수 취임 강의의 주제로 삼았으며 「조직 신학」 I권에서 자세히 토의했다. 틸리히는 신학과 철학을 엄격히 구별하는 이분법적인 입장을 거부하고 양자의 차이점과 일치점을 함께 지적했다. 신학과 철학은 동일한 대상, 즉 존재의 문제를 서로 다른 관점에서 다루고 있다. 철학은 존재 자체의 구조를 문제시하는 반면, 신학은 존재가 우리에게 어떤 의미가 있는가를 문제시한다.[35] 비판가들은 틸리히가 신학과 철학을 혼동했다고 비난하는 데 비해, 변호자들은 틸리히가 양자를 창조적인 긴장 상태 속에 위치하게 했다고 주장했다. 바르트와 같은 계시 신학자들은 철학은 질문을 하고 신학은 대답을 하는 밀접한 상호작용이 양자 사이에 있다는 틸리히의 주장을 비판했다. 그것은 하나님의

계시만을 위해 봉사해야 하는 신학의 독립성을 침해하는 것이기 때문이었다.[36]

틸리히의 신론 또한 논쟁이 되었다. 그는 살아 계신 하나님을 강조한 반면, 인격적인 하나님의 개념을 거부했다. 그는 하나님이 인격적이라는 진술을 상징으로 간주하고 그것은 한 인격이 아닌, 인격적인 모든 것의 근거를 의미한다고 보았다. 이러한 틸리히의 신론은 두 가지 면에서 논란이 되었다. 첫째, "하나님이 인격적이다"라는 진술을 왜 문자적으로 이해하지 않고 상징적으로 이해해야 하는가다. 하트숀은 하나님에 대한 진술 가운데 상징적인 것이 아니라 문자적이고 직접적인 의미로 사용된 것이 많다고 주장했다.[37] 둘째, 성서의 하나님은 왜 인격적인 분이 아닌가 하는 것이다. 틸리히는 하나님은 인격적이 아니라고 주장했던 반면, 역사 속에서 활동하는 하나님은 지성적이라고 주장하는 반론이 많이 제기되었다. 따라서 틸리히의 존재의 근거로서의 신 개념은 정서적으로 중립적이고 비인격적이어서 기도와 예배의 활력적인 경험을 뒷받침할 수 없다고 비판받았다.

결론

틸리히는 한마디로 문화의 신학자였다. 그의 평생 관심이 종교와 문화의 문제였으며, 그의 저서 대부분이 기독교가 어떻게 세속 문화에 관계되는가를 논한 것이었다. 상관의 방법은 종교와 문화를 조정하고 중재하려는 그의 방법론이었다.

틸리히는 가장 영향력 있는 현대 기독교 사상가 중 하나다. 변증법적 신학의 초기에는 바르트의 동지로서, 그 후에는 바르트에 대한 비판가로서 독일 신학계에 명성을 떨쳤으며, 라인홀드 니버의 동료와 친구로서 미국 신학의 흐름을 주도했다. 그러나 그는 바르트처럼 개신교 신학에 강한 영향을 끼치지 않았으며, 그의 사상이 라인홀드 니버처럼 예언자적인 힘을 지닌 것도 아니었다. 그의 탁월성은 오히려 현대의 역사적 관점과 인간의 실존적 상황에 근거하여 기독교 신학을 존재론적인 입장에서 해석한 것에 있다. 그는 "궁극적 관심," "새로운 존재," "상관의 방법"과 같이 현대인의 감성에 와 닿는 신학 개념과 용어를 제시했다.

틸리히는 신정통주의와 자유주의 신학을 극복할 수 있는 제3의 길을 모색했다. 그는 신정통주의 신학자로 분류되고 있음에도 불구하고, 자유주의 신학의 공헌을 적극적으로 평가했다. 뿐만 아니라 그의 저서와 사상은 자유주의 신학과 많은 연속성을 가지고 있다. 바르트가 하나님의 초월성을 강조하고 성서의 메시지를 신학의 출발점으로 삼고 있는 데 비해, 틸리히는 인간, 역사 및 문화에서의 하나님의 내재성을 강조하고 인간의 상황을 신학의 출발점으로 삼았던 것이다.

틸리히는 전통 신학에 도전적인 신학자였다. 그는 성경의 비문자화를 주장하여 인격적인 하나님의 개념, 그리스도의 성육신 사건과 같은 기독교 신앙의 본질적인 요소들을 단지 상징으로 해석했다. 따라서 성경은 하나님의 말씀이요, 하나님은 인격적이며, 그리스도의 성육신은 역사적 사실이라고 믿는 전통적인 성서관, 신관 및 기독론과 다른 입장을 취했다. 틸리히는 역사적 사실에 근거한 기독교를 상징에 근거한 기독교로 전락시키고, 기독교 신앙의 역사적 토대를 손상시켰다는 비판을 받는다. 이 때문에 그의 신학은 신변증법적 신학 또는 신자유주의 신학으로 취급되거나 인간 중심적인 신학에로의 복귀로 간주되기도 한다.

주(註)

1. Paul Avis, *The Methods of Modern Theology*(London : Marshall Pickering, 1986), p. 155.

2. 틸리히는 문화의 신학을 "모든 문화적 표현들 배후에 있는 신학을 분석하며 철학, 정치 제도, 예술 양식, 여러 가지 윤리적 또는 사회적 원리들의 체계의 근거에서 궁극적인 관심을 발견하려는 시도"라고 정의했다. Paul Tillich, *Systematic Theology*, vol. I(Chicago : The University of Chicago Press, 1951), p. 39.

3. Charles W. Kegley and Robert W. Bretall(ed.), *The Theology of Paul Tillich*(New York : The Macmillan Company, 1961), p. 27.

4. Avis, p. 156.

5. Wilhelm and Marion Pauck, *Paul Tiliich, His Life and Thought*, vol. I, Life(New York : Harper & Row, 1976), p. 41.

6. 이 논문은 영어로 번역되어 1969년 *What is Religion?* 이라는 제목으로 출판되었다.

7. Kegley, *The Theology of Paul Tillich*, p. 14.

8. "경계선상에서(*On the Boundary*)"라는 제목으로 되어 있는 이 책의 1부에서 틸리히는 자신의 사상의 기원과 배경 및 발전 과정을 진술하게 자서전 형식으로 제시하고 있다. 그 후 출판사는 1부를 독립시켜「경계선상에서(*On the Boundary*)」라는 제목으로 출판했다.

9. David F. Ford(ed.), *The Modern Theologians*, vol. 1(Oxford : Basil Blackwell Ltd, 1989), p. 135.

10. Paul Tillich, *The Courage to Be*(New Haven : Yale University Press, 1952), p. 32.

11. J. Adams, W. Pauck, Roger Shinn(ed.), *The Thought of Paul Tillich* (New York : Harper & Row, Publishers, 1985), p. 29.

12. Paul Tillich, *Systematic Theology*, vol. I, p. 8.

13. Ibid., vol. I, p. 61.

14. Ibid., p. 62.

15. Ibid., p. 3.

16. Paul Tillich, *Dynamics of Faith*(New York: Harper & Row, 1957), p. 1. 틸리히, 「궁극적 관심」(서울: 대한기독교서회, 1970), pp. 14, 16.

17. Tillich, *Systematic Theology*, vol. I, pp. 11 – 14.

18. Tillich, *Dynamics of Faith*, p. 11.

19. Tillich, *Systematic Theology*, vol. I, p. 211.

20. 틸리히는 상징의 의미와 특징에 대해 「신앙의 동력」에서 상세히 논의하고 있다. *Dynamics of Faith*, pp. 41 – 43.

21. Tillich, *Systematic Theology*, vol. I, pp. 238 ff. *Dynamics of Faith*, pp. 44 – 48.

22. Ibid., pp. 235 ff.

23. Ibid., pp. 242, 245.

24. Tillich, *Systematic Theology*, vol. II, pp. 21 – 28. 여기서 틸리히는 이 문제를 자세히 논의하고 있다.

25. Ibid., pp. 44 – 45.

26. Ibid., pp. 47 – 55.

27. Ibid., pp. 80 – 86.

28. 틸리히는 특히 갈라디아서 6:15, 고린도 후서 5:17 등에 근거하고 있다. 폴 틸리히, 「새로운 존재」(서울: 대한기독교서회, 1970), pp. 37, 44.

29. Tillich, *Systematic Theology*, vol. II, pp. 118 – 119.

30. Ibid., p. 121.

31. Ibid., p. 166.

32. Ibid., pp. 176 – 180.

33. Kegley와 Bretall이 편집한 *The Theology of Paul Tillich*는 라인홀드 니버, 하트숀을 비롯한 저명한 학자들이 틸리히 사상의 여러 면을 논한 14편의 비평적 논문과 이에 대한 틸리히 자신의 응답 등으로 구성되어 있다.

34. Tillich, *Systematic Theology*, vol. I, p. 61. Avis, *The Methods of Modern Theology*, pp. 181 – 182. Ford(ed.), *The Modern Theologians*, vol. 1, p. 149.

35. Tillih, *Systematic Theology*, vol. I, p. 22.

36. Avis, *The Methods of Modern Theology*, p. 170.

37. Charles Hartshorne, "Tillich's Doctrine of God," *The Theology of Paul Tillich*, pp. 164–195.

38. Ford, *The Modern Theologians*, vol. 1, pp. 148–149. Alvin C. Porteous, *Prophetic Voices in Contemporary Theology*(Nashville : Abingdon Press, 1966), p. 111.

12장

라인홀드 니버

서론

라인홀드 니버(Reinhold Niebuhr)는 현대 인간 이해에 크나큰 공헌을 남긴 사람 가운데 하나다. 그는 미국이 낳은 저명한 개신교 신학자, 윤리학자 및 정치 사상가로 전세계에 폭 넓은 영향을 끼쳤다. 니버는 자신이 신학자라는 것을 자주 부정했으며 실제로 조직 신학서를 쓰지도, 기독교의 세부적인 교리에 관심을 표명하지도 않았다.

그럼에도 불구하고 그는 영향력 있는 신학자로 평가받고 있다. 그는 미국에서 최초로 자유주의 신학의 부적절성을 지적하고 그것을 배격한 사람이었다. 특히 자유주의 신학의 낙관적 인간 이해에 기초한 사회 복음 신학의 결점을 발견하고 성서적인 인간관에 기초하여 사회 윤리와 정치 윤리를 제시했다. 그의 주요한 신학적 공헌은 인간에 대한 해명에 있으며 그의 관심사 또한 인간이었다.

그렇다면 니버는 어떤 사람인가? 그의 사상은 어떤 과정을 통해 이루어졌는가? 그는 인간의 본질을 어떻게 해명했는가? 필자는 그의 전 사상의 토대가 되는 인간관을 중심으로 이를 해명하려고 한다.

니버는 자유주의 신학의 낙관주의적인 인간관과 정통주의 신학의 비관주의적 인간론 논쟁을 통해 기독교 현실주의적 인간관을 제시했다. 인간은 하나님의 형상이자 죄인이라는 양면성을 지닌 존재이다. 자유주의 신학은 하나님의 형상이라는 면만 강조하고 죄인이라는 면을 소홀히 했다. 반면에 정통주의 신학은 죄인이라는 면만 강조하고 하나님의 형상이라는 면은 소홀히 했다. 니버의 기독교적 현실주의는 인간의 양면성을 공정하게 평가하려는 시도였다.

Ⅰ. 생애와 저작

라인홀드 니버는 1892년 1월 21일 미국 미조리 주 라이트(Wright)시에서 출생했다. 그의 부모는 독일계 미국인들로 아버지는 루터교 계통의 복음파 교회의 목사였다. 그들의 다섯 자녀 중 두 아들이 현대 미국 신학의 흐름을 주도한 라인홀드 니버와 리처드 니버다. 소년 시절 니버는 목사인 아버지가 동네에서 가장 유명한 사람이라는 것에 자부심을 느꼈다. 이로 인해 10살 때, 자신도 아버지처럼 목사가 되겠다고 결심했다.

고등학교를 졸업한 그는 복음파 교단의 엘름허스트(Elmhurst) 대학과 세인트 루이스 근교에 있는 이든(Eden)신학교에서 공부했다. 그 후 예일 대학교 신학부에 입학하여 1914년에 신학사(B. D)를, 그 다음 해에 문학 석사 학위를 취득했다.

니버는 박사 과정에 진학하는 대신, 목회 현장에 헌신하기로 결정했다. 그것은 아버지의 사망으로 인한 가정의 경제 사정과 신학교를 졸업하면 목회를 하겠다고 약속한 교단에 대한 의무와 목회에 대한 사명감 때문이었다.[1] 따라서 그가 받은 최고의 정규 학위는 문학 석사였다. 그 후 그는 옥스퍼드 대학을 비롯한 여러 대학으로부터 18개의 명예 학위를 수여받았다.

1915년 니버는 북미 복음 교회에서 목사 안수를 받은 후 디트로이트의 베델 복음 교회에서 목회생활을 시작했다. 이것이 그의 첫 목회이자 유일한 목회였다.[2] 니버는 자동차 공업 도시 디트로이트에서 노동자를 상대로 13년 동안 목회하면서 자본주의에 기초한 미국 산업 사회의 문제점을 직시하게 되었다. 그리고 사회 정의를 위한 윤리적 해결책을 모색했다. 이런 과정을 통해 그는 노동 운동과 평화주의 운동을 주도하게 되었으며 자본주의에 대한 마르크스주의의 비판에 동조하는 사회주의자로 활동했다. 이외에도 그는 강연가와 설교자로서 그리고 여러 잡지의 기고가로서 폭 넓은 명성을 얻었다. 니버의 목회 경험은 그의 사상 발전에 큰 영향을 미쳤을 뿐만 아니라 윤리 사상가로서의 그의 연구와 저서를 통해 반영되었다.

1928년 니버는 교회 목사직을 떠나 뉴욕시에 있는 유니온 신학교 사회 윤리학 교수로 부임했다. 이것은 학장 코핀(Henry S. Cofine)의 특별 배려였다. 니버는 사회 윤리학, 종교 철학, 응용 기독교 등을 가르쳤으며, 1955년에는 부학장이 되기도 했다.

한편 니버는 사회 활동에도 적극적이었다. 1930년 마르크스의 영향을 받아 "사회주의 기독교인 협회(Fellowship of Socialist Christian)"를 조직했으며 사회당원으로 뉴욕 주 상원 의원 선거와 하원 의원 선거에 출마하기도 했다. 1940년 사회당을 탈퇴한 후 1941년 「민주 행동을 위한 반 공산주의 연합」을 조직하여 전국 회장이 되었다. 1944년에는 자유당 창당에 가담하여 뉴욕 주당 부총재로 활약했다. 1948년 암스텔담에서 열린 W.C.C. 창립 총회에서는 주 발제자로 활약했다.

1960년 교수직에서 은퇴한 니버는 생애 마지막 기간을 신체의 마비로 고통당하다 1971년 7월 1일 별세했다.

니버는 활동가인 동시에 저술가였다. 발표한 논문, 평론, 설교, 기도문 등의 수가 일천 개에 달할 정도였으며 수많은 사설과 논설을 통해 현실 문제들에 대한 자신의 견해를 밝히고 정치 활동을 통해 그것을 실천에 옮겼다. 1930년대에는 사회당 기관지 「내일의 세계(The World Tomorrow)」를 통해 그리고 1940년대 부터는 격주간지 「기독교와 위기(Christianity and Crisis)」를 비롯한 신,구교의 여러 잡지를 통해 인종 문제, 평화주의, 노동 운동, 외교 문제 등에 관한 저술 활동을 계속했다. 그의 첫 주요 저서는 「도덕적 인간과 비도덕적 사회(*Moral Man and Immoral Society*,

1932)」였다. 그는 이 책을 통해 사상가로서의 명성을 얻게 되었다. 이 책은 개인 윤리와 도덕주의의 한계성을 밝혀 사회 윤리학에 획기적인 공헌을 했다. 인간 개인은 어느 정도 도덕적이 될 수 있으나 그들이 모인 사회 집단은 비도덕적이 된다는 것이다. 개인이 집단화되면 각 개인의 좋은 면보다 이기적인 면이 합쳐질 가능성이 많기 때문이다. 악은 개인보다 사회 집단에서 더 극심하고 파괴적이다. 한편 니버는 종교나 교육을 통해 사회 문제를 해결할 수 있다고 믿는 1920년대 미국의 낙관주의와 자유주의 신학의 이상주의를 배격하고 신정통주의 신학에 기초한 윤리적 현실주의를 주장했다. 이것은 현대 미국의 기독교 윤리학에 일대 전환을 이룩했다.

또 다른 주저로는 「인간의 본성과 운명(*The Nature and Destiny of Man*, 1941, 1943)」이 있다. 이것은 1939년 영국 에딘버러 대학에서 행한 기포드 강연을 보완한 것이다. 그는 인간의 죄와 책임 문제를 분석하여 인간의 본성에 대한 기독교적 이해가 서구를 지배해 온 낙관주의적 인간관보다 더 현실적이며 진실하다는 것을 제시했다.

이외에, 도덕과 정치 현실 사이의 대립과 갈등 문제를 윤리적 측면에서 다룬 「기독교 윤리의 해석(*An Interpretation of Christian Ethics*, 1935)」, 인간 본성에 대한 자신의 견해에 근거하여 정치적인 문제와 경제적인 문제를 토의한 「빛의 자녀와 어둠의 자녀(*The Children of Light and the Children of Darkness*, 1944)」, 역사에 대한 기독교적 관점과 현대적 관점을 비교한 「신앙과 역사(*Faith and History*, 1949)」 등이 있다.

II. 기독교 현실주의

니버의 사상 형성과 발전에는 주목할 만한 변화가 있었다. 그것은 "전진적인 변증법적 과정"이었다. 그의 새로운 사상은 자신의 옛 사상에 대한 비판과 변형을 통해 이루어졌다.

니버는 자유주의와 평화주의에서 그의 사상적 편력을 시작했다. 예일대학 재학 시절 그는 미국 신학계를 지배했던 자유주의 신학으로부터 많은 영향을 받았다. 자유주의 신학은 인간의 경험, 윤리, 사회적 환경의 중요성, 예수의 인간성, 이성에 대한 확신 등을 강조하는 것이 특색이었다. 그는 자유주의 신학으로부터 어떤 신학적 교리도 절대화하지 않는 비판 정신을 배웠다. 그는 정치적인 면에서도 낙관주의적 자유주의 정치 철학을 받아들였다. 한편, 독일 민족주의 입장에서 1차 세계 대전을 지지했다. 그러나 1923년 독일 방문 후, 전쟁의 환멸을 느끼고 평화주의를 주장하게 되었다.

니버의 이러한 입장은 디트로이트에서의 목회 생활과 더불어 수정되었다. 목회 활동을 통해 산업 사회와 자본주의 사회의 실상을 발견하게 되고 사회적 부조리와 노동자의 비참한 현실을 대면하게 되었다. 그는 헨리 포오드와 대결하면서 사회주의에 관심을 가지게 되었으며 그의 교회는 노동 운동과 평화주의 운동의 중심지가 되었다.

그는 마르크스주의의 자본주의 비판을 인정했으며 마르크스주의를 자유주의 기독교에 대한 비판의 도구로 사용했다. 1930년 "사회주의 기독교인 협회"를 조직하는 한편, 마르크스주의의 역사 진단과 그 해결책을 받아들였다. 그는 또한 마르크스주의에서 개인과 사회 이해를 위한 단서를 발견했다. 이것이 그의 초기 저서 「도덕적 인간과 비도덕적 사회」에 반영되었다. 이와 같이 1930년대는 니버가 자유주의를 비판하기 시작함과 동시에 사회주의의 장단점을 검토하여 비판적으로 수용했던 시기였다.

그러나 니버는 결코 철저한 마르크스주의자는 아니었다. 그는 계급 투쟁이나 계급 혁명을 주장하지는 않았다. 오히려 그는 1940년대 들어 사회주의에 대해 환멸을 느끼고 그것을 포기했다. 그는 미국 경제에서 점진적인 변화가 성공적으로 이룩된 것을 보고 점진적인 변화가 사회주의적 급진 개혁의 대안이 될 수 있다고 생각했다. 또한 그는 인간과 역사에 대한 마르크스주의의 결정주의적 해석이 자유주의의 낙관주의적 해석보다 결코 낮지 않음을 인식하게 되었다. 따라서 그는 1940년 사회당을 탈당했으며, 1941

년에 출판된 「인간의 본성과 운명」에서 마르크스주의에 대해 보다 더 부정적인 입장을 취했다. 특히 마르크스주의의 부정적이고 파괴적인 요소를 비판했다. 평화주의를 지지했던 니버는 폭력적 혁명을 수용할 수 없었다. 그는 소련의 공산주의가 경직화되고 민족주의화되는 한편, 마르크스주의가 독선화, 종교화되는 데 큰 위험성을 느꼈다.

그의 공산주의 비판은 1950년대에 더욱 심화되어 공산주의를 우주적인 악으로까지 간주했다. 그는 "공산주의가 왜 악인가?" 라는 글에서 네 가지 이유를 제시했다. 첫째, 공산주의는 권력을 절대적으로 독점한다. 둘째, 공산주의의 유토피아적 환상은 나치즘보다 더 위험하다. 셋째, 공산주의는 혁명적 행동으로 사회 변혁이 가능하다고 믿는다. 넷째, 공산주의는 교조주의적 성격을 지니고 있으며 과학적 합리주의를 강조한다. 니버는 마르크스주의가 인간의 악을 경제 질서의 성격에서 찾으려 한 것을 인간 본성에 대한 착각으로 취급했다. 그러나 그의 사회주의 거부가 사회적인 변화에 대한 관심의 소멸을 의미하지 않는다. 그는 사회주의를 포기했음에도 불구하고 사회 문제에 여전히 큰 관심을 가졌다.

한편 니버는 평화주의로부터도 떠났다. 폭력적인 저항과 비폭력적인 저항 사이에는 본질적인 차이가 없다는 것과 인간 속에 있는 죄의 사회적인 면을 발견했기 때문이었다.

니버는 한때 심취했던 자유주의적 진보주의, 공산주의적 이상주의, 낙관주의적 평화주의와 결별하고 기독교 인간관에 근거하여 그들을 비판했다. 그들이 인간 본성과 사회, 특히 개인의 행동과 사회 집단의 행동 사이에 존재하는 근본적인 차이를 간과하고 인간의 이성적 노력에 의해 역사의 발전이 가능하다고 믿는 환상에 빠져 사회 정의 문제에 효과적인 대책을 제시하지 못했다고 보았다.

따라서 니버는 자신의 독자적인 견해로 기독교 현실주의를 주장했다. 이것은 현실 상황과 문제들을 중요시하는 것이었다. 그의 사상은 현실 문제들과의 대결 과정을 통해 형성되었다. 예를 들어, 그의 신학은 자신의 주위 세계에 대한 통찰에서 출발하고 있으며, 윤리 사상은 성서와 신학 전통 그리고 인간의 역사적이며 사회적인 현실을 중심으로 전개되고 있다. 이와 같이 인간의 역사적 현실과 사회적 현실을 있는 그대로 통찰하고 기독교적 사랑의 관점에서 해결책을 모색했다. 즉 그는 현실을 극복할 수 있는 방법으로 완전한 사랑의 윤리를 제시했다. 이 사랑은 타인을 위해 자기를 희생하는 예수의 사랑을 의미한다. 그는 이 사랑의 윤리를 "불가능한 가능성"이라 불렀다.

이상에서 살펴본 바와 같이, 니버의 사상은 많은 변화와 더불어 발전했다. 신학적으로는 자유주의 신학으로부터 출발하여 신정통주의 신학으로 이동했으며, 정치적으로는 자유주의와 평화주의에서 출발하여 사회주의를 거쳐 실용주의적인 기독교 현실주의로 이동했다. 그러나 그의 관심의 대상은 윤리 문제로 일관되었다.

Ⅲ. 인간론 논쟁

니버는 기독교적 인간관에 근거하여 진보주의, 마르크스주의 및 평화주의를 비판했다. 그는 그들이 인간에 대한 그릇된 이해에 기초했다고 보았다. 그들은 인간 본성을 신뢰하여 이성에 의해 역사의 발전이 가능하다는 환상을 가졌던 반면, 인간성 속에 있는 악의 측면을 간과했다. 그는 이러한 낙관주의적 인간관을 거부하고 성서, 어거스틴, 루터, 신정통주의에 근거한 현실주의적 인간관을 제시했다. 그의 인간관은 역사 발전에 대한 자유주의 신학과 마르크스주의의 해석을 비판하고 성서의 사상과 고전적 기독교 신학을 새롭게 인식하는 과정을 통해 발전했다. 따라서 니버의 인간론은 그의 기독교 윤리 사상과 역사관의 토대가 된다.

니버는 그의 여러 저서, 즉「도덕적 인간과 비도덕적 사회」,「기독교 윤리학에 대한 해석(*An Interpretation of Christian Ethics*, 1935)」,「비극을 넘어서(*Beyond Tragedy*, 1937)」,「기독교와 권력 정치

(*Christianity and Power Politics*, 1940)」, 「인간의 본성과 사회 (*Man's Nature and His Communities*, 1965)」 등에서 인간 문제를 논의의 주제로 삼았다. 필자는 이 중에서 「인간의 본성과 운명」에 근거하여 니버의 인간관을 제시하려고 한다. 니버의 주저로 간주되고 있는 이 저서는 인간 문제를 근본 주제로 삼고 있다.

니버의 인간 이해는 두 자료에 기초했다. 고전적 인간관과 성서적 인간관이 그것이다. 전자는 고대 그리스와 로마 시대의 인간 이해로 이성에 의한 철학적 접근을 의미하며, 후자는 유대교와 기독교적 인간 이해로 계시에 의한 신앙적 접근을 의미한다. 그는 이성과 계시 가운데 어느 한편에만 기초하는 인간 이해의 방법을 거부했다. 그의 인간관은 두 가지 자료, 즉 인간 상황에 대한 철학적 분석과 기독교 계시에 대한 통찰에 근거했다.

고전적 인간관은 플라톤, 아리스토텔레스 및 스토아학파의 철학 사상으로부터 유래한 것으로 합리주의와 이원론을 특징으로 한다. 인간은 본래 이성적 능력을 가지고 있다는 것이 이들의 공통적인 확신이었다. 인간의 독특성과 독자성은 이성의 존재에 있다. 플라톤은 이성 혹은 정신을 영혼과 구별하지 않고 그것을 영혼의 최고 요소로 간주하는 데 비해, 아리스토텔레스는 정신을 영혼과 구별하여 순수한 지적 활동의 매개물로 생각했다. 이들은 다 같이 인간의 합리성을 강조했으며 이성과 감정을 대립시키고 인간을 육체와 정신으로 나누는 이원론적 경향을 띠고 있었다. 플라톤 사상에서는 이원론이 명시되고 있지만, 아리스토텔레스 사상에서는 그것이 암시되고 있을 뿐이다. 합리주의는 이성을 인간의 본질로 주장할 뿐만 아니라 그것을 신성에까지 연결시켜 인간을 신적인 것과 동일시했다. 따라서 인간의 개성이 상실되었다. 이원론은 육체는 악하고 정신은 본질적으로 선하다는 인간관을 형성하게 했다.

고전적 인간관에는 플라톤과 아리스토텔레스의 합리주의적인 요소 외에 에피쿠로스와 데모크리토스의 자연주의적인 요소도 있었다. 자연주의는 인간이 이성적 존재라는 것을 인정하나, 자연 질서로부터 독립된 정신

영역이 있다는 것을 부정했다. 인간을 자연의 일부로 보았다. 그러나 자연주의는 고전적인 인간관 형성에서 주도적인 역할을 하지는 못했다. 고전적 인간관은 인간의 미래와 역사의 발전에 대해 낙관적이었다. 이성의 능력에 대한 확신 때문이었다.

니버의 인간관의 또 다른 자료는 계시에 근거한 기독교 인간관이다. 기독교 인간관은 창조주 신앙에 기초한다. 인간은 하나님의 피조물이며 육체와 영혼이 결합된 통일체이다. 따라서 기독교 인간관은 영혼과 육체를 분리하여 영혼은 선하고 육체는 악하다고 보는 헬라의 이원론적 인간관과 입장을 달리한다. 또한 기독교 인간관은 인간을 이성적 기능이나 자연과의 관계에서가 아니라 하나님과의 관계에서 이해했다. 인간은 하나님의 형상대로 만들어진 피조물인 동시에 죄인이다.

니버에 따르면, 현대적 인간관은 고전적 인간관과 기독교적 인간관의 일부를 혼합한 것이다. 고전적 인간관으로부터는 자연주의적 요소를 받아들였다. 따라서 제2차적인 위치에 있던 자연주의가 합리주의를 압도하고 지배적인 요소가 되었다. 기독교 인간관으로부터는 인간이 피조물이라는 것은 받아들였으나 하나님의 형상이라는 사실은 부정했다.

니버는 현대 인간관이 세 가지 문제점을 지니고 있다고 주장했다. 첫째, 현대 인간관은 인간의 본성에 대해 서로 모순되는 입장을 취했다. 관념론자들은 인간을 피조물이나 죄인으로 간주하기를 거부한 반면, 자연주의자들은 인간을 피조물로 취급하지만 하나님의 형상으로 생각하지 않았다. 둘째, 현대 인간관은 인간의 개성 문제에 혼란을 가져왔다. 개성은 인간이 하나님의 형상대로 창조되었다는 기독교 신앙에 근거함에도 불구하고 르네상스 이후 개성의 개념은 인간의 모든 유한성을 제거하고 인간 정신의 무한한 가능성에 기초하려 했다. 그러나 이러한 자유의 미숙한 운동은 오히려 자아를 상실하는 결과를 초래했다. 셋째, 현대 인간관은 악의 문제를 낙관적으로 취급했다. 그것은 인간의 본성에 죄성이 내재해 있다고 믿는 기독교의 원죄 개념을 거부하고 이성의 힘에 의해 악의 문제를 해결할 수 있다고 하였다. 따라서 낙관주의적 역사관에 빠지게 되었다.

니버에 따르면, 이러한 현대 인간관의 오류는 인간의 자기 초월성을 올바르게 이해하지 못하며 인간의 정신 생활과 육체 생활 사이의 유기적 통일성을 공정하게 해석하지 못하는 데서 일어났다. 인간을 단지 이성적 존재로만 이해하여 그의 비이성적인 생명력을 간과하거나, 이와 반대로 인간을 생명력으로만 이해하여 이성적 능력을 간과했다.

니버는 기독교적 인간관이 현대 인간관의 혼란에 바른 길을 제시할 수 있다고 믿었다. 그의 인간관의 특징은 인간의 위대함과 허약함을 동시에 강조하는 것이다. 하나님의 형상으로 창조되고 하나님에게 응답하는 존재로서의 인간과 죄인으로서의 인간이 그것이다. 인간은 자연 속에 있으면서도 그것을 초월할 수 있으므로 자유와 유한성을 함께 소유한 피조물이다.

니버는 인간을 하나님의 형상을 지닌 존재로 보았다. 하나님의 형상은 이성적 기능 이상의 것을 포함한다. 그것은 자기를 초월하여 창조주 하나님에 대한 인식까지 도달하는 능력, 곧 정신의 자유를 의미한다.

한편 니버는 인간의 본질을 죄와의 관계성에서 파악했다. 인간은 하나님의 형상을 지니고 있음에도 불구하고 피조물에 불과하다. 인간은 유한하며 의존적이고 나약하다. 인간은 이러한 자유와 유한성 때문에 자신에 대해 염려하게 된다. 그러므로 인간이 자유로운 존재이면서도 아직도 제한적인 존재라는 의식이 불안이다. 불안은 "자유와 유한성과의 역설적 상태 속에 존재하고 있는 인간의 불가피한 정신 상태", 즉 자유와 유한성의 긴장 상태이다.

니버는 이 불안을 죄의 근원으로 간주했다. 불안 자체는 죄가 아니지만 죄의 계기가 될 수 있다. 그것은 죄의 내적 전제 조건이 된다. 불안은 죄와 신앙 모두를 가능하게 한다. 자신의 유한성을 인정하고 창조주 하나님에게 의존하는 것이 신앙이라면, 자신의 유한성을 받아들이기를 거부하는 것이 죄이다. 불안을 인간 자신의 힘으로 극복하려는 데서 죄가 일어난다. 니버는 죄가 피할 수 없는 것이긴 하나 필연적인 것은 아니라고 하였다.

인간은 두 가지 방식으로 이 불안을 극복하려고 시도한다. 자신의 유한성 부정과 자신의 자유 부정, 즉 교만과 육욕이 바로 그것이다. 교만은 인간의 유한성을 거부하고 영적인 능력과 자유를 과대 평가하여 자신을 하나님의 자리에까지 높이려는 것이다. 육욕은 정신의 자유와 책임으로 부터 도피하려는 시도이다. 자연의 충동에 굴복하여 영적인 능력을 포기하고 동물적인 본성으로 후퇴하는 것이다. 따라서 교만이 인간을 지나치게 과대 평가하는 것이라면 육욕은 인간을 지나치게 과소 평가하는 것이다. 니버는 교만과 육욕을 죄의 기본 형태로 생각하고 육욕보다 교만을 더 근본적인 죄로 취급했다.

니버에 의하면, 교만은 네 가지 형태로 분류된다. 권력의 교만, 지적 교만, 도덕적 교만, 정신적 교만이 그것이다. 권력의 교만은 권력을 구하는 욕망을 의미하며, 이것은 두 형태를 취한다. 유한적인 힘을 절대시하는 것과 불안정을 극복하는 것이다. 전자는 인간의 약함을 인정하지 않으려는 것인 반면, 후자는 그 약함을 극복하려다가 그것을 망각하는 것이다. 지적 교만은 권력의 교만이 한층 더 정신적으로 이상화한 것이다. 진리에 대한 인간 인식의 유한성을 절대시하는 것이다. 도덕적 교만은 상대적으로 선한 것을 절대적으로 선한 것으로 가장하는 교만이다. 정신적인 교만은 궁극적인 죄이다. 이것은 도덕적 교만 속에 포함된 자기 신격화를 표명하는 종교적인 죄이다. 니버는 이 종교적 교만을 인간 죄악성의 최종적인 표현으로 간주했다.

한편 죄의 두 번째 형태인 육욕은 하나님 대신 자기 자신을 존재와 생의 중심에 두는 자기 본위로 인해 혼동이 일어나는 것이다. 자기 속에 있는 특정한 충동과 욕망에 자신을 부당하게 일치시킴으로써 자기 내부의 조화가 파괴되는 것이다. 색정, 포식, 음주 등이 그것이다. 그러나 니버는 헬레니즘적인 죄관 같이, 죄를 기본적으로 육욕과 동일시하지는 않았다. 오히려 바울 – 어거스틴의 전통을 따라 하나님에 대한 반역을 근본적인 죄로 간주하고, 그 결과가 육욕이라고 주장했다.

결론

니버는 사상가임과 동시에 행동의 사람이었다. 저술을 통해 현실 상황과 문제들에 대해 자신의 견해를 밝히고 사회와 정치 활동을 통해 그것을 실천에 옮겼다. 니버의 사상은 옛것과 새것이 대립하여 변형하는 변증법적 과정을 통해 이루어졌다. 그의 신학 사상은 자유주의 신학으로부터 출발하여 신정통주의 신학으로, 그리고 정치와 윤리 사상은 자유주의와 평화주의로부터 출발하여 사회주의를 거쳐 기독교 현실주의로 이동하는 과정을 통해 발전했다.

니버의 인간관은 인간의 두 측면, 즉 하나님의 형상과 죄인, 또는 자유와 유한성을 동시에 강조하는 것이 특색이다. 인간은 하나님의 형상을 지닌 고귀한 존재인 동시에 죄로 인해 비극적인 운명 속에 있는 존재이다. 정통주의 기독교와 자유주의 기독교 인간관은 인간의 두 측면 중 어느 하나만을 강조하는 경향이 있다. 정통주의적 기독교는 인간이 하나님의 형상으로 지음을 받았다는 것을 소홀히 다루었던 반면, 인간이 죄인이라는 것을 지나치게 강조하는 비관주의적 인간관을 주장했다. 이와 대조적으로 자유주의적 기독교는 인간이 죄인이라는 사실을 소홀히 다루었던 반면, 하나님의 형상으로서의 인간의 창조적 노력을 지나치게 강조하여 인간성을 신뢰하고 역사와 사회의 진보를 믿는 낙관주의적 인간관을 주장했다. 니버는 정통주의 기독교와 자유주의 기독교의 이러한 결점을 발견하고 그것을 극복하려 했다. 그는 인간을 낙관적 혹은 비관적으로 볼 것이 아니라 인간을 현실 그대로, 즉 하나님의 형상이면서 죄인인 존재로 보아야 할 것을 주장했다. 이러한 인간 이해는 그의 사회 윤리학과 역사 해석의 토대가 되었다.

니버의 죄관은, 인간은 초월적이면서도 유한한 존재인 까닭에 자신의 유한성으로 항상 불안해 한다는 사실에 착안하여 죄를 해명한 것이 특징이다. 그는 불안을 죄의 전제 조건 내지 죄의 계기로 봄으로써 죄의 근원을 불안에서 찾았다. 이것은 그의 독창적인 사고라기보다 키에르케고르의 불안의 개념에 힘입은바 큰 것으로 이해된다.

　니버의 공헌점은 그의 인간 해명에 있다. 그는 성서와 현실주의에 근거하여 낙관주의와 비관주의를 극복할 수 있는 길을 모색했다. 또한 인간 본성에 대한 기독교적 이해에 기초하여 인간의 사회적 현실을 새롭게 이해하려는 기독교 현실주의를 전개했다. 이것이 현대 사상에 대한 그의 큰 공헌이며 아직도 계속되고 있는 그의 영향력이다.

주(註)

1. Mircea Eliade(ed.), *The Encyclopedia of Religion*, Vol. 10 (New York : Macmillan Publishing Company, 1987), p. 431.
2. Ibid. 그가 목회하는 동안 교인 수는 65명에서 650명으로 성장했으며 교회 예산 중 구제비는 75불에서 3,889불로 증가했다.
3. 3. Ibid.
4. 4. 박봉랑, "니이버의 신학 사상," 「제3일」, 11호(1971, 7), p. 40.
5. Charles W. Kegley and Robert W. Bretall(ed.), *Reinhold Niebuhr: His Religious, Social and Political Thought*(New York : The Macmillan Company, 1961), pp. 71 – 72.
6. 6. Ibid., p. 75.
7. Reinhold Niebuhr, *Christian Realism and Political Thought* (London : Faber and Faber Ltd., 1953), pp. 40 – 46.
8. Kegley, p. 65.
9. 이 완전한 사랑은 그리스도의 십자가를 통해 나타난 것으로 윤리적 규범으로 서의 기능을 갖는다. Niebuhr, *An Interpretation of Christian Ethics* (New York : The Seabury Press, 1979), p. 137.
10. Kegley, p. 232.
11. 니버, 「인간의 본성과 운명」, 상권(서울: 민중서관, 1953), pp. 7 – 9.
12. Ibid., p. 11.
13. Ibid., p. 12.
14. Ibid., pp. 16 – 22.
15. Ibid., p. 24.
16. Ibid., pp. 24 – 25.
17. Ibid., p. 167.
18. Ibid., p. 33.
19. 인간 본성의 두 요소가 자유와 유한성이다. Gordon Harland, *The Thought of Reinhold Niebuhr*(New York : Oxford University Press, 1960), p. 16.
20. 니버, 「인간의 본성과 운명」, pp. 202, 210, 214.

21. Ibid., p. 244.
22. Ibid
23. Ibid., p. 202.
24. Ibid., pp. 247 – 248.
25. Ibid., pp. 248 – 265.
26. Ibid., p. 302.
27. 헬라 사상의 영향을 받은 오리겐, 클레멘트, 니사의 그레고리와 같은 교부들은 죄를 기본적으로 색욕과 육욕으로 이해했다.
28. 니버는 *An Interpretation of Christian Ethics* 의 5장과 6장에서 이 문제를 집중적으로 논의했다.

3부

근본주의 신학

13장

세대주의 신학

서론

19세기 자유주의 신학과 입장을 달리하며 성서적인 기독교를 수호하려 했던 또 다른 신학적 흐름이 영국과 미국에서 일어났다. 세대주의가 그것이다. 세대주의는 하나님의 세계 통치에는 분명히 구분될 수 있는 서로 다른 세대들이 있다는 것과 그리스도의 재림에 대한 열렬한 기대를 강조하려는 목적에서 일어났다.

세대주의는 근본주의의 태동에 영향을 끼쳤을 뿐만 아니라 근본주의 운동의 원동력 중 하나가 되었다. 세대주의의 전천년설, 성경의 문자주의, 축자 영감설 등이 근본주의의 주요 교리가 되었다. 따라서 일부 학자들은 세대주의를 근본주의와 동일시하거나 근본주의의 공식신학으로 간주하기도 했다. 이것은 분명 지나친 견해다. 근본주의에는 프린스톤 신학을 비롯한 또 다른 근원들이 있었다. 따라서 세대주의자는 모두 근본주의에 속한다고 할 수 있으나, 모든 근본주의자가 반드시 세대주의자는 아니다. 그럼에도, 세대주의가 근본주의의 형성과 발전에 큰 영향을 미친 것은 부인할 수 없다.

한편, 세대주의 하면 종말론이 연상될 만큼 세대주의는 현대 종말론 발전에 크게 공헌했다. 세대주의는 19세기 말 미국의 천년왕국 운동을 주도했을 뿐만 아니라 종말론 논쟁의 중심에 서서 전천년왕국설과 환난전 휴거설의 정립과 확산에 결정적인 역할을 했다. 세대주의를 빼고서 현대 종말론을 논하는 것은 불가능하다 해도 지나치지 않다. 어떤 학자는 세대주의와 전천년설 혹은 환난전 휴거설을 동일시하기도 한다.

그러나 세대주의는 그리스도의 재림과 대환난에 대한 견해 이상을 의미한다. 세대주의는 하나의 신학 체계이다. 그것은 성경을 해석하는 방법이다. 종말론은 세대주의의 신학 체계 가운데 단지 한 부분일 따름이다.

세대주의는 극단적으로 서로 다른 평가를 받아 왔다. 한편에서는 세대주의를 보수주의적 복음주의로 이해했던 반면, 다른 편에서는 세대주의를 이단으로 취급했다. 보수주의 신학자들은 세대주의가 성경의 축자 영감설과 무오성, 그리스도의 인격적 재림 등을 강조한 것을 높이 평가했다. 그리고 일반적인 복음주의 신학에 다비와 스코필드의 예언 해석의 체계를 첨부한 것을 세대주의 신학으로 이해했다.[1] 세대주의 지지자들은 세대주의는 성경 해석이 아니라 성경이 말한 것을 단순히 재진술한 것이라고 평가했다. 따라서 세대주의를 정통주의의 시금석으로 간주했다. 세대주의의 주장을 받아들이지 않으면, 성경 자체를 부정하는 것으로 본 것이다.[2] 반면, 세대주의는 자유주의 신학과 보수주의 신학 양편 모두로부터 비성서적이라든가, 현대주의라든가 혹은 이단이라는 비판을 받았다. 예를 들어, 한때 그 자신 세대주의자이기도 했던 머로(Philip Mauro)는 세대주의의 전체 체계가 엄밀한 의미에서 현대주의적이라고 평했다.[3]

이와 같이 세대주의에 대한 평가는 일치하지 않지만, 세대주의가 현대 신학사의 중요한 자리에 위치해 있다는 사실은 일반적으로 인정되고 있다. 세대주의는 오늘날도 성경 해석과 신앙 생활에 적지 않은 영향을 미치고 있다.

이 글의 목적은 객관적인 입장에서 세대주의가 무엇인지를 밝히는 데 있다. 특히 핵심 교리인 교회론과 종말론을 분석하고 이를 둘러싼 논쟁들을 개괄함으로써 세대주의에 대한 이해를 분명히 하려고 한다.

Ⅰ. 세대주의 역사

세대주의란 하나님께서 세상을 통치하는 데 현저하게 다른 세대들이 있다는 신념이다.[4] 세대주의는 아담으로부터 현재에 이르는 인류의 모든 역사 속에서 하나님과 인간의 관계는 각 세대에 따라 변화하는 것으로 믿고 있다.

세대(dispensation)라는 말은 헬라어 "오이코노미아"로부터 유래된 것으로 집안일을 관리하거나 총괄하는 것을 의미한다. 신약 성서에는 "오이코노미아"란 단어가 9회 사용되었으며, 청지기, 직분, 경영, 경륜 등의 뜻을 지니고 있다.[5]

세대에 대한 정의는 다양하지만, 대략 두 가지로 요약된다. 하나는 세대를 시간적인 측면에서 정의하는 것이고, 다른 하나는 관계적인 측면에서 정의하는 것이다. 전자에 속하는 대표적인 사람은 스코필드(Scofield)로서, "인간이 하나님의 특별한 계시에 대한 순종과 관련하여 시험을 받는 기간"으로 세대를 정의했다.[6] 스코필드는 세대를 시대(age)와 구분하지 않았다. 후자의 대표자는 라일리로서, 세대가 시대를 의미하는 것이 아니라 경륜을 의미한다고 보았다. "세대는 하나님의 목적의 성취 과정에 있어서 구분 가능한 경륜이다."[7]

하나님의 세계 통치에 구분 가능한 세대가 있다는 신념을 세대주의로 정의하는 것은 일반적인 것에 불과하다. 세대가 있다는 것을 인정한다고 해서 모두 다 세대주의자는 아니다. 세대주의자가 아니면서도 세대의 존재를 인정한 사람이 많았다. 저스틴, 이레네우스, 알렉산드리아의 클레멘트, 어거스틴, 칼빈 등이 그러하다. 칼빈주의 조직 신학자 벌콥은 세대 구분을 했으나 세대주의 체계는 거부했다. 따라서 세대의 구분이나 세대의 명칭이 세대주의의 본질적인 요소는 아니라고 할 수 있다.

세대주의자 라일리에 따르면, 세대주의의 본질은 세 가지로 정리된다. 첫째, 이스라엘과 교회 사이의 구분을 인정하는 것이다. 둘째, 성경 해석에 문자적인 해석을 일관되게 적용하는 것이다. 셋째, 하나님의 목적을 구원보다는 오히려 그 자신의 영광으로 보는 것이다.[8] 엄밀한 의미에서, 세대주의자는 이 세 가지 요건을 모두 갖춘 사람을 말한다.

세대주의가 언제부터 시작되었는가 하는 것은 아직도 논란이 되고 있는 문제 가운데 하나다. 세대주의자들은 세대주의의 기원을 사도 시대에서 찾고 있는 데 반해, 비판가들은 최근에 생긴 것으로 보고 있다. 그러나 양자 모두 신학적 체계로서의 세대주의는 19세기 후반 다비와 그가 지도자로 있었던 프리머드 운동에 의해 시작되었다는 것을 인정하고 있다.

다비(John Nelson Darby)는 1800년 11월 영국 런던에서 아일랜드계 부모 밑에서 태어나 유년 시절을 아일랜드에서 보냈다. 다비는 더블린의 트리니티 대학에서 법학을 공부한 후 1922년부터 변호사로 활동했다. 그는 회심 1년 후 변호사직을 그만 두고 영국 교회의 성직을 받았다. 그의 노력과 활동으로 그의 교구에서 로마 가톨릭 교도들이 일주일에 6-7백명씩 개신교로 개종하기도 했다.[9] 그러나 영국 교회가 왕에 대한 충성 서약을 요구하는 칙령을 발표하자 많은 목사들이 이에 서명하는 것을 보고 그는 양심상의 문제로 성직과 영국 국교회를 떠나 형제단 모임에 참여하게 되었다. 이것은 개인적인 친교와 성경 연구를 목적으로 하는 일종의 교회 갱신 운동이었다.

형제단 운동이 언제 시작되었는지는 명확하지 않다. 왜냐하면 그것은 영국의 여러 지역에서 독립적으로 모이던 작은 그룹들이 병합되어 하나의 운동으로 발전된 것이기 때문이다. 이 운동의 초기 지도자들로는 그로브스(A. N. Groves), 뉴턴(B.W. Newton), 돌만(W.H. Dorman), 크로닌(E. Cronin) 등이 있었다.

이 운동에 형제단이란 명칭이 처음으로 사용되었던 곳은 프리머드(Plymouth)였다. 프리머드에서 모였던 그룹은 "프리머드 형제단"(Plymouth Brethren)으로 알려지게 되었으며, 이것은 형제단 운동 전체를 나타내는 명칭이 되었다. 주일마다 떡을 떼고, 인간의 안수에 의해서가 아니라 그리스도의 부르심으로 목회 사역에 봉사하는 것을 기본 원리로 하는 것이 이 운동의 특징이었다. 이 운동은 문자적인 성경 해석에 근거하여 영적인 연합과 자유를 강조했다.[10]

다비는 형제단 운동의 창시자는 아니었다. 그는 형제단 운동을 건설한 조직자였다. 그의 적극적인 활동과 탁월한 조직 능력으로 여러 곳에 흩어져 있던 모임들이 하나의 운동으로 조직화되었다. 따라서 이 운동은 "다비주의"(Darbyism)로 불리기도 한다. 그러나 이 운동의 두 지도자, 뉴턴과 다비의 논쟁으로 형제단은 1845년 분열되었다. 양자의 갈등은 형제단의 주도권 다툼과 성서의 예언에 대한 해석 차이 때문이었다. 특히 다니엘서의 칠십 이레에 대한 해석과 비밀 휴거 개념이 문제가 되었다. 다비는 다니엘서에 기록된 69이레와 70이레 사이의 예언적 성취가 교회의 설립에 의해 중단되었다고 해석했고, 뉴턴은 반대했다. 다비는 대환난 때 교회가 휴거되리라고 주장했지만, 뉴턴은 교회가 환난을 통과할 것이라고 가르쳤다.[11] 다비와 뉴턴의 논쟁 이후에도, 형제단 내에서는 논쟁과 분열이 계속 일어났으며 이로 인해 이 운동은 크게 약화되었다.

다비는 뉴턴과의 논쟁을 통해 성경 해석의 새로운 원리와 신학 개념을 제시했다. 문자적 예언 해석 원리와 그것에 근거한 이스라엘과 교회의 철저한 구분, 환난 전 교회 휴거, 성경을 유대인의 본문과 교회의 본문으로 나누는 성경의 구획화, 천국왕국의 유대화 등이 그것이다. 이러한 다비의 신학 체계를 흔히 세대주의라고 부른다. 이것은 다비가 인류의 역사를 여러 세대로 나누고 하나님의 활동 양태가 각 세대마다 다르다고 보았던 데서 비롯되었다.

한편 다비는 1882년 82세로 사망할 때까지 40여 권의 저술과 전도 여행을 통해 형제단 운동을 확산시켰다. 다비는 1862년부터 1877년 사이 7회에 걸쳐 캐나다와 미국을 방문하고 7년 동안 거주하면서 그의 세대주의 신학 체계를 가르쳤다. 그의 신학은 많은 목사와 평신도들로부터 호응을 얻었다.

다비의 세대주의가 미국에서 큰 호응을 얻은 것은 이스라엘과 교회를 분리하는 그의 교회론보다는 전천년주의적인 그의 종말론을 통해서였다.[12] 세대주의는 19세기 말과 20세기 초에 개최되었던 예언 대회와 스코필드 관주 성경을 통해 미국 전역으로 확산되었다. 특히 1909년 출판되어 2백만 부 이상 판매된 스코필드 관주 성경은 세대주의를 대중화하는 데 크게 공헌했다. 이 관주 성경은 성경과 주해서를 한 권에 결합한 것이었다.

스코필드(Cyrus I. Scofield, 1843 – 1921)는 문자적 성경 해석법을 실천했으며 이스라엘과 교회를 하나님의 두 백성으로 구분했다. 이스라엘은 지상적이고, 교회는 천상적이다. 이스라엘에 관한 성경 본문은 문자적으로 해석되어야 하지만, 교회에 관한 것은 그럴 필요가 없다는 것이다. 스코필드는 세계 역사를 일곱 세대로 나누었다. 무죄, 양심, 인간 통치, 약속, 율법, 은혜, 천년왕국이 그것이다. 또한 그는 대환난 전에 교회가 휴거된다고 믿는 전천년설과 환난 전 휴거설을 주장했다.[13] 이러한 스코필드의 해석은 근본주의 신학계에서 널리 수용되었다.

한편, 세대주의의 확산에는 성서 학원의 역할 또한 적지 않았다. 미국의 신학교들이 자유주의화 되어 갔을 때, 근본주의 신앙을 지닌 교인들은 신학교 출신이 아니라 성서 학원 출신을 교회 목사로 초빙하게 되었다. 이들은 세대주의 교수들 밑에서 훈련받은 자들이었다. 따라서 성서 학원이 세대주의를 전파하는 효과적인 수단이 되었다. 대표적인 성서 학원으로는 프로빈스(Province) 성서 학원, 로스앤젤레스 성서 학원 등을 들 수 있으며, 이들은 후일 기독교 대학으로 발전했다. 바링톤(Barrington) 대학과 바이올라(Biola) 대학이 그것이다. 세대주의적인 신학교로는 달라스(Dallas), 그레이스(Grace), 탈보트(Talbot) 신학교 등이 있다.

저명한 세대주의자로는 매킨토쉬(C.H. Mackintosh), 트로터(William Trotter), 켈리(William Kelly), 그랜트(F,W. Grant), 블랙스톤(W. E. Blackstone), 모르간(G. Campbell Morgan), 아이언사이드(Harry Ironside), 개벨인(A.C. Gaebelein) 등이 있다.

Ⅱ. 세대주의 교리

세대주의의 핵심 신조와 신학 개념은 문자적인 성경 해석, 이스라엘과 교회의 구분, 환난 전 휴거로 요약될 수 있다. 즉 문자적인 성경 해석에 근거하여 체계화된 교회론과 종말론이 세대주의의 골격을 형성하고 있다. 따라서 필자는 이 세 가지 문제를 중심으로 세대주의가 무엇을 믿고 주장하는지를 논의하려고 한다.

세대주의의 가장 큰 특징은 문자적 해석 원리를 성경에 일관되게 적용하는 것이다. 세대주의자란 성경을 문자적으로 해석하는 자라고 할 수 있다. 특히 세대주의는 성서의 예언에 대해서 철저하게 문자적인 해석을 한다. 스코필드에 따르면, 구약 성서의 역사는 비문자적으로 해석될 수 있으나, 예언은 반드시 문자적으로 해석되어야 한다.[14] 문자적 의미는 통상적인 의미 또는 평범한 의미를 말한다. 세대주의자들은 철학, 성서, 논리 중 어느 것으로 보나 성경은 문자적으로 해석해야 된다고 주장했다. 철학적으로는 언어 자체의 목적이, 성서적으로는 그리스도의 초림에 대한 구약 성경의 예언이 모두 문자적으로 성취되었다는 사실이, 논리적으로는 통상적이고 평범한 해석 방법을 사용하지 않으면 모든 객관성이 상실된다는 것이 문자적인 해석을 요구한다는 것이다.[15]

독특한 교회론을 가지고 있는 것이 세대주의의 또 다른 특징이다. 교회론은 세대주의의 시금석이다. 첫째, 세대주의는 이스라엘과 교회를 엄격히 구분한다. 다비는 이스라엘과 교회는 하늘과 땅, 율법과 은혜처럼 별개라고 주장했다.[16] 이스라엘과 교회는 병행하면서도 별도의 운명을 지닌다. 이스라엘이란 용어는 항상 아브라함의 육신의 자손들을 의미하며, 이스라엘 민족은 무조건적인 언약과 함께 지속된다. 반면, 교회는 결코 영적 이스라엘이나 새로운 이스라엘과 동일시되어서는 안된다.

따라서 세대주의는 아브라함에 대한 하나님의 모든 언약은 교회가 아니라 이스라엘 민족에게서 무조건 성취되어야 한다고 믿는다.[17] 세대주의자들은 신약 성경에서 이스라엘과 교회, 유대인과 이방인이 대비되고 있는 것을 이스라엘과 교회의 구별에 대한 증거로 제시한다.[18] 이것에 대한 문자적인 해석의 결과로 나온 것이 교회와 이스라엘의 이분법이었다.

둘째, 세대주의는 교회가 구약 시대에는 존재하지도 예시되지도 않았으며 오순절부터 존재했다고 믿는다. 다비는 교회가 오순절 때까지는 존재하지 않았다고 하였고, 스코필드는 그리스도의 지상 생애 동안이나 그 이전에는 존재하지 않았다고 보았다. 라일리는 구약 시대에는 감추어졌던 교회의 신비성(골 1:26), 교회의 기원에 대한 바울의 진술(엡 1:20), 성령의 세례 사역의 시작(행 1:5, 11:15 - 16)에 근거하여 교회가 오순절날에 시작되었음에 틀림이 없다고 강조했다. 극단적인 세대주의에서는 교회가 오순절이 지난 후 바울과 함께 시작되었다고까지 주장했다.[19]

셋째, 세대주의는 교회의 제한적인 역할만을 인정한다. 세대주의는 교회를 하나님의 원래의 구원 계획의 일부로 간주하지 않고 그 중간의 막간극(parenthesis)과 같은 것으로 취급했다.[20] 교회는 다니엘서의 69이레와 70이레 사이에 나타난 막간극이다. 세례 요한과 예수께서는 유대인들에게 천국, 즉 지상 왕국이 가까웠다고 전파했지만, 그들은 그것을 거부했다. 따라서 하나님은 그것을 교회에 제공했다. 그러나 이스라엘을 교회로 대체한 것은 아니다. 이스라엘을 위한 왕국은 단지 연기되었을 뿐이다. 하나님은 그 왕국을 이스라엘에게 다시 주실 것이다. 이와 같이, 세대주의는 구원에 관한 하나님의 본래의 계획으로부터 교회를 분리시킴으로써 교회의 역할을 제한했다.[21]

한편 세대주의는 전천년설과 환난전 휴거설에 근거한 독특한 종말론을 주장한 것이 특징이다. 세대주의의 종말론은 성서에 대한 문자적 해석, 구약 성서 예언의 문자적 성취, 이스라엘과 교회의 이분법을 기본원칙으로 하여 형성되었다.

첫째, 세대주의는 교회의 환난 전 휴거를 주장한다. 대환난이 시작되기 직전, 교회는 공중으로 휴거되어 재림하시는 그리스도를 맞이하리라는 것

이 세대주의적 전천년설의 기본 특징이다. 다비는 데살로니가 전서 4장 16
-17절에 근거하여 환난 전 휴거설을 주장했다. 교회는 대환난을 통과하
지 않고 환난 직전 공중으로 휴거된다. 그 동안, 이스라엘과 세상 국가들은
지상에서 대환난을 당하리라는 것이다.[22] 환난전 휴거론은 이스라엘과 교
회를 분리시키는 세대주의의 교회론으로부터 나온 것으로 스코필드 관주
성경을 통해 대중화되었다.

둘째, 세대주의는 유대적인 천년왕국을 주장한다. 천년왕국론은 세대주
의 전체 체계와 성서 해석의 필수 요소이며 천년왕국을 강조하는 것이 세대
주의 종말론의 특징이다. 그러나 세대주의에서는 천년왕국이 단순히 천년
간에 걸친 그리스도의 지상 통치만을 의미하는 것은 아니다. 천년 왕국은
이스라엘에 대한 하나님의 언약 성취와 이스라엘 민족의 회복에 그 목적이
있다. 세대주의는 천년 왕국을, 예수께서 유대인들에게 제안했으나 그들의
거부로 연기되었던 유대 왕국의 회복으로 제한했다. 교회가 하나님과 이스
라엘 사이의 언약을 계승한다거나 그리스도와 함께 천년왕국을 통치한다
고 보지 않았다.[23]

셋째, 세대주의는 천국과 하나님의 나라를 구별한다. 천국은 하나님의
지상적 통치를 말하며, 하나님이 다윗에게 약속한 유대 왕국이다. 그것은
유대인의 메시아 거부로 연기되었으며 천년왕국에서 실현된다. 반면 하나
님의 나라는 보편적인 것이며, 사람들의 마음속에 존재하는 하나님의 통치
를 말한다. 하나님의 뜻에 복종하는 모든 도덕적 지성을 포함한다.[24]

Ⅲ. 세대주의 논쟁

세대주의의 역사는 끊임없는 논쟁과 갈등 속에서 전개되었다. 내부적으로
는 교리 차이로 분쟁과 분열이 계속되었고, 외부적으로는 세대주의 신학
체계가 신랄하게 비판을 받았다. 세대의 존재와 수, 세대주의의 기원, 교회
론과 종말론 등이 논쟁 대상이었다. 논쟁의 예를 몇 가지 지적해 보자.

세대주의가 그 뿌리를 두었던 프리머드 형제단의 초기 역사는 다비와 뉴턴의 논쟁사라 해도 과언이 아니었다. 이들의 논쟁은 대환난 동안 교회가 어떤 상태에 있을까에 관한 것이었다. 양자는 모두 세대에 대한 신앙은 함께 가지고 있었다. 하지만 뉴턴은 전통적인 역사주의적 전천년설을 대변했고, 다비는 미래주의적 전천년설을 주장했다. 다비의 재림론의 핵심은 교회의 비밀 휴거론이었다. 그리스도의 공중 재림이 비밀리에 있을 것이며 교회는 지상으로부터 비밀리에 휴거된다. 그 후 그리스도의 지상 재림이 있게 된다. 교회의 설립에 의해 중단되었던 예언의 성취가 교회의 휴거와 더불어 다시 재개된다. 뉴턴은 이러한 견해를 맹렬히 반대했다. 성경의 전체 증거와 비밀 휴거는 맞지 않는다고 보았기 때문이다.[25] 이 논쟁의 여파로 뉴턴을 비롯하여 많은 지도자들이 프리머드 형제단을 떠났으나, 비밀 휴거론은 세대주의의 핵심 교리가 되었다.

세대주의가 언제 시작되었는가 하는 기원 문제가 논쟁이 되고 있다. 세대주의자들은 그 기원을 사도 시대 혹은 그 이전에서 찾고 있고, 비판가들은 세대주의가 최근에 일어난 것이라고 주장했다. 라일리는 세대주의적 개념의 시작은 다비 이전으로 거슬러 올라간다고 하였으며, 엘러트(Arnold Ehlert)는 세대주의적 체계는 사도 시대는 물론, 유대적 사고와 그 이전의 사고에서도 존재했다고 보았다. 이와 달리, 보우맨(John W. Bowman)은 세대주의는 최근에 생긴 것으로 100년 남짓한 역사를 가지고 있을 뿐이라고 하였고 카넬(E. J. Carnell)은 세대주의는 최근의 것이며 분리주의 운동에 그 기원을 두고 있다고 주장했다.[26]

세대주의의 본질과 특징 가운데 하나는 성경의 문자적 해석을 일관되게 적용하는 것이다. 이러한 성경 해석의 결과로 이스라엘과 교회, 이스라엘을 위한 본문과 교회를 위한 본문의 철저한 분리와 같은 교리가 나왔다. 따라서 모든 성경을 문자적으로만 해석하는 것이 과연 타당한가 하는 것이 논란이 되었다. 비세대주의자들은 성경의 모든 예언이 문자적으로 해석될 수 있는 것은 아니며, 세대주의가 문자적 해석 원리에 근거하여 성경을 구획

화하는 것은 성경의 통일성을 파괴한다고 비판했다.[27]

세대주의와 관련하여 가장 논란이 되는 것은 천년왕국의 성격과 시기에 관한 문제이다. 천년왕국이 존재하느냐, 아니냐에 따라 천년설과 무천년설이 나뉘어지고, 존재한다면 그리스도의 재림 전이냐 후냐에 따라 전천년설과 후천년설이 나뉘어진다. 또한 그리스도의 재림이 대환난 전이냐 후냐에 따라 미래주의적 전천년설과 역사주의적 전천년설이 나뉘어진다. 세대주의적 종말론은 미래주의적 전천년설과 환난전 휴거설이 그 근간을 이루고 있다. 전, 후, 무천년설 사이의 논쟁, 미래주의적 전천년설과 역사주의적 전천년설 사이의 논쟁은 아직도 계속되고 있다.

결론

세대주의는 아담으로부터 현재에 이르기까지 하나님과 인간의 관계는 각 세대마다 변화한다는 신념에 근거한 신학 체계이다. 이스라엘과 교회를 구분하고 양자가 병행적이면서도 별도의 역할과 운명을 가지고 있다는 것, 성서에 대한 일관된 문자적 해석과 예언의 문자적 성취, 대환난 전 교회의 휴거를 강조하는 것이 그 특징이다.

세대주의에 대한 긍정적인 평가는 몇 가지로 요약된다. 첫째, 세대주의는 철저하게 성서 제일주의 입장을 취했다. 성서 자체가 무엇을 말하는가 최대의 관심사였다. 성서의 축자 영감과 무오설을 수용했을 뿐만 아니라 성서를 문자적으로 믿었다. 둘째, 세대주의는 내적 통일성을 지닌 신학 체계였다. 세대주의자들은 전체 성경 본문을 일관된 체계하에 논리적으로 배열하려고 했다. 따라서 세대주의의 장점은 그 체계성에 있다.[28] 셋째, 세대주의는 성경 연구, 경건한 생활, 복음 전도와 선교에 대한 열정과 열망을 촉진하고 증진시켰다.[29]

세대주의는 20세기 근본주의 운동의 발전에 중추적인 역할을 했으며 천년왕국에 대한 관심을 일으키고 종말론을 발전시키는 데 크게 공헌했다. 세대주의는 한국 교회에도 적지 않은 영향을 미쳤다. 특히 많은 목회자와 부흥사들이 세대론과 미래주의적 전천년설을 신봉하는 것은 세대주의의 영향과 무관하지 않다.

한편 세대주의는 이스라엘과 교회의 분리, 성경의 구획화, 천국과 하나님 나라의 구분, 일관된 문자적 해석 등의 문제 때문에 비판받고 있다.

주(註)

1. Vern S. Poythress, *Understanding Dispensationalists*, 권성수 역, 「세대주의 이해」(서울: 총신대학 출판부, 1990), p. 11.
2. Millard J. Erickson, *Contemporary Options in Eschatology* (Grand Rapids: Baker Book House, 1985), p. 109.
3. Charles C. Ryrie, *Dispensationalism Today*(Chicago: Moody Press, 1970), p. 11. 정병은 역, 「세대주의의 바른 이해」(서울: 전도 출판사, 1993), p. 11.
4. Ryrie, 「세대주의의 바른 이해」, p. 48, Poythress, 「세대주의 이해」, p. 13. Erickson, *Contemporary Options in Eschatology*, p. 110.
5. 눅 16:2, 3, 4, 고전 9:17, 엡 1:10; 3:2, 9, 골 1:25, 벧전 4:10.
6. *The Scofield Reference Bible*(New York: Oxford University Press, 1945), p. 5.
7. Ryrie, 「세대주의의 바른 이해」, p. 33.
8. Ibid., p. 53.
9. Erickson, *Contemporary Options in Eschatology*, p. 113.
10. Clarence B. Bass, *Backgrounds to Dispensationalism*, 황철영역, 「세대주의란 무엇인가」(서울: 생명의 말씀사, 1988), p. 95.
11. Ernest R. Sandeen, *The Roots of Fundamentalism*(Chicago: The University of Chicago Press, 1970), p. 38.
12. Poythress, 「세대주의 이해」, p. 26.
13. Ibid., pp. 27 - 30.
14. Ibid., p. 105.
15. Ryrie, 「세대주의의 바른 이해」, p. 96 - 98.
16. Poythress, 「세대주의 이해」, p. 22.
17. Ryrie, 「세대주의의 바른 이해」, p. 15, Erickson, *Contemporary Options in Eschatology*, p. 119. Bass, 「세대주의란 무엇인가」, p. 28.
18. 행 3:12, 4:8, 10, 5:21, 31, 35, 21:28, 롬10:1, 고전10:32.
19. Darby, *Lectures on the Church of God*, p. 256, Bass, 「세대주의란 무엇

인가」, p. 146 재인용. Scofield, *Scofield Bible Correspondence Course* (Chicago : Moody Bible Institute), pp. 23 – 25. Ryrie, 「세대주의의 바른 이해」, pp. 153 – 154, 215.

20. Erickson, *Contemporary Options in Eschatology*, p. 120.
21. Bass, 「세대주의란 무엇인가」, pp. 29 – 32.
22. George Ladd, *The Blessed Hope* (Grand Rapids : Eermans, 1956), p. 37.
23. Erickson, *Contemporary Options in Eschatology*, p. 122. Bass, 「세대주의란 무엇인가」, pp. 32 – 35. 52 – 54.
24. Erickson, p. 121. Bass, p. 34.
25. Ernest R. Sandeen, *The Roots of Fundamentalism*, p. 65.
26. Ryrie, 「세대주의의 바른 이해」, pp. 72 ff. Bass, 「세대주의란 무엇인가」, pp. 9 – 13.
27. Ryrie, pp. 109 ff. Bass, 「세대주의란 무엇인가」, p. 202.
28. Erickson, p. 122.
29. Ryrie, p. 94.

14장

근본주의 신학

서론

19세기 자유주의 신학에 대한 반작용으로 20세기 초 유럽에서 일어난 것이 신정통주의 신학이라면, 미국에서 일어난 것은 근본주의 신학이다. 근본주의는 자유주의 신학과 진화론과 같은 현대 과학 이론에 대항하여 일어난 것이다. 그러나 근본주의는 새로운 신학 전개라기보다는 오히려 역사적 기독교 신앙을 보수하고 촉진하려는 운동이다.

1968년에 발표된 캠벨(Robert Campbell)의 통계에 의하면, 미국의 기독교 신자 중 근본주의자는 2,350만으로 추산되며, 몽고메리(John W. Montgomery)의 조사로는 미국 목사의 20퍼센트와 평신도의 25퍼센트가 근본주의자로 분류될 수 있다.[1] 심지어 미국 전체 인구의 20−25퍼센트가 어떤 형태로든 근본주의 단체와 연관이 있다고 주장하는 학자도 있다.[2] 따라서 미국 신학의 흐름을 논하면서 근본주의를 언급하지 않는 것은 미국의 자연경관을 살피면서 로키 산맥을 빠뜨리는 것과 같다고 해도 지나치지 않다.[3]

그러나 근본주의자라는 말은 현대 기독교인들에게 긍정보다는 오히려 부정적인 인상을 주는 경향이 있다. 흔히 근본주의는 편협하고 논쟁 지향적이며 분파주의적인 것으로 간주된다. 이것은 그들이 자유주의와 현대주의 사상에 대해 공격적이고 배타적인 데서 비롯되었다. 반대파들은 그들을 근본주의자라는 조롱하는 듯한 이름으로 불렀다.

근본주의란 명확하고 단순하게 정의될 수 있는 문제가 아니다. 왜냐하면 그것은 매우 다양하고 복잡하게 전개되었으며 극단적으로 서로 다른 평가를 받고 있기 때문이다. 근본주의는 어떤 특정 집단을 가리키는 명칭이라 기보다는 광범위한 지성적, 종교적인 흐름을 나타낸다. 그러므로 근본주의에 대한 일치된 정의를 발견하는 것이 쉽지 않다. 비판가들은 근본주의를 비교화주의, 분리주의, 새로운 이단, 혹은 왜곡된 기독교로 평하는 데 반해, 변호자들은 원칙적으로 기독교 자체 외에 아무 것도 아니다라고 주장한다.[4] 이것은 평가자 자신의 기본적인 신앙 노선이 무엇이냐에 따라 근본주의에 대한 평가가 달라진다는 것을 말해 준다.[5]

근본주의자들은 자신들이 근본주의자라는 명칭보다는 보수적 복음주의자로 불리는 것을 좋아한다. 그렇다고 모든 보수적 복음주의자가 곧 근본주의자는 아니다. 근본주의는 일반적으로 극우파 보수주의를 의미한다.

필자는 근본주의의 역사적 발전 과정을 개괄하고 신학적 배경을 분석함으로써 근본주의가 무엇인지를 해명하려고 한다. 그리고 1920년대에 일어난 초기 근본주의 논쟁을 토대로 하여 근본주의가 무엇을 주장하고 또 반대했는지를 밝힐 것이다.

Ⅰ. 근본주의의 역사

근본주의는 19세기 말 북미에서 보수적이며 성서적인 기독교 정통주의를 보존하고 촉진하려는 목적에서 일어난 신앙 운동이다. 19세기 이후 정통 기독교는 자유주의 신학, 진화론, 역사 비평적 성서 연구로부터 그 존립마저 위협하는 심각한 도전을 받게 되었다. 이러한 도전에 대해 전투적인 반작용으로 일어난 것이 근본주의였다. 따라서 성서의 축자 영감설과 무오성을 강조하고 자유주의 신학의 성서 비평학을 단호히 거부했다. 또한 자신

의 견해와 다르면 용납하지 않는 것 등이 근본주의의 일반적인 특징이었다.[6]

근본주의 연구의 대가, 샌딘은 근본주의를 근본주의 운동과 근본주의 논쟁으로 분류하고, 근본주의는 1920년대의 근본주의 논쟁 전후에도 종교운동으로 존재했었다고 주장했다.[7] 즉 그는 근본주의가 정통주의와 자유주의 사이의 논쟁을 통해 존재하게 되었다고 보지 않고, 그 논쟁과 독립적으로 존재했다고 본 것이다. 역사적으로 볼 때, 19세기 중엽까지 근본주의자라고 불리운 사람은 없었다. 대부분의 개신교도들은 자신들을 복음주의자로 불렀다. 그 후 복음주의가 자유주의 세력과 보수주의 세력으로 양분되기 시작했다. 여기에서 근본주의가 태동하기 시작한 것이다. 근본주의는 자유주의 신학의 역사 비평적 성서 주석과 현대 과학의 진화론에 대한 반대 운동으로 일어난 것이다.

근본주의 형성에 큰 영향을 준 것은 복음주의적 부흥 운동이었다. 특히 1878년 나이아가라 성경 대회(the Nigara Bible Conference)에서 채택된 나이아가라 신조는 근본주의의 중심적인 신앙 고백이 되었으며, 1895년 나이아가라 대회에서는 근본주의란 말이 성서 해석의 기본 입장을 진술하기 위해 사용되었다.[8] 그러나 많은 학자들은 「근본적인 것들(*The Fundamentals*)」이란 제목의 소책자가 미국에서 발간되던 기간을 근본주의의 시작으로 간주하며, 근본주의란 용어도 이 책자에서 유래했다고 본다.[9]

이것은 1910년부터 1915년까지 유럽과 미국 신학자들의 공동 작업으로 총 12권이 출판되었다. 64명의 기고자들 중에는 저명한 보수주의 학자와 설교가들도 많이 있다. 몰간(G. Campbell Morgan), 워필드(Benjamin B. Warfield), 올(James Orr), 토레이(R. A. Torrey), 피어슨(A. T. Pierson), 어드만(Charles Erdman) 등이 그들이다.

이 책자들은 미국 로스엔젤레스의 두 명의 평신도, 레이먼(Lyman)과 스튜와르트(Milton Stewart)의 재정 지원으로 출판되었다. 그래서 영어 사용권의 목사, 전도사, 선교사, 신학생, 주일 학교 교사, YMCA와 YWCA 책임자 등에게 주소가 입수되는 대로 무료로 3백만 부 이상 보내졌다. 여기에 수록된 총 90편의 논문들은 성경의 영감과 권위, 그리스도의 동정녀 탄생과 신성, 초자연적 이적과 대리적인 속죄의 죽음, 육체적 부활과 승천을 기독교 신앙의 근본 원리들로 간주했다. 하지만 사회주의, 열광주의적 이단, 고등 비평주의, 진화론, 신령주의 등을 기독교 신앙의 적으로 취급했다.

20세기 초반에 근본주의는 조직화되었으며 현대주의 사상을 공격하기 시작했다. 특히 장로교와 침례교에서 더욱 그러했다. 1910년 미국 북장로 교회 총회는 근본주의자들의 영향력에 의해 성경의 영감과 무오성, 그리스도의 동정녀 탄생, 그리스도의 대속적인 죽음과 육체적 부활, 기적으로 요약되는 5개조의 교리를 기독교의 본질적인 신앙으로 선언했다. 이 선언은 1916년과 1923년 총회에서 재확인되었다.

한편 침례 교단에서는 1919년 북침례 교회의 라일리(William B. Riley), 남침례 교회의 모리스(Frank Morris), 캐나다 침례 교회의 쉴즈(Thomas T. Shields)의 주도로 필라델피아에서 세계 기독교 근본주의 협회(World's Christian Fundamentals Associations)가 창립되었다. 이 모임은 "문서, 자유주의자와의 논쟁, 성경 대회를 통해 미국인의 신앙 생활의 우선 순위를 성서적 기독교에 두도록 하는 것"이 목적이었다.[10]

이들은 1923년에 침례교 성서 연합(the Baptist Bible Union)을 만들었으며, 이것이 모체가 되어 1932년 근본주의 침례 교단(the General Association of Regular Baptist Churches)이 창립되었다. 또한 디한(M.R. DeHaan), 왈부우드(John F. Walvoord), 버스웰(J.O. Buswell, Jr.)을 중심으로 미국 독립 근본주의 교회(the Independent Fundamental Churches of America)가 조직되었다. 이 밖에도, 근본주의 교단으로 미국 침례교 협회(the American Baptist Association), 그레이스 형제단(the Grace Brethren) 등이 창립되었다.

성서 학원의 설립과 대중 매체의 활용이 근본주의의 확장에 크게 공헌했다. 1930년까지 심프슨(A.B. Simpson)의 선교사 훈련원(Missionary Training Institute, 1882)과 무디(D.L. Moody)의 무디 성서 학원(Moody Bible Institute, 1886)을 비롯하여 50개 이상의 성서 학원들이 설립되어 근본주의 입장에 선 인물들을 배출했다. 또한 근본주의자들은 대중 언론 매체의 중요성을 인식하여 그들의 입장을 전파하는 데 신문, 방송, 잡지를 적극 활용했다.

근본주의의 운동과 논쟁은 1920년대에 절정을 이루었으며 그 후에는 급격히 약화되었다. 현대주의자들과의 논쟁에서 패배한 것과 근본주의 운동의 내부 분열이 약화의 원인이었다. 1925년 근본주의자와 진화론자의 대립으로 일어난 원숭이 재판 사건은 근본주의의 대중적인 기반에 타격을 주었다. 이 재판의 결과로 근본주의자들은 과학에 관해 상당히 무식하다는 여론의 평가를 받았으며 일반 대중들로부터 신뢰를 잃었다. 또한 근본주의자들은 교권 투쟁에서도 패배하여 교단 주도권을 상실하고 소수파로 밀려나게 되었다.

한편 근본주의 내부에서 갈등과 분열이 일어났다. 근본주의 운동에 참여했던 사람 중에 그 신학과 교리에는 동의하지만 그것을 추구하는 방법과 태도에는 동의하지 않는 그룹이 형성되었다. 그들은 근본주의의 논쟁 지향적이며 반지성주의적 경향과 사회 문제에 대한 무관심에 반기를 들었다. 이들은 1941년에 미국 복음주의 협회(National Association of Evange-licals)를 만들었으며, 이것은 옥켄가(Harold Ockenga), 헨리(Carl Henry), 빌리 그래함(Billy Graham) 등의 지도하에 크게 성장했다. 이 새로운 운동이 신복음주의다.

그러나 근본주의가 완전히 소멸된 것은 아니었다. 소속 교단을 탈퇴하거나 교단으로부터 면직된 근본주의자 일부는 새로운 교회와 교단을 창립함으로써 1930년대에 신근본주의 운동이 다시 일어나게 되었다. 1929년 매첸(J. Gresham Machen)은 프린스톤 신학교 교수직에서 쫓겨난 후 웨스트민스터 신학교를 설립하게 되었으며, 1936년에는 점차적으로 자유주의화되는 북장로교에 대항하여 정통주의 장로 교회를 설립하게 되었다.

1941년에는 매킨타이어(Carl McIntire)의 주도로 반현대주의적인 미국 교회 협의회(the American Council of Christian Churches)가, 그리고 1948년에는 W.C.C.에 반대하는 국제 기독교 협의회(the International Council of Christian Churches)가 창립되었다. 1950년에는 근본주의 교리를 근본 신조로 하는 성서 침례회(the Bible Baptist Fellowship)가 창립되었다. 성서 침례회는 급성장하여 미대륙에서 가장 큰 근본주의 교단이 되었으며 현재 약 4000개의 지교회를 가지고 있다.[11]

근본주의는 본래 보수적인 종교 운동으로 시작되었으나 점차 그 영역이 문화, 사회, 정치 분야에까지 확대되었다. 특히 2차 대전 이후 미국의 근본주의는 극단의 정치적 보수주의와 손을 잡았다. 근본주의자들은 종교적인 문제뿐 아니라 사회 및 정치적인 문제에도 보수적이었기 때문에, 이들의 연합이 가능했던 것이다. 1970-80년대에 급속히 성장한 근본주의는 팔웰(Jerry Falwell)의 주도로 정치적 행동 그룹인 "도덕적 다수"(the Moral Majority)를 창설하여 정치인을 위한 선거 운동에 깊이 관여했다. 특히 1980년과 1984년의 대통령 선거에서 레이건이 승리하는 데 크게 기여함으로 세계적인 주목을 받기도 했다.

II. 근본주의 신학적 배경

근본주의의 근원에 대해서는 학자들마다 해석의 차이가 있다. 그러나 근본주의가 어느 한 가지 신앙 전통을 계승한 것이 아니라, 여러 가지 전통을 계승하고 있다고 보는 점에서 대체로 의견이 일치하고 있다. 근본주의는 신학적으로 다양한 견해의 융합이었다. 19세기 부흥 운동의 신학과 프린스톤 신학을 근간으로 하여 여러 줄기의 복음주의적 흐름을 계승한 것이다.

샌딘에 따르면, 근본주의의 근원은 세대주의와 프린스톤 신학이다. "근본주의는 19세기의 서로 연합될 수 없는 두 신학의 조류, 즉 세대주의와 프린스톤 신학이 1918년까지 공동의 적인 현대주의와 싸우려고 공동 전선을 펴기 위해 형성한 일종의 연합 운동이다"[12] 「근본적인 것들」에 논문을 기고한 저자들 중 19명이 세대주의자였으며, 세대주의의 전천년설, 성경의 문자주의, 축자 영감설 등이 근본주의의 주요 교리가 되었다.[13] 프린스톤 신학은 근본주의 운동에 조직과 지도자와 기본적인 신학 체계를 제공했다고 보았다.

한편 샌딘이 근본주의의 근원을 세대주의와 프린스톤 신학으로 보는 것과 달리, 말스덴(George M. Marsden)은 그것 이외에도 다른 요소들이 있음을 주장했다. 부흥회 운동, 성결 운동, 전천년설과 칼빈주의 등이 그것이다. 말스덴에 따르면, 근본주의는 "기독교를 현대 사상 속에 집어넣으려는 현대주의자들에게 맹렬하게 대항한 운동"으로서 "여러 가지 서로 모순되거나 절대로 일치할 수 없는 전통과 흐름의 모자이크였다."[14] 말스덴은 근본주의 신학의 중심을 형성한 것은 부흥회주의와 경건주의 전통이었으며 여기에 성결 운동과 프린스톤 신학 전통이 첨부되었다고 보았다.

바(Barr) 역시 근본주의가 여러 가지 요소로 구성되었다고 보았다. 그는 복음주의적 부흥 운동과 하지와 워필드의 프린스톤 신학을 근본주의 근원으로 지적했지만 그보다는 부흥 운동을 보다 강조했다. 그는 근본주의 형성의 유력한 전통을 복음주의적 부흥 운동이라는 종교 체험으로 보았다. 이름뿐인 기독교인과 진정한 기독교인을 대조시키는 것이 근본주의의 핵심이 되었으며 모든 근본주의자들의 사상과 행동의 기본이 되었다고 주장했다. 따라서 근본주의 운동은 복음적 부흥사들의 신학적 입장을 토대로 하였으며, 여기에 주요한 교리적 흐름으로 하지와 워필드의 프린스톤 신학이 포함되었다고 보았다.[15]

이상의 견해를 종합할 때, 근본주의는 현대주의에 대항하여 성서적 기독교를 보존하려 했던 다양한 그룹의 연합체였다. 신학 노선상으로는 칼빈주의자와 알미니안주의자가, 종말론적으로는 전천년주의자와 무천년주의자 또는 후천년주의자가, 정치 제도적으로는 감독 교회 지지자와 회중 교회 지지자가 근본주의 운동에 함께 속해 있었다.

근본주의 신학은 5개 조항으로 요약될 수 있다. 성경 무오설과 그리스도에 관한 4개의 교리, 즉 동정녀 탄생, 대속적인 죽음, 육체적 부활 그리고 육체적 재림이 그것이다. 성경 무오설이 성경의 초자연적 기원을 강조하는 것이라면, 나머지 교리는 그리스도의 초자연적 기원 강조이다. 이외에도, 그리스도의 기적, 인간의 전적인 타락 등의 교리를 포함하는 것으로 확대되기도 하지만, 근본주의자들은 일반적으로 앞서 말한 5개 조항을 기독교 신앙의 근본 원리로 간주했다. 이 가운데 성경관과 천년왕국설을 중심으로 근본주의의 신학적 입장을 좀더 살펴보고자 한다.

근본주의의 중심점은 성경이다. 근본주의자들은 성경의 무오설과 축자 영감설, 성경에 대한 문자적 해석을 강조했다. 이것은「근본적인 것들」에 게재된 총 90편의 논문 중 29편이 성경의 권위 문제를 주제로 삼았다는 사실에 의해서도 증명된다. 근본주의는 성서는 "하나님의 영감을 받은 책이므로 어떤 종류의 과오, 즉 신학적 과오는 물론 역사적, 지리적, 과학적 과오도 없다"[16]고 주장했다. 이러한 성경 무오의 신앙과 축자영감의 개념은 고대 기독교의 유산이며 프로테스탄트 신학의 본질적 부분이다.[17] 20세기에 이것을 보존한 것이 근본주의이다.

성경 무오성에 대한 주요한 근거는 디모데후서 3:16 – 17과 베드로후서 1 : 20 – 21이다. 근본주의자들은 이 본문에 대한 문자적 해석에 근거하여 성경에는 오류가 없다고 믿는다. 왜냐하면 성경 자체가 그렇게 말하기 때문이다.[18] 이 점에 있어서 그들은 특히 하지와 워필드의 프린스톤 신학에 크게 힘입고 있다. 하지에 따르면, "성서가 무오하며 신적인 권위를 가졌다는 것은 성서가 하나님의 말씀이란 사실 때문이다. 성서가 하나님의 말씀이 되는 것은 그 책이 성령의 영감을 받았기 때문이다."[19] 프린스톤 신학의 성서 교리는 성서는 영감을 받았기 때문에 무오하다는 말로 요약된다. 이러한 입장이 근본주의자들에게 그대로 적용되었다. 따라서 근본주의 신학은 "한 주요한 교리, 즉 성경의 무오성의 신학"으로 평가되기도 한다.[20]

천년왕국설은 근본주의의 형성과 발전에 큰 영향을 미쳤다. 전통적인 전천년설자와 세대주의자들은 성경의 무오성을 믿고 성경을 문자적으로 해석하는 한편, 자유주의자와 대항해 싸움으로써 근본주의를 형성하는 데 밑거름이 되었다.[21] 근본주의자들은 그리스도의 문자적, 육체적 지상 재림을 기독교 신앙의 근본 원리로 간주했지만, 재림의 때와 방법에 대해서는 통일된 견해를 제시하지 못했다. 근본주의자들 다수가 전천년설자와 세대주의자였으나, 모든 전천년설자가 반드시 세대주의자는 아니었다. 왜냐하면 세대주의자는 전천년설뿐 아니라 세대주의의 체계를 믿어야 하기 때문이다. 또한 근본주의자 모두가 반드시 전천년설자도 아니었다. 개혁 교회와 프린스톤 신학은 전통적으로 문자적인 의미의 천년왕국설을 부정해 왔다. 따라서 근본주의자 중에는 전천년설자가 압도적이지만 후천년설자와 무천년설자도 없지 않았다. 그러므로 바에 따르면, 근본주의는 천년왕국설자들과 천년왕국설자가 아닌 보수주의자들의 연합을 통해 이루어진 것이다.[22]

근본주의 신학은 새로운 것이나 독창적인 것이 없었다. 신학의 내용이 개신교 정통주의와 동일했다. 근본주의자들은 정통주의 신학사상으로부터 몇 가지 교리를 도입하여 이를 기독교 신앙의 본질로 간주하고 정통성의 표준으로 삼았다.

Ⅲ. 근본주의 논쟁

근본주의 운동은 논쟁 지향적인 성격을 지녔다. 왜냐하면 근본주의는 본래 자유주의 신학, 성서 비평주의, 성서적 창조론에 대한 과학적 진화론의 도전 등에 대항하기 위해 일어난 전투적 반작용이었기 때문이다. 따라서 근본주의에 있어서 논쟁은 피할 수 없는 것이었다.[23] 근본주의와 현대주의의 논쟁은 성경의 권위, 진화론의 타당성, 성서비평의 기술 문제 등을 중심으로 전개되었으며 1920년대가 그 절정이었다. 필자는 몇 가지 논쟁점과 사건을 중심으로 초기 근본주의 논쟁을 살펴보고자 한다.

근본주의 논쟁의 핵심 주제는 성경의 권위였다. 성경에 어떻게 접근해야 하며 성경을 어떻게 사용하는가, 이것이 자유주의자와 근본주의자의 근본적인 논쟁점이었다. 자유주의는 문학 비평과 역사 비평에 근거하여 복음서 기록의 역사성을 문제시했다. 성경의 무오성을 부인하고 그리스도의 동정녀 탄생, 부활, 승천, 기적과 같은 성경의 초자연성을 부정했다.[24] 자유주의는 최고의 권위를 성경 자체에 둔 것이 아니라 인간의 이성과 경험에 두었으며 개인 문제보다는 사회 문제에 관심을 가졌다. 이와는 달리, 근본주의는 신앙과 생활의 궁극적인 권위를 성경에 두었다. 성서의 무오성과 축자영감을 강조하는 한편, 성서 비평을 거부했다. 그리고 사회 문제보다는 개인에 관심을 가졌다. 이러한 상반된 입장으로 인해 논쟁이 일어나게 되었으며, 근본주의자들이 자유주의를 기독교가 아닌 전혀 다른 종교요 기독교 내의 치명적인 적으로 간주하게 되었다.[25]

근본주의자와 자유주의자 사이에 뜨거운 논쟁이 시작된 것은 포스딕 사건을 통해서였다. 포스딕(Harry E. Fosdick)은 침례교 출신의 자유주의 신학자요 저명한 설교가였다. 1922년 6월 포스딕은 뉴욕 제일 장로 교회 초청 목사로 활동하면서 "근본주의자들이 승리할 것인가"라는 제목의 설교를 했다. 이 설교를 통해 그는 자유주의자들도 기독교인임을 강조했다. 또한 근본주의자들의 편협과 불관용을 지적하는 동시에 그들의 관용을 호소했다. 포스딕의 의도는 근본주의자와 자유주의자의 논쟁을 완화하고자 하는 것이었으나 결과는 오히려 그 반대였다. 논쟁을 더 격화시켰던 것이다. 매카트니(Macartney)는 "포스딕 박사에게 답함: 불신앙이 승리할 것인가"라는 제목의 반박문을 통해 포스딕에 대응했다. 그는 자유주의가 교회를 서서히 세속화시키고 있고, 이를 저지하지 않으면 새로운 종류의 기독교가 만들어질 것이라고 경고했다.[26]

한편, 어번 선언(the Auburn Affirmation)이라고 불리는 자유주의 선언을 통해 근본주의 논쟁은 더욱 심화되었다. 1910년 북장로교 총회는 성경의 영감과 무오성, 그리스도의 동정녀 탄생 등 5개 교리를 기독교의 본질적인 신앙으로 선언했으며 1916년과 1923년 총회에서 그것을 재확인했다. 이 선언은 근본주의의 입장을 그대로 반영한 것이다. 그러나 총회 직후인 1924년 1월, 어번 선언이라고 불리는 문서가 150명의 서명과 함께 출판되었으며 그 후 1,274명의 서명이 더 첨가되었다. 이 선언은 자유주의자들의 입장을 반영한 것이었다. 그 주된 내용은 총회가 어떤 교리를 본질적인 것으로 정할 수 있는 권리를 가지고 있지 않다는 것과 총회가 선언한 5개조의 교리를 정면으로 부정하는 것으로 구성되었다. 그리고 그것은 성경 무오의 교리를 "매우 해로운 교리"로 간주했다.[27] 이 어번 선언을 둘러싸고 찬성과 반대의 입장이 첨예하게 대립하며 논쟁이 계속 이어졌다.

1925년 원숭이 재판 사건은 근본주의 논쟁을 절정에 이르게 했다. 테네시 주의 고등학교 교사 스콥스(John Scopes)는 학생들에게 진화론을 가르치는 것을 금지시킨 테네시 주 법령을 위반했다는 혐의로 고발당했다. 국방상을 역임한 유명한 변호사요 교회 장로인 브라이언(William J. Bryan)이 근본주의 입장을 변호했고, 한 무명 신문 기자는 스콥스를 변호했다. 이 재판은 근본주의와 현대주의의 싸움이었다. 결과는 브라이언의 패배로 끝났다. 그는 언론과 여론으로부터 과학에 대해 무식하다고 매도당했다. 근본주의자들은 이 재판의 여파로 일반 대중들로부터 불신을 받고 그 기반을 잃어 세력이 약화되기 시작했다. 따라서 1930년에 이르기까지 근본주의와 현대주의의 논쟁은 현대주의의 승리로 끝났으며, 근본주의자들은 교단 주도권을 상실하고 소수파로 밀려났다.

결론

근본주의는 20세기 초 자유주의와 현대주의의 도전으로부터 성서적이며 전통적인 기독교 신앙을 보존하기 위하여 일어난 종교 운동이다. 근본주의는 정통주의 교리 중 다섯 가지 항목을 기독교 신앙의 근본 원리로 강조했으며 핵심은 성경의 무오설과 축자 영감설이었다. 반면, 근본주의는 세속주의, 현대 과학의 진화론, 자유주의, 역사 비평적 방법론을 극렬히 반대했다. 따라서 근본주의자들은 호전적이고 공격적이었다.

근본주의가 자유주의에 대항하기 위해 택한 방법과 태도는 비판받을 수 있다. 근본주의는 종교 문제에 이성을 사용하는 것을 거부할 정도로 이성과 학문을 신뢰하지 않았다. 근본주의는 과거의 것을 단순히 보수하고 되풀이 하는 것을 신학의 과제로 간주했다. 따라서 현대인이 이해할 수 있도록 복음을 다시 표현하고자 하는 학문적 노력을 불필요시했다. 이 점에서 근본주의와 복음주의가 갈라진다. 양자는 신앙의 내용은 동일하지만, 그것을 옹호하는 방법이 다르다. 메이첸은 근본주의적 신앙을 가졌지만 근본주의자는 아니었다. 그는 근본주의가 이성을 불신하고 문화를 도외시하며 성직에 대해 무관심하며 지나친 개인주의적인 성향을 지닌 것을 개탄했다. 따라서 근본주의를 일종의 타락된 복음주의로 보았다.[28]

자유주의에 대항하여 복음주의적 신앙과 교리를 수호하려 한 것과 자유주의의 거센 흐름을 차단하는 동시에, 현대 기독교인들에게 자유주의의 위험성을 각성하게 한 것은 근본주의의 역사적 공헌이다. 근본주의가 성서의 무오성과 초자연성을 부정하는 자유주의에 반대한 것은 정당하다. 기독교 신앙의 근본적인 원리들을 보존하려는 열심과 순수성은 높이 평가받아야 마땅하다.

주(註)

1. Martin Marty, *A Nation of Behavers* (Chicago: University of Chicago Press, 1976), pp. 81-82. 켐벨에 의하면, 신복음주의는 1,550만, 자유주의자는 2,000만, 급진주의자는 십만으로 추산된다. 반면, 몽고메리에 의하면 복음주의자는 목사의 24%, 신자의 20%, 자유주의자는 목사와 신자의 25%, 급진주의자는 목사의 1%, 신자의 0.01%를 차지하는 것으로 추산된다.
2. Bruno Secondin, "Fundamentalism: challenge and dangers," *Theology Digest*, 40:1 (Spring, 1993), p. 5.
3. Marty, *A Nation of Behavers*, p. 80.
4. 팩커(J. I. Packer), 「근본주의와 성경의 권위」, 옥한흠 역(서울: 한국 개혁주의 신행협회, 1973), p. 24.
5. 필자의 참고 문헌 가운데 제임스 바(James Barr)의 「근본주의 신학」은 비판적 관점에서, 팩커의 「근본주의와 성경의 권위」는 긍정적인 입장에서, 그리고 김기홍의 「프린스톤 신학과 근본주의」는 우호적인 입장에서 근본주의를 취급하고 있다.
6. 제임스 바, 「근본주의 신학」, 장일선 역(서울: 대한기독교 출판사, 1984), p. 7.
7. Ernest R. Sandeen, *The Roots of Fundamentalism* (Chicago: The University of Chicago Press, 1970), p. xiii
8. Secondin, "Fundamentalism: challenge and dangers," p. 4.
9. 「근본적인 것들」이 출판되기 이전에는 근본주의자와 보수주의자가 구분되지 않았으나, 그 책이 출판된 이후로는 극우파 보수주의자들을 근본주의자라고 부르게 되었다.
10. David L. Smith, *A Handbook of Contemporary Theology* (Wheaton: Victor Books, 1992), p. 12.
11. ibid., p. 18.
12. Ernest R. Sandeen, "Toward a Historical Interpretation of the Origin of Fundamentalism," *Church History* 36 (March, 1969), p. 67. 김기홍, 「프린스

톤 신학과 근본주의」. p. 35에서 재인용.

13. 세대주의는 영국에서 다비(John N. Darby)에 의해 시작된 것으로 인류의 역
    사를 일곱 가지 세대로 나누고, 각 세대마다 각기 다른 방법으로 하나님께서 인
    류를 구원하신다고 주장하는 것이 특징이다.

14. George M. Marsden, *Fundamentalism and American Culture*(New
    York : Oxford University Press, 1980), pp. 4, 43. 김기홍, 「프린스톤 신학과
    근본주의」, p. 41에서 재인용.

15. 제임스 바, 「근본주의 신학」, pp. 19 - 23, 102, 171.

16. Ibid., p. 48.

17. Ibid., p. 310. 루터와 칼빈의 정통주의는 영감은 축자적이며 단어 하나 하나에
    까지 미친다고 보았다.

18. Ibid., p. 81.

19. Charles Hodge, *Systematic Theology*, vol. I(Grand Rapids : Wm. B.
    Eerdmans Publishing Company, 1981), p. 153.

20. Smith, A *Handbook of Contemporary Theology*, P. 23.

21. 김기홍, pp. 40 - 41.

22. 제임스 바, p. 210. 샌딘은 근본주의 근원을 세대주의와 프린스톤 신학의 연합
    으로, 바는 천년왕국설자와 비천년왕국설자의 연합으로 해석했다. 반면 김기
    홍은 근본주의의 기원을 교회론의 차이에서 찾았다. 이것이 그의 저서 「프린스
    톤 신학과 근본주의」의 논지이기도 하다

23. 근본주의란 명칭 역시 자유주의가 근본 원리로 인정하지 않은 성경의 무오성,
    그리스도의 동정녀 탄생과 같은 기독교 신앙의 핵심 교리들을 습관적으로 언
    급한 데서 유래했다.

24. 팩커, 「근본주의와 성경의 권위」, p. 44.

25. John G. Machen, *Christianity and Liberalism*(New York : Macmillan,
    1923), p. 52.

26. Clarence E. Macartney, "Shall Unbelief Win? An Answer to Dr. Fosdick,"
    The Presbyterian, July 13 and 20, 1922. 김기홍, 「프린스톤 신학과 근본주
    의」, pp. 137 - 138에서 재인용.

27. J. Oliver Buswell, *A Systematic Theology of the Christian Religion* (Grand Rapids : Zondervan, 1978), p. 192.

28. 패커, 「근본주의와 성경의 권위」, p. 43.

4부

최근 신학

15장

세속화 신학 1: 디트리히 본회퍼

서론

20세기 후반 신학의 가장 큰 특징은 신학의 관심과 강조점이 바뀐 데 있다. 하나님으로부터 인간으로, 하늘로부터 땅으로, 저 세상에서 이 세상으로, 정통 교리(신앙의 바른 진술)로부터 정통 실천(행동의 바른 성격)으로 신학의 관심이 전환되었다. 뿐만 아니라 개인적인 신앙보다는 타인을 위한 삶이, 말씀 전파보다는 인간의 인간화가 강조되었다. 한마디로, 세상성에 대한 발견과 관심이 고조되었다. 1960년 이후 기독교는 전반적으로 세속화되고 신학은 급진화되는 경향이 있다.

이러한 신학적 변화에 결정적인 역할을 한 사람이 본회퍼(Dietrich Bonhoeffer)였다. 그의 핵심 사상이자 혁명적인 개념인 무종교적 시대와 무종교적 기독교, 혹은 성인된 세계와 성서 개념의 비종교적 해석은 기독교 신학계에는 큰 충격을, 젊은 신학자들에게는 깊은 감명을 주었으며, 세계신학의 흐름을 바꾸어 놓았다.

특히 그가 「옥중 서간」에서 주장한 "성서 개념의 비종교적 해석"은 기독교의 새로운 방향을 제시했다. 세속화 신학, 신 죽음의 신학, 상황 윤리 등이 그와 직접적인 연관이 있고, 정치 신학, 혁명의 신학, 해방 신학이 간접적으로 연관되어 있다. 이러한 급진 신학의 중심에는 항상 본회퍼의 사상이 자리잡고 있다. 본회퍼를 제외하고 20세기 신학을 논하는 것은 불가능 하다고 해도 과언이 아닐 정도로, 현대 신학계에 미친 그의 영향은 실로 대단하다.

기독교인은 물론 많은 비기독교인까지도 사로잡는 본회퍼의 매력은 그의 삶과 사상의 일치에서 찾을 수 있다. 히틀러의 독재 정권에 용기있게 항거하고 저항한 끝에 투옥되어 39세에 처형당한 그의 삶은 그가 강조한 그리스도의 고난에 동참하는 삶, 타자를 위한 존재로서의 삶의 실현이었다. 따라서 그의 사상을 파악하기 위해서는 그의 삶을 이해하는 것이 필요하다.

필자는 본회퍼가 어떤 사람인지를 그의 생애와 저술을 통해 제시하고, 현대 신학 논쟁의 근원이 되는 그의 핵심 사상인 성인된 세계와 성서 개념의 비종교적 해석이 무엇인지를 해명하고자 한다. 그리고 현대 급진 신학과 그의 관계성을 추적함으로써 왜 그가 항상 현대 신학 논쟁의 중심에 위치하고 있는지를 밝히려고 한다.

Ⅰ. 생애와 저작

본회퍼는 1906년 독일 브레슬라우(Breslau)에서 명문가 집안의 쌍둥이로 태어났다. 아버지 칼 본회퍼(Karl Ludwig Bonhoeffer)는 저명한 신경 정신과 의사였으며 어머니 파울라(Paula)는 경건한 신앙의 소유자로 예나대학 교회사 교수로 명성을 떨쳤던 칼 폰 하제(Karl von Hase)의 증손녀였다. 1912년 본회퍼가 여섯 살 때, 아버지가 베를린 대학교의 정신 의학 및 신경학 교수로 부임함에 따라 전가족이 베를린으로 이주했다.

본회퍼는 열 살 때, 모짜르트의 소나타를 연주할 정도로 음악에 재능이 있었으며, 한때는 그 자신은 물론 부모 역시 그가 전문적인 음악가가 될 수 있으리라고 생각했다.[1] 본회퍼가 목사와 신학자가 되겠다고 결심한 것은 그의 나이 열네 살 무렵이었다. 가족들은 이런 그의 계획에 부정적이었다. 형과 누이들은 교회가 가난하고 미약하며 시시한 부르주아 제도라는 점을 지적하며, 그의 결심을 바꾸려고 설득했다. 본회퍼는 오히려 "그렇다면 내가 교회를 개혁할 것이다"라고 대답하며, 그의 결심을 더욱 확고히 했다. 부모 역시 그가 음악을 전공하기를 원했으나, 그의 결심은 변함이 없었다. 그러나 그의 최종 결정이 이루어진 후에는 가족들은 그것을 존중했다.[2]

1923년 가을, 본회퍼는 튀빙겐 대학에 입학하여 신학을 공부하기 시작했다. 튀빙겐 대학은 아버지와 형들의 모교였다. 본회퍼는 튀빙겐에서 어느 특정 분야에 집중하기보다 오히려 다방면에 걸쳐 폭 넓게 공부했다. 특히 그가 로마를 방문했을 때, 베드로 대성당을 보고 교회의 중요성을 깊이 인식하게 되었다. 그것을 계기로 그는 훗날 그리스도와 교회를 신학의 중심 주제로 삼았다.

1924년 그는 베를린 대학으로 학교를 옮겼다. 100여 년의 전통을 지닌 자유주의 신학의 본산지 베를린 대학은 1차 세계 대전을 기점으로 쇠퇴하기 시작한 자유주의 신학의 마지막 보루였다. 자유주의 신학을 대중화하는데 크게 기여했던 교회사가 하르낙(Adolf Harnack)은 정년 퇴직을 했지만 강의는 계속하고 있었으며, 그의 뒤를 이어받은 초대 교회사가 리츠만(Hans Lietzman), 저명한 루터 연구가 홀(Karl Holl)과 제베르크(Reinhold Seeberg), 신약 성서 학자 다이스만(Adolf Deissmann), 구약 학자 젤린(Ernst Sellin) 등이 교수로 활동하고 있었다. 본회퍼는 이들의 가르침을 통해 자유주의 신학과 그 역사 비평적 방법에 익숙하게 되었다. 그는 루터에 대한 세미나와 바르트의 변증법적 신학 강독을 통해 큰 도전을 받았다. 이웃에 살며 친하게 지냈던 하르낙은 본회퍼를 사랑했을 뿐만 아니라 "천재적 신학 청년"이라고 극찬하며 교회사를 전공하도록 권하기도 했다.

그러나 본회퍼가 특히 좋아했던 과목은 교회사가 아니라 조직 신학이었다. 그가 학업을 마칠 때까지 조직 신학을 가르친 제베르크의 세미나에 빠짐없이 참석했다는 것이 이를 말해 준다.[3] 그의 박사 학위 논문 역시 조직 신학에 관한 것이었다. 그것은 1927년 제베르크의 지도하에 작성된 「성도

의 교제: 교회의 사회학에 대한 교의학적 연구(Sanctorum Communio: A Dogmatic Inquiry into the Sociology of the Church)」였다. 「성도의 교제」는 칼 바르트가 "신학적 기적"이라고 평했을 정도로 탁월한 논문이었다. 그것은 교회 사회학에 대한 연구로서 사회 철학과 사회학을 이용하여 교회의 개념과 구조를 해명한 것이다. 본회퍼에 따르면, 교회는 예수에 의해 그리고 예수 그리스도 안에 한번에 모든 사람을 위해 기초되고 완성된 것이다. 그것은 사랑의 새 공동체이며 성령의 역사를 통해 그리스도가 인간 가운데 형태를 취하는 장소이다. 본회퍼는 이 논문에서 "공동체로 존재하는 그리스도"가 곧 교회라고 하는 새로운 개념을 제시했다.

1928년 본회퍼는 스페인의 바르셀로나에 있는 독일어를 말하는 교회의 부목사로 부임하여 일년 동안 활동한 후, 1929년 베를린 대학으로 다시 돌아와 교수 자격 논문을 제출했다. 「행위와 존재(*Act and Being*)」가 그것이다. 이 논문은 바르트의 사상 속에 있는 계시의 행동과 존재라는 딜레마를 자신의 교회 개념을 적용하여 해결하려는 시도였다.[4] 본회퍼는 바르트가 강조한 계시의 행동을 인정하는 한편, 계시의 존재의 면을 보완하려고 했다. 본회퍼는 바르트 밑에서 직접 공부한 적이 없었지만, 그의 영향을 적지 않게 받았다. 논문이 통과됨에 따라, 그는 1930년 베를린 대학에서 신학을 강의할 자격을 얻게 되었다.

1930년부터 일년 동안, 본회퍼는 미국 뉴욕에 있는 유니온 신학교에서 신학을 연구했다. 당시 유니온 신학교는 근100년의 역사를 지닌 초교파적인 신학 기관으로 그 명성이 최고에 달했다. 그는 이 곳에서 리이만(Lyman)으로 부터 종교 철학을, 라인홀드 니버로부터 종교와 윤리학을, 웨버(C. C. Webber)로부터 교회와 사회의 관계 문제를, 베일리(John Ballie)로부터 조직 신학을 배웠다. 그는 유니온 신학교에서의 연구를 통해 에큐메니칼 운동에 관심을 가지게 되고 여기에 적극 참여하게 되었다. 그러나 무엇보다도 미국 자체에 대한 새로운 인식의 전환이 그의 미국 유학의 가장 큰 성과였다. 신학적인 면에서는 오히려 그가 미국에 바르트의

신학을 소개함으로써 미국 신학계의 흐름에 큰 영향을 미쳤다.[5]

1931년 독일로 돌아온 본회퍼는 본(Bonn)에 있던 바르트를 방문했다. 이 때 맺어진 두 사람의 우정은 평생 동안 지속되었다. 그 해 가을부터 그는 베를린 대학에서 "20세기 조직신학의 역사," "창조와 죄," "교회의 본질," "기독론" 등을 주제로 강의를 했다.

창조와 죄에 대한 그의 강의록은 1933년 「창조와 타락(Creation and Fall)」이라는 제목으로 출판되었다. 그것은 창세기 1 – 3장에 대한 본회퍼의 신학적 해석을 제시한 것이다. 특히 그는 하나님의 형상으로 창조된 인간의 존재에서 인간의 독특성을 발견했다. 그는 인간이 하나님의 형상으로 창조되었다는 것을 두 가지 의미로 해석했다. 첫째, 그것은 인간이 자유롭게 창조된 존재라는 점에서 하나님과 유사하다는 것을 의미한다. 하나님과 인간의 유비는 존재의 유비가 아니라 관계의 유비이다. 하나님의 형상은 자유로운 인간이 자신을 위해 가지는 어떤 것이 아니라 타인을 위해 가지는 것이다. 둘째, 그것은 세상으로부터 인류의 자유를 의미한다. 인간은 하나님의 대표자로 세상을 지배하는 것이다.

한편, 기독론에 대한 그의 강의는 1960년 베트게에 의해 학생들의 노트를 토대로 재구성, 출판되었다. 기독론에 관한 본회퍼의 기본적인 질문은 예수 그리스도가 어떻게 하나님인 동시에 인간인가 하는 것이 아니라 그리스도가 누구인가 하는 것이었다. 그의 강의는 세 부분, 즉 현재적 그리스도, 살아 있는 그리스도, 영원한 그리스도로 구성되었다. 그는 예수를 하나님이라고 부르는 것은 인간 예수에게 하나님으로서의 자격 부여라는 의미이지 그에게 제2의 신적 본질을 첨가한다는 의미는 아니라고 주장했다. 그리고 그리스도는 자신을 위한 존재가 아니라, 나를 위한 존재, 즉 타인을 위한 그리스도임을 강조했다.

베를린 대학에서 교수로 활동하면서도 본회퍼는 에큐메니칼 운동에 열성적이었다. 이 운동은 그의 삶의 중요한 요소였다. 그는 "교회 국제 친선 세계 연맹"의 청년부 간사, "국제 청소년 협의회" 유럽 지역 총무 등으로 활약했으며, 이 운동에 관련된 각종 국제 회의에 참석했다.

본회퍼의 삶에 결정적인 영향을 미친 두 사건은 히틀러의 집권과 2차 세계 대전이었다. 그것은 순수하게 신학 연구에 몰두하던 신학자 본회퍼를 투사로 만들어 나머지 일생을 투쟁과 항거로 일관하게 만들었다. 전자는 본회퍼가 고백교회 운동에 참여하여 교회 투쟁을 하게 했으며, 후자는 본회퍼로 하여금 히틀러 정권을 전복하기 위한 지하 저항 운동에 가담하게 했다. 나찌(Nazi)당은 1932년 의회 선거에서 압도적으로 승리하여 의회를 지배했으며, 이를 기반으로 히틀러는 1933년 1월 30일 독일 제3공화국의 총통이 되었다. 나찌당은 기독교와 민족주의적 사회주의를 종합할 뿐만 아니라 독일 교회를 장악하려는 시도로 "독일 기독교 신앙 운동"을 조직했으며 많은 목사들이 여기에 가담했다. 따라서 독일 교회는 두 그룹으로 나뉘게 되었다. 하나는 루트비히 뮐러를 중심으로 한 "독일적 그리스도인들"이다. 이는 나찌당을 지지하고 민족적 기독교를 주장하여 기독교를 게르만화하고자 하는 기독교 운동이었다. 본회퍼가 속한 "옛 프러시아 연합 교회"는 "아리안 조항(Aryan Paragraph)"을 받아들여 유대인이 교회 내에서 직책을 가지는 것을 금했다.[6] 다른 하나는 니뮐러가 주도한 독일 복음주의 고백교회 운동이다.[7] 이 운동은 "독일적 기독교인들"에 항거하여 일어났으며 1934년 독일의 북부 소도시 바르멘(Barmen)에서 고백 교회 회의를 개최하고 신앙 고백서를 채택함으로써 조직화되었다. 바르트가 기초한 이 신앙 고백서가 곧 "바르멘 선언"이다.[8]

1933년 2월 1일, 히틀러가 총통이 된 지 단 이틀 후에, 본회퍼는 베를린 방송을 통해 "젊은 세대에 있어서 지도자 개념의 변화"라는 제목의 연설을 했다. 중도에 중단된 이 라디오 연설은 새로운 지도자의 개념을 직책이 아닌 사람에게 두는 우상적인 지도자 원리의 위험성을 경고하는 것이었다. 본회퍼는 또한 고백 교회 운동에 적극적으로 참여했으며 "교회와 유대인 문제"라는 논문을 발표했다. 이것은 "아리안 조항"과 "독일적 기독인들"을 논박하고 유대인 문제에 대한 교회의 책임을 분명히 하는 것이었다.

1933년 10월 본회퍼는 런던에 있는 독일어를 사용하는 두 교회의 목사로 초빙받아 영국으로 갔다. 그는 목회 활동을 하면서도 고백 교회 운동을 계속했으며, 이에 대한 영국 교회의 지지를 촉구했다. 그는 간디의 비폭력 저항법을 연구하기 위해 인도로 갈 계획이었으나, 독일 고백 교회로부터 신학교 설립을 위해 귀국해 달라는 요청을 받고 포기했다. 1935년 귀국해서는 신학교의 책임을 맡았다. 이 학교는 신학적 연구와 영적 훈련과 실천의 종합을 강조하는 고백 교회의 지도자 양성소였다. 이 학교는 발틱해 연안에 있는 징그스트(Zingst)에서 시작되었으나 곧 장소를 핀켄발데(Finkenwalde)로 옮겼다. 이곳에서 본회퍼는 「나를 따르라(*The Cost of Descipleship*)」를 저술했으며, 1937년 핀켄발데 신학교가 비밀 경찰에 의해 폐쇄된 후 「성도의 공동 생활(*Life Together*)」을 출판했다. 이들은 1930년대 그의 교회 투쟁의 시대에 쓰여진 것으로 그의 생전에 출판된 마지막 저서들이었다.[9] 전자가 참된 그리스도의 제자로서 하나님의 말씀에 따라 사는 길을 해명한 것이라면, 후자는 기독교 공동체의 영적 생활을 탐구한 것이다. 특히 「나를 따르라」는 본회퍼의 생존시 출판되어 독자들에게 큰 감명을 준 그의 대표작일 뿐만 아니라 그를 세계적인 인물로 만든 저서였다.

1939년 6월 본회퍼는 라인홀드 니버와 레만(Paul Lehmann)의 주선으로 유니온 신학교에서 강의하기 위해 미국으로 갔다. 그러나 그는 전쟁이 임박한 고국을 떠난다는 생각으로 마음이 편치 않았다.[10] 7월 초 친구들의 만류를 뿌리치고 영국을 거쳐 독일로 결국 돌아왔다. 한편 9월 1일 히틀러의 군대는 폴란드를 침공했으며, 이에 대응하여 이틀 후 영국과 프랑스는 독일에 대해 선전 포고를 했다. 본회퍼는 핀켄발데 신학교에서 가르쳤으나, 1940년 집단적 목회 훈련 형태로 명맥을 유지하던 학교가 비밀 국가 경찰에 의해 폐쇄됨에 따라 그의 교수 활동은 중단되었다. 그는 또한 독일에서 설교를 하거나 책을 출판하는 것도 금지 당했다.[11]

1940년 여름, 본회퍼는 독일 군정보부 법률 고문이었던 매부 도나니의 배려로 군정보부의 민간인 정보 요원으로 채용되어 뮌헨 사무소에 배속되었다. 한편 도나니를 통해 알게 된 지하 저항 세력의 히틀러 암살 계획에 적극 가담했다. 미친 운전사가 대로로 자동차를 몰고 간다면, 그 자동차에 뛰어올라 핸들을 빼앗아 차를 멈추게 하는 것이 당연한 일이라고 생각했기 때문이었다. 정보원과 저항 운동가라는 이중 생활을 하는 가운데서도, 그는 기독교 윤리학에 관하여 책을 쓰기 시작했으나 완성하지는 못했다. 미완성의 단편들을 모아 사후에 출판한 것이 「윤리학」이다. 그리스도, 교회 및 세계가 중심 주제를 이루고 있다. 본회퍼는 그리스도가 교회에 어떻게 관계되는가 하는 문제보다 오히려 그리스도와 교회가 세상에 어떻게 관계되는가 문제에 더 관심이 있었다.[12] 그는 하나님이 인간이 되신 성육신 사건을 통해 기독교 신앙의 세상성을 강조했다.

1943년 4월 5일 본회퍼는 군정보부의 유대인 고용인들을 스위스로 도피하게 하는 계획에 관여했다는 혐의로 비밀 경찰에 의해 체포되어 베를린에 있는 테겔(Tegel) 군 형무소에 수감되었다.[13] 그는 그곳에서 18개월 동안 반복된 심문과 고문을 당하면서도, 많은 책을 읽었으며 성경을 깊이 연구했다. 현대 세계에 있어서 기독교는 어떤 의미가 있는지 사색하며 검토했다. 이곳에서 그의 핵심 사상인 "성인된 세계"와 "성서적 개념의 비종교적 해석"에 대한 개념이 형성되었다. 그는 세계가 중세 이후 세속화의 과정을 겪어왔으며, 인간은 점진적으로 "성인된 세계"에 이르렀다고 생각했다. 그리고 성서적 개념과 신학적 개념에 대한 종교적인 견해를 폐기하고 비종교적 해석을 해야 한다고 주장했다. 그가 테겔 형무소에서 친구이며 제자인 베트게(Bethtge)와 부모에게 쓴 편지들은 그가 죽은 후 베트게가 편집하여 출판한 「저항과 복종(Wiederstand und Ergebung)」에 수록되었다. 이것의 영역본이 「옥중 서간(Letters and Papers from Prison)」이다. 「옥중 서간」은 본회퍼의 최종적인 신학 사상이 어떠했는지 보여 주고 있다는 것과 20세기 후반의 신학적 흐름을 바꾸어 놓을 정도로 신학계에 많은 영향을 미쳤다는 것에 그 중요성이 있다. 1960년대에 일어난 새로운 신학과 관련된 논쟁에서 가장 많이 논의되고 인용된 자료 중 하나가 「옥중서간」이다.

1944년 7월 20일 히틀러 암살 시도가 실패로 끝나고, 비밀 경찰은 암살 음모에 가담한 정보부 내 공모자를 암시하는 문서를 찾아냈다. 그러나 본회퍼의 이름은 그 문서에 언급되어 있지 않았다. 본회퍼는 1944년 10월 8일 베를린의 프린츠 알버트가에 있는 게슈타포 감옥으로, 1945년 2월 7일에는 부헨발트의 강제 수용소로, 그리고 4월에는 쉔베르그 마을로, 그리고 마지막으로 모든 저항자들을 처형하라는 히틀러의 특별 지령을 받은 비밀 경찰에 의해 발견되어 플로센뷔르그 강제 수용소로 옮겨졌다. 그리고 1945년 4월 9일 새벽, 미군이 그 지역을 해방하기 직전 교수형에 처해졌다. 그때 본회퍼의 나이 39세였다.

Ⅱ. 성인된 세계와 성서적 개념의 비종교적 해석

옥중에서 본회퍼는 새롭고도 충격적인 두 가지 혁명적인 개념을 제시했다. "무종교적 시대(Religionslose Zeit)"와 "무종교적 기독교(ein religionsloses Christentum)"이다. 그것은 또한 "성인된 세계"와 "성서적 개념의 비종교적 해석"이라고도 한다. 이것은 1960년대에 급진적인 젊은 신학자들이 신학적 토대와 방향을 삼았던 개념이었다. 특히 하나님 없이 살아가야 한다고 외쳤던 세속화 신학자들에게 주요한 슬로건이 되었다.

1. 성인된 세계

본회퍼는 13세기에 시작된 인간의 자율성을 위한 운동은 이제 완성의 단계에 도달했으며, 인간은 더 이상 종교나 하나님에 의존하여 어려운 문제들을 해결하지 않고 스스로 해결하는 성인된 세계에 이르렀다고 보았다. 따라서 그는 1944년 4월 30일자로 베트게에게 쓴 편지에서 성인된 세계 혹은 무종교 시대의 도래를 선언했다.

나를 끊임없이 움직이고 있는 것은 기독교란 무엇인가, 혹은 오늘의 우리들에게 예수는 과연 누구인가 하는 물음이다. 그것이 신학적인 말이든 혹은 신앙적인 말이든, 인간에게 모든 것을 말로 표현할 수 있는 시대는 지났다. 내면성과 양심의 시대, 즉 일반적으로 종교의 시대도 역시 지나갔다. 우리는 완전히 무종교적인 시대를 맞이하고 있다.[14]

성인된 세계는 "종교의 시대가 지나갔다"는 것, 무종교 시대가 왔다는 것을 의미한다. 본회퍼에게 있어서 성인된 세계는 무종교적 시대요, 성인된 인간은 무신성 속에 살고 있는 인간, 종교 없는 인간이다. 다시 말하면, 하나님 없이도 살아갈 수 있는 세상, 종교가 필요 없는 세계가 곧 성인된 세계이다. 그것은 "하나님 앞에서 그리고 하나님과 함께 하나님 없이" 사는 인간의 자율 운동이 성취된 것이다.[15] 따라서 성인된 세계에 대한 본회퍼의 진술은 새로운 시대에 대한 선언이다. 그것은 "당시의 종교적 상황에 대한 진단이며 새로운 종교에 대한 예측이다."[16] 그 예측은 하나님에 대한 인간의 자율성과 세계의 자주성, 그리고 세계의 비신격화와 세상성(Weltlichkeit)의 발견을 의미한다. 그리스도의 십자가와 현실 속에서 하나님이 인간이 되셨다는 것은 종교적인 세상의 의미를 극복하고 성인된 세계를 긍정하는 것을 말한다.

이와 같이 본회퍼가 옥중에서 발견했던 것은 현대의 성인성(成人性)이었다. 따라서 그는 현대 세계를 성인된 세계로, 그리고 현대인을 성인된 세계에 살고 있는 성인된 인간으로 규정했다. 현대인은 종교가 필요 없는 사람들이다. 그들은 하나님을 의지하지 않고 자신의 책임 아래 모든 일을 처리할 수 있는 사람들이다. 마치 신이 없는 것처럼 행동하며 스스로 책임을 진다. 이것이 성인된 세계이다. 따라서 본회퍼는 성인된 세계에 사는 우리는 더 이상 하나님을 필요로 하지 않거나 또는 하나님 없이 살기를 배워야 한다고 주장했다. 우리는 이제 우리 자신의 자원들, 즉 환경과 사회가 우리에게 제공하는 것에만 의존한다는 것이다.

도덕, 정치, 과학에 있어서 작업 가설(working hypothesis)로서의 하나님은 극복되고 폐기되었다. 그 같은 일이 철학과 종교에서도 일어났다. 우리가 정직할 수 있는 길은 하나님이 비록 존재하지 않는다 해도 우리는 이 세계 속에서 살아가야 한다는 것을 인식하는 것이다. 그리고 우리가 하나님 앞에서 인식하는 것이 바로 이것이다. 하나님 자신이 그것을 인식하도록 우리를 강요한다.

우리의 성인된 시대는 우리로 하여금 하나님 앞에 있는 우리의 상태를 바로 인식하게 한다… 하나님은 우리가 하나님 없이도 잘 살아갈 수 있는 성인으로 살아야 한다는 것을 우리에게 가르쳐 준다. 우리와 함께 있는 하나님은 우리를 버리는 하나님이다(막 15:34). 하나님이라는 작업 가설(作業假說) 없이 우리를 이 세계 속에 살게 하는 하나님은 우리가 항상 그 앞에 서 있는 하나님이다. 하나님은 이 세계에서 약하고 무력하다. 그것이 그가 우리와 함께 있고 우리를 도와주는 유일한 방법이다… 성인된 세계를 향한 발전은 그릇된 신 개념을 버리게 하고 성경의 하나님을 볼 수 있는 길을 마련한다. 이것이 아마도 세속적 해석의 출발점일 것이다.[17]

본회퍼는 죄와 죽음을 인간 실존의 한계 상황으로 간주하고 그것을 해결하기 위해 하나님을 동원하는 실존 철학이나 전통적 기독교 신학의 입장을 거부했다. 이것은 하나님을 부정하거나 하나님에 대한 신앙을 포기한다는 의미가 아니다. 그것은 우리가 인간 능력의 한계나 급한 상황에 직면해서야 비로소 하나님을 임시 방편(stop‒gap)으로 인식하는 것을 부정하는 동시에, 인간이 스스로 책임을 지고 자신의 힘으로 문제를 해결해야 한다는 것을 강조한 것이다. 어려울 때만 해결해 주는 해결사나 곤란할 때 틈을 메꾸어 주는 자로 하나님을 이해해서는 안되며 삶의 중심에서 이해하여야 한다. 본회퍼는 "한계에 직면해서가 아니라 삶의 한가운데에서, 인간의 약함에 의해서가 아니라 강함에서, 죽음과 죄가 아니라 삶과 인간의 선에서" 하나님을 인식하고 이해하려고 했다.[18] 그는 성서의 복음으로부터 종교의 옷을 벗겨 버리려고 한 것이다. 그에게 있어 종교는 인간 자신의 영혼에 대한 관심 또는 세계를 초월한 하나님에 대한 형이상학적인 해석을 의미한다.

성서의 복음으로부터 종교의 옷을 벗기는 것이 바로 성서 개념의 세속적 해석이다.

2. 성서 개념의 비종교적 해석

본회퍼는 1944년 4월 30일자 옥중 서간에서 "무종교적 시대"에 대해 말하면서, "무종교적 기독교"란 말을 처음으로 사용했다. "무종교적 기독교"라는 용어 대신 흔히 "기독교의 비종교적 해석," "비종교적 기독교," "종교 없는 기독교"라는 말로 사용되기도 한다. 무종교적 기독교는 본회퍼가 생애 마지막 기간을 옥중에서 보내면서 몰두했던 문제를 압축해서 표현한 개념인 동시에, 「옥중 서간」의 신학이다.[19]

본회퍼는 자신이 직면한 현실 앞에서 전통적인 기독교를 점검한 결과, 현대가 무종교 시대라는 것과 현대 세계는 성인된 세계라는 것을 발견했다. 그리고 이 무종교 시대에 기독교가 생존할 수 있는 길은 무엇이며, 무종교인들에게 그리스도와 기독교는 어떤 의미이며, 그리스도가 어떻게 그들에게도 주(主)가 될 수 있는가 하는 문제를 제기했다.

> 우리들의 1900년 간에 걸친 기독교의 선교와 신학은 인간의 '종교적 선험성' 위에 기초하고 있다. 기독교는 항상 종교의 한 형식이었다(아마도 참된 형식이었을 것이다). 이 선험성이 전혀 존재하지 않는다는 것이 어느날 분명하게 된다면. 그러므로 인간이 철저하게 무종교적이 된다면… 나는 이미 그러한 사태가 왔다고 생각한다… 그것은 기독교에 대해서 어떤 의미를 가지는 것일까?… 어떻게 해서 그리스도는 무종교자의 주도 될 수 있을까? 무종교적 기독교인은 존재하는가? 종교가 단지 기독교의 의복에 불과하다면… 무종교적 기독교는 무엇인가?[20]

이런 물음에 대해 본회퍼가 제시한 대답이 무종교적 기독교, 즉 성서 개념의 비종교적 해석이다. 그는 그것이 무종교적 시대, 성인된 세계에서 기독교가 생존할 수 있는 길이라고 생각했다. 무종교적 시대의 도래를 주장한 본회퍼는 종교를 떠나서 기독교를 이해하려고 했다. 그는 그렇게 이해한 기독교를 무종교적 기독교라고 했다.

그렇다면 본회퍼는 왜 종교를 떠나서, 즉 비종교적으로 기독교를 이해해야 한다고 보았는가? 그에게 종교는 무슨 의미인가? 첫째 종교는 개인주의를 의미한다. 그것은 인간이 자기 자신의 내적 상태와 경건 문제에 몰두하여 세상으로부터 도피하고 이웃을 잊어버리는 것이다. 죄는 자기를 위하여 존재하려는 욕망이며, 이것은 모든 관계성을 파괴한다. 종교는 이 자기중심적인 사회성의 파괴에 참여한다. 그러므로 본회퍼는 종교를 죄의 산물로 간주했다. 하나님도 인간도 타자와의 단절 속에서는 고려될 수 없고, 오직 타자와의 관계성에서만 고려될 수 있다. 그리스도의 존재가 타자를 위한 존재이기 때문이다.

둘째, 종교는 형이상학적인 것을 의미한다. 종교가 관심을 가지는 것은 이 세상적인 것이 아니라 저 세상적인 것이다. 하나님을 세상으로부터 분리하고 세속적인 것에서 거룩한 것을 분리하는 것이다. 그러나 하나님을 개인주의적으로 해석하여 "우리 안에" 존재하는 분으로 간주하거나 형이상학적으로 해석하여 세계를 전적으로 초월하여 존재하는 분으로 간주하는 것은 하나님의 타자성(otherness)을 간과하는 것이다. 따라서 본회퍼는 이것을 성서적 신앙의 왜곡으로 간주했다. 그것은 하나님을 우리의 세상적인 삶 가운데서 피안적(beyond)인 분으로 묘사하고 있는 성경과 일치하지 않기 때문이었다. 본회퍼는 우리의 관심사는 다음 세상이 아니라 이 세상이며, 세상 위에 있는 것은 이 세상을 위해 존재하도록 의도된 것이라고 주장했다.

셋째, 종교는 부분적인 것이다. 종교적 행위는 교회의 예배와 종교적 행사에 국한되어 있다. 따라서 그것은 항상 부분적이다. 반면 신앙은 전체적이며 생활 전반에 걸친 행위이다. 예수는 인간을 종교로 부른 것이 아니라 삶에로 불렀다.[21]

본회퍼는 성서적 개념을 형이상학적으로, 개인주의적으로, 혹은 저 세상적으로 해석하는 종교적인 해석을 거부하고 성서와 신학 개념에 대해 비종교적 해석을 요구했다. 종교의 시대는 지나갔으며, 이런 해석은 성경의 메시지와도 일치하지 않을 뿐만 아니라 현대인에게 타당하지 않기 때문이었다.

그렇다면 비종교적 해석이란 어떤 것인가? 박봉랑 교수의 설명에 따르면, 그것은 몇 가지로 정리된다.[22] 첫째, 비종교적 해석은 그리스도론적 해석을 의미한다. 그것은 예수 그리스도의 존재에 대한 새로운 관심의 집중을 말한다. 그가 비종교적인 해석의 출발점을 삼은 것은 예수 그리스도의 현실이었다. 성인된 세계, 무종교의 시대에서 예수 그리스도는 누구인가, 우리에게 어떤 의미를 지니는가 하는 것이었다. 비종교적 해석은 모든 것을 그리스도의 십자가와의 관계 속에서 생각하고 말하는 것이다. 예를 들어, 하나님의 초월성을 절대자와 무한자 같은 형이상학적인 개념으로 이해하는 것이 아니라, 인간의 형태 속에 있는 하나님이며 타자를 위해 존재하는 인간인 십자가에 죽으신 그리스도로 해석하는 것이다. 기독교 신앙은 이 예수의 존재에 참여하는 것이다.

둘째, 비종교적 해석은 세상적 해석을 의미한다. 이것은 본회퍼가 1944년 7월 8일자 옥중 서간에서 "성서 개념의 비종교적인 해석"과 "성서 개념의 세속적 해석(secular interpretation)"이란 말을 구별 없이 함께 사용한 것에 의해서도 입증된다.[23] 세상적 해석은 이 세상의 중요성을 강조하고 이 세상을 긍정하는 신앙, 세상 속에 사는 신앙을 의미한다. 그러나 본회퍼가 세상에 대한 강한 긍정을 주장한 것은 세상 그 자체 때문이 아니라, 세계가 예수 그리스도의 것이기 때문이었다.

셋째, 비종교적 해석은 구약 성서적 해석을 의미한다. 이스라엘 민족에 있어서 하나님은 이 세계의 현실에서만 만날 수 있다. 하나님은 죽은 자의 하나님이 아니라 산 자의 하나님이며, 세상 저쪽이 아니라 세상 가운데 계신다. 따라서 구약적 해석은 세상 가운데, 현실 속에 존재하는 하나님을 강조하는 것이다.

넷째, 비종교적 해석은 고난에 참여하는 삶을 의미한다. 그것은 하나님은 그리스도 안에서 고난받는 종으로 살아 있다는 해명이다. 본회퍼는 성인된 세계에서 신앙의 비밀 훈련의 필요성과 고난에 참여하는 삶을 요구했다. 그리스도는 전 존재가 타자를 위해 살았다. 성숙한 기독교적 삶 혹은 비종교화된 기독교적 삶은 그리스도를 따라 사는 것이다. "인간은 세속적으로 살아야 하며, 바로 세상 속에서 하나님의 고난에 동참하지 않으면 안된다… 종교적 행위가 기독교인을 만드는 것이 아니라 하나님의 고난에 동참하는 것이 기독교인을 만든다."[24] 기독교인으로 부름받은 것은 이 세상에서 하나님의 고난에 동참하는 것이다.

본회퍼가 주장한 비종교적인 해석과 무종교적 기독교는 전통적인 기독교를 재검토하여 성인된 세계에 타당한 참된 기독교를 제시하려는 시도였다. 그의 비종교적 해석은 무신론을 주장하거나 기독교와 하나님을 부정한 것은 아니었다. 인간이 해결할 수 없는 상황이나 문제에 직면했을 때, 임시변통으로 동원되는 기계 장치와 같은 하나님을 거부한 반면, 인간 문제는 인간 스스로 해결하는 성인된 세계의 신관을 주장한 것이다. 본회퍼에 따르면, 성인된 세계는 성인되지 않은 세계보다도 무신성이 더욱 깊음에도 불구하고, 바로 그 때문에 성인되지 않은 세계보다 더욱 신에 가깝다.[25]

Ⅲ. 본회퍼의 신학적 영향

본회퍼는 「옥중 서간」에서 성인된 세계와 비종교적 해석으로 요약되는 혁명적인 개념들을 주장했다. 그러나 그는 그의 사상의 윤곽만을 단편적으로 제시했을 뿐, 그의 전체 사상을 체계적으로 전개하지 못했다. 그의 사상이 성숙되고 정리되기에는 아직 너무 이른 나이에 처형되어 생을 마감했기 때문이다. 따라서 본회퍼는 성서 개념의 비종교적 해석을 주장함으로써 현대 세계에서 기독교가 선택해야 할 존재 방식에 관한 중요한 문제를 제기했으나 그것에 대한 정확한 답변을 준비하지는 못했다. 그는 그것을 현대 기독교가 완성하고 해결해야 할 미완성의 과제로 남겼다.

　본회퍼는 1960년대에 이르러서야 사후에 출판된 저서들과 그에 관한 진술을 통해 신학계의 주목을 받게되고 탁월한 기독교 사상가라는 평가를 받게 되었다. 그의 「옥중 서간」이 독일어로는 1951년에, 영어로는 1953년에 출판되었으나, 그의 이름이 대중들에게 널리 알려진 것은 1963년 로빈슨 (John Robinson)이 쓴 「신에게 솔직히(Honest to God)」가 출판되면서부터였다. 로빈슨은 본회퍼의 "성인된 세계"를 위한 "비종교적 기독교"의 개념을 대중화했다.

　본회퍼의 성서 개념의 비종교적 해석은 현대 신학에 새로운 방향을 제시했다. 그의 신학은 20세기의 후반의 개신교 신학, 가톨릭 신학과 에큐메니칼 신학에 큰 영향을 미쳤다. 젊은 신학자들은 자신들의 신학의 초석으로 본회퍼의 신학적 개념을 채택했다. 특히 세속화 신학자들과 신의 죽음의 신학자들이 그러하다. 그의 비종교적 기독교 개념에 자극을 받아 기독교의 세속화론이 일어나고 그것에 기초하여 세속화 신학이 형성되었다. 세속화 신학은 본회퍼의 "비종교적 해석"을 발전시킨 것이다. 로빈슨은 「신에게 솔직히」에서 틸리히의 실존의 심연, 불트만의 비신화화, 본회퍼의 비종교적 기독교 개념이 자신에게 큰 영향을 주었음을 밝히고 있다. 뿐만 아니라, 그는 본회퍼의 기독론에 근거하여 타자를 위한 존재로서의 그리스도를 본받는 인간의 모습에서만 살아 계신 하나님의 모습을 발견할 수 있으며 세속의 한가운데 거룩의 장소가 있음을 주장했다. 콕스(Havey Cox)의 「세속도시(The Secular City)」, 반 뷰렌(Paul van Buren)의 「복음의 세속적 의미(The Secular Meaning of the Gospel)」는 본회퍼에게서 영감을 받아 쓰여진 문제의 저서들이다.

　하나님의 죽음의 신학은 세속화 신학의 극단적인 형태로 전통적인 기독교 유신론을 거부하고 하나님의 죽음을 선언했던 급진 신학이다. 이 신학을 주도한 하밀톤이나 알타이저는 본회퍼의 「옥중 서간」에 나타난 무신론적 기독교에 큰 영향을 받았다. 세속화 신학의 또 다른 변형들로 간주될 수 있는 희망의 신학, 정치 신학, 해방 신학 역시 본회퍼의 영향 아래 형성된 것이다. 억압받는 자의 해방을 강조하는 남미의 해방 신학, 북미의 흑인 신학, 죌레(Dorothe Soelle)의 여성 신학은 본회퍼의 고난받는 하나님에 대한 사상에 힘입은바 크다. 상황 윤리 역시 본회퍼의 "타자를 위한 존재," 성육신의 사랑의 개념에 근거한 것이라고 할 수 있다.

결론

본회퍼의 신학은 현대 세계에서 존립할 수 있는 기독교의 존재 방식을 모색하고 기독교의 세상성을 재발견한 데 그 의의가 있다. 이로 인해 세속화신학 형성에 결정적인 영향을 미쳤다.

　본회퍼의 신학에서 중심 주제를 이루고 있던 것은 그리스도와 교회와 세계였다. 본회퍼에 따르면, 그리스도는 자신을 위한 존재가 아니라 타인을 위한 존재이다. 그리고 공동체로 존재하는 그리스도가 곧 교회이다. 그는 기독교 신앙의 세상성을 강조하여 그리스도와 교회가 세상과 어떤 관계를 가져야 하는지 해명하려고 했다. 그의 신학은 철저히 그리스도 중심적이다. 그의 전체 신학은 그리스도 안에 계시된 하나님에 기초하고 있다. 그러면서도 그의 신학은 사회성을 동반하는 것이 특징이다.

　본회퍼의 신학은 다양하고 혁명적이다. 그의 신학은 "성인된 세계," "무종교 시대," "무신론적 기독교," "마치 하나님 없는 것같이" 등등 자극적이며 혁명적인 표현으로 가득하다. 그의 신학은 이런 다양성과 혁명성으로 인해 오늘날 세속화 신학, 해방 신학, 정치 신학자 등에게 많은 영향을 미치고 있을 뿐만 아니라 내일의 신학자들에게도 그의 영향은 계속될 것이라고 예상된다.

주(註)

1. Eberhard Bethge, *Dietrich Bonhoeffer*(New York : Harper & Row, Publishers, 1977), p. 13.
2. Ibid., p. 22.
3. Ibid., p. 47.
4. 박봉랑, 「기독교의 비종교화」(서울 : 범문사, 1975), p. 29.
5. 베일리 교수는 자신의 세미나 시간에 본회퍼에게 바르트의 신학을 소개하도록 요청했는데, 본회퍼는 이것을 미국에서 바르트의 신학의 영향을 처음으로 느끼게 된 새로운 상황으로 표현했다. Bethge, pp. 116 - 118.
6. "아리안 조항"은 유대인의 피를 가진 자와 유대인과 결혼한 자는 일체 국가의 공직을 가지는 것을 금한 법적 조치이다.
7. 독일 교회는 히틀러의 종교적 간섭과 탄압에 항거하여 니묄러(Martin Niem-öller)의 지도하에 "긴급 목사 동맹"을 결성했다. 이 동맹에는 7천 명 이상의 목사들이 서명했으며, 이것이 모태가 되어 독일 고백 교회가 탄생했다.
8. 바르멘 선언은 6개 항목과 결론으로 구성되어 있다. 각 항목마다 성경 본문이 먼저 제시되고 그것에 대한 신앙 고백이 뒤따른 후, 잘못된 교훈의 거부로 끝을 맺고 있다. 바르멘 선언은 자연 신학을 배척하고 예수 그리스도의 계시의 유일성을 강조한 것이 특징이다.
9. David F. Ford(ed.), *Modern Theologians*(Oxford : Basil Blackwell, 1989), p. 53.
10. Bethge, pp. 554 - 555.
11. Ibid., p. 599.
12. Ford, p. 62.
13. Ibid., p. 53.
14. Dietrich Bonhoeffer, *Letters & Papers From Prison*(New York : Macmillan Publishing Co., Inc. 1978), p. 279. 「옥중 서간」(서울 : 대한 기독교서회, 1967), p. 166.
15. *Letters & Papers From Prison*, p. 360. 「옥중 서간」, p. 223
16. Yu, Suk - Sung, "Christologische Grundentscheidungen bei Dietrich

Bonhoeffer," Dr. Theol. Dissertation(Tübingen University, 1990), p. 148.

17. *Letters & Papers From Prison*, pp. 360 – 361. 「옥중 서간」, pp. 222 – 224.

18. Ibid., p. 282. 「옥중 서간」, p. 170.

19. 박봉랑, 「기독교의 비종교화」, p. 399.

20. *Letters & Papers From Prison*, p. 280. 「옥중 서간」, pp. 166 – 167.

21. 박봉랑, pp. 422 – 423.

22. 박봉랑, 「기독교의 비종교화」, pp. 422 – 445, 박봉랑, 「신의 세속화」(서울: 대한 기독교 출판사, 1983), pp. 31 – 33.

23. *Letters & Papers From Prison*, pp. 344, 346. 「옥중 서간」, pp. 216, 219.

24. Ibid., p. 361. 「옥중 서간」, p. 226.

25. Ibid., p. 362. 「옥중 서간」, p. 228.

16장

세속화 신학 2: 존 로빈슨과 하비 콕스

서론

2차 세계 대전 이후, 신학의 새 주제로 등장한 것은 이 세상에 대한 관심 문제였다. 이를 주도한 것은 하나님의 초월성이나 불안, 절망, 죄와 같은 종래의 주제가 전후 세계의 상황을 충분히 반영하지 못한다고 생각한 하비 콕스, 반 뷰렌과 같은 일단의 젊은 신학자들이었다. 그들은 전통적인 기독교는 세계 대전을 사전에 막지도 못했으며, 전후 시대의 여러 가지 문제점을 해결하지도 못했다고 평가했다. 뿐만 아니라 전통적으로 이해된 하나님은 현대인에게 부적절하다고 주장했다.[1] 그들은 신학적 관심을 저 세상적이고 초자연적인 것으로부터 이 세상적인 일이나 사건에로 전환했다. 따라서 세속화의 문제가 20세기 후반의 중요한 신학적 주제가 되었으며, 이러한 세속적인 관심과 사고에 기초하여 형성된 신학이 세속화 신학이다.

세속화 신학이 일어난 것은 1950년대 후반이었으나, 대중들의 관심을 끈 것은 1960년대 중반이었다. 본회퍼로부터 시작된 세속화 신학은 로빈슨의 「신에게 솔직히」와 콕스의 「세속 도시」를 통해 대중화되었으며, 신의 죽음의 신학을 통해 급진화되고 과격화되었다.

1960년대 이후의 서구 신학은 전반적으로 세속화로 향하고 있다 해도 과언이 아니다. 세상성에 대한 관심이 1960년대 신학의 특징이었다. 이것은 인간 생활의 급진적인 세속화와 궤를 같이하는 것으로 이해된다. 그것은 현대 서구 문화에서 일어나고 있는 변화, 즉 자유, 자율, 책임을 강조하여 세상의 일을 신적인 것에 종속시키기를 거부하려는 경향을 신학에 반영한 것이다. 따라서 이 세속성을 이해하지 않고는 1960년대 이후의 신학을 파악하기가 쉽지 않게 되었다.

필자는 세속화란 무엇을 의미하며, 세속화 신학은 어떻게 일어났는가를 제시한 후, 1960년대 세계적인 베스트 셀러로 독자들의 선풍적인 인기를 끌었던 로빈슨의 「신에게 솔직히」와 콕스의 「세속 도시」에 근거하여 세속화 신학이 어떤 것인지를 밝히려고 한다. 그리고 세속화 신학이 제기한 논쟁점이 무엇인가를 논의하고 평가하려고 한다.

I. 세속화란 무엇인가

세속화란 말은 그 정확한 의미를 한마디로 제시하기가 어려울 정도로 많은 의미를 지니고 있을 뿐만 아니라 다양하게 사용되고 있다. 신학적으로 사용될 경우, 대부분 그것은 "이 세상의 일이나 사건에 관심을 돌리는 것, 세속적 영역의 자율의 의식, 세속적인 것을 신성한 것에 종속하기를 거부하는 것"을 의미한다.[2]

세속(secular)이란 말은 라틴어 세쿨룸(saeculum)에서 유래했다. 하비 콕스에 따르면, 세쿨룸은 두 가지 의미를 가지고 있다. 첫째, 이 세대 혹은 시대를 의미한다. 세속적이라는 것은 영원한 것에 반대되는 시간적인 것을 말한다. 시간 속에 있는 것, 이 세상의 삶에 속하는 것을 가리킨다. 둘째, 이 세상을 의미한다. 세속이란 변화하는 이 세상, 즉 영원한 종교적인 세계에 대비되는 것을 말한다. 참다운 종교의 세계는 비시간적이며 불변적인 반면, 세속 세계는 일시적이며 가변적인 것이다. 따라서 세속이란 말은 어떤 열등한 것을 암시한다.[3]

매쿼리는 세속의 의미를 네 가지로 정리했다. 첫째, 세속적인 것은 시간적인 것을 말하며, 영원한 것에 반대가 되는 것이다. 이것은 라틴어 세쿨룸의 본래 의미를 나타낸다. 둘째, 세속적인 것은 종교적인 것에 반대적인 것을 의미한다. 셋째, 세속적 지식은 인간의 탐구에 의해 획득된 지식, 인간의 합리적 능력과 관찰 능력에 근거한 지식을 말한다. 넷째, 세속적 인간은 자율적 인간을 의미한다. 인간은 자신보다 더 높은 존재를 가지고 있지도 않고 그런 존재에 의존하지도 않는다. 모든 문제를 자신의 능력으로 해결한다.[4]

쿤(Kuhn)에 따르면, 세속이란 말에는 일반적인 의미와 특별한 의미가 있다. 일반적인 의미는 영적인 것 또는 신성한 것을 거부하고 현 세계에 속한 일이나 사건에 관심을 집중하는 것을 말한다. 특별한 의미는 하나님이나, 인간의 삶에 대한 하나님의 요구와 전혀 관계 없는 삶에 대한 전망을 말한다.[5] 즉 하나님과 관계 없는 인간의 삶을 나타낸다.

이상에서 살펴본 견해를 종합하면, 세속이란 말은 시간적인 것, 이 세상적인 것, 인간적인 것을 의미한다고 할 수 있다. 그것은 영원하며 저 세상적이며 신적인 것에 반대되는 개념이다.

그렇다면 세속화란 무엇을 말하는 것인가? 전문적인 용어로서 세속화는 포괄적인 의미를 지니고 있다. 세속화는 일이나 사람, 또는 제도가 종교적인 사용이나 영향으로부터 분리되는 과정을 가리킨다.

콕스는 세속화를 종교와 형이상학으로부터 인간을 해방하는 것, 저 세상으로부터 이 세상으로 인간의 관심을 돌리는 것이라고 정의했다. 세속화는 종교적 세계관으로부터 세계를 해방하는 것이며 모든 폐쇄적 세계관을 개방하는 것이며 초자연적 신화와 거룩한 상징들을 깨뜨려버리는 것이다.[6] 이러한 콕스의 정의는 세속 신학자 반 퍼센(C. A. van Peursen)의 견해를 수용한 것으로 이해된다. 퍼센은 세속화를 인간의 이성과 언어를 지배해 오던 종교와 형이상학으로부터 인간을 해방하는 것으로 이해했다.

웨스트(Charles West) 역시 "사상과 삶의 영역들이 종교적 지배로부터 그리고 마지막으로는 형이상학적 지배로부터 해방되는 것"이 세속화라고 주장했다.[7] 고가르텐(F. Gogarten)은 이전에 하나님의 섭리의 역사로 간주했던 제도, 이념, 경험을 순수한 인간의 사상과 행위의 산물로 변형시키는 것을 세속화로 보았다.

세속화는 한마디로 인간의 자율화, 본회퍼의 표현에 따르면 "성인된 인간"을 말한다. 그러나 세속화는 세속주의(secularism)와는 구별된다. 세속화는 근본적으로 해방을 뜻한다. 역사의 진행 과정에서 종교적인 지배와 형이상학적 세계관으로부터 해방되는 것이 세속화이다. 반면, 세속주의는 일종의 이데올로기이다. 세속주의는 새로운 종교 역할을 하는 폐쇄적 세계관을 나타낸다. 어떤 과학적 이론이나 정치적 제도에 절대적인 가치를 부여할 때, 세계는 세속주의가 된다.[8]

이러한 세속화의 관점에서 형성된 신학이 세속화 신학이다. 그것은 하나님과 복음을 세속적으로 말하고 이해하려는 것이다. 세속화 신학은 초월적인 영역이나 초자연적인 개념을 사용하지 않고, 세상적인 관점과 세속적인 용어에 의해 신학을 재진술한 것이다.

Ⅱ. 세속화 신학의 신학적 배경

세속화 신학은 1950년대 후반에 태동하여 1960년대에 그 정점에 이르렀던 신학이다. 그렇다면 어떻게 해서 세속화 신학은 일어난 것인가? 세속화 신학의 발생 배경은 무엇인가? 세속화 신학의 출현은 두 가지 측면에서 설명될 수 있다.

현대 과학 기술의 급진적인 발전과 전통 기독교에 대한 신뢰심 약화가 세속화 신학이 일어날 수 있는 일반적인 요인이 되었다. 쿤의 설명에 따르면, 기술 분야의 획기적인 발전은 현대인에게 모든 문제를 스스로 해결할 수 있다는 자신감을 가지게 했던 반면, 과학 기술로는 인간 실존의 내면의 문제를 충분히 해결할 수 없다는 절망감을 젊은 신학자들에게 주었다.

한편 전통적인 기독교 비판이 젊은 신학자들을 통해 일어나게 되었다.

그들은 전통적인 기독교가 세계 대전 발발을 막지도 못했으며 전후 시대가 직면한 문제들을 해결하지도 못했다고 보았다. 뿐만 아니라 전후 신학은 1950년대 사람들에게 인간의 문제에 관심을 가지고 관여하시는 하나님에 대한 확고한 신앙의 토대를 제공하지 못했다. 이와 더불어 세속적인 것과 거룩한 것 사이의 구별이 희미해짐에 따라, 기독교인들이 세속 문화에 점점 동화되었다. 또한 하나님에 대해 무관심하지만, 세상사에 몰두하는 경향이 있었다.

젊은 신학자들은 전통적인 기독교가 현대인의 삶의 기본적인 문제를 해결하기에 실패했으며 전통적으로 이해된 하나님은 더 이상 현대인에게 적절하지 않다고 평가했다. 따라서 그들은 삶의 보다 철저한 세속화에서 활로를 찾고자 했다. 그들은 현대인이 직면한 삶의 문제들에 대한 해결책으로 세속화된 기독교를 제시하고자 했다.[9]

한편 본회퍼, 불트만, 틸리히의 신학 사상이 세속화 신학의 출현과 형성에 큰 영향을 끼쳤다. 세속화 신학은 본회퍼의 성인된 세계와 성서 개념의 비종교적 해석, 불트만의 비신화화론, 틸리히의 "실존의 깊이"의 개념에 사상적 기반을 두었다. 로빈슨에 따르면, 이 세 사람의 사상은 현대의 많은 사람들에게 그들의 사상을 새로운 방향으로 전개시킬 수 있는 단서를 제공했다.[10] 틸리히는 기독교가 구태여 초자연주의라야 하는가 하는 문제를, 불트만은 기독교는 구태여 신화적인 용어를 사용해야 하는가 하는 문제를, 그리고 본회퍼는 기독교는 구태여 종교적이어야 하는가 하는 문제를 제기했다.

이 중에서도 특히 본회퍼의 사상이 세속화 신학과 밀접한 관계를 지니고 있다. 세속화 신학은 본회퍼의 성서 개념의 비종교적 해석을 발전시킨 것이라고 해도 과언이 아니다. 본회퍼는 "성인된 세계," "종교 없는 기독교," "무종교시대" 등 혁명적인 개념을 제시했으나 이를 체계적으로 전개하지 못하고 문제 제기로만 그쳤다. 그것은 그가 젊은 나이에 처형됨으로 자신의 새로운 사상을 발전시킬 수 없었기 때문이었다.

이와 같이 본회퍼가 미완성의 과제로 남긴 기독교의 비종교적 해석을 이어받아 더욱 발전시킨 사람이 로빈슨이었다. 그는「신에게 솔직히」에서 본회퍼의 성인된 세계를 위한 비종교적 기독교의 개념을 구체화하고 대중화함으로써 본회퍼의 이름과 사상이 일반 대중들에게 알려지게 되었다.

본회퍼가「옥중 서간」에서 제기한 성서 개념의 비종교적 해석은 기독교의 세속화 논의가 일어날 수 있는 신학적 동기를 제공했으며 신학적 흐름과 방향에 결정적인 영향을 미쳤다. 본회퍼는「옥중 서간」에서 "하나님을 종교 없이 말하고, 종교의 대상이 되지 않는 그리스도, 속된 세상의 그리스도를 세속적인 방식으로 말해야 한다"고 하였다. 또한 "인간은 하나님 없이도 살 수 있는 성숙한 시대, 성인된 세계에 도달했다"고 선언했다. 따라서 그는 기독교를 "비종교화하지 않고는 현대 세계 속에 사는 사람들과 제휴하지 못한다"고 주장했다. 본회퍼의 비종교적인 해석은 곧 세상적인 해석이었다.[11] 세상적 해석은 이 세상의 중요성을 강조하고 이 세상 속에 사는 신앙을 의미한다.

본회퍼의 성인된 세계와 무 종교적 기독교의 개념은 젊은 신학자들의 신학 사상에 기초석이 되었으며 세속 신학자들에게 주요한 슬로건이 되었다. 로빈슨의「신에게 솔직히」, 콕스의「세속 도시」, 반 뷰렌의「복음의 세속적 의미」 등은 본회퍼의 사상으로부터 영감을 받아 저술된 문제작들이었다. 본회퍼의 영향으로 1960년대 이후의 신학은 전반적으로 세속화되는 경향을 띠게 되고, 세속화론이 기독교 사상의 분위기를 주도하게 되었다.[12]

한편 불트만은「신약 성서와 신화」에서 신약 성경이 신화적인 언어로 표현되었다고 보았으며, 현대인들은 신약 성서의 이러한 신화적인 표현과 초자연적 요소들을 이해할 수 없다고 주장했다. 현대인은 과학적 세계관의 영향으로 성서의 신화적 세계관과 신화적 언어를 받아들이는 것이 불가능하기 때문이었다. 따라서 불트만은 성서의 메시지를 비신화화하고 그것을 실존론적으로 해석했다. 이러한 불트만의 신학 방법이 기독교 신앙의 세속화를 신중하게 받아들일 수 있는 분위기를 만들었다. 성서의 메시지를 현대인이 이해할 수 있는 방식으로 재해석해야 한다는 불트만의 주장이 복음을 세속적으로 이해하려고 한 세속 신학자들에게 큰 격려가 되었다. 그리고 불트만과 그의 추종자들이 객관적인 검증에 의해 기독교 전통적인 진리를 거부하고, 언어의 일상적인 사용법과 종교적인 표현을 분리시킨 것 역시 신학의 세속화 운동을 촉진했다.[13]

세속화 신학자들은 전통적인 유신론적 신관을 거부하고 현대인에게 적합한 것으로 간주되는 새로운 신관을 형성하기 위해 틸리히의 사상에 크게 힘입고 있다. 틸리히는 높이의 차원이 아니라 깊이의 차원에서 하나님을 파악했다. 하나님은 "저 밖에(out there)" 있거나 "저 위에(up there)" 계셔서 인간의 문제에 초월한 존재자가 아니라, 인간의 고난과 슬픔에 관여하는 분이시다.

틸리히는 "깊이"의 개념을 도입하여 신 개념을 제시했다. "모든 존재의 이 무궁무진한 깊이와 근거에 대한 명칭이 곧 신이다. 그 깊이가 바로 신이란 말의 의미이다."[14] 틸리히가 하나님을 "깊이"로 정의했을 때, 그것은 하나님이 어떤 존재가 아니라 존재의 무한한 깊이와 근거(ground)임을 말하는 것이다. 하나님은 존재가 아니라 존재 그 자체이다. 틸리히는 하나님을 이 세계 밖이나 위에 있는 분으로 이해하는 초자연주의적 초월의 개념을 거부하고, 하나님을 우리 존재의 근거로 간주하는 새로운 해석을 제시했다. 그것은 하나님의 초월성을 위나 밖이 아닌 "한 가운데서 초월해 있는 것"으로 이해한 것이다.

이러한 틸리히의 신 개념은 로빈슨이나 콕스의 신관 형성에 큰 영향을 미쳤다. 그들은 틸리히의 사상에 근거하여 전통적인 기독교의 초자연주의적인 신을 현세적 신으로 재해석했다. 따라서 그들은 하나님이 세상 저편이 아니라 이 세상에 계신다는 것과 우리가 일상적인 삶 속에서 하나님을 만난다는 것을 강조했다.

이 외에, 언어 분석 철학도 세속화 신학 형성에 영향을 미쳤다. 반 뷰렌은 본회퍼가 제기한 문제점을 출발점으로 하여 언어 분석 철학을 도입하여 「복음의 세속적 의미」라는 책을 저술했다.

Ⅲ. 로빈슨과 콕스의 세속화 신학

세속화 신학은 1960년대에 존 로빈슨의 「신에게 솔직히」(1963)와 하아비 콕스의 「세속 도시」를 통해 본격적으로 전개되었으며, 이 저서들이 베스트 셀러가 됨으로써 대중화되었다. 이 두 저서를 중심으로 세속화 신학이 어떤 것인지 구체적으로 살펴보려고 한다.

1. 로빈슨

존 로빈슨(John A. T. Robinson)은 영국 태생의 저명한 신약 학자로서 캠브리지의 클래어(Clare) 대학 학장과 웰스(Wells) 신학대의 교목을 역임했으며, 1963년 「신에게 솔직히(*Honest to God*)」를 저술할 당시는 런던 남쪽에 있는 울위치(Woolwich) 교구를 맡고 있던 영국 성공회의 감독이었다. 로빈슨은 「신에게 솔직히」이 외에도, 「육체(*The Body*)」, 「세상 속에 있는 교회에 관하여(*On Being the Church in the World*)」, 「새 종교개혁?(*The New Reformation?*)」, 「현대 기독교 윤리(*Christian Morals Today*)」 등 여러 권의 책을 저술했다.

「신에게 솔직히」는 150페이지도 안되는 작은 책자로 본래 일반 대중들보다는 전문가들을 염두에 두고 저술된 것이었다. 로빈슨은 자신의 저서가 급진적 혹은 이단적이라는 비판을 받으리라고는 예상했으나 일반 독자들의 폭발적인 인기를 얻으리라고는 기대하지 못했다. 「신에게 솔직히」는 1963년에 출판된 지 불과 몇 달 만에 몇 십만 권이 팔렸으며, 출판된 지 3개월 만에 1,000여 통의 찬반의 편지가 독자들로부터 날아올 정도로 영국 교회에 일대 센세이션을 일으켰다. 뿐만 아니라 이 책이 출판된 1963년 한 해에 9개 국어로 번역될 만큼 세계적인 관심과 논쟁을 일으켰다.

로빈슨은 기독교 전통적인 교리를 현대의 언어로 재진술하지 않으면, 멀지 않은 장래에 대부분의 사람들이 교회를 외면할 것이라고 확신했다. 전통적인 방법과 용어로 전달되는 기독교 교리들은 현대의 세속적 인간들에게는 무의미하기 때문이었다. 그에게 있어서는 불트만이 "신화적"인 것이라고 표현한 것이나, 틸리히가 "초자연주의적"인 것으로 취급한 것, 본회퍼가 "종교적인" 것으로 말한 전통적인 기독교의 형태는 이미 지나간 시대의 사고 방식에 의해 형성된 것이었다.

기독교가 대중들로부터 외면당하는 난국을 피하기 위해서는 근본적으로 새로운 형태의 기독교 신앙과 생활이 필요했다. 따라서 그는 신 개념은 물론, 그리스도, 예배, 기도, 윤리 등 기독교 전반에 관한 전통적인 개념을 거부하고 새로운 해석, 즉 신학적 혁명의 필요성을 역설했다.[15] 이 혁명은 본회퍼가 주창한 복음의 비종교적 해석을 의미했다. 「신에게 솔직히」에서 로빈슨은 본회퍼가 「옥중 서간」에서 미완성의 과제로 남긴 비종교적 해석을 완성하려고 했다.

로빈슨은 전통적인 기독교의 유신론적 신 개념을 거부하고 틸리히와 본회퍼의 사상에 근거하여 새로운 신 개념을 제시했다. 로빈슨에 따르면, 전통적인 신학은 하나님의 존재에 대한 증거에 기초하고 있으며, 하나님을 "가장 높으신 존재로서, 이 세상 위, 너머, 밖 그리고 피조물의 세계와 병행 또는 대립해서 스스로 존재하는 것"으로 이해했다. 로빈슨은 "위에 계신 하나님"이란 성서의 용어를 상징적 표현으로, 그리고 "밖에 계신 하나님"을 형이상학적인 표현으로 간주했다. 그는 이러한 표현과 신 개념은 현대인이 복음을 믿는 데 도움이 되는 것이 아니라 오히려 방해가 된다고 생각했다.[16] 따라서 로빈슨은 그런 식으로 존재가 증명되는 하나님은 하나님일 수 없다고 보았다. 그것은 하나의 존재에 불과하기 때문이다. 하나님은 존재에 대한 논의가 성립될 수 없는 궁극적 실재이다.[17]

또한 로빈슨은 본회퍼의 견해에 근거하여, "작업 가설"로서의 하나님, "임기응변책"으로서의 하나님, 종교의 하나님을 부정했다. 그는 틸리히의 견해를 수용하여 하나님을 모든 존재의 무한한 깊이와 근거 또는 우리의 궁극적 관심으로 이해했다. 하나님은 세계를 초월하여 존재하는 것이 아니라 우리의 삶 한가운데서 초월해 있는 것이다. 이러한 로빈슨의 견해는 하나님의 초월성에 대한 새로운 해석인 동시에, 유신론의 종말에 대한 선언이다. 그는 하나님이 세상 위나 밖에 있다고 보는 초자연주의적 신 개념을 하나님이 이 세상 인간의 삶 가운데에서 존재한다고 보는 현세적 신 개념으로 바꾸어놓았다.

로빈슨은 그리스도를 "타자를 위한 존재"로 이해한 본회퍼의 견해에 기초하여 기독론에 대해서도 급진적인 해석을 했다. 그는 그리스도의 성육신과 신성에 관한 교리가 기독교 메시지의 중심을 이루고 있기 때문에, 이에 대한 자신의 재해석이 큰 저항을 일으키리라는 것을 충분히 예상했다. 그럼에도 불구하고, 그의 재해석은 굉장히 대담했다.

로빈슨은 자신의 해석을 제시하기에 앞서 종래의 기독론에 대한 비판을 자신의 기독론 논의의 출발점으로 삼았다. 로빈슨에 따르면, 전통적인 기독론은 초자연주의적인 기초 위에 형성되었다. 전통적인 성육신의 교리는 아들로서의 하나님이 이 땅에 내려와서 이 세상 안에서 인간으로 탄생해서 살다가 죽었다는 사실을 교훈한다. 451년 칼케돈에서 모인 제4차 공의회에서 채택된 칼케돈 신조는 예수 그리스도가 완전한 하나님이신 동시에 완전한 인간임을 선언하고 있다. 신인(神人)으로서 그리스도의 인격 안에서 초자연적인 것과 자연적인 것이 하나로 통일되었다고 본 것이다. 로빈슨은 이러한 전통적인 해석이 가현설(docetism)의 요소를 지니고 있다고 주장했다. 그리스도는 그 형상이 인간처럼 보였을 뿐이지, 사실은 하나님이었다는 것이다.

> 아무리 예수가 완전한 신(神)임과 동시에 완전한 인간이었다고 주장할지라도, 성육신에 관한 전통적인 초자연주의적 묘사 방법은 예수가 사실은 인간의 모양을 하고 이 땅 위를 거닌 신이었다는 인상을 여전히 또 필연적으로 주고 있다… 그는 사람처럼 보였고 사람처럼 말했고 사람처럼 느꼈지만 사실은 인간의 모습으로 꾸민 신이었다.[18]

한편 인본주의에 근거한 자연주의적 해석은 예수를 지금까지 살았던 사람 중에서 하나님과 가장 비슷한 사람 혹은 완전한 인간으로 이해했다. 로빈슨은 그리스도에 대한 초자연주의적인 해석과 자연주의적 해석 모두를 거부했다. 성육신에 관한 초자연주의적 견해는 "거지로 분장하고 나타난 귀공자" 같은 인상을 배제할 수 없으며 신약 성서가 말하고 있는 예수는 분명히 자연주의적 해석이 제시하는 예수가 아니었기 때문이었다.[19] 로빈슨은 이 두 견해 모두 성서의 진리를 왜곡하는 경향이 있을 뿐만 아니라, 그 자체 성서적 근거를 지니고 있지 못하다고 보았다.

로빈슨에 따르면, 예수는 자신이 하나님이라고 직접 주장하지 않으면서도, 언제나 자신이 하나님을 대표한다고 주장했다. 예수는 하나님이 아니면서도, 하나님을 위해서 투명체가 됨으로써 하나님을 나타낸 자이다. 이것은 케노시스(kenosis) 기독론에 근거한 것이다. 이 이론에 따르면, 그리스도는 인간이 되실 때, 아무 것도 아니게 될 때까지 자신을 비웠으며, 그 결과 인간에게 하나님을 전해 주는 자가 될 수 있었다.[20] 로빈슨은 이 역설적인 견해가 복음서 전체의 흐름을 대변하는 것으로 간주하고, 이것을 기독론 재해석의 출발점으로 삼았다.[21]

그렇다면 그리스도는 현대인에게 무엇을 의미하는가? 로빈슨은 본회퍼의 글을 이 문제 해명을 위한 길잡이로 삼고 있다.

> 인간의 형상을 취한 신은 다른 종교처럼 동물의 형상이나 추상적인 형상을 취한 것도 아니며, 그렇다고 희랍 사람들이 말하는 자율적 인간의 신인(神人)도 아니며, 남을 위해 존재하는 인간, 따라서 십자가에 못박힌 인간, 초월적인 것에 근거한 인간의 삶을 취한 것이다.[22]

로빈슨은 예수를 "남을 위한 인간, 사랑에 완전히 사로잡힌 사람, 자기 존재의 기반과 완전히 통하며 하나가 된 사람"으로 규정했다. 그리고 이에 근거하여 신약 성서의 기독론을 해석했다.

> 신약 성서가 "하나님이 그리스도 안에 계셨다"고 한 것이나 "이 말씀이 곧 하

나님이시니라"고 한 것은 바로 이것을 의미하는 것이다. 그리스도가 온전히 그리고 완전히 '남을 위한 인간'이었기 때문에, 그가 곧 사랑이었기 때문에, 그는 "아버지와 하나"였다. 하나님은 사랑이시기 때문이다.[23]

로빈슨은 그리스도의 동정녀 탄생은 "그리스도의 삶 전체가 육정으로나 사람의 뜻으로 나지 아니하고 오직 하나님께로 난 삶"을 의미하는 것으로 이해했다. 속죄의 교리에 대해서도, 초자연주의적 설명과 자연주의적 설명 모두를 거부하고 이 두 설명을 능가하는 제3의 길을 모색했다.

초자연주의적 설명은 그리스도의 사역을 하나님을 만족시키는 행위 혹은 마귀에게 속전을 지불한 것으로 해석하는 것이다. 안셀름의 만족설과 교부 속상설이 그것이다. 자연주의적 설명은 그리스도를 인류의 모범이나 교사로 간주하는 것이다. 소시누스의 도덕 감화설이 그것이다. 반면 로빈슨은 틸리히의 인간 실존에 대한 분석에 근거하여, 그리스도의 속죄를 "사랑 안에서 자기 존재의 근거와 하나되는 것," 실존의 이탈성과 소원성(alienation)의 극복, 그리스도 안에서 새로운 피조물 또는 새로운 인간이 되는 창조로 해석했다.

요약하면, 로빈슨은 본회퍼의 케노시스 기독론에 근거하여, 전통적인 기독론의 초자연적이며 초월적인 요소를 거부하고 이를 제거했다. 그는 그리스도의 신성을 부인하고 이를 세속적으로 해석했다. 그리스도를 단지 다른 사람을 위해 살다간 인간, 사랑의 실천자로 간주했으며 기독교의 구원을 이웃 사랑과 동일시했다. 로빈슨의 견해는 그리스도를 완전한 하나님인 동시에 완전한 인간으로 믿는 전통적인 기독교 신앙과 전적으로 배치된다.[24]

로빈슨은 예배와 기도에 대해서도 비종교적인 해석, 즉 세속적 해석을 했다. 이것은 무종교 시대에 예배와 기도는 어떤 의미가 있는가 하는 문제에 대한 대답이었다. 그는 성례전(sacrament)을 "우리의 삶 가운데 있는 피안, 통속적인 것 안에 있는 거룩함에 대한 주장"으로, 성만찬을 그리스도 안에서의 친교를 통해 이루어지는 "깊고 거룩한 사귐과 공동 생활"로 이해했다. 예배는 "이 세상에서 저 세상으로 도피하는 것도 아니며 세속적인 영역에서 종교적인 영역으로 은퇴하는 것도 아니다. 그것은 세속적인 것 속에서 그리스도를 만날 수 있도록 자신을 열어 놓는 것이다."[25] 한편 전통 신학이 "이 세상을 떠나 하나님에게로 향하는 것"이라고 정의하는 데 비해, 로빈슨은 기도를 "이 세상을 통해서 하나님에게로 향하는 것"을 기도로 정의했다.[26] 그리고 그는 남을 위해 자신을 바치는 것, 사랑이나 행동을 통해 남과 함께 있는 것을 중보 기도의 핵심으로 간주했다.[27] 이러한 로빈슨의 견해는 예배와 기도를 단지 인간적인 활동으로만 간주할 뿐, 그것의 영적이며 내적인 역할을 등한시한 것이다.

이상에서 살펴본, 기독교의 중요 교리에 대한 로빈슨의 비종교적 해석은 이 세상에 대한 강한 긍정에 기초하고 있다. 그는 세상이 거룩하다고 주장함으로써, 성(聖)과 속(俗), 세상과 교회, 종교와 일상 생활의 구분을 인정하지 않았다.[28] 로빈슨의 비종교적 해석의 특징은 초자연주의를 부정하는 동시에 자연주의를 극복하려고 한 것이다.

2. 콕스

「세속 도시(*The Secular City*)」의 저자로 널리 알려진 하비 콕스(Harvey Cox)는 하버드 대학 교수로 미국 세속화 신학의 대표자로 간주되는 저명한 신학자이다. 그는 명문 펜실베니아 대학을 거쳐 예일 대학교 신학 대학에서 신학사(B.D.) 학위를, 그리고 하바드 대학에서 철학 박사 학위를 취득했다. 제2차 세계 대전 말에는 "국제연합구제부흥기구(UNRRA)" 요원으로 폴란드와 독일에서 활동했다. 1962년부터 1년 간 베를린의 자유 대학에서 연구하는 동안, 동독 교회와 대학에 대한 연락 책임을 맡기도 했다. 콕스는 민권 운동에도 적극 참여하여 잠시 투옥되기도 했다.

콕스는 전통적인 형이상학적 방법보다는 사회과학적인 방법을 그의 신학에 도입했다. 이것이 그의 신학 방법론의 특징이다. 그의 저서로는 「세속 도시」 외에도, 「하나님의 혁명과 인간의 책임(God's Revolutions and Man's Responsibility)」, 「뱀에게 맡기지 않는 것에 관하여(On Not Leaving It to the Snake)」, 「바보들의 잔치(Feast of Fools)」, 「영의 유혹(The Seduction of the Spirit)」 등이 있다.

1965년 출판된 「세속 도시」는 영문판만 수십만 부가 팔린 세계적인 베스트 셀러였으며 콕스를 일약 세계적인 인물로 만들었다. 이 저서에서 콕스는 기독교의 철저한 세속화를 주장했다. 콕스에 따르면, 세속화는 "종교적, 형이상학적 후견으로부터 인간의 해방" 또는 저 세상으로부터 이 세상으로의 관심의 전환을 의미한다.[29] 즉 인간의 자율화를 말한다. 세속화는 종교를 무시하며 종교적 세계관을 상대화시키는 것이다. 따라서 세속화 사회는 종교가 전혀 없는 시대라고 할 수 있다.[30] 콕스는 이러한 세속화의 상징으로 세속 도시라는 표현을 사용했다. 「세속 도시」가 독일어로는 「하나님 없는 도시(Stadt ohne Gott)」로 번역된 것도 이것을 함축하고 있다.

콕스는 기독교와 기독교의 역사를 사회학적으로 취급했다. 그는 인류의 사상사와 사회 발전의 역사를 세속화의 과정으로 이해하고 이를 세 단계로 구분했다. 씨족 문화(Tribe Culture), 소도시 문화(Town Culture) 및 기술 - 도시 문화(Techno - Politan Culture)가 그것이다. 콕스는 종교를 이런 사회적이며 경제적인 유형의 산물로 보았다. 씨족 문화에서는 신(神)이 영을 지배하는 자로 나타나는 반면, 소도시 문화에서는 지배자, 왕, 주인으로 나타나게 되었다. 소도시 문화에서 신과 인간의 관계는 나와 당신(I - Thou)의 상하 관계 즉 수직적인 관계였다. 한편, 현대는 기술 - 도시 문화시대이다. 이 기술시대로부터 나온 것이 세속 도시이다. 이 시대에서 신과 인간은 나와 너(I - you)의 수평 또는 평면적인 관계를 가지게 된다. 기술 도시인들의 관심의 대상은 오직 이 세상적인 것뿐이다.

콕스는 세속화를 성서적 신앙이 역사에 영향을 끼쳐 일어난 당연한 결과로 간주했다.[31] 그리고 세속화 과정의 세 가지 중요한 흐름, 즉 마력으로부터의 자연의 해방, 정치의 비신성화, 가치의 상대화가 성서로부터 기원한다고 주장했다.

첫째, 콕스는 창조 사건을 자연의 비신비화로 이해했다. 세속 이전의 인간은 마법의 지배 아래 살았다. 마술은 세속 이전의 인간형을 형성한다. 한편, 히브리적 창조관은 하나님이 만물을 지으시고 그 관리권을 인간에게 주셨다고 설명한다. 그리고 하나님과 자연을 분리하고 자연으로부터 인간을 구분한다. 이것은 자연과 인간이 마력의 지배로부터 해방되고 자연 과학이 발전할 수 있는 출발점이 되었다.

둘째, 이스라엘민족의 출애굽 사건을 정치의 비신성화로 이해했다. 세속 이전의 사회에서는 모두가 신성한 권리로 통치했던 반면, 세속사회에서는 어느 누구도 신성한 권리로 통치하지 못한다. 콕스는 정치의 비신성화의 성서적 근원이 출애굽 사건이라고 주장했다.

셋째, 콕스는 우상 숭배 금지를 명한 시내산 언약을 가치의 상대화로 이해했다. 우상은 부족, 씨족, 민족의 상징과 가치로서, 이를 하늘에 투입시켜 거룩한 존재의 지위를 부여한 것이다. 우상을 만들지 말라는 언약은 하나님 이외 아무것도 절대화하지 말라는 것이다. 따라서 시내산 언약은 모든 가치를 상대화시켰다. 이 인간 가치의 상대화가 곧 세속화의 과정이며 우상에 대한 성서적 반대의 핵심이 된다. 이것이 세속화의 마지막 산물이 되는 것이다.

이와 같이 콕스는 성서가 자연의 비마법화, 정치 권력의 비신성화, 가치의 상대화를 통해 세속화가 전개될 수 있는 토대를 제공했다고 확신했다. 따라서 기독교인은 세속화를 반대할 것이 아니라 지지하고 육성해야 한다고 역설했다. 세속화는 성서적 신앙의 진정한 귀결이기 때문이다.

콕스는 현대를 기술-문화 도시 시대인 동시에 격변하는 사회 변동의 시대로 이해하고 교회를 "응답하는 공동체", "세계에서 하나님의 활동을 분별하여 그 일에 동참하는 것을 본분으로 하는 백성"으로 규정했다. 그리고 교회는 끊임없이 사회 변혁에 대응해야 하며, 오늘날 교회 신학의 출발점은 반드시 사회 변혁의 신학이어야 한다고 주장했다.[32] 콕스는 세속 도시의 이념이 신약 성서의 하나님의 나라를 이해하는 동시에 혁명적인 사회 변혁의 신학을 발전시킬 수 있는 토대가 된다고 확신했다.[33] 신학의 역할은 하나님에 대한 종교적이거나 형이상학적 이해에 대한 모든 의존으로부터 인간을 해방시키는 것이다.

콕스는 교회를 세속 도시에 있어서 하나님의 전위대로 간주하고 그 기능과 과제로 세 가지를 지적했다. 선포(kerygma), 봉사(diakonia), 친교(koinonia)가 그것이다.

첫째, 교회는 하나님이 마귀의 세력을 정복하고 권력을 장악했다는 것을 선포해야 한다. 문화적으로 귀신을 내쫓으며 인간 활동을 저해하는 신화적인 의미를 축출하는 것이 세속 도시에 위치한 교회가 해야 할 과제이다. 둘째, 교회는 도시의 상처를 치료하는 치유자가 되며 도시 생활의 건강과 건전성을 위해 투쟁하는 종이 되어야 한다. 우리의 생활을 해치는 마귀의 잔당을 도시로부터 소탕하는 것이다. 셋째, 교회는 인간에게 소망을 줄 수 있는 새로운 도시의 상징이 되는 것이다. 케리그마에서 선포하고 디아코니아에서 지향한 것을 눈으로 볼 수 있게 제시해 주는 것이 교회의 또 다른 과제이다.

콕스는 신에 대한 전통적인 진술이 현대인에게 무의미하게 되었다고 판단하고 하나님에 대해서도 세속적인 방식으로 말해야 한다고 주장했다. 그것은 신이란 이름을 사회적, 정치적 그리고 신학적인 문제로 말하는 것을 의미한다. 사회적인 문제로 말하는 것은 모든 말들이 특수한 사회·문화적 배경에서 나왔기 때문이다. 언어는 사회와 문화의 변천에 따라 그 의미와 내용이 달라지며 없어지기도 한다. 정치적인 언어로 신을 말해야 되는 것은 정치가 현대인에게 큰 영향을 미치기 때문이다. 정치적인 언어는 비종교적 세속 언어를 의미한다. 신을 말하는 것이 신학의 과제이다. 세속적인 형식으로 신을 이해하는 것은 인간을 신의 동반자로, 역사의 의미와 질서 유지를 위한 책임자로 이해하는 것이다.[34] 세속사회에서는 신과 인간은 수직이나 상하관계에 있는 것이 아니라 수평적인 관계에 있다. 그것은 상호 협력적인 관계를 말한다. 콕스는 초월적인 신의 존재를 부정하고, 신에 대한 새 이름이 나올 때까지, 당분간 하나님이란 말의 사용을 중지해야 한다고 했다.[35]

Ⅳ. 세속화 신학 논쟁

세속화 문제가 신학 논쟁의 주제로 등장하게 된 것은 1960년대 초 「신에게 솔직히」와 「세속 도시」가 출판되면서부터였다. 「신에게 솔직히」는 출판된지 몇 달 만에 수십만 권이 팔릴 정도로 독자들의 관심을 사로잡았으며, 이에 대한 찬반 양론의 논쟁이 텔레비전, 라디오, 신문, 잡지 등 언론 매체를 통해 전개되었다. 1963년에 출판된 「신에게 솔직히 논쟁(*Honest to God Debate*)」이란 책은 「신에게 솔직히」에 대한 독자들의 편지, 서평, 논설 및 로빈슨의 응답을 엮은 것이다.

첫째, 로빈슨의 사상의 급진성과 혁명성이 비판의 대상이 되고 격렬한 논쟁을 일으켰다. 로빈슨 스스로 자신의 급진적 기질을 언급한 바 있으며 신학적 혁명을 요구했다. 뿐만 아니라 자신의 견해가 이단적인 것으로 취급될 수 있으리라고 예상하기도 했다. 그가 신학적 혁명을 주저하지 않던 것은 낡아빠진 견해와 함께 기독교 자체가 없어지는 것을 방지하기 위함이었다.[36] 그러나 로빈슨은 전통적인 기독교 신앙에 익숙한 일반 대중의 눈에는 "기독교 급진주의의 대제사장"으로 보였다.[37] 그의 말 한마디 한마디가 혁명적이었다. 로빈슨에 호의적인 사람들도 그가 너무 앞서 나갔다는 것을 인정하고 있다.[38]

둘째, 로빈슨이 출발점으로 삼았던 하나님에 대한 새로운 이해가 논란이 되었다. 그는 기독교의 전통적인 신관이 낡은 세계관에 기초한 것으로 성인이 된 현대인에게 적합하지 않다고 보고 심층 심리학에 근거한 새로운 신관으로 바꾸려고 했다. 그는 하나님이 이 세상 밖이나 위에 존재한다고 믿는 전통적인 신 개념을 거부하고 하나님이 이 세상 안에 존재하며 모든 존재의 깊이와 토대가 된다고 주장했다. 따라서 그가 인격적인 하나님, 초자연적인 하나님에 대한 신앙을 포기했다는 것이 주요한 논쟁점이 되었다.

에드워드(Edwards)에 따르면, 로빈슨은 "성경, 신조에서 기술되고 기도 속에서 대면하는 인격적인 하나님에 대한 신앙을 포기했다."[39] 로빈슨에 있어서, 하나님은 초자연적인 존재나 인격체가 아니라 궁극적인 실재였다. 매킨타이어(Alasdair MacIntyre)는 로빈슨을 무신론자로 규정하고 그의 신 개념을 흄과 포이엘바하의 입장과 같은 것으로 간주했다.[40] 젠킨(David Jenkins)은 로빈슨의 견해가 성서적 신 개념이나 전통적인 신학 대부분의 견해와 배치된다는 것을 지적했다.[41]

이와 달리, 불트만은 로빈슨의 신관을 긍정적으로 평가했다. 그는 로빈슨이 기독교의 교리를 현대인이 수용할 수 있는 방식으로 재해석한 것을 존경할 만한 시도로 생각했다. 그리고 로빈슨은 하나님의 초월성을 거부한 것이 아니라, "유한한 것 속에 있는 무한한 것"으로 이해했다고 변호했다. 그러나 불트만은 신약 성서에서 중요한 종말론의 주제가 로빈슨의 저서에서는 어떤 역할도 하지 못하고 있다는 것을 문제점으로 지적했다.[42]

셋째, 그리스도의 초자연성과 초월성을 거부하는 로빈슨의 기독론이 문제가 되었다. 매킨타이어는 로빈슨의 기독론에 근거하여 그를 "보수적 무신론자," "무신론적 그리스도론자"로 평했으며, 쿤은 로빈슨의 견해를 기독론의 급진적인 재해석으로 취급했다. 왜냐하면 로빈슨이 신성에 관련된 모든 것, 즉 초자연적이며 초월적인 것을 그리스도로부터 제거했을 뿐만 아니라, 그리스도의 인류 구속 사역을 "타자를 위한 인간"의 예를 추구한 것으로 축소하고 변질시켰기 때문이다.[43]

이 외에도, 예배, 기도, 윤리학 등에 대한 그의 급진적인 해석이 논쟁이 되었다.

콕스의 「세속 도시」는 기독교가 현대에서 살아갈 수 있는 생존의 프로그램으로 세속화를 제시하고 이 세속화가 성서로부터 기원한 것임을 밝히려 했다. 이러한 콕스의 시도는 일부 긍정적인 평가를 받기도 했지만, 또한 신랄한 비판과 함께 신학적 논쟁을 일으켰다.

첫째, 콕스가 "신의 죽음의 신학자"인가 하는 문제이다. 콕스는 어떻게 세속적인 방식으로 하나님을 말할 것인가 하는 문제를 제기하고 그 해결책으로 당분간 하나님이란 말의 사용을 중지하고 새 이름이 나오기를 기다리자고 제의했다. 이로 인해 콕스는 신의 죽음의 신학자로 취급받게 되었으며 이 문제가 논쟁의 대상이 되었다. 박봉랑 교수에 따르면, 콕스는 사신 신학의 우익, 혹은 온건한 사신 신학자로 분류할 수 있다. 적어도 언어적인 면에서는 콕스가 신이 죽었다는 전제 위에 서 있기 때문이다.[44]

둘째, 콕스의 지나친 낙관주의가 문제가 되었다. 그는 세계의 세속화를 강조하고 과학 기술의 힘을 신뢰하여 이 세상의 발전을 긍정적으로 보았다. 또한 이것이 성서적 신앙의 결과라고 생각했다. 따라서 그의 견해는 "잘못된 낙관주의의 현대판"으로 취급되었다.[45] 세속화의 어두운 면, 즉 기술 도시에 일어나는 죄의 현실과 기술의 힘의 위험성 등을 간과했기 때문이다.

셋째, 기독교 교리에 대한 그의 해석과 전통적인 해석 사이의 타협할 수 없는 차이점이 논쟁이 되었다. 콕스는 그리스도의 성육신에 대한 전통적인 입장을 거부했으며, 회개, 중생, 영생에 대해 말하지 않았다. 현대 도시 사회를 성서가 말하는 하나님의 나라로 간주했으며, 구세주를 필요로 하는 인간의 영적 차원을 완전히 배제했다. 이로 인해 콕스의 세속주의와 역사적 기독교가 정면 충돌하게 되었다.[46]

결론

세속화 신학은 전통적으로 이해된 하나님이 현대의 세속적 인간들에게 무의미하고 부적절하다고 보고 기독교의 복음을 현대인의 언어로 재해석하려고 했다. 초월적인 영역이나 초자연적인 개념을 사용하지 않고 세상적인 관점과 용어에 의해 신학을 재진술한 것이 세속화 신학이다. 그것은 본회퍼의 성서 개념의 비종교적 해석을 발전시킨 것이다.

이 세상에 대한 신학적 관심을 불러일으킨 것과 바르트 이후 20세기 신학을 주도한 변증법적이며 실존주의적 신학 체계에 도전한 것이 세속화 신학의 역사적 공헌으로 간주된다. 로빈슨은 「신에게 솔직히」를 통해 본회퍼가 미완성 과제로 남긴 비종교적 해석을 완성시켰다. 그는 초자연주의를 부정하는 동시에 자연주의를 극복하려 했다. 한편, 콕스는 기독교와 기독교의 역사를 사회학적으로 취급하고, 세속화가 성서로부터 기원했음을 입증하려 한 것이 특징이었다.

세속화 신학은 전통적인 견해와 함께 기독교 자체가 없어지는 것을 막으려는 의도에서 현대인에게 복음을 어떻게 전할 것인가 하는 문제를 제기했다. 이 문제 제기 자체가 잘못된 것은 아니었다. 그러나 그 대답이 문제였다. 인간의 자율성을 강조하여 인위적으로, 합리적으로 문제를 해결하려고 했다. 따라서 그것은 인간 중심적인 신학이 되었다.

세속화 신학은 극단적이며 일방적인 신학 사조였다. 지나치게 과격하고 급진적이어서 복음의 본질을 곡해했다. 이 세상을 강조한 나머지 내세의 문제를 무시하여 그리스도의 재림 시 초자연적인 하나님의 나라가 임할 것이라는 성서적 종말론을 거부했다. 그리스도의 인간성만 강조하고 신성을 부정하여 그리스도를 단지 다른 사람을 위해 살다간 인간으로, 구원을 이웃 사랑으로 해석했다. 또한 하나님의 내재성은 강조했으나 초월성은 거부했으며 성(聖)과 속(俗), 세상과 교회, 종교와 일상생활의 구분을 인정하지 않았다.

요약하면, 세속화 신학은 현대 과학 기술 문명을 배경으로 해서 전통적인 기독교 진리를 급진적으로 재해석하려는 혁명적 신학이다. 1960년대 이후 서구 신학은 전반적으로 세속화되고 있다. 신 죽음의 신학, 희망의 신학, 정치 신학, 해방 신학 등은 세속화 신학의 변형이라 할 수 있다. 인간 생활의 급진적인 세속화가 종식되지 않는 한, 당분간 세속화 신학은 다양한 모습을 취하며 더 지속되리라 예상된다.

주(註)

1. Harold B. Kuhn, "Secular Theology," Stanley N. Gundry, Alan F. Johnson(ed.), *Tensions in Contemporary Theology*(Chicago : Moody Press, 1976), p. 158.
2. Alasdair I. C. Heron, *A Century of Protestant Theology*(London : Lutterworth Press, 1980), p. 156.
3. 하비 콕스, 「세속 도시」(서울: 대한기독교서회, 1970), pp. 28 - 30.
4. J. Macquarrie, *God and Secularity, New Directions in Theology Today*, Vol. III(Philadelphia : Westminster Press, 1967), pp. 44 - 47.
5. Kuhn, p. 159.
6. 콕스 「세속 도시」, pp. 8, 27.
7. 반 퍼센과 웨스트의 견해는 1959년 9월 스위스의 보세이 에큐메니칼 인스티튜트(Bossey Ecumenical Institute)에서 모인 회합에서 제시된 것으로 웨스트가 작성한 보고서에 수록되어 있다. 콕스는 퍼센의 견해를 자신의 저서에서 인용했다. 콕스, 「세속 도시」, p. 8.
8. 콕스, 「세속도시」, p. 31, 박봉랑, 「신의 세속화」(서울: 대한기독교서회, 1983), p. 175.
9. Kuhn, pp. 157 - 159.
10. 존 로빈슨, 「신에게 솔직히」(서울: 대한기독교서회, 1968), p. 27.
11. 본회퍼는 1944년 7월 8일자 「옥중 서간」에서 성서 개념의 비종교적 해석과 성서 개념의 세속적 해석이란 용어를 구별 없이 사용했다.
12. 박봉랑, 「신의 세속화」, pp. 146 - 148.
13. Kuhn, p. 159.
14. Paul Tillich, *The Shaking of the Foundation*(New York : Charles Scribner's Sons, 1948), p. 57. 김천배(역), 「흔들리는 터전」(서울: 대한기독교서회, 1973), pp. 75 - 76.
15. 로빈슨, 「신에게 솔직히」, p. 154.
16. Ibid, p. 21.
17. Ibid, pp. 36 - 37.

18. Ibid, p. 83.

19. Ibid, p. 84.

20. 이 이론은 "텅 비어 있다"는 의미를 가진 헬라어 kenos 로부터 유래된 것으로 그리스도가 자기를 비우셨다는 주장이다. 이 점을 강조하는 것이 본회퍼 기독론의 특징이다.

21. 로빈슨, pp. 91 – 93.

22. Ibid, pp. 94 – 95.

23. Ibid, p. 95.

24. Kuhn, p. 178.

25. 로빈슨, pp. 108 – 110.

26. Ibid, p. 121.

27. Ibid, p. 124.

28. 로빈슨은 "거룩한 것은 통속적인 것의 깊이"를 의미한다고 보았다. Ibid, p. 109.

29. 하비 콕스, 「세속 도시」(서울: 대한기독교서회, 1970), p. 27.

30. Ibid, p. 10.

31. Ibid, p. 27.

32. Ibid, p. 139.

33. Ibid, pp. 143 – 145.

34. Ibid, p. 358.

35. Ibid, pp. 372, 374.

36. Ibid, p. 53.

37. David L. Edwards, *The Honest To God Debate*(Philadelphia: The Westminster Press, 1963), p. 22.

38. Ibid, p. 83.

39. Ibid, p. 37.

40. Ibid, pp. 215 – 216.

41. Ibid, p. 208.

42. Ibid, pp. 134 – 137.

43. Harold B. Kuhn, p. 178.

44. 박봉랑, 「신의 세속화」, p. 319.

45. David L. Miller, "False Prophets in the Secular City," *The Christian Century*(November, 17, 1965), p. 1417.
46. Kuhn, p. 184.

17장

신 죽음의 신학

서론

급진 신학은 20세기 중반 이후 칼 바르트, 루돌프 불트만, 폴 틸리히, 본회퍼 등의 신학 사상에 영향을 받아 형성된 새로운 신학 조류이다. 전위 신학(frontline theology) 또는 신자유주의 신학(neoliberalism theology) 등으로 불리기도 하는 급진 신학은 전통적인 신학의 길을 거부하고, 신학적 이해의 새로운 지평을 제시하려는 것이 공통적인 특징이다. 급진 신학은 전통적인 기독교와 하나님은 현대인의 문제와 욕구를 해결할 수 없는 것으로 간주하여 이를 분쇄하고 새로운 기독교 또는 제2의 종교 개혁을 모색했다. 「신에게 솔직히」를 발표함으로써 세속화 신학의 불을 당긴 영국 성공회 감독 로빈슨은 16세기의 종교 개혁 운동은 이제 지나갔고, 새로운 종교 개혁이 요청된다고 했다. 또 기존의 교회 구조를 지탱하는 전통적인 교리와 신학적인 토대를 허물고 새로운 개혁운동을 전개해야 한다고 주장했다.[1]

급진 신학은 우파와 좌파, 또는 온건한 급진 신학과 과격한 급진 신학으로 구분된다. 전자는 메시지의 전달 방법을 문제시했고, 후자는 메시지 자체를 문제시했다. 즉 온건한 급진 신학은 복음의 옛 형태가 시대에 뒤떨어졌다고 보고 복음을 새로운 형식에 의해 전달하려고 한 것이었다. 한편 과격한 급진 신학은 메시지 자체가 문제성을 내포하고 있기 때문에 그것을 폐기하고 새로운 메시지를 전달하려고 했다. 하나님의 상실이 그것이다.[2]

급진 신학의 주요한 주제는 신의 죽음, 예수에 대한 복종 및 새로운 낙관주의로 요약된다. 급진 신학은 신(神) 상실의 경험을 '신의 죽음'이라는 메타포로 표현했다. 또한 그것은 무신적 기독론을 주장했다. 하밀톤에 따르면, "하나님이 죽는 시간이 예수에 대한 복종의 시간이다."[3] 한편 급진 신학은 낙관적 신학이다. 그것은 현대 미국인의 낙관주의를 반영한 것이다.

미국에서 일어난 대표적인 급진 신학이 신 죽음의 신학(Theology of Death of God)이다. 이것은 1960년대 전세계 신학계에 화제를 일으키며 뜨거운 논쟁의 대상이 되었다. 이 외에도 1970년대에 시작된 희망의 신학과 해방 신학에 뿌리를 둔 정치 신학, 1980년대부터 본격적으로 전개되고 있는 종교 다원화 신학 그리고 과정 신학이 급진 신학으로 분류될 수 있다.

필자는 이들 가운데 알타이저, 해밀론, 바하니안 및 반 뷰렌의 신의 죽음의 신학을 중심으로 미국 급진 신학 논쟁을 살펴보고자 한다.

I. 신 죽음의 신학 태동

신 죽음의 신학은 1960년대 초 미국과 유럽을 중심으로 일어난 신학사의 에피소드였다. 그러나 그 영향과 충격은 대단했으며 기독교 안팎에서 많은 논쟁을 일으켰다. 외형적으로 볼 때, 그것은 단지 몇 년 동안 지속되다 소멸되었다. 그러나 그 근본적인 사고가 완전히 사라진 것은 아니었다. 희망의 신학, 정치 신학, 해방 신학 등의 급진 신학을 통해 그 사상의 맥이 존속되고 있다.

신 죽음의 신학은 하나님 상실의 경험과 역사적 예수에 대한 재발견을 토대로 현대 미국의 낙관주의적 사고에 의해 인간의 문제를 하나님이 아닌 세계를 무조건적으로 신뢰함으로써 해결하려 한 급진적인 신학 운동이다. 그것은 하나님을 부정하고 하나님 없는 신학을 전개하려 했던 세속화 신학의 극단적 형태였다.

신의 죽음에 대한 논의가 신의 죽음의 신학자들에 의해 처음 제기된 것은 아니었다. 이미 서구의 정신사에서 포이엘바하, 니체 등이 주장한 사상이었다. 포이엘 바하는 신을 인간 속성의 투사로 취급했으며, 니체는「짜라투스트라는 이렇게 말했다」에서 신의 죽음을 선언했다. 니체는 전통적 기독교의 신 개념을 부정한 것으로 이해된다.

신 죽음의 신학이 일어나는 데 큰 자극제가 된 것은 본회퍼의 사상이었다. 그는「옥중 서간」에서 "무종교적 시대"와 "무종교적 기독교", "성인된 세계"와 "성서적 개념의 비종교적 해석"이라는 혁명적 개념을 제시했다. 성인된 세계는 종교 시대가 지나가고 무종교 시대가 왔다는 것을 의미한다. 하나님 없이도 살아갈 수 있는 세상, 종교가 필요 없는 세계가 곧 성인된 세계이다. 현대인은 성인된 세계에 살고 있는 성인된 인간이며 종교가 필요 없는 인간들이다. 그들은 마치 신이 없는 것처럼 행동하며 스스로 책임을 진다.[4] 본회퍼는 기독교 전통적인 하나님은 불필요하다고 주장했다.

본회퍼의 사상은 세속화된 현대 세계에 대한 교회의 반응을 모색하던 급진적인 젊은 신학자들에게 방향 제시가 되었다. 예를 들어, 신정통주의자였던 하밀톤은 본회퍼의「옥중 서간」을 읽은 후 전통적 신관의 형식을 부숴버리는 것을 자신의 신학적 과제로 삼았다.[5]

하나님의 죽음에 대한 논의를 신학화한 것은 1960년대 미국의 젊은 급진주의 신학자들이었다. 토마스 알타이저(Thomas J. Altizer), 윌리암 해밀톤(William Hamilton), 반 뷰렌(Paul van Buren), 가브리엘 바하니안(Gabriel Vahanian) 등이 그들이다. 특히 당시 에모리 대학 교수 알타이저는 가장 급진적인 신학자였다. 그가 1966년에 로체스터 신학교 교수 해밀톤과 함께 저술한「급진 신학과 하나님의 죽음(Radical Theology and the Death of God)」은 미국 개신교에 급진 신학의 출현을 알린 최초의 책이었다.

한편 유럽에서는 죌레와 브라운(H. Braun)이 이런 신학 흐름을 주도했다. 칠레는 「대리자 그리스도」에서 전통적 기독교의 하나님의 존재에 대해 의심하고 신 없는 신학을 세우려고 했다. 브라운은 불트만의 실존적 해석을 극단화하여 하나님을 철저하게 실존화함으로써 신학적 무신론을 주장했다.

신 죽음의 신학은 기독교 안에서 유신론을 부정하고 무신론을 주장하려고 한 것은 아니었다. 오히려 그것은 무신론의 관점을 기독교에 수용하여 무신론의 용어로 신학 작업을 하려 했던 현대 신학의 한 흐름이었다.[6]

신 죽음의 신학의 핵심적 주장은 두 가지로 요약된다. 첫째, 기독교 전통적인 초월자와 창조주로서의 하나님은 죽었으며, 이것은 역사적인 사실이다. 둘째, 하나님의 죽음은 또한 전통적인 기독교의 죽음을 의미한다. 따라서 예수의 윤리적인 교훈에 근거하여 새로운 윤리 종교로서 기독교를 재조직해야 한다. 이런 주장은 경험적 사실의 배후에 있는 초경험적인 실재를 인정하지 않는 반면, 인간의 이성과 경험에 신뢰성을 두는 실증주의적 태도로부터 나온 것이다.

신의 죽음 문제는 신문, 잡지 등 대중적인 언론 매체들을 통해 세인들의 관심을 불러일으켰다. 특히 미국 시사 주간지 「타임(Time)」의 특집 기사가 결정적인 역할을 했다. 1966년 4월 8일자 타임지는 "하나님은 죽었는가"를 커버 스토리로 하여 이 신학을 소개함으로써 전세계에서 경악과 분노와 탄식을 일으키며 뜨거운 논쟁거리가 되었다. 그러나 1960년대 말을 고비로 더 이상 지속하지 못하고 한 때의 유행 신학으로 끝나고 말았다.

Ⅱ. 하나님의 죽음과 무신론적 그리스도

가장 과격한 신의 죽음의 신학자는 알타이저였다. 그는 시카고 대학과 대학원에서 공부한 후 에모리 대학의 성서 및 종교학 교수로 활동했다. 그는 엘리아드(Mircea Eliade)의 종교 현상학에 깊은 영향을 받은 종교학자였으며, 틸리히의 대화 신학을 계승하여 그것을 극단화했다. 대표적인 저서로는 「동양 신비주의와 성서적 종말론」, 「엘리아데와 거룩의 변증법」, 「급진 신학과 신의 죽음」 등이 있다.

알타이저는 기독교와 다른 종교의 대화에 근거하여 기독교의 전통적인 주장을 포기하고 기독교를 상대화했다. 또한 그의 저서는 동양의 신비주의 및 니체의 허무주의를 깊이 반영하고 있다.

알타이저는 급진 신학을 개신교의 현대적인 발전으로 이해했다. 그에 따르면 현대는 하나님이 죽은 시대, 즉 기독교가 지나간 시대였다. 이러한 시대에 전통적인 형태의 신학은 무의미하며 새로운 신학이 수립되어야 한다. 알타이저는 이를 위해 무신론의 관점을 기독교에 도입했다. 그는 신학의 새로운 길을 하나님의 죽음에서 찾았다. 따라서 하나님이 죽었다는 전제 위에 신학을 건설하려 했다.

알타이저는 초월적이면서 인격적인 존재로서의 하나님은 죽었다고 선언함으로써 하나님의 죽음을 역사적인 사실로 간주했다. "우리는 하나님의 죽음이 역사적 사건이라는 것, 하나님이 우리의 우주와 우리의 역사 그리고 우리의 실존에서 죽었다는 것을 깨닫지 않으면 안된다."[7] 알타이저는 하나님의 죽음을 재생이나 부활이 가능한 일시적인 것이 아닌, 역사 속에서 다시 나타날 수 없는 최종적인 것으로 보았다.[8] 그리고 이 사실을 널리 알리는 것을 현대 신학자들의 과업으로 간주했다.

알타이저가 주장한 하나님의 죽음은 기독교의 하나님이 실제로 죽었다는 것을 의미했다. 그는 기독교의 신학적 하나님을 성서적 신앙이 퇴조한 후 그리스 철학의 영향으로 생긴 관념으로 간주했다. 성서는 하나님의 실재나 임재만 말할 뿐, 초월적이거나 인격적인 하나님을 말하지 않는다는 것이다. 따라서 그는 기독교를 성서적 신앙의 타락으로 생각했다.[9]

알타이저는 하나님의 죽음에 대한 성서적 근거를 빌립보서 2장 5절 이하에 나타난 바울의 케노시스(kenosis) 개념에서 찾았다. 그는 하나님의 죽음이 성육신 사건 속에서 일어났다고 보았다. "성육신이 본래의 거룩함의 죽음, 즉 하나님 자신의 죽음을 가져왔다면 그것은 오직 참되고 정말 의미 있는 것이다."[10] 알타이저는 성육신을 "하나님이 예수 그리스도 안에서 완전히 인간이 된 것" "하나님이 그리스도 안에서 죽은 것"으로 해석했다.[11] 하나님의 죽음이 곧 성육신의 의미이다. 그것은 케노시스(비움)의 과정이다. 성육신은 하나님이 완전히 비어지고 완전히 인간이 된 사건이었다.

알타이저는 초월자로서의 하나님은 죽었지만, 내재자로서의 하나님은 그리스도의 성육신 사건에서 다시 태어났다고 보았다. 그리스도는 하나님과 동일하다. 그러나 그리스도 안에 존재하는 하나님은 철저하게 세속화, 인간화, 내재화되었다.[12]

알타이저는 하나님의 자리에 예수를 대치했다. 기독교의 전통적인 하나님을 전적으로 무가치하게 보았기 때문이다. 그러나 알타이저의 예수는 전통적 기독교 신앙의 그리스도가 아니었다. 완전한 하나님인 동시에 완전한 인간인 예수가 아니었다. 완전히 인간이 된 예수, 즉 역사적 예수였다. 성령과 신적인 요소가 제거된 그리스도, 즉 하나님 없는 그리스도였다. 알타이저의 그리스도론은 철저한 케노시스 그리스도론이었다.

한편 그는 기독교와 신학을 해체하고 다른 종교의 장점을 도입한 새로운 종교를 만들려고 시도했다. 그는 기독교의 종말론적 신앙을 불교의 열반과 접목시키려 했다. 따라서 예수와 부처, 하나님의 나라와 열반을 동일시했다.

요약하면, 알타이저는 엘리아드의 종교 현상학, 니체의 허무주의, 불교의 신비주의에 근거하여 기독교 전통적인 신 개념을 부정했다. 초월적인 하나님은 그리스도의 성육신에서 죽었으며 내재적인 하나님이 지금 여기에서 존재한다는 것이다.

미국에서 신의 죽음의 신학 운동을 주도한 또 다른 사람이 해밀톤이었다. 그는 뉴욕의 유니온 신학교에서 공부했으며 성 안드류 대학교에서 박사 학위를 취득한 후 콜게이트 로체스터 신학교의 신학 교수로 활동했다. 저서로는 「그리스도교인」, 「그리스도교의 새로운 본질」 등이 있다. 특히 「기독교의 새로운 본질」은 하나님의 죽음을 신학적으로 논의한 최초의 저서 가운데 하나였다.

해밀톤의 신학 형성에 결정적으로 영향을 미친 신학자는 본회퍼였다. 그는 본회퍼의 사상에 기초하여 전통적 기독교의 신관을 거부했다. 알타이저가 우주적 존재론적 신의 죽음을 주장했다면, 해밀톤은 역사적 문화적 신의 죽음을 주장했다. 알타이저는 역사의 어떤 시점에서 하나님이 사망한 것으로 보았으나, 해밀톤은 하나님의 죽음을 과거 200년에 걸쳐 유럽과 미국에서 일어난 역사적 문화적 사건으로 해석했다.[13] 알타이저는 기독교를 부인했고, 해밀톤은 하나님을 부정하면서도 예수 그리스도를 중심한 기독교, 하나님 없는 기독교를 인정했다.

해밀톤은 신의 죽음의 신학자들을 "하나님 없는 사람, 하나님의 귀환을 기대하지 않는 사람"으로 정의했다. 그러나 그것은 단순히 하나님을 가지고 있지 않다는 것을 의미하는 것이 아니라 하나님의 상실을 의미한다. 기독교 전통의 하나님의 상실을 말한다. 해밀톤은 신의 죽음의 신학을 로빈슨이 「신에게 솔직히」를 통해 영국에서 일으킨 새로운 신학 운동과 짝을 이루는 것으로 간주했다.

해밀톤에 따르면, 하나님은 죽었다. 이는 하나님 체험이 없는 것을 의미하는 것이 아니라 하나님이 존재하지 않는다는 체험을 말한다.[14] 해밀톤은 현대인은 하나님도 하나님에 대한 신앙도 없다고 보았다.[15] 초월적인 하나님은 죽었을 뿐 아니라 그 하나님을 인정할 힘마저 말라 버렸기 때문이었다. 인간을 불안과 절망과 자기 의로부터 해방하기 위해 하나님이 더 이상 필요하지 않으며, 그렇게 해줄 하나님도 존재하지 않는다. 인간은 성인이 된 까닭에, 스스로 할 수 있는 일을 하나님께 부탁할 필요가 없게 된 것이다.[16]

해밀톤은 하나님의 죽음 선언을 세속주의의 본질인 무신론을 원인으로 하여 역사 속에서 하나님이 무의미하다는 체험의 결과로 해석했다.[17] 이것이 하나님이 죽었다는 주장이 일어난 본질적인 원인이었다.

한편, 해밀톤의 신 죽음의 신학은 무신론적 그리스도론을 의미한다. 그리고 그 중심 사상은 "주 예수에의 복종"이다. 해밀톤에 따르면, "하나님이 죽는 시간이 또한 예수에 대한 복종의 시간"이다. 하나님은 죽었지만 예수는 살아 있다. 그리스도인은 "그리스도에게 매인 사람, 그리스도가 복종했듯이 그에게 복종하는 사람"이다.[18]

해밀톤이 하나님 부재의 상황에서 찾은 하나님은 인간 예수였다. 예수는 윤리적 이상이며 타자를 위한 인간이었다. 해밀톤은 초월적인 하나님에 대한 신앙을 포기하는 한편, 인간 예수에 대한 충성과 복종을 자신의 신학적 메시지의 중심으로 삼았다.[19] 따라서 그는 그리스도의 교훈을 중심으로 한 윤리적 기독교를 주장했다.

알타이저나 해밀톤보다 완곡하게 하나님의 죽음을 이야기했던 사람이 바하니안이었다. 그는 「신의 죽음(*The Death of God*, 1961)」과 「다른 신은 없다(*No Other God*, 1966)」에서 현대를 "종교적으로나 문화적으로 기독교가 사멸한 기독교 이후 시대"라고 했다. "이 시대에 기독교가 물려줄 유일한 유산은 기독교의 자기 무효화 밖에 없다"고 하면서 그는 과학과 기술로 기독교를 대체하려 했다.

성공회 목사요 바르트 학자인 반 뷰렌 역시 하나님 없이 그리스도교를 재형성하려 한 신학자였다. 그러나 그의 접근 방법은 다른 신 죽음의 신학자들의 것과 구별된다. 그는 「복음의 세속적 의미(*The Secular Meaning of the Gospel*, 1963)」에서 본회퍼가 제기한 문제점을 언어 분석 철학의 방법으로 해결하려고 했다. 그는 언어 분석을 통해 하나님이란 말을 "죽은 언어"로 규정했다. 왜냐하면 그것이 의미를 상실했을 뿐만 아니라, 현대인에게 존재할 수 없는 초자연적인 세계를 생각하게 함으로써 오해를 일으키기 때문이다. 그러므로 그는 역사적 예수를 발견하여 복음을 세속적으로 이해하게 할 수 있는 새로운 기독교 신학을 전개하려고 했다. 그는 다른 사람을 위해 사셨던 인간 예수에 근거하여 유신론적 형태가 아닌 휴머니즘적 형태의 기독교 신학 형성을 자신의 과제로 삼았다.

Ⅲ. 신 죽음의 신학 논쟁

신의 죽음의 신학은 전통적인 기독교인들에게 큰 충격을 주었을 뿐 아니라, 교회 밖에서도 많은 논쟁을 일으켰다. 또한 하나님에 관한 신학적 관심을 일으켜 하나님의 죽음 문제에 대한 많은 저술이 이루어졌다. 신의 죽음에 관한 논쟁을 주제로 한 대표적인 저술로는 아이스가 편집한 「신 죽음의 논쟁」과 오글트리가 저술한 「신 죽음의 논쟁」 등이 있다.[20] 유럽 특히 독일에서는 죌레와 골비처의 논쟁과 브라운과 골비처의 논쟁이 신 죽음에 관한 대표적인 신학 논쟁이었다.

필자는 신 죽음의 문제에 대한 복음주의 학자들의 반응을 1966년에 출판된 「하나님은 죽었는가?(Is God "Dead"?)」에 근거하여 제시하려고 한다.[21]

보수주의 침례교 신학교 학장 그라운즈(Vernon Grounds)는 급진 신학이 전통적인 기독교에 대한 거부를 요구한다는 사실을 지적하고, 그것이 신앙의 변형인지 파괴인지를 논의하고 있다. 기독교가 철저하게 재고되고 개조된 후 기독교에 남는 것은 무엇인가? 그라운즈는 아무것도 없다고 보았다. 하나님과 성경에 대해 아무것도 남는 것이 없으며, 교회는 빈 껍데기에 불과할 뿐이다. 급진 신학자들은 예수를 그들의 이상과 규범으로 간주했지만 그로부터 신성을 제거함으로써 예수를 공허한 망령으로 축소시켰다. 그는 신약 성서의 예수가 아니었다. 따라서 그라운즈는 급진 신학, 즉 기독교 무신론은 너무나 엄청난 대가를 요구한다고 했다. 하나님의 죽음을 받아들이는 것은 도덕적 혼란, 궁극적인 진노와 심판 및 삶을 파괴하는 허무주의를 초래하기 때문이다.[22]

캘리포니아 침례교 신학교 교수 버나드 램(Bernard Ramm)은 기독교 무신론 혹은 신 죽음의 신학을 신학적 방법론상의 전환의 결과로 해석했다. 계시와 성경의 권위를 부정하고, 그것을 합리주의로 대치한 결과가 신의 죽음의 신학으로 나타났다. 또한 진정한 기독교 신학의 가능성이 파괴되고 신학적 혼란에 빠지게 되었다. 따라서 램은 하나님의 말씀이 제자리와 역할을 되찾을 때, 교회와 진정한 성경적 신학 및 복음적 설교의 부흥이 가능하다고 주장했다.[23]

한편 풀러 신학교 학장 허바드(David Hubbard)는 하나님의 죽음의 뉴스와 이 뉴스를 많은 사람들이 받아들이고 있는 것은, "이 시대의 놀라운 세속성에 대한 증거일 뿐만 아니라 현대의 질문에 대해 고립되어 있고 방어적이며 무감각한 교회에 대한 고발"이라고 이해했다. 또한 그는 신의 죽음의 신학은 어떤 신학자들과 그 추종자들의 양심이 죽었다는 증거뿐만 아니라 교회가 죽었다는 무언의 증거라고 하였다. 신 죽음의 논쟁에 대한 토의에서 가장 중요한 문제는 현대인들에게 하나님이 살아 있다는 것을 어떻게 알게 하느냐. 허바드는 교회 안에서, 신자들의 공동체 안에서 알려지게 해야 한다고 주장했다.

결론

신 죽음의 신학은 전통적인 기독교의 하나님은 현대인의 문제를 해결하지 못하는 것으로 간주하고, 무신론적 관점을 기독교 신학에 도입하여 새로운 출구를 찾으려 했다. 그것은 하나님을 부정하고 하나님 없는 신학을 전개하려 했던 세속화 신학의 극단적인 형태였다.

신 죽음의 신학의 핵심적 주장은 무신론적 그리스도론이다. 하나님은 부정했지만, 그리스도는 부정하지 않았다. 초월적인 하나님의 죽음을 역사적 사실로 간주하는 한편, 그리스도의 성육신을 통해 나타난 내재적인 하나님을 주장했다. 내재적인 하나님은 완전히 인간이 된 예수, 즉 역사적 예수였다. 신 죽음의 신학의 그리스도는 신약 성서의 그리스도가 아니었다. 그는 하나님 없는 그리스도였다. 신 죽음의 신학이 인간 예수의 교훈에 기초하여 개조하려 했던 기독교 역시 윤리적 기독교에 불과할 뿐, 신약 성서의 기독교는 아니었다.

신 죽음의 신학은 초자연적인 계시와 성경의 권위를 부정하고 이를 인간의 이성과 경험을 신뢰하는 합리주의로 대체했다. 이러한 신학 방법론상의 오류가 기독교의 메시지 자체를 부정하게 되는 극단적 결과를 가져왔다.

신 죽음의 신학은 전통적인 기독교와 신학에 큰 도전과 많은 논쟁을 일으켰다. 그러나 그 기간이 오래가지는 못하여 1960년대 후반에 이르러 사실상 소멸되었다. 그것은 현대인의 문제는 전통적인 하나님을 통해 해결될 수 없고, 세계에 대한 믿음을 통해 해결될 수 있다는 신념으로부터 출발했다. 그리고 일시적인 대중적 인기에 연연하여 세속화를 무비판적으로 받아들였다. 그러나 현대의 문제를 해결한 것이 아니라 도리어 그것에 굴복당했다. 세속주의의 포로가 되었던 것이다. 그 후 신 죽음의 신학자들은 자신들의 입장을 크게 수정하거나 신학화 작업을 중단했다.[25]

신 죽음의 신학의 근본적인 문제점은 비성서적이며 비신학적인 데 있다. 그것은 현대의 시대 정신과 결탁하여 기독교의 본질적인 요소들을 포기하거나 부정했다. 기독교의 전통을 부정하는 대신, 니체, 포이엘바하, 동양종교 등을 기독교 신학의 참된 전통과 교사로 받아들였다. 이것은 반(反)신학적이요, 반성경적이다. 하나님의 죽음의 신학은 도덕적 혼란, 허무주의의 초래, 하나님의 진노와 심판과 같은 엄청난 대가를 요구하는 것이다.

주(註)

1. John A. T. Robinson, *New Reformation?*(Philadelphia : The Westminster Press, 1965), p. 9.
2. W. Hamilton, "The Shape of Radical Theology", *The Christian Century* (October, 1965), W. 하밀톤, "급진적 신학의 자세", 「기독교 사상」, 1966년 7월호, p. 33.
3. Ibid., p. 35.
4. 본회퍼의 사상에 대해서는 필자의 15장 세속화 신학1을 참고할 것.
5. 하밀톤, "급진적 신학의 자세", 「기독교 사상」, pp. 30 – 32.
6. 박봉랑, 「신의 세속화」(서울: 대한기독교 출판사, 1983), p. 61.
7. Thomas J. Altizer and William Hamilton, *Radical Theology and the Death of God*(New York : Bobbs Merrill, 1966), p. 11.
8. Thomas J. Altizer, *The Gospel of Christian Atheism*(Philadelphia : The Westminster Press, 1966), p. 62.
9. 서남동, 「전환 시대의 신학」(서울: 한국 신학 연구소, 1976), p. 428.
10. Altizer, *The Gospel of Christian Atheism*, p. 54.
11. Ibid., p. 15.
12. 박봉랑, 「신의 세속화」, p. 267.
13. Jackson Lee Ice and John J. Carey, eds., *The Death of God Debate* (Philadelphia : Westminster, 1967), pp. 226 – 27.
14. Altizer and Hamilton, *Radical Theology and the Death of God*, p. 6.
15. Ibid., p. 37.
16. Ibid., p. 40.
17. 프리츠 부리, 「현대 미국 신학」(서울: 전망사, 1988), p. 88.
18. Hamilton, "The Shape of Radical Theology", *The Christian Century* (October, 1965), W. 하밀톤, "급진적 신학의 자세", 「기독교 사상」, 1966년 7월호, p. 35.
19. 박봉랑, 「신의 세속화」, pp. 308, 312.
20. Jackson Lee Ice and John J. Carey, eds., *The Death of God Debate*

(Philadelphia : Westminster, 1967), Thomas W. Ogletree, *The Death of God Controversy*(Nashville : Abingdon Press, 1966).

21. *Is God "Dead"?*(Grand Rapids : Zondervan Publishing House, 1966). 이는 복음주의 학자 네 명의 글을 편집한 것이다.

22. Ibid., pp. 40 – 56.

23. Ibid., pp. 100 – 101.

24. Ibid., p. 107.

25. 딘 윌리엄 펌, 「현대 신학의 흐름」(서울: 전망사, 1992), p. 60.

18장

희망의 신학: 위르겐 몰트만

서론

1960년대 전세계 신학계에 화제를 일으키며 뜨거운 논쟁이 되었던 신의 죽음의 신학은 단지 몇 년 동안 지속하다 소멸되었다. 그러나 그 근본적인 사고가 완전히 사라진 것은 아니었다. 희망의 신학, 정치 신학, 해방 신학 등의 급진 신학을 통해 사상의 맥이 존속되었다.

특히 1970년대 중반 '하나님의 죽음의 신학'의 잿더미로부터 불사조같이 일어난 것이 '희망의 신학'이었다. 그것은 하나님의 죽음에 대한 선고를 수용하지는 않았지만 그것을 오류라고도 생각하지 않았다. 하나님에 대한 문제에 어떤 결론을 내리기보다 유보하는 입장을 취했다. 역사는 아직 완료되지 않았으며, 따라서 하나님이 미래에 살아 있을지도 모른다고 보았기 때문이다. 희망의 신학은 하나님의 존재에 대한 희망의 촛불을 꺼버리지 않고 살려놓은 것이다.[1]

희망의 신학의 주제는 미래와 희망으로 요약된다. 현재를 강조하는 실존주의 신학과 달리, 희망의 신학은 미래를 강조하는 것이 특징이다. 그것은 과거나 현재보다는 미래 지향적 관점에서 신학과 신학적 관심사를 바라본다. 그리고 과거와 현재는 단지 미래와 관련될 때만 의미와 가치를 지니는 것으로 취급한다. 이로 인해 희망의 신학은 때로 '미래의 신학'이라고 불리기도 한다.

대표적인 신학자로는 몰트만(Jurgen Moltmann), 판넨버그(Wolfhart Pannenberg), 메츠(Johannes Metz) 등이 있다. 그 중에서도, 이 신학 운동을 주도한 사람은 몰트만이었다. 그는 1964년「희망의 신학」을 출판하여 신학적 사고의 새로운 시대를 개척했다. 최근의 신학 가운데 어떤 형태로든 그의 신학으로부터 영향을 받지 않은 신학을 상상하기 어려울 만큼, 몰트만은 오늘날 생존하고 있는 신학자 가운데 가장 영향력 있는 신학자로 평가받고 있다.[2]

필자는「희망의 신학」을 중심으로 몰트만의 신학적 배경과 그 핵심 내용을 제시한 후, 그의 신학에 관련된 논쟁들을 살펴보려고 한다.

Ⅰ. 생애와 저작

몰트만은 1926년 독일의 함부르그에서 출생했다. 18세에 제2차 세계 대전에 참전했으나 포로로 잡혀 3년 동안(1945 – 1948) 벨기에와 영국에서 포로 수용소 생활을 했다. 그는 전쟁의 참혹한 고난 속에서 "하나님이 어디 있느냐"라는 신정론의 문제에 고심하는 한편, 희망을 간직한 사람이 생존 확률이 높다는 사실을 체험하게 되었다. 포로 생활을 통해 신정론(神政論)의 문제와 희망의 문제에 대해 관심을 가지게 된 것이 계기가 되어 몰트만은 신학을 공부하기 시작했다.[3] 그리고 1948년 독일로 돌아와 괴팅겐 대학교에서 신학 공부를 계속했다.

괴팅겐 대학에서 공부하는 동안 특히 오토 베버(Otto Weber), 한스 이반트(Hans J. Iwand), 에른스트 볼프(Ernst Wolf) 교수로부터 많은 영향을 받았다. 이들은 탁월한 신학자요 독일 고백교회 운동의 지도자들이었다. 몰트만은 이들의 지도로 박사 학위와 교수 자격을 취득했다.

몰트만은 베버로부터 칼빈주의 개혁 교회 전통에 대한 비판적 통찰과 종말론을 배웠다. 베버는 신학 전체에서 가르쳐지지 않는 종말론은 신뢰할 수 없다는 것과 현재적이며 현실적 의미가 없는 종말론은 무가치한 추상적 이론에 불과하다고 보았다. 몰트만은 이러한 종말론적 개념을 토대로 자신의 희망의 신학을 발전시켰다. 한편 그는 이반트에게서 헤겔의 신학적 철학과 하나님의 죽음의 개념, 그리고 하나님의 존재 증명에 대한 비판을 배웠다. 또한 볼프로부터 종말론을 사회윤리학과 접맥시키는 법을 배웠다. 몰트만이 종말론을 사회 윤리학적 관점에서 해석한 것은 볼프의 영향이었다.[4]

몰트만은 브레멘 – 바써호르스트(Bremen –Wasserhorst) 교회에서 5년 동안 목회 생활을 한 후, 1958년부터 부퍼탈(Wuppertal) 신학교에서 교리사 교수로, 1963년부터는 본 대학교에서 조직 신학과 사회 윤리학 교수로, 그리고 1967년 이후 현재에 이르기까지 튀빙겐 대학교 교수로 활동하고 있다.

주요 저서로는 삼부작으로 꼽히는 「희망의 신학」(1964), 「십자가에 달리신 하나님」(1972) 및 「성령의 능력 안에 있는 교회」(1975)가 있다. 이 중에서 가장 독창적이며 영향력 있는 것이 「희망의 신학」이다. 이 책을 통해 몰트만의 이름과 신학이 전세계에 널리 알려지게 되었다. 「희망의 신학」은 종말론에 대한 새로운 이해를 제시했다. 희망이 모든 것을 추진하는 동력과 기초가 되었다. 그는 종말론을 신학의 중심 주제로 간주하고 신학 전체를 종말론적 관점에서 연구했다. 「십자가에 달리신 하나님」은 십자가에 달리신 그리스도를 기독교 신학의 기준으로 간주하려는 시도였다. 몰트만은 이 기준에 의해 희망, 십자가, 하나님의 나라 등을 예리하게 분석했다. 「성령의 능력 안에 있는 교회」는 새로운 교회관, 즉 메시아적 교회론을 제시한 것이다. 그는 교회의 역할을 그리스도의 메시아적 사명과 성령의 창조적 사명에 참여하는 것으로 보았다.

이 외에도, 「삼위 일체와 하나님의 나라」(1980), 「창조 안에 계신 하나님」(1985), 「예수 그리스도의 길」(1989), 「생명의 영」(1991) 등이 있다.

Ⅱ. 희망의 신학

1. 희망과 약속

「희망의 신학」의 중심을 이루는 두 개념은 희망과 약속이다. 희망의 신학에서 희망과 약속은 동전의 양면과 같은 관계에 있다. 몰트만이 희망 문제에 특별한 관심을 가지게 된 것은 포로 수용소 생활에서였다. 그 곳에서 희망의 생명력을 체험했다. 희망을 가진 자는 살아 남는 데 반해, 포기한 자는 병들어 죽어갔다. 희망이 삶과 죽음의 분수령이었다. 한편 몰트만은 성서가 미래적 희망으로 가득 차 있다는 것을 성서 연구를 통해 발견했다. 성서의 메시지는 하나님의 약속과 인간의 희망으로 이루어졌다. 아브라함이 고향을 떠나는 사건이나 모세의 출애굽 사건이 그 대표적인 예이다. 몰트만은 이러한 개인적 체험과 성서에 나타난 희망과 약속 사상을 블로흐의 희망의 철학을 매개로 하여 체계화했다. 즉 모든 문제들을 미래에서 그리고 미래에 의해 대답될 수 있다고 보는 블로흐의 사상을 자신의 신학의 틀로 받아들였다. 따라서 희망에 대한 개인적 경험과 성서에 나타난 희망과 약속 사상을 블로흐(Ernst Bloch)의 희망의 철학을 도입하여 개념화한 것이 몰트만의 희망의 신학이다.

몰트만은 종말론에 대한 새로운 이해를 신학의 출발점으로 삼았다. 종말론에 대한 기존의 취급 방법과 전혀 다른 입장을 제시함으로써 종말론에 대한 논의를 시작했다. 종말론은 전통적으로 세계의 마지막에 일어날 초자연적인 일들을 다루는 이론으로 취급됨에 따라 인간의 구체적인 삶에 대한 의미와 타당성을 상실하게 되었다. 따라서 종말론은 기독교 교의학 뒷 부분에 놓여지거나 별로 중요시 되지 않았다. 이에 반해, 몰트만의 기본 입장은 종말론이 신학의 뒷전이 아니고 시작이어야 한다는 것이었다. 그는 종말론을 신학의 한 부분 또는 신학의 한 교리가 아닌, 신학 전체로 간주했다. 기독교는 "전적으로 종말론이며 희망이며 앞을 향한 전망과 성취이다. 그렇기 때문에 그것은 또한 현재의 혁신과 변화이다. 종말론적인 것은 기독교

의 한 요소가 아니라 기독교 신앙의 매개체"이다.[5]

몰트만에 따르면, 종말론은 기독교의 희망에 관한 학문이다. 그것은 바라는 대상과 그 대상에 의해 일어난 희망 모두를 포함한다. 기독교의 종말론은 예수 그리스도와 그의 미래에 대해 말하는 것이다. 그것을 표현하는 언어는 "이스라엘의 언어와 희망과 경험을 만들어 냈던 약속"이다.[6] 성경의 종말론은 역사 속에서 하나님의 약속들의 성취를 다루고 있기 때문이다. 따라서 몰트만은 종말론적 메시지의 이해를 위해 신구약 성서에 나타난 약속의 의미를 검토했다.

약속은 현재 존재하는 어떤 것을 말하는 것이 아니라 아직 존재하지 않는 현실을 선포하는 것이다. 인간으로 하여금 그것이 이루어지리라 기대되는 미래로 지향하게 만드는 것이 바로 약속이다.[7]

몰트만은 하나님의 계시와 약속은 불가분의 관계에 있다고 생각했다. 계시는 약속의 형식과 성격을 지니고 있다. "하나님은 약속의 방식으로 그리고 약속의 역사에서 자신을 계시하신다."[8] "계시는 이 사건에서 현존하는 인간과 세계의 현실을 합리적으로 해명하는 성격을 가진 것이 아니라, 본질적으로 그리고 근본적으로 약속의 성격을 가지고 있다. 그러므로 그것은 종말론적인 종류이다."[9] 그는 계시들을 새롭고 역사적이며 종말론적 미래의 지평을 드러내는 약속들로 이해했다.

한편 몰트만에 따르면, 약속은 어떤 사건 속에서 성취됨으로 끝나는 것이 아니라 그 속에 미래를 가르쳐 주는 잔여물이 있다. 구약 성서를 통해 약속된 하나님 나라의 도래는 그리스도의 십자가와 부활 사건으로 성취되었다. 그러나 그것은 역사 안에서 일어난 일회적인 사건으로 끝나는 것이 아니라 미래적인 측면을 지니고 있다. 미래를 향한 인류 역사의 움직임과 방향을 제시해 주는 것이 그것이다.[10]

2. 종말론적 해석

몰트만은 종말론적 관점, 즉 미래적 관점을 신학의 모든 문제를 해석하는 원리로 삼았다. 그는 "신학이 어떻게 희망에서 시작 하고 종말론적인 빛에서 테마들을 고찰할 수 있는가"를 제시했다.[11]

몰트만은 예수 그리스도의 계시를 "하나님의 미래 곧 하나님의 새로운 세계에 대한 약속"으로 해석했다. "이 계시는 이미 시작되었으나 아직 완성되지 아니한 그러나 역사의 미래에 완성될 하나님의 세계에 대한 약속을 뜻한다."[12]

또한 성서의 하나님을 세계 안에 갇혀 있는 내재적 존재나 세계 밖에 있는 초월적인 존재가 아니라 세계 앞에 있는 존재, 즉 희망의 하나님으로 이해했다. 하나님은 인간과 세계가 희망하고 기다려야 할 미래의 존재이다. 여호와 하나님은 그의 본성으로 미래를 가지고 있다. "존재의 본질로서 미래를 가진 하나님, 약속의 하나님, 현재에서 미래로 떠나는 하나님"이다.[13] 그는 항상 미래에 대한 약속에서 인간을 만나는 하나님이다.

희망의 신학은 부활의 신학이다. 몰트만은 그리스도의 부활을 미래에 대한 하나님의 약속의 첫 열매로 간주하고, 그 의미를 미래적인 관점에서 해석했다. 즉 그리스도의 부활을 역사적으로 이해하지 않고 종말론적으로 해석했다. 이 사건들의 의미는 과거나 현재에서 발견되기 보다는 오히려 미래에서 발견된다. 그리스도의 부활은 "역사 가운데 일어나는 일이기 때문에" 역사적인 것이 아니라, 그것이 장래의 사건에 길을 열어 주는 "역사를 확립시키는 사건"이기 때문에, 즉 종말론적 미래를 열어 주기 때문에 역사적이다.[14] 그리스도의 부활은 과거 역사의 일부이기 때문에 중요한 것이 아니라, 장차 일어날 일반적인 부활의 시작이기 때문에 중요하다. 따라서 전통 신학이 그리스도의 부활을 역사의 마지막에 있을 성도의 부활의 역사적, 신학적 토대로 간주하는 데 비해, 몰트만은 성도의 부활을 그리스도 부활의 토대로 간주했다.

몰트만은 신앙과 죄도 종말론적인 관점에서 해석했다. 희망과 신앙, 절망과 죄는 동반자의 관계에 있는 것으로 취급했다. 신앙은 하나님이 그리스도 안에서 하신 약속의 기대, 즉 희망을 의미한다. 하나님이 참되시다는 것을 확신하는 것이 신앙이라면, 하나님이 때가 되면 그의 진리를 나타내리라고 기대하는 것이 희망이다. "신앙은 희망이 세워져 있는 기초이고, 희망은 신앙을 육성하고 유지시킨다." 따라서 신앙이 없으면 희망은 "허공에 떠 있는 유토피아"가 되고, 희망이 없으면 신앙은 무너지고 만다.[15]

한편 몰트만은 절망을 죄로 정의했다. 흔히 죄의 기원으로 이해되는 교만은 죄의 일면에 불과하며 희망 없는 것, 체념, 게으름, 비애가 죄의 다른 면을 이루고 있다고 주장했다. 용기를 잃는 것, 희망을 저버리는 것이 죄다. 불신앙의 죄는 절망에 토대를 둔 것이다.[16]

몰트만은 세계에 대해서도 종말론적으로 이해했다. 세계를 고정된 공간으로 생각하지 않고 미래를 향해 열려 있고 미래를 지향하고 있는 시간적 과정으로 생각했다. "세계는 아직 완성된 것이 아니고 역사 안에 있는 것으로 이해될 것이다. 그래서 세계는 미래에 약속된 진리나 정의나 평화를 위해 섬길 수 있는 가능성의 세계다."[17]

3. 교회의 사명

몰트만은 하나님의 약속은 또 다른 세계를 위한 것이 아니라 이 세계의 새로운 창조를 위한 것이라고 생각했다. 따라서 기독교의 종말론은 세계가 달라질 것이라는 희망이다. 그 약속의 성취는 역사의 모든 가능성을 초월하는 하나님의 종말론적 행위로만 이루어질 수 있다. 따라서 교회의 주요한 과제는 개인을 회심시키는 것보다는 오히려 사회 구조의 개혁이다. 사회 구조의 변혁이 교회의 새로운 사명이다.[18] 신학 역시 세계가 무엇인가를 단지 해석하는 데 그치는 것이 아니라 이 세계를 변화시켜야 한다고 보았다. 신학의 과제는 인간답게 살 수 있고, 하나님의 뜻에 따라 모든 것이 이루어지는 세계를 만드는 것이다.

몰트만의 정치 신학은 이러한 교회관과 신학관으로부터 유래되었다. 그것은 기독교인의 희망의 실현에 목표를 두고 세상을 변화시키는 것이다. 그는 말하기를, 희망의 성취가 기본적으로 하나님의 힘에 의해 이루어지지만 인간은 미래의 도래를 단순히 수동적으로 기다릴 수는 없다고 생각했다. 희망의 성취는 많은 부분이 인간의 노력에 달려 있기 때문이다. 따라서 희망의 신학은 이론 신학이 아니라 행동 신학이다. 그것은 왜 하나님이 세상의 악에 대하여 어떤 일을 하시지 않는가를 묻는 대신, 악을 변화시키려고 행동한다. 교회는 현 역사 안에서 자유와 평화와 정의를 위하여 노력해야 하며, 필요한 경우 어떤 정치적인 힘을 발휘하여 현 사회를 개조해야 한다는 것이다.

Ⅲ. 희망의 신학 논쟁

몰트만의 「희망의 신학」은 프로테스탄트 신학뿐 아니라 로마 가톨릭 신학, 제3세계 신학계를 포함하여 전세계 교회와 신학에 큰 영향을 미치는 한편, 또한 많은 비판과 논쟁을 일으켰다.

첫째, 몰트만 신학의 일방성이 문제가 되었다. 비판자들은 초기 저서들은 다른 주제를 희생시켰다고 할 만큼 특정 주제를 일방적으로 강조했다고 평가했다. 특히 「희망의 신학」에서 미래에 대한 강조가 그렇다. 몰트만은 과거와 현재를 무시하는 것으로 보일 만큼 미래를 강조했다. 따라서 「희망의 신학」이 하나님을 미래의 존재로 정의함으로써 하나님의 모든 현재적 경험을 부정한 것으로 비판되었다. 한편 변호자들은 이러한 일방성을 몰트만의 신학 방법의 결과로 이해했다. 따라서 초기 삼부작, 즉 「희망의 신학」, 「십자가에 달리신 하나님」, 「성령의 능력 안에 있는 교회」를 분리해서 보지 않고 전체적인 맥락에서 보면, 이들의 일방성이 균형 잡힐 수 있다는 것이다.[19]

둘째, 「희망의 신학」이 함축하고 있는 정치적인 의미가 비판과 논쟁 대상이 되었다. 몰트만은 신학은 세계를 해석만 할 것이 아니라 변화시켜야 하며, 정치적인 힘을 발휘하여 사회 구조를 변혁시키는 것이 교회의 새로운 사명이라고 주장했다. 이러한 정치 신학은 라틴 아메리카의 해방 신학 태동에 결정적 자극이 되었으며 그 이론적 토대가 되었다. 그럼에도 불구하고, 해방 신학자들은 몰트만의 입장이 보다 적극적이고 능동적이지 않다고 비판했다. 왜냐하면 몰트만이 하나님 나라의 종말론적 초월성을 주장한 것은 구체적인 정치적 운동과 목적으로부터의 분리를 주장하는 전통적인 서구신학자들의 사고의 틀을 아직도 완전히 벗어나지 못한 것이라고 판단했기 때문이다. 한편 보수주의 신학자들은 몰트만이 기독교의 종말론을 인간의 정치적 영역에로 축소했다고 비판했다.[20]

셋째, 몰트만의 미래적 종말론은 하나님 나라에 대한 새로운 이해를 제시함과 동시에 그를 현대의 종말론 논쟁의 중심에 서게 했다. 19세기 자유주의 신학을 기점으로 전개된 종말론은 하나님 나라가 현재적이냐 아니면 미래적이냐 하는 것이 논쟁의 초점이었다. 리츨과 하르낙 등의 자유주의 신학, 다드의 실현된 종말론, 불트만의 실존적 종말론은 하나님의 나라를 현재적인 것으로 간주했다. 이에 반해, 몰트만의 종말론은 희망의 하나님과 예수 그리스도의 미래에 대한 기대를 전제로 하고 있어 미래적 종말론이란 평을 듣는다.[21] 그에게는 하나님의 나라가 현재적인 것이 아니라 미래적이다. 한편 그가 역사 내에서 하나님의 약속의 성취를 강조한 점에서 그의 종말론을 역사 내재적 또는 정치, 사회적 종말론으로 분류한다.

넷째, 「희망의 신학」에서 제시된 몰트만의 계시관은 현대 계시론 논쟁에 중요한 역할을 했다. 몰트만은 미래 지향적 관점에서 계시를 약속으로 이해했다. 이것은 계시를 역사로 정의하는 판넨버그나 케리그마적인 말씀으로 정의하는 불트만과 입장을 달리한다. 몰트만은 계시가 역사냐, 아니면 말씀이냐 하는 현대의 계시 논쟁의 해결책으로 양자 택일이 아닌, 중도적인 "말씀 – 역사(Word – history)"로서의 계시 개념을 발전시켰다.[22] 한편 몰트만의 미래 지향적 계시관은 정통주의의 계시관과 충돌을 일으켰다. 정통주의자들은 몰트만의 하나님은 "과거나 현재에 자신을 계시하는 하나님

이 결코 아니며, 단지 미래에만 자신을 계시하는 하나님"이라고 비판했다.[23]

다섯째, 몰트만이 개인 영혼의 구원보다 사회 개혁에 우위를 둔 것이 비판을 받았다. 몰트만은 인간의 현실을 외면하고 개인의 영혼 구원만을 강조해 온 전통적인 신학을 비판하는 한편, 세계에 대한 관심을 강조했다. 그리고 개인을 회심시키는 것보다 오히려 사회 개혁을 교회의 주요한 과제로 간주했다. 따라서 몰트만의 신학에서는 개인의 영혼 문제가 약화되었다.[24]

결론

희망의 신학은 미래 지향적 관점에서 성서와 신학의 주제들을 해석하려는 시도였다. 그것은 1960년대 후반 하나님의 죽음의 신학이 제기한 하나님의 문제에 대한 대답으로 일어났다. 그것은 희망의 신학, 정치 신학, 흑인 신학, 여성 신학, 제3세계 신학 등의 형성에 큰 영향을 미쳤다. 뿐만 아니라 그것은 하나님의 죽음 신학에 대한 논박, 신정통주의, 특히 불트만의 급진적 실존주의 신학에 대한 비판, 종말론에 대한 강조 때문에, 정통적인 복음주의 신학자들로부터도 많은 호응과 환영을 받았다.

「희망의 신학」에서 몰트만이 이룩한 가장 큰 신학적 업적은, 종말론을 교의학의 일부가 아닌 신학의 전체로 간주한 것과 종말을 역사화하고 사회화한 것, 미래적 종말론 회복이다. 몰트만은 종말론의 개념을 현대 신학의 주요 주제로 만드는 데 결정적으로 기여했다.

희망의 신학의 문제점으로 지적되는 것은 지나친 일방성과 편향성이다. 첫째, 종말론은 기독교의 여러 교리 중 하나이지, 신학의 전체는 아니다. 그럼에도 몰트만은 모든 교리 체계를 종말론으로 전환하거나 종말론을 지나치게 강조하여 신학을 왜곡시켰다.

둘째, 신약 성서의 종말론은 현재적인 것과 미래적인 것, 실존적인 것과 역사적인 것, 개인적인 것과 우주적인 것을 동시에 포함하고 있다. 따라서 종말론은 전적으로 미래에 속하는 것으로 혹은 이미 완성된 것으로도 간주할 수 없는 것이다. 현재적 종말론과 미래적 종말론 사이의 긴장이 있어야 한다. 미래적인 종말론이 동시에 현재적으로 이해되지 않고, 현재적 종말론이 동시에 미래적으로 이해되지 않는다면 그것은 환상에 불과하다.[25] 그럼에도 몰트만은 미래적인 측면을 지나치게 강조했다.

셋째, 희망의 신학은 하나님의 계시의 미래적인 측면을 지나치게 강조하여 과거와 현재적인 측면을 간과했다. 몰트만에 있어 하나님은, 과거와 현재에 자신을 계시하는 하나님이 아니라 단지 미래에만 자신을 계시하는 하나님이다. 따라서 희망의 신학은 과거에 주어진 역사적 계시를 받아들이지 않는 듯한 인상을 준다.[26]

주(註)

1. David P. Scaer, "Theology of Hope", *Tensions in Contemporary Theology*, Stanley N Gundry. Alan F Johnson(ed)(Chicago: Moody Press. 1976), p. 200
2. M. Douglas Meeks, *Origins of the Theology of Hope*(Philadelphia: Fortress Press, 1974), p. xiii.
3. 김균진, "몰트만," 「현대 신학 사상」, 맹용길 편역(서울: 성광 문화사, 1980), p. 273.
4. Ibid., pp. 19 - 43.
5. Ibid., pp. 13 - 14.
6. Ibid., p. 294.
7. ibid., p. 137.
8. Ibid., p. 51.
9. Ibid., p. 102.
10. Ibid., pp. 257 - 261.
11. Moltmann, 「희망의 신학」, 전경연 · 박봉랑 역(서울:현대 사상사, 1973), p. 7.
12. 김균진, "몰트만," p. 286.
13. 몰트만, 「희망의 신학」, p. 35.
14. Ibid., p. 241.
15. Ibid., pp. 20 - 21.
16. Ibid., pp. 23 - 24.
17. Ibid., p. 452.
18. Scaer, "Theology of Hope", p. 204.
19. Richard Bauckham, "Jürgen Moltmann", *The Modern Theologians*, vol. I, David F. Ford(ed.)(Oxford: Basil Blackwell, 1989), p. 307.
20. Ibid., p. 308.
21. Anthony A. Hoekema, *The Bible and the Future*, 유호준 역, 「개혁주의 종말론」 (서울: 기독교 문서 선교회, 1986), p. 427.
22. Meeks, *Origins of the Theology of Hope*, pp. 64 - 80.

23. David L. Smith, *A Handbook of Contemporary Theology*(Weaton : Bridge Point Book, 1992), p. 144.

24. 김균진, "몰트만," p. 303.

25. Horst G. Pöhlmann, 「교의학」, 이신건 역(서울: 한국 신학 연구소 1989), p. 425.

26. Smith, *A Handbook of Contemporary Theology*, p. 144. Scaer, "Theology of Hope", *Tensions in Contemporary Theology*, p. 199.

19장

해방 신학

서론

20세기 후반에 일어난 최대의 신학 논쟁은 해방 신학 논쟁이라 해도 과언은 아니다. 특히 1984년 바티칸 교황청에서 열렸던 브라질의 해방 신학자 레오나르드 보프 신부에 대한 세기적인 종교 재판은 해방 신학에 대한 로마 가톨릭 교회의 공식적이며 결정적인 태도 표명이었던 동시에 이 논쟁을 극적으로 표현해 준 사건이었다. 이 사건이 언론 매체를 통해 전세계에 보도됨으로써 해방 신학 논쟁은 라틴 아메리카나 가톨릭 교회에 국한된 문제가 아니라 전세계 사람들의 이목이 집중된 문제가 되기도 했다. 이것은 신교와 구교, 제1세계와 제3세계에서 널리 전개되었던 범세계적인 신학 논쟁이었으며, 아직도 계속되는 문제이기도 하다.

해방 신학은 오랜 식민 통치와 군사 독재로 인구의 절대 다수가 빈곤과 억압 속에 있는 라틴 아메리카의 현실로부터 가난한 자와 눌린 자를 해방시키려는 역사적 과제를 기독교적 관점에서 해석하려는 시도였다. 구스타보 구티에레즈가 정의한 바와 같이, 해방 신학은 남미의 "불공정한 상황을 제거하고 보다 자유롭고 인간적인 사회를 건설하려는 공동 노력의 체험에서 생긴 신학사상"이다.[1] 현재의 비참한 현실을 변혁하려는 것이 해방 신학의 목적이었다. 이렇듯 1960년대 라틴 아메리카에서 일어난 해방 신학은

1980년대에 이르러서는 전세계적으로 광범위하게 유포된 종교 사상이 되었다. 또한 해방 신학은 라틴 아메리카의 급진적인 신학뿐 아니라 북미의 흑인 신학과 여성 신학 그리고 최근의 생태학적 신학을 포함하는 현대의 큰 신학적 흐름을 형성했다.

해방 신학은 한국 신학계에 1970년대 소개된 이후, 이에 대한 저서와 번역서 및 논문이 200여 편 출판되거나 발표되고 수많은 기사가 각종 신문에 보도될 정도로 많은 관심과 토론의 대상이 되어 왔다. 특히 해방 신학은 1980년대 들어 한국의 정치, 경제, 사회적 정황과 맞물려 큰 반향과 논쟁을 일으켰다. 라틴 아메리카와 크게 다를바 없었던 한국의 상황이 해방 신학에 대한 격렬한 논쟁을 일으키는 촉매 역할을 했으며, 민중 신학의 태동이 해방 신학 논쟁의 중요한 배경이 되었다.[2] 민중 신학은 세속화신학과 해방 신학의 영향을 받은 일부 해직 교수들이 중심이 되어 1970년대 유신 체제 속에서 억압받는 모든 민중의 해방을 목표로 생성되었다. 따라서 민중 신학은 출발점과 목적을 비롯하여 여러 가지 면에서 해방 신학과 공통점을 지니고 있으며 이로 인해 한국판 해방 신학으로 평가받고 있다. 그러나 한국에서의 해방 신학 논쟁은 순수 학문적인 차원보다 오히려 정부의 이데올로기 비판 교육적인 차원에서 전개된 면이 없지 않았다.[3]

필자가 해방 신학에 대한 또 다른 글을 쓰려고 하는 것은 해방 신학에 관한 책들이 너무 많아서 어떤 것을 선택하여 읽어야 할지 당황하는 이들에게 해방 신학이 무엇인지, 왜 일어났으며 무엇이 논쟁점이었는지를 이해하기 쉽게 제시하기 위함이다. 그러나 필자는 관심의 범위를 해방 신학의 원류라 할 수 있는 라틴 아메리카의 해방 신학에 제한하려고 한다. 따라서 흑인 신학, 여성 신학과 같은 해방 신학의 또 다른 흐름들에 대해서는 논의에서 제외된다.

Ⅰ. 해방 신학의 태동

해방 신학은 "신앙의 특별한 실천에 토대를 둔 새로운 유형의 신학"이다.[4] 그것은 다른 신학들과 공통적인 주제와 자원을 가지고 있지만, 취급 방식, 성경과 전통을 보는 기준, 그 과제와 목적 및 의도가 독특하다. 해방 신학은 가난한 자를 위한 신앙의 실천이다. 또한 가난한 자를 만드는 구조와 제도에 대한 비판이다. 그러나 해방 신학은 가난으로부터의 해방, 억압자로부터 피억압자의 해방만을 목적으로 하는 것은 아니다. 그것은 또한 선진 자본주의 국가에 대한 라틴 아메리카 제국의 경제 및 정치적인 종속으로부터의 해방도 의미한다.[5]

해방 신학이 일어나게 된 요인은 세 가지로 정리된다. 라틴 아메리카의 특별한 역사적 정황과 정치 신학 및 마르크스주의의 영향이 그것이다. 라틴 아메리카는 경제 및 사회적으로는 급속한 현대화 과정에서 일어난 극심한 사회적 혼란, 높은 인플레이션, 노동자의 대량 실업 사태와 막대한 외채, 전체 인구의 5퍼센트가 전체 재산의 80퍼센트 이상을 소유하고 있는 경제적인 불평등과 불균형, 전체 인구의 2/3가 거의 아사지경인 절대 빈곤과 부정이 교차되는 지역이었다. 역사 및 정치적으로는 식민지 통치가 15세기 말 크리스토퍼 콜럼버스의 바하마 군도 발견과 스페인과 포르투갈의 라틴 아메리카 정복으로부터 시작하여 19세기 초에 이르기까지 300년 이상 전개되었다. 이러한 식민적 지배는 19세기 초 라틴 아메리카 여러 나라들의 독립 이후에도 끝나지 않았다. 경제 개발 계획, 외채, 다국적 기업의 활동 등이 이들 나라들을 영국과 미국 같은 제1세계 국가들에 경제적으로 의존하는 새로운 형태의 예속, 즉 신식민주의를 초래했기 때문이다.

한편 로마 가톨릭 교회는 라틴 아메리카 전인구의 절대 다수에게 영향을 미치는 지배적인 종교가 되었다. 교회와 국가는 서로 밀착되어서 스페인의 라틴 아메리카 정복과 가톨릭 교회의 복음화가 동일시되었다. 라틴 아메리카 교회는 국가의 후원 아래 광대한 토지와 자본을 소유하게 되었으며 2차 대전까지 식민주의를 지지하거나 독재자를 옹호했다. 근대화를 배척하고 보수적인 정치 세력과 긴밀한 관계를 유지했던 것이다. 이로 말미암아 교회는 대중들로부터 외면당하게 되었다.

그러나 1968년 콜럼비아의 메데인에서 열린 제2차 라틴 아메리카 주교 회의를 계기로 가톨릭 교회의 입장에 변화가 일어났다. 라틴 아메리카에 만연된 착취와 탄압과 인간 소외에 대해 새로운 시각을 가지게 된 것이다. 이 회의는 가톨릭 지도자들이 라틴 아메리카에 대한 제2차 바티칸 회의의 영향을 토의하기 위해 개최되었으며 해방이라는 주제와 그것이 제기한 문제들을 공식적으로 다룬 최초의 회의였다. 이 회의는 비참하고 불의로 가득 찬 라틴 아메리카의 현실에서 교회의 역할과 사명을 제시하는 문서를 채택했다. 그것은 억압적 체제를 비난하고 가난한 자에 대한 부자의 제도화된 폭력에 대항하며 교회를 통해 라틴 아메리카에 새로운 대안이 나오되기를 염원하는 내용이었다. 또한 그것은 그리스도는 가난한 자의 편이며 가난한 자를 해방하는 것이 그의 임무라고 선언했다. 이 메데인 회의는 교회의 현실 참여에 새로운 계기를 마련했으며, 메데인 문서는 해방 신학의 토대가 되었다. 여기에서 해방 신학이 태동된 것이다.

해방 신학 태동의 다른 요인으로는 정치 신학의 영향을 지적할 수 있다. 해방 신학은 서구 신학을 비판하고 있음에도 불구하고, 유럽의 현대 신학에 크게 힘입었다. 특히 요한네스 메츠(Johanes Baptist Metz)와 위르겐 몰트만(Jürgen Moltmann)의 정치 신학이 많은 영향을 미쳤다.

메츠는 정치적 상황을 신학의 영역에 수용하는 정치 신학의 방법론을 제시한 독일의 가톨릭 신학자이다. 그는 하나님과 역사 속에서 고통받는 자의 관계를 진지하게 취급하고 부르주아적인 의식과 주체성을 비판했다. 그는 기독교 신앙의 개인화를 거부하고 신학을 탈개인화하며 복음을 정치적으로 해석하는 것을 정치 신학의 과제로 간주했다. 이러한 메츠의 정치 신학이 종속으로부터의 해방과 사회 정의 실현을 위한 투쟁 운동인 해방 신학의 태동에 신학적 배경이 되었다. 한편 몰트만은 희망의 신학을 주창하고 이를 정치 신학으로 발전시킨 독일의 개신교 신학자이다. 그는 희망의 신학에서 하나님은 현재를 절대화하지 않고 인간에게 미래를 개방해 주는 희망의 하나님이라고 주장했다.[7] 이러한 사상은 라틴 아메리카의 현재 정치 · 사회적 상황을 극복하고 새로운 대안을 모색하려는 해방 신학에 큰 자극이 되었다. 메츠와 몰트만 같은 정치 신학자들의 저서들이 사유화, 억압, 이데올로기, 해방과 같은 새로운 신학 용어들을 시사했으며 이들을 해방 신학자들이 이용하게 되었다.

해방 신학의 태동의 또 다른 요인으로는 마르크스주의의 영향이 있다. 마르크스주의는 사회 분석의 이론적 도구와 역사 철학으로서 해방 신학 형성에 큰 영향을 미쳤다. 그것은 사회 분석의 도구로써 변증법적 분석을 제시했다. 사회를 이분법적으로 부르주아와 프로레타리아, 억압자와 피억압자, 자본가와 노동자로 분석했다. 역사 철학으로서는 인간의 문제를 사회적 또는 역사적으로 구성되는 것으로, 그리고 역사를 변화와 변혁에 개방된 것으로 간주했다.[8] 해방 신학은 현실 분석을 통해 가난의 구조적 원인을 발견하고 그것을 극복할 수 있는 방법론을 마르크스주의적 개념으로부터 도입했다. 해방 신학이 정통 실천을 신학의 출발점으로 삼은 것이나 이분법적으로 사회를 분석하는 것, 계급 투쟁이나 폭력에 의한 혁명을 인정한 것은 마르크스주의의 영향이었다.[9]

해방 신학은 학교에서 학술적인 토의나 논문을 통해 형성된 이론적 신학이 아니라 국민을 해방시키는 과업에 종사하는 교회, 특히 라틴 아메리카의 로마 가톨릭 교회 현장에서 일어난 신학 사조이다. 따라서 해방 신학은 상황 신학이다. 그것은 라틴 아메리카의 역사적 정황이 만들어 낸 신학이다. 라틴 아메리카의 상황과 결부하여 가난한 자의 관점에서 복음과 신학의 주제들을 새롭게 해석한 것이다.

전통 신학이 정통 교리를 추구하고 그것에 대한 이해를 강조하는 데 반해, 해방 신학은 정통 실천을 실행하는 것을 신학의 출발점과 목표로 삼고 있는 것이 특징이다. 해방 신학은 교회가 불의한 기존 질서와의 유대 관계를 정리하고 억압받는 사람들과 착취당하는 사회 계급을 해방하여 새로운 사회를 건설하는 혁명 운동에 참여해야 한다고 주장한다. 불의하고 불평등한 사회와 복음은 공존할 수 없기 때문이다.[10] 해방 신학은 성서적 근거를 이스라엘 민족의 출애굽 사건에서 찾고 있으며, 가난한 자를 편드는 선택, 해방자로서의 하나님, 신학의 해방에 관심을 가지고 있다.

해방 신학은 기독교 신앙과 교리에 대한 새로운 해석이다. 그것은 가난한 자와 눌린 자의 해방과 역사 혁명을 위한 실천을 중심 주제로 하여, 이것과의 관계성에서 다른 모든 주제들을 해석한다. 해방 신학자들은 기독론과 교회론에 관해 많은 관심을 가졌으며 사회 과학의 자원들을 이용하는 법과 성경을 해석하는 법을 탐구했다. 전통적인 기독론을 재해석하여 그리스도를 해방자로, 현실적인 변혁에 영향을 주는 자로, 인간이 되는 새로운 길을 제시한 자로 이해했다. 기독교의 사명은 가난한 자 가운데서 하나님의 활동을 인식하는 것과 사회 구조의 급진적인 변혁을 위해 일하는 것이다. 교회와 교회의 역사를 라틴 아메리카의 상황에서 해석했다. 과거의 교리적 관점이 아닌 현재의 역사적 상황에서 성경을 읽는 새로운 방법과 죄와 구원과 같은 성경의 주제에 대한 새로운 해석을 제시한 것이다.

해방 신학은 마르크스주의로부터 도입한 개념들과 합리주의적인 성격을 지닌 성서 해석학적 개념들을 새로운 해석의 토대로 삼았다.[11] 따라서 죄를 단순히 개인의 도덕적 행위나 실존적인 소외 혹은 절망의 차원에서 이해하지 않고 사회 구조와의 관계에서 정의했다. 죄는 하나님과의 개인적인 관계의 왜곡이 아니라 하나님이 인간에게 삶의 터전으로 허락한 역사적, 정치적 세계의 왜곡을 의미했다. 구원 역시 인간과 하나님 사이의 화해나 죄로부터의 구원뿐 아니라 현재의 역사적 현실로부터의 해방으로 해석했다.[12]

대표적인 가톨릭 해방 신학자로는 브라질의 아스만(Hugo Assmann)과 보프(Leonardo Boff), 우루과이의 세군도(Juan Luis Segundo), 페루의 구티에레즈(Gustavo Gutierez), 엘살바도르의 소브리노(Jon

Sobrino) 등이 있다. 프로테스탄트 해방 신학자로는 브라질의 알베스 (Rubem Alves), 아르헨티나의 보니노(Jose Miguez Bonino), 브라질 선교사 출신의 미국 신학자 슐(Richard Shaull) 등이 있다.

Ⅱ 해방 신학 논쟁

라틴 아메리카의 해방 신학은 세계 도처에서 많은 논란을 일으켰다. 특히 바티칸 교황청은 교황이 여섯 차례나 라틴 아메리카를 방문할 정도로 이 문제에 많은 관심을 표명했다. 하지만 결국에는 보프 신부에 대한 종교 재판을 통해 해방 신학에 대한 비판적 입장을 분명히 했다. 일부 신학자들은 자신의 입장을 수정할 정도로 해방 신학에 대해 긍정적인 평가를 내리기도 했으나, 대부분의 제1세계 신학자들은 해방 신학을 부적절한 신학 사조 혹은 종교를 사용한 정치 형태로 취급했다. 그렇다면 해방 신학이 제기한 논쟁점은 무엇이었는가? 해방 신학의 어떤 면이 논쟁의 대상이 되었는가? 필자는 해방 신학에 관한 교황청의 교시를 중심으로 이 문제를 논하려고 한다.

첫째, 해방 신학의 방법론이다. 해방 신학은 사회 분석과 현실 극복의 수단으로 마르크스주의를 도입했다. 이분법적 사회 분석, 계급 투쟁, 폭력적 사회 혁명의 개념이 그것이다. 이것이 특히 교황청 신학자들과 라틴 아메리카의 해방 신학자들 사이에 일어난 논쟁의 중심 문제가 되었다. 해방 신학을 비판하고 거부하는 중요한 이유는 해방 신학이 계급 투쟁과 같은 마르크스주의의 개념을 수용했으며 프롤레타리아 혁명이 정당한 혁명이라는 거짓 희망을 억압받는 자들에게 주고 성서적인 근거를 내세워 폭력을 정당화하기 때문이다.

1984년 바티칸 교황청이 해방 신학에 대해 발표한 공식 문서인 「해방 신학의 일부 측면에 대한 교시(*Instruction on Certain Aspects of the Theology of Liberation*)」는 해방 신학의 마르크스적 측면이 기독교 교훈과 일치하지 않는다는 것과 마르크스주의 이론을 받아들일 수 없다는 것을 분명히 했다. 교황청의 신앙교리회의 의장 라트진게르(Ratzinger) 추기경은 해방 신학이 마르크스 개념을 무비판적으로 사용함으로써 기독교 본래의 신앙에서 이탈되는 위험성을 지적했다.[13] 마르크스주의의 사회 분석 방법을 무비판적으로 도입하면, 마르크스주의의 기본 철학과 사상까지도 수용하게 되고 그 결과 전체주의 사회와 계급 투쟁 이론을 지지한다는 것이다. "마르크스주의적 분석에는 이데올로기적 요소가 연루되어 있다는 것을 깨닫지 못하고 그것을 받아들이거나, 또한 마르크스주의적 해석이 점차 전체주의 사회로 진전해 간다는 것을 인식하지 못하고 마르크스주의적 해석을 수용하여 계급 투쟁에 들어가는 것은 환상이요 위험스럽기 짝이 없는 일이다."[14]

이러한 비판에 대해 일부 해방 신학자들은 자신들이 마르크스주의자라는 것을 부정하고 이를 그들의 저서들을 통해 입증하려고 했다. 1971년 「해방 신학(*A Theology of Liberation*)」을 저술하고 해방 신학이란 용어를 최초로 사용하여 해방 신학의 창건자로 평가받는 구티에레즈는 그의 저서에 마르크스주의 개념이 반영되어 있다는 비판을 강하게 부정한다. 그리고 자신은 복음 이외에는 전하지 않는다고 주장했다. 이와는 달리, 일부 해방 신학자들은 해방 신학이 마르크스주의의 사회 분석 방법을 받아들였다는 것을 인정했다. 엘살바도르의 가톨릭 해방 신학자 소브리노가 그 대표적인 예이다. 그는 어떤 해방 신학자들은 사회 현실을 분석하면서 좌익 사회 과학을 많이 사용했으며, 그런 면에서 해방 신학 개념에 대한 마르크스의 영향이 분명하다고 했다. 해방 신학에 대한 마르크스주의 영향은 1979년 니카라과의 혁명에서도 발견된다. 이 혁명에서 로마 가톨릭 교회의 많은 신부와 신도들이 독재자 소모사 정부를 전복하기 위해 마르크스-레닌주의자들인 산디니스타스와 연합했다.

해방 신학은 마르크스주의의 무신론과 이데올로기의 절대화는 거부했으나, 마르크스주의적 사회 분석, 계급투쟁, 폭력적 혁명의 개념을 신학에 받아들였다. 해방 신학이 기독교적 개념과 배치되는 마르크스주의 개념들을 받아들임으로써 기독교의 본질과 진리가 왜곡되고 전통적인 도덕이 파괴되며 교회 내에 분열이 일어나게 되었다. 따라서 해방 신학과 마르크스주의의 관계성 문제가 뜨거운 논쟁의 대상이 되었다. 그러나 이 논쟁은 해방 신학이 마르크스주의의 영향을 받았느냐 아니냐의 논쟁이라기보다 오히려 무슨 영향을 받았느냐에 관한 논쟁이다. 해방 신학자들도 자신들이 마르크스주의적인 사회 분석 방법을 수용하고 있음을 부정하지 않는다.

문제는 해방 신학이 마르크스주의로부터 사회 분석 방법만을 받아들인 것인가, 아니면 마르크스주의의 기본 사상과 철학까지 받아들였는가 하는 것이다. 해방 신학에 대한 비판가들은 해방 신학이 마르크스주의의 사회 분석 방법과 함께 마르크스주의의 이데올로기 전체를 받아들였다고 주장했다. "마르크스주의의 분석 방법만을 취하려 한다면, 결국 그 이데올로기 전체를 수용하는 결과를 가져오게 될 것이다."[15] 왜냐하면 이 둘을 분리하는 것은 불가능하기 때문이다. 반면, 해방 신학자들과 그 지지자들은 마르크스주의의 분석 방법과 사상을 구분하고 자신들은 분석 방법만을 사용했다고 주장한다.

둘째, 해방 신학의 구원관 문제이다. 해방 신학이 구원과 해방을 동일시하거나 분명하게 구별하지 않은 것이 논란의 대상이 되었다. 이것은 해방 신학이 가난으로부터의 해방만을 강조하고 죄로부터의 구원을 소홀히 한 데서 비롯되었다. 교황청 교시는 구원이 영적인 해방을 의미하는 것이지 결코 정치적 해방만을 의미하는 것이 아님을 분명히 했다. "해방은 무엇보다 죄의 속박으로부터 해방을 뜻한다. 해방의 본질적인 목적과 목표는 하나님의 자녀를 해방시키는 것이며 이것은 하나님의 선물로 주어지는 것이다… 어떤 사람들은 단지 이 세상에서 노예 상태로부터 해방되는 것만을 일방적으로 강조하려 든다. 그래서 이들은 죄로부터의 해방이 가장 중요한 문제임에도 불구하고 그것을 부차적인 것으로 생각하는 것 같다." 교황청뿐만 아니라, 많은 제1세계 신학자들 역시 구원과 해방을 동일시하는 해방 신학을 비판했다. 그것이 현세적인 메시야주의, 즉 정치적인 면에서 하나님의 통치의 선포를 의미하며 전체주의 운동을 연상시키기 때문이다. 또한 그것은 하나님을 가난한 자들 편에 위치하게 하는 반면, 부자들에게는 적대적인 분으로 가정하기 때문이다. 미국 감리교 신학자 오그덴(Schubert Ogden)이 해방 신학을 비판한 것도 그것이 해방과 구원을 동일시하기 때문이었다. 오그덴에 따르면, 해방과 구원을 동일시하거나 구분하지 않는 것은 하나님의 해방의 활동과 구원의 활동을 혼동하는 것이고, 해방과 구원을 분리하는 것은 양자가 동일한 신적인 사랑의 활동이라는 사실을 부정하는 것이다. 양자는 구분은 되지만 분리되지는 않는다.[19]

한편 해방 신학자들은 구원과 해방의 관계에 대해 일치된 견해를 주장하지 않았다. 보니노는 일원론적인 입장을 취하는 해방 신학자들을 비판하고 구원과 해방의 구별을 주장했다. 반면 구티에레즈는 해방의 의미를 세 가지 단계, 즉 정치적 해방, 역사 전체를 통한 인간의 해방 및 죄로부터의 해방에서 이해하고 구원을 해방의 연장으로 해석했다.[20] 또한 그는 역사를 구속사와 세속사, 둘로 보지 않고 오직 하나의 역사를 주장하고 이러한 역사의 통일성의 개념에 근거하여 구원과 해방, 하나님의 구원 행위와 인간의 자력 해방 과정을 연결시키려 했다.[21] 보프는 보다 분명히 구원과 해방을 구별하여, 양자는 동일한 것은 아니지만 동일성을 지니고 있다고 하였다.[22] 이는 해방이 구원을 포함한다고 보는 구티에레즈와 달리, 구원이 해방을 포함한다는 입장이었다.

해방과 구원의 관계에 관한 논쟁은 영적 해방과 정치적 해방, 개인 영혼의 구원과 사회의 구원, 이 양자 중 어느 것에 우선권을 두느냐의 문제였다. 해방 신학은 정치적 해방과 사회 구원을 일차적인 것으로 간주하고 해방의 관점에서 구원을 이해했고, 로마 교황청과 해방 신학 비판자들은 영적 해방과 개인 구원에 우위성을 부여했다.

셋째, 신학과 정치의 관계성 문제이다. 해방 신학은 신학과 정치의 밀접한 관계성을 강조했다. 해방 신학자들은 기독교의 복음과 신학이 정치적인 것이라고 생각했다. 복음은 인간 삶의 성취에 대한 약속과 요구라는 면에서 정치적이며 신학은 삶에 대한 특정 견해를 변호하고 인간 번영의 비전을 제시한다는 면에서 정치적이다. 따라서 세군도는 "모든 신학은 정치적"이라고 주장했으며 구티에레즈는 정치 영역의 보편성을 강조하여 "정치 영역에서 제외될 분야는 하나도 없다. 모든 것이 정치적 색채를 띠고 있다"고 주장했다.[24] 정치적인 영역을 삶의 자리로서 이해한 것이다. 정치학은 단순히 국가의 운영에 관계된 것이 아니라 인간의 삶을 형성하고 표현하는 것에 관계되는 것이다.

이에 반해, 정치적인 영역과 종교적 영역을 구분하는 로마 가톨릭 신학자나 해방 신학 비판자들은 해방 신학이 종교와 복음을 단지 정치학화했으며 인간의 삶을 정치적인 영역에로 축소했다고 비판했다.[25] 해방 신학을 전통적인 의미의 신학이라기보다 오히려 정치 이데올로기에 불과한 것으로 취급한 것이다. 따라서 신학과 정치, 또는 신학과 이데올로기 문제가 해방 신학 논쟁의 또 다른 쟁점이 되었다.

이상에서 언급한 세 가지 이외에도, 신학의 방법론, 죄와 폭력에 대한 해방 신학의 주장 등이 많은 비판과 논쟁을 일으켰다. 해방 신학이 성서나 교리가 아닌 상황을 출발점으로 삼은 것, 신학보다 해방의 강조, 죄로부터의 해방을 소홀히 하거나 이차적인 것으로 간주한 반면, 정치적인 해방과 사회 구조적인 악으로부터의 구원을 강조한 것, 가난한 자와 눌린 자의 해방을 위한 폭력 사용을 정당화한 것이 문제가 되었다.

결론

해방 신학은 가난과 억압으로부터의 해방을 목적으로 라틴 아메리카에서 일어난 상황 신학이다. 성서 본문보다 역사적 현실과 상황을 신학의 근본 자료로 삼은 것이 해방 신학의 특징이다. 가난과 가난한 자에 대해 신학적 관심을 불러일으키고 그들의 소리를 들려준 것이 이 신학의 공헌이다. 해방 신학은 가난한 자의 관점에서 성서의 주제들에 대한 새로운 해석을 시도했다.

해방 신학은 역사와 사회로부터 소외된 자들에게 관심을 가지고 비참한 현실을 변혁하여 자유롭고 인간적인 사회를 건설하려는 것이 목적이었다. 이 의도와 목적은 긍정적인 평가를 받았으나 그것을 실천하기 위한 수단과 방법은 비판을 받았다. 해방 신학은 현실 분석과 극복의 수단으로 마르크스주의 개념을 신학에 도입했다. 이분법적 사회 분석, 계급 투쟁, 폭력적 사회주의 혁명의 개념이 그것이다. 해방 신학이 논쟁을 일으키고 비판과 거부의 대상이 된 것은 그 방법론 때문이었다.

해방은 성서적인 주제인 동시에 좋은 개념임에 분명하다. 해방 신학이 해방을 강조한 것이 문제가 된 것은 아니었다. 그 해방이 죄로부터의 해방, 영적 해방이 아니라 정치적 또는 사회적 혁명으로 이해한 것이 문제였다. 이것이 전통 신학과 해방 신학의 중요한 차이점인 동시에 양자 사이의 논쟁점이었다. 전통 신학은 신앙에 의한 영적 혁명을 근본적인 것으로 보고, 해방 신학은 사회의 변화를 일으킬 정치 활동에 최우선 순위를 두었다. 따라서 해방 신학은 전통적인 신학자들로부터 신학이 아닌 정치 이데올로기란 비판을 받게 되었다.

해방 신학은 성서 본문이 아닌 인간의 경험과 역사적 정황을 신학의 출발점 삼았다. 이것은 해방 신학이 19세기 슐라이에르마허로부터 시작되는 자유주의 신학의 방법론을 그대로 수용했음을 말해 준다. 이러한 방법론상의 오류가 신학 내용 자체에서 오류를 초래했다. 해방 신학은 사회주의 혁명을 정당화하기 위해 기독교의 진리와 성경을 왜곡시키고 그릇되게 해석했던 것이다.[26] 특히 해방 신학의 죄론, 구원론, 교회론 등이 비성서적이며 인간 중심적이라는 비판을 받았다.

해방 신학의 대답은 잘못되었지만 문제 의식은 타당했다. 라틴 아메리카의 가톨릭 교회가 국가 권력 및 사회 기득권 세력과 야합하여 지배 계층의 입장만을 대변함으로 일반 대중으로부터 외면당했을 때, 해방 신학은 교회의 사명에 대한 새로운 각성으로부터 시작되었다. 역사의 희생물인 가난한 자와 눌린 자들에게 관심을 가지고 그들에게 새로운 희망과 미래에 대한 비전을 제시하고자 했다. 따라서 해방 신학을 통해 역으로 전통 신학과 교회가 소홀히 했던 문제나 문제점이 무엇인지를 발견할 수 있다. 성서 본문만을 강조하여 현실 상황을 외면하는 것이나, 상황을 강조하여 성서 본문을 소홀히 하는 것, 모두가 성서적이 아님을 깨닫게 된다. 현실을 올바로 보면서 문제점을 파악하고 성서로 대답하는 것이 복음적이며 현대의 도전을 극복하는 길이라 생각한다.

주(註)

1. 구티에레즈는 해방 신학에 대한 이러한 정의로 그의 「해방 신학」을 시작하고 있다. 구스타보 구티에레즈, 「해방 신학」(서울: 분도 출판사, 1977), p. 11.
2. 고재식 편저, 「해방 신학의 재조명」(서울: 사계절, 1986), pp. 345, 350 – 351.
3. 김종서, 맹용길, 나학진, 신성종, 「최근의 해방 신학」(서울: 한국 정신문화 연구원, 1989), pp. 21 – 22.
4. David F. Ford, *The Modern Theologians*, vol. II (Oxford: Basil Blackwell Ltd, 1989), p.178.
5. 고범서, 「해방 신학」(서울: 범화사, 1985), p. 43.
6. 구티에레즈, 「해방 신학」, pp. 174 – 176.
7. Jurgen Moltmann, *Theology of Hope* (New York: Harper & Row, 1976), p. 16.
8. Ford, p. 176.
9. 고범서, pp. 91 ff.
10. 구티에레즈, 「해방 신학」, pp. 180 – 181, 189
11. 해방 신학에 대한 교황청 교시가 이를 잘 지적하고 있다. 고재식, 「해방신학의 재조명」, p. 313.
12. Ford, p. 178.
13. 라트진게르는 1984년 바티칸 교황청에서 열린 브라질의 해방 신학자 레오나르도 보프 신부에 대한 종교 재판의 재판관이었다.
14. 고재식, p. 315.
15. Ibid., p. 314.
16. 한국의 해방 신학 논쟁의 경우 고범서, 손봉호 교수 등은 전자의 입장을 취했던 반면, 고재식 교수 등은 후자의 입장을 취했다. 고범서 편저, 「이데올로기와 신학」(서울: 범화사, 1983)과 고재식 편저, 「해방 신학의 재조명」이 서로 다른 입장을 대변하고 있다.
17. 고재식, p. 303.
18. Ford, p. 186.
19. Schubert M. Ogden, *Faith and Freedom* (Nashvill: Abingdon, 1979), p.

95.

20. 구티에레즈, 「해방 신학」, pp. 58 – 59, 228.
21. 에밀리오 누네즈, 「해방 신학 평가」(서울: 기독교 문서 선교회, 1987), pp. 124, 208.
22. Leonardo and Clodivis Boff, *Salvation and Liberation*(New York: Orbis Books, 1984), p. 82.
23. Ford, p. 187.
24. Juan Luis Segundo, The Liberation of Theology(New York: Orbis Books, 1976), p. 74. 구티에레즈, 「해방 신학」, pp. 71 – 72.
25. Dennis McCann, "Practical Theology and Social Action," *Practical Theology*, ed. Don S. Browning(San Francisco, 1983), pp. 105 – 125.
26. 고범서, 「해방 신학」, p. 4.

20장

여성 신학

서론

현대 신학의 역사는 전통 신학에 대한 도전의 역사라 해도 과언이 아니다. 현대 신학은 전통 신학에 대한 비판을 출발점으로 어떻게 현대인에게 복음을 전할 것인가 하는 과제에 대답하려 한 것이다. 전통 신학에 대한 현대의 도전은 다양하다. 하나님과 성서 중심의 전통 신학에 인간과 경험 중심의 신학 방법론으로 도전한 것이 자유주의 신학이라면, 존재의 형이상학과 정적인 세계관에 근거한 전통 신학에 생성의 형이상학과 동적인 세계관으로 도전한 것이 과정 신학이다. 기독교의 절대성을 주장하는 전통 신학에 대해 종교의 상대성과 다원성으로 도전한 것이 종교 신학이라면, 전통 신학의 신학적 관점을 비판점으로 출발한 것이 남미의 해방 신학이다. 해방 신학은 전통 신학이 지배자의 관점을 대변하는 것으로 간주하고, 피지배자 즉 억눌린 자와 가난한 자의 관점에서 성서를 해석하려는 것이다.

여성 신학 역시 전통 신학에 대한 도전으로 이해된다. 전통 신학이 지닌 성 차별적이며 여성 억압적인 요소를 지적하고, 이를 여성적 관점에 근거하여 교정하려고 하는 것이 여성 신학이다. 신학적 흐름으로 보면, 여성 신학은 해방 신학의 한 유형에 속한다. 해방 신학의 영향을 받아 남녀간의 억압과 피억압의 관계에서 일어난 것이 여성 신학이다. 따라서 여성 신학은 해방 신학과 동일한 성격을 지니고 있다. 독특한 것은 여성의 인간화, 즉 여성 해방을 목표로 한다는 점이다.

여성 신학은 기독교의 성 차별적 요소에 대한 여성 신학자들의 자각으로부터 시작하여 하나의 신학 운동으로 발전되고 있다. 필자는 여성 신학이 무엇이며, 왜 그리고 어떻게 일어났는지, 대표적 신학자는 누구이며 여성 신학을 둘러싸고 어떤 논쟁이 전개되고 있는가 하는 문제를 중심으로 살펴보고자 한다.

Ⅰ. 여성 신학의 태동

여성 신학은 세계와 교회에서 여성의 억압과 불평등 구조를 자각하고, 남성과 동등한 여성들의 자유와 권리를 주장하는 여성들에 의해 1960년대 말에 일어난 신학 운동이다. 전통 신학과 교회 제도는 물론 성경 본문 역시 성 차별적 요소를 반영하는 것으로 이해하고, 이를 극복하려는 의도에서 시작되었다. 여성 신학은 "신에 대한 인간 경험의 의미와 가치를 여성 입장에서 성찰하는 것이다.[1]

여성 신학이 단지 여성에게 한정된 신학을 의미하거나 여성 신학자가 반드시 여성이어야 하는 것은 아니다. 여성 신학은 여성의 신학을 의미한다기보다 오히려 '페미니스트'의 관점을 지닌 신학을 의미한다.[2] '페미니즘(feminism)은 "남성들이 누리는 권리와 동등한 여성의 권리를 획득하려는 삶의 모든 영역에서의 투쟁"으로 정의된다.[3]

여성 신학 형성의 직접적 요인은 여권 신장 운동과 여성학의 발전 및 해방 신학의 영향에서 찾을 수 있다.[4] 서구의 여권 신장은 16세기 종교 개혁자들에 의해 이루어지기 시작했다. 고대 교회는 여성들이 마귀와 연결되었다고 가르쳤으며, 중세 로마 가톨릭 교회는 일반적으로 여성을 "쾌락의 죄로 남성을 유혹하는 마귀의 불결한 끄나풀"로 취급하는 등 여

성을 혐오했다.[5]

그러나 루터와 칼빈은 남자와 여자 모두 하나님의 형상으로 창조되었다는 성서적 사실에 근거하여 여성 혐오 사상을 논박하고, 남자와 여자가 하나님 앞에서 동등하다고 가르쳤다. 17세기 영국의 청교도들은 남녀 평등주의를 실천하여 소녀들에게도 교육의 기회를 부여했다. 18세기 감리교도들과 퀘이커교도들은 교회 내에서 여성이 가르치고 설교하는 것을 인정했다. 19세기에 와서 미국에서는 여성들이 '노예 폐지 운동'과 '여성 선거권 운동'을 전개했다.

한편 로마 가톨릭 교회는 요한 23세의 교황 취임과 더불어 여성에 대한 기존의 인식을 바꾸었다. 그의 영향으로 성 차별에 대한 반대 입장이 제2차 바티칸 공의회 문서에 반영되었다.[6]

이와 더불어 1960년대 여성학이라는 새로운 학문 분야가 형성되어 여권 신장 운동을 이론적으로 체계화하는 작업이 시작되었다. 말하자면 교육을 통해 불평등하고 여성 억압적인 제도를 개혁하려는 시도였다. 이러한 여성 운동과 여성학에 대한 신학적 대응으로 일어난 것이 여성 신학이다.

남미의 해방 신학도 여성 신학의 태동에 큰 영향을 미쳤다. 해방 신학은 오랜 식민 통치와 군사 독재로 인구의 절대 다수가 빈곤과 억압 속에 있는 라틴 아메리카의 현실로부터 가난한 자와 눌린 자를 해방시키려는 역사적 과제를 기독교적 관점에서 해석하려는 시도였다. 그것은 "불공정한 상황을 제거하고 보다 자유롭고 인간적인 사회를 건설하려는 공동의 노력에서 생긴 신학 사상"이었다.[7] 이 역시 여성 해방 신학 운동의 촉진제가 되었다. 여성들이 남성 중심 사회에서 겪는 억압과 성 차별의 경험이 해방 신학이 일어난 남미의 상황과 유사했기 때문이다. 따라서 여성 신학은 신학적 방법이나 관점에서 해방 신학으로부터 많은 암시를 받았다.

여성 신학은 흔히 1960년 세이빙 골드스타인(Valerie Saiving Goldstein)의 논문 "인간의 상황: 여성적 관점"으로부터 시작되었다고 본다. 이 논문은 "여성의 완전한 자기 정체성 실현이 죄 또는 죄에 대한 유혹으로 특징되기 쉬운 사회에서 습득한 여성의 자아 부정을 포함하는 죄와 구속의 범주에 대한 재고 요청"이었다.[8]

여성 신학의 본격적인 전개는 1968년 출판된 메리 댈리(Mary Daly)의 「교회와 제2의 성」이었다. 이 책은 댈리가 제2차 바티칸 공의회에 참석하여 기독교의 여성 혐오 사상과 성 차별 사상을 목격하고 이를 폭로하기 위해 저술했다. 또한 이 책은 기성 교회에 큰 파문을 일으켰고, 여성 신학이 하나의 운동이 되는 계기가 되었다. 댈리의 저서를 뒤이어 로즈메리 류터(Rosemary R. Ruether)의 「모순된 교회」와 「종교와 성 차별」, 레티 러셀(Letty M. Russell)의 「해방 신학 – 여성의 관점에서」, 엘리자베스 피오렌자(Elisabeth Fiorenzar)의 「그 여자를 기념하여」 등이 출판되었다.

여성 신학의 분석에 따르면, 성서와 전통 신학이 남성 중심적이며 여성 혐오적인 관점을 지니고 있는 것은 남성을 우월시하는 가부장 제도와 이원론적 세계관의 영향 때문이라고 한다. 그들은 성서를 성 차별이 심한 가부장 문화와 관점의 산물로 간주했다.[9] 대표적인 예가 디모데전서 2:12이다. "여자의 가르치는 것과 남자를 주관하는 것을 허락 아니하노니 오직 종용할지니라."

이러한 가부장제 문화와 종교의 결과로 형성된 것이 이원론적 세계관이다. 여성 신학자들은 이원론적 세계관이 여성과 자연 억압에 대한 사상적 토대가 되었다고 보았다. 그것은 인간을 자연의 주인으로 간주하되, 여성과 자연은 존재의 하부 구조에 속한 것으로 취급하기 때문이다.

여성 신학은 전통 신학 비판에 그치지 않고, 페미니스트적 관점에서 신학 체계를 근본적으로 재구성해야 한다고 주장했다. 성서는 하나님에게 남성 중심적 언어를 사용하고 있으며 예수 자신도 하나님을 '아버지' 라고 불렀다. 그러나 여성 신학자들은 하나님을 남성적으로만 이해할 것이 아니라 또한 여성적으로도 이해해야 한다고 주장했다. 왜냐하면 성서에는 하나님에 대해 여성적 형상으로 표현한 곳이 많기 때문이다. 예를 들어, 선지자 이사야는 하나님을 어린아이에게 부드럽게 젖을 먹이는 여인으로 묘사했으며(49:15), 시편 기자는 하나님을 가정주부로 표현했다(123:2).

한편 여성 신학은 여성을 억압하고 비인간화하는 모든 제도와 세력으로부터 여성을 해방시키는 것에 궁극적 목적을 두었다. 여성 신학은 가부장적 문화와 이원론적 세계관이 여성에 대한 억압과 차별을 합리화시켰다고 비판하고 여성으로 하여금 이러한 억압의 상황으로부터 해방을 추구하도록 하는 것이다. 그러나 여성 신학은 여성의 해방만을 목표로 하지는 않는다. 억눌린 자, 피지배자, 가난한 자 등의 해방에도 관심을 갖는다.[10]

여성 신학자들은 전통 기독교가 성 차별적이며 여성 억압적 경향을 지녔다는 데 인식을 같이한다. 그러나 남녀 평등과 여성 해방이란 목표와 과제 수행 방법에는 서로 의견이 다르다. 따라서 여성 신학은 그 방법론에 따라 급진적 형태와 온건한 형태로 분류될 수 있다.[11]

한편 여성 신학은 기독교와 페미니즘은 서로 조화될 수 없는 것으로 간주하여 전자를 포기하고 후자 즉, 페미니즘을 주장한다. 심지어 기독교 자체를 부정하고 여성의 경험에 근거하여 새로운 형태의 종교를 구성하려는 과격하고 혁명적인 입장이다. 하나님을 가부장적인 남성 신으로 해석하여 이를 거부하는 반면, 궁극적인 실재를 표현하기 위해 '여신(Goddes)'이란 명칭을 도입하는 것이 그 좋은 예이다. 매리 댈리(Mary Daly), 캐롤 크리스트(Carol Christ) 등이 이런 입장을 취했다.

보다 온건한 여성 신학은 기독교와 페미니즘이 서로 조화될 수 있다고 간주하여 전통 기독교 신앙을 거부하거나 포기하지는 않았다. 오히려 가부장적 해석에 의해 간과되거나 왜곡된 성서 본문들을 페미니즘적 관점에서 회복하여 여성 신학의 근거를 찾으려는 입장이었다. 따라서 기독교 전통을 포기하는 것이 아니라 여성의 관점에서 재구성하거나 개혁하려고 했다. 필리스 트리블(Phyllis Trible), 엘리자베스 피오렌자, 로즈메리 류터, 레티 러셀 등이 이런 입장이다.

II. 여성 신학의 발전

앞에서 언급한 여성 신학자들 가운데 몇 가지 이론을 개괄함으로써 여성 신학이 어떻게 전개되는지 살펴보자.

여성 신학뿐 아니라 여성학 분야에서 탁월한 위치에 있는 대표적인 사람은 메리 댈리이다. 그는 가톨릭 가정에서 태어나 미국에서 대학 과정을 마쳤고 박사 학위는 스위스 프라이부르그(Fribourg) 대학교에서 취득했다. 미국의 가톨릭 계통 대학에서 여성이 신학 박사 과정을 밟을 수 있는 곳이 없었기 때문이었다.

댈리는 제2차 바티칸 공의회를 참관하여 교회가 여성 문제에 관심이 없는 것을 목격하고 가톨릭 교회의 성 차별과 여성 혐오 사상을 공격하는 「교회와 제2의 성」을 저술했다. 그는 이 책으로 인해 재직하던 보스톤 대학 신학과 교수직에서 해임되었다. 그 후 강연과 저술을 통해 교회 여성의 자각을 호소했으며 류터와 더불어 "미국 종교학회(American Academy of Religion)" 내에 여성 신학회를 결성하는 데 결정적인 역할을 했다.

댈리는 여성들이 기독교의 핵심 상징에 관해 갖는 문제들과 그것이 그들의 자기 이해와 하나님과 그들의 관계에 미치는 영향을 분명히 밝혔다.[12] 특히 그는 하나님을 '아버지'나 '왕' 등으로 표현하는 남성적 상징을 거부했다. 유한한 남성의 힘을 무한한 것으로 신성화하는 우상이라고 생각했기 때문이었다. 그에게는 하나님이 남성이라면, 역으로 남성은 하나님이었다.[13]

댈리는 가부장적 전통 기독교를 거부하고 동사로서의 하나님에 근거한 여성학을 주장했다. 왜냐하면 남성으로 상징된 하나님 개념은 지배와 정복을 정당화시키며 가부장적 문화를 강화시켰다고 보았기 때문이다. 그런 하나님은 굳어진 '명사로서의 하나님(Being)'이다. 따라서 그는 하나님에게 '존재의 힘들(Powers of Being)'이라는 상징을 사용했다. 하나님은 여성에게 존재의 힘을 가능하게 하는 역동적인 '동사로서의 하나님(Being)'이다.[14]

예일대 박사 출신의 캐롤 크리스트(Carol Christ)는 댈리보다 더 급진적인 여성 신학자이다. 크리스트는 기독교의 가부장적 남성 신(God)을 여성 억압의 주원인으로 간주하고 이를 거부했다. 그리고 여신(Goddess)을 믿는 새로운 종교를 주장했다. 크리스트에 의하면, 여신은 세 가지로 정의될 수 있다. 첫째, 여신은 신적 여성이다. 기도와 예식에 응답할 수 있는 인격체이다. 둘째, 자연과 문화, 개인 생활과 공동 생활에서 삶, 죽음, 재출생 에너지의 상징이다. 마지막으로 여신은 여성적 능력의 합법성과 아름다움의 상징이다.[15]

성서와 기독교를 벗어나지 않고 그 안에서 여성 신학을 전개한 사람이 유니온 신학교 교수이자, 구약 성서학자인 필리스 트리블(Phyllis Tri-ble)이다. 트리블에 따르면, 성서는 여성 억압적인 면과 여성 해방적인 면 모두를 포함하고 있다. 여성의 열등, 종속, 학대를 나타내는 본문들이 있는가 하면, 이것에 도전하는 본문들이 있다는 것이다. 그는 전통 신학의 가부장적 성서 해석에 의해 간과되거나 왜곡된 성서 본문 회복이 여성 신학적 성서 해석의 과제라고 주장했다.[16] 그는 수사학적 비평 방법에 의한 성서 해석을 통해 이 과제를 해결하려 했다. 트리블은 창세기 2-3장에 근거한 하와에 대한 연구를 통해, 남성 지배와 여성 종속과 같은 성 차별 사상은 성서적이 아니라고 강조했다. 남녀의 생명이 모두 하나님의 창조 활동에 의해 시작되었고, 여자는 '돕는 배필(helper)'이었으며, 뱀과 함께 신학을 토론할 능력이 있다는 사실이 이를 뒷받침한다는 것이다.[17]

한편 트리블은 전통 신학이 하나님의 여성적 상징을 무시해 왔음을 지적하고 성서에서 발견되는 하나님에 대한 여성적 형상(image)을 제시했다. 출산이나 양육 같은 여성적 경험에 의해 표현된 하나님의 모습이 그것이다. 대표적인 예가 이사야 66:9이다. "여호와께서 가라사대 내가 임산케 하였은즉 해산케 아니하겠느냐 네 하나님이 가라사대 나는 해산케 하는 자인즉 어찌 태를 닫겠느냐 하시니라." 트리블은 이러한 여성적 상징을 "하나님은 성을 초월한다"는 주장의 근거로 삼았다. 성서가 고대의 가부장적 문화를 배경으로 하지만 하나님을 여성적 모습으로 표현한 것이 이를 증명하기 때문이다. 따라서 그는 하나님을 남성과 여성적 용어로 표현하고자 하는 여성 신학은 정당하다고 보았다.[18]

엘리자베스 피오렌자는 독일 태생으로 독일에서 신약학 박사 학위를 받은 후, 미국 노틀담 대학 교수를 거쳐 현재 하바드 대학 교수로 활동하는 여성 신학자이다. 그는 페미니스트적 관점에서 로마 가톨릭 교회의 전통적 성서 신학을 재구성하는 것을 과제로 삼았다.

피오렌자는 성서가 가부장적 관점에서 쓰여졌고 남성 중심적 언어로 가득 차 있다고 비판하며, 여성 신학 형성의 기초 작업으로 성서를 페미니스트적 관점에서 해석하려 했다. 그의 성서 해석 원리는 하나님의 백성의 해방 경험과 환상들을 표현하며 가부장제와 구조를 깨뜨리는 모든 요소를 회복하는 것이다. 성서 해석에서 여성의 경험을 강조하고 성서를 여성 신학적 관점에서 해석한 것이 그의 큰 공헌이라 하겠다.

그의 대표 저서 「그 여자를 기념하여(In Memory of Her: A Feminist Theological Reconstruction of Christian Origins)」는 두 가지 목적을 지니고 있다. 예수의 여성 제자들과 그들이 한 일들을 밝혀 초기 기독교 역사를 여성의 역사로 재구성하는 것과, 그것을 남성과 여성의 역사로 재주장하는 것이 그것이다.[19]

피오렌자가 초기 기독교 역사의 재건설이 가능하다고 본 것은 성서가 여성 해방적 변화를 향해 개방되어 있다는 그의 성서관에 근거해서였다.[20] 그는 계시가 성서 본문 안에 있는 것이 아니라 그리스도인의 경험과 공동체 안에 있다고 보았다. 피오렌자에 따르면, 성서의 본문은 어느 시대와 역사 속에서도 글자 그대로 수용될 수 있을 만큼 보편적이며 불변적이지는 않다. 오히려 문화와 역사적으로 제한적이다. 따라서 그는 성서를 불변적으로 보는 신화적 원형 개념을 비판하고 역사적 원형으로 이해했다.

Ⅲ. 여성 신학 논쟁

여성 신학 논쟁은 크게 두 종류로 나눌 수 있다. 여성 신학 자체 내에서의 논쟁과, 여성 신학과 전통 신학 사이의 논쟁이 그것이다. 전자가 주로 여성 신학의 방법론에 관한 것이라면, 후자는 주로 여성 신학의 타당성과 정당성에 관한 것이다.

여성 신학자들 사이의 논쟁점을 요약하면 첫째, 성서 해석의 기준을 어디에 두느냐 하는 문제이다. 그 기준을 성서 자체에 둘 것인가, 아니면 성서 밖에다 둘 것인가? 전자의 입장을 대변하는 이가 류터와 러셀이다. 그들은 성서에서 이끌어낸 페미니스트 비판 원칙에 따라 성서를 해석했다. 반면, 후자의 입장을 대변하는 이가 피오렌자이다. 그는 해석의 기준을 성서보다는 여성의 경험에 두었으며 역사 비평적 방법에 의해 성서를 해석했다.[21]

둘째, 페미니즘과 기독교 전통의 관계 문제이다. 남녀 평등과 여성 해방을 달성하기 위해서는 기독교 전통 자체를 부정해야 한다는 견해와, 남녀 평등이나 여성 해방의 근거를 성서와 기독교 전통에서 발견할 수 있다는 견해가 대립하고 있다. 전자는 기독교를 포기하고 여성의 경험에 근거하여 새로운 형태의 종교를 재구성하려는 과격하고 혁명적인 입장이다. 댈리와 크리스트와 같은 급진적 여성 신학자가 이를 대변한다. 반면, 후자는 페미니즘과 기독교를 양자 택일로 취급하지 않고 둘 다 수용하려는 것이다. 전통적 해석에 의해 간과되거나 왜곡된 성서 본문들을 페미니즘적 관점에서 회복하여 여성 신학의 근거를 찾으려는 비교적 온건한 입장이다. 트리블, 피오렌자, 류터, 러셀 등이 이런 입장이다.

셋째, 그리스도론 역시 여성 신학자들 사이에 논란 거리 중 하나이다. 그리스도가 남성이었다는 사실을 어떻게 받아들여야 하며, 어떻게 남성인 예수가 여성 해방과 구원을 대표할 수 있다고 볼 것인가 하는 것이 중심 문제였다. 댈리와 같은 과격한 여성 신학자들은 전통적 그리스도론을 남성적이라는 이유로 거부하고 마리아론을 제시했다. 그러나 대부분의 여성 신학자들은 그리스도를 여성적 관점에서 재해석했다. 그들은 여성에 대한 예수의 태도를 혁명적인 것으로 해석했다. 왜냐하면 예수는 당시의 가부장적 관습을 거부하고 세리, 사마리아인, 문둥병자, 여자들처럼 억눌린 자와 버림받은 자를 공개적으로 받아들였기 때문이다.[22]

한편 여성 신학자와 전통 신학자들의 논쟁 역시 몇 가지로 정리될 수 있다. 첫째, 여성 신학의 타당성 문제이다. 전통 신학자들이 이에 대해 문제를 제기함에 따라 여성 신학에 대한 찬반 성격의 논쟁이 일어났다. 근본주의 신학자들은 기독교 전통의 권위를 절대화함으로써 여성 신학이 존립할 수 있는 여지를 허락하지 않았다. 진정한 기독교인은 페미니스트가 될 수 없다는 입장이었다. 여성 신학 비판은 단지 남성들에 한정된 것은 아니었다. 보수주의 신앙을 지닌 여성들 역시 여성 신학을 반성서적이며 반교회적인 것으로 취급했다.[23]

둘째, 여성의 목사 안수 문제이다. 1970년대 초부터 일어난 여성 안수 운동은 아직도 논란의 대상이다. 반페미니스트들은 교회가 역사적으로 여성들에게 안수를 주지 않았다는 이유로 이를 반대한다. 반면, 페미니스트들은 여성 안수 거부는 성 차별뿐만 아니라 교회 자원의 절반을 낭비하는 것이며, 성서에도 탁월한 여성 지도자에 대한 언급이 있다는 사실을 들어 여성 안수를 찬성한다.

셋째, 성경 번역의 문제이다. 여성 신학자들에 따르면, 전통적인 성서 번역에는 남성적인 언어와 분위기가 사용되었다. 미국교회협의회는 '주', '아버지'처럼 남성적 하나님과 '그'와 같은 남성 대명사를 성서에서 제거하고 이를 중립적으로 번역하기 위해 소위원회를 구성했다. 1984년 미국교회협의회는 이 위원회의 활동에 힘입어 300여 개의 성경 구절에 대한 개정을 발표했다. 예를 들어, 십계명 가운데 "네 이웃의 아내를…탐내지 말지니라"에 '네 이웃의 아내 또는 남편'이라는 구절, '하나님 아버지'라는 말이 사용될 수밖에 없는 경우에는 '그리고 어머니'라는 말을 첨부했다. 누가복음에 기록된 주기도문은 "하늘에 계신 우리 아버지와 어머니여 이름이 거룩히 여김을 받으시오며"로 바꾸었다. 이것은 여성 신학자들로부터 뜨겁게 환영받았지만 전통 신학자들로부터는 심한 야유를 받았다. 가장 논란이 된 것은 "하나님 아버지 그리고 어머니"라는 구절이었다.[24]

결론

여성 신학은 남성 중심 사회에서 여성이 당하는 억압의 상황과 경험으로부터 시작된 상황 신학이다. 이 신학은 전통 기독교가 성 차별적 요소를 지니고 있다고 비판하고 성서 해석에 여성의 관점과 경험을 도입한 것이다. 전통 신학에 대한 비판적 성찰, 여성적 관점에 의한 신학 체계의 재구성, 모든 억압과 비인간화로부터의 여성 해방 등이 주 목적이다.

성경에는 하나님을 여성적 이미지로 표현한 곳이 꽤 있다. 온건한 입장의 여성 신학은 전통적 해석에 의해 간과되거나 무시된 이러한 본문들을 여성적 관점에서 재해석하여 성 차별과 여성 억압의 비판 근거로 삼았다. 그러나 하나님의 여성적 이미지 강조는 성서적 범위 안에서 이루어져야 한다. 급진적 입장의 여성 신학처럼, 이를 지나치게 확대 해석하여 하나님을 '여성신(Goddess)'이라고 부르거나 '하나님 아버지 어머니'로 부르는 것은 성경의 범위를 분명히 넘어선 것이다.

복음주의적 관점에서 볼 때, 여성 신학이 성경을 가부장적이며 반여성적이라고 공격하는 것은 성경의 초자연성을 거부하는 것이다. 그리고 하나님을 '아버지 어머니'로 부르는 것은 삼위 일체 하나님에다 제4위를 첨부하는 것으로 이해될 수 있다.

주(註)

1. 손승희, 「여성 신학의 이해」(서울: 한국신학연구소, 1989), p. 16.
2. 강남순, "현대 여성 신학 연구"(Ⅰ), 「기독교 사상」(1992년 5월), p. 178.
3. David L. Smith, *A Handbook of Contemporary Theology*(Wheaton : A Bridge Point Book, 1992), P. 241.
4. 손승희, 「여성 신학 이해」, pp. 11 - 13.
5. Ibid, Smith, *A Handbook of Contemporary Theology*, p. 255.
6. Walter M. Abbott(ed.), *The Documents on Vatican Ⅱ*(Piscataway : New Century Publishers, 1966), p. 207.
7. 구티레에즈는 해방 신학에 대한 이러한 정의로써 그의 「해방 신학」을 시작하고 있다. 구스타보 구티에레즈, 「해방 신학」(서울: 분도 출판사, 1977), p. 11.
8. Valerie Saiving Goldstein, "The Human Situation : a Feminine View", *Journal of Religion*, 40(1960), pp. 100 - 112.
9. Smith, *A Handbook of Contemporary Theology*, p. 248
10. 박순경, "여성 해방의 신학과 세계", 「기독교 사상」(1981년 10월), pp. 132 - 133. 강남순, "현대 여성 신학 연구"(Ⅰ), pp. 184 - 185.
11. Ibid, p. 248., 손승희, 「여성 신학 이해」, pp. 26 - 31.
12. Ann Loades, "Feminist Theology", ed. *The Modern Theo-logians*, ed. David F. Ford (Oxford : Blackwell Ltd, 1989), P 242.
13. Mary Daly, *Beyond God the Father*(Boston : Beacon Press, 1973), p. 19.
14. Ibid., pp. 114ff.
15. Carol P. Christ, "Why Women Need a Goddes." *Woman spirit Riwing*, ed. Carol Christ and Judith Plaskow(New York : Harper and Row, 1979), p. 278.
16. Phyllis Trible, *God and the Rhetoric of Sexuality*(Philadelphia : Fortress Press, 1978), p. 1.
17. Ibid., pp. 72 - 143.
18. 강남순, "현대 여성 신학 연구"(Ⅱ), 「기독교 사상」(1992년 6월), pp. 184 -

185.

19. E.S Fiorenza, *In Memory of Her*(New York : Crossroad, 1984), 「크리스천 기원의 여성 신학적 재건」. 김애영 역(서울. 종로 서적, 1993). pp. 6 -7.

20. 정현경, "여성 신학의 유형과 한국적 수용 및 비판", 「기독교 사상」(1989년 11 월), p. 35.

21. 손승희, 「여성 신학 이해」pp. 109 -110.

22. Smith, *A Handbook of Contemporary Theology*, p. 251.

23. 손승희, 「여성 신학 이해」, p. 15.

24. Richard N. Ostling, "More Scriptures Without Sexism," *Time*(Octoer 29, 1984), p. 75.

21장

과정 신학 1 : 알프레드 화이트헤드

서론

현대 신학 형성에 큰 영향을 미쳤던 두 가지 요인은 전쟁과 과학이다. 제1차 세계 대전은 19세기 자유주의 신학의 사상적 토대였던 낙관주의적 세계관을 무너뜨린 반면, 환멸과 염세, 절망적인 분위기를 만들어 비관주의적 세계관이 널리 확산되게 했다. 현대인은 전쟁과 죽음에 직면하여 인간적 노력의 무익함에 불안을 느끼게 되었기 때문이다. 이런 분위기로부터 실존주의 철학에 기반을 둔 신정통주의 신학이 일어났다. 바르트, 브룬너, 불트만, 틸리히 등이 이를 대변한다. 이것은 인간의 죄성과 인간 존재의 비극적 성격을 강조하는 것이 특징으로 20세기 초반 유럽과 미국의 신학적 흐름을 주도했다.

　한편 다윈(Darwin)의 진화론과 아인쉬타인(Einstein)의 상대성 이론으로 과학적 세계관에 일대 혁명이 일어났다. 그것은 정적인 세계관으로부터 동적인 세계관으로의 전환을 의미했다. 20세기에 들어와서 이런 과학적 세계관이 또 다른 신학적 흐름의 형성에 영향을 미쳤다. 화이트헤드의 형이상학에 토대를 둔 과정 신학과 샤르댕(Teilhard de Chardin)의 진화론에 기초한 신학이 그것이다.[1] 과정 신학은 미국에서 일어난 독특한 신학 운동이다. 이것은 1930년대 초 시카고 대학교의 신학부 교수를 중심으로 시카고 학파를 형성하여 전개되었다. 그 후 이 대학 동문을 주축으로 미국 전체에 확산되었다. 그 결과 지금은 미국 토양에서 성장한 특유의 신학으로 자리잡고 있으며 현대 후기 신학을 이끌어 갈 대표적인 신학으로 간주되고 있다.

전통 신학이 존재의 철학에 기초했다면, 과정 신학은 화이트헤드의 과정 혹은 생성(生成)의 사상을 모델로 하여 현대 정황에 맞는 신학을 형성한 것이다. 화이트헤드가 과정 사상을 처음 제시한 것은 아니었다. 이미 고대 헬라 시대에 존재와 생성의 두 철학 흐름이 있었다. 파르메니데스(Parmenides)는 참으로 있는 것은 존재뿐이며, 존재는 생성도 소멸도 하지 않으며 영원히 있는 것이라고 주장했다. 반면 헤라크리토스(Heraklitos)는 모든 것은 영원한 흐름, 즉 끊임없는 운동과 변화 속에 있다고 주장했다. 이 가운데 파르메스데스는 후기 헬라 철학의 토대와 형이상학의 시조가 되었으나, 헤라크리토스는 거의 무시되었다.

서구사상의 대부분은 생성, 과정, 진화 등의 역동적인 개념보다는 존재, 실체, 본질 등의 정적인 개념에서 유래했다. 그럼에도 불구하고 존재와 생성 사이의 긴장은 서구사상을 통해 지속되었으며, 19세기 이후 생성, 과정 및 관계의 문제가 헤겔, 마르크스 등에 의해 철학적 논의의 주요한 주제가 되었다. 과정 사상은 미국에서는 제임스(W. James), 듀이(John Dewey), 화이트헤드 등에 의해, 프랑스에서는 베르그송(Henri Bergson)에 의해, 그리고 영국에서는 알렉산더(S. Alexander)와 모르간(C. L. Morgan)에 의해 발전되었다.

화이트헤드는 철학자일 뿐 신학자는 아니었다. 그럼에도 불구하고 그는 종교 문제에 깊은 관심을 가졌을 뿐 아니라 주저인 「과정과 실재」를 비롯, 「과학과 근대 세계」 그리고 특히 종교 철학서인 「형성 도상의 종교」에서 독특한 종교적 통찰을 제시했다. 이것은 철학적으로 적절한 신론에 관심을 가진 사람들에게 많은 암시를 주었다.[2] 따라서 그는 현대의 어떤 철학자보다도 기독교 신학에 많은 영향을 주었고 또 현재도 주고 있는 인물로 평가된다.

과정 신학은 화이트헤드의 형이상학적 체계를 출발점으로 하여 형성된 것으로 그의 철학 개념을 활용하여 기독교 신앙을 체계적으로 표현한 것이다. 과정 신학이 신의 본성과 신과 세계의 관계를 중심 문제로 삼은 것이나 신의 내재성을 강조한 것은 화이트헤드의 영향이었다. 따라서 과정 신학의 토대는 화이트헤드의 과정 철학이라 해도 과언이 아니다.

과정 신학은 극단적으로 상반된 평가를 받고 있다. 지지자들은 과정 신학을 "성서적 유신론에 대한 최초의 조직적 표현"이라고 평하거나 "1세기 이후 기독교 사상에서 가장 중요한 발전"으로 간주한다. 반면, 비판자들은 "현재 기독교 신앙을 위협하고 있는 가장 위험한 이단"이라고 주장한다.[3]

과정 신학을 정확히 이해하기 위해서는 그 배경과 토대가 되는 화이트헤드의 형이상학을 이해하는 것이 필요하다. 따라서 필자는 과정 신학을 둘러싼 신학적 논쟁에 앞서, 과정 신학의 사상적 토대가 되는 화이트헤드의 유기체 철학의 핵심 내용과 그의 양극적인(bipolar) 신 개념을 제시함으로 그것이 과정 신학의 형성에 어떤 영향을 끼쳤는지 밝히려고 한다.

I. 생애와 저작

화이트헤드(Alfred North Whitehead)는 1861년 2월 15일 영국 남쪽에 위치한 램스게이트(Ramsgate)에서 영국 성공회 사제의 아들로 태어났다. 1880년 그는 수학 분야의 장학금을 받고 캠브리지 대학교의 트리니티 칼리지에 입학했다.[4] 1884년 그는 "펠로우(Fellow)"로 뽑혀 이곳에서 수학을 가르쳤다. 버트란트 럿셀(Bertrand Russell)이 그의 제자였다. 1900년부터 1911년에 이르는 기간 동안 그는 럿셀과 함께 「수학 원리 (Principia Mathematica)」를 저술했다. 이것은 수학이 형식 논리학의 전제들로부터 연역될 수 있다는 것을 증명하려고 시도한 것으로 수리 철학계의 고전이 되었다. 30년에 이르는 화이트헤드의 캠브리지 시대는 수학과 논리학에 몰두하여 대성하게 된 시기였다.

1910년 그는 캠브리지 대학 강사직을 사임한 후 런던으로 옮겼다. 1914년까지 런던 대학 강사로서 수학과 물리학을 가르쳤으며, 1914년 런던 대학교 공과 대학 응용 수학 교수가 되었다. 런던 대학교에 재직한 14년 동안 그는 과학 철학을 집중적으로 연구했으며 런던 대학 학장, 학술 평의회 의장 등의 공직을 수행했다.

캠브리지와 런던 대학에서 수학자로서 탁월한 활동을 전개했다. 1924년 나이 63세에 하바드 대학으로부터 철학 교수로 초빙되어 미국으로 이주해 1936년 은퇴하기까지 철학을 가르쳤다. 하바드의 철학 교수직은 그의 과학 철학을 포괄적인 형이상학적 체계로 발전시킨 절호의 기회가 되었다. 그는 유기체의 철학(philosophy of organism), 즉 실재를 존재가 아닌 생성으로 보는 새로운 형이상학을 발전시켰으며 이는 과정 신학 발전의 토대가 되었다.

1947년 12월 30일 87세로 세상을 떠나기까지 화이트헤드의 저술 활동은 흔히 세 부분으로 분류된다. 캠브리지 시대, 런던 시대, 하바드 시대가 그것이다. 캠브리지에서 활동한 1910년까지 그는 럿셀과 함께 수학의 논리적 기초를 위해 노력했다. 이 시기의 저서로는 「수학의 원리」 외에도 「보편적 대수학에 관한 논문(A Treatise on Universal Algebra, 1898)」 등이 있다.

런던 대학에서 활동한 1924년까지 과학 철학에 대한 저술을 했다. 대표적인 저서로는 「자연 인식의 여러 원리에 관한 연구(An Enquiry concerning the Principles of Natural Knowledge (1919)」, 「자연의 개념(The Concept of Nature, 1920)」, 「상대성 원리(The Principle of Relativity, 1922)」, 「사상의 구조(The Organization of Thought, 1922)」 등이 있다.

1924년 이후 미국에서의 활동 시기는 학문적으로 가장 생산적이었으며 주로 형이상학에 관한 저술을 했다. 「과학과 근대 세계(Science and the

Modern World, 1925)」, 「형성 도상의 종교(Religion in the Making, 1926)」, 「상징 작용: 그 의미와 효능 (Symbolism: Its Meaning and Effect, 1927)」, 「과정과 실재(Process and Reality, 1929)」, 「이성의 기능(The Function of Reason, 1929)」, 「교육의 목적(The Aims of Education,1932)」, 「관념의 모험(The Adventures of Ideas, 1933)」, 「사상의 양태(Modes of Thought, 1938)」 등이 그것들이다.

Ⅱ. 유기체의 철학

화이트헤드는 현대 과학과 조화되는 새로운 형이상학을 제시하는 일에 그의 생애 마지막 부분을 보냈다. 그는 과학적 우주론을 설명할 수 있는 포괄적인 형이상학적 체계를 산출하려고 했으며, 이는 칸트의 철학 작업과 유사하다. 칸트가 뉴턴의 고전 물리학에 철학적 토대를 제시하는 것을 그의 생애의 과제로 삼았던 것 같이, 화이트헤드는 아인쉬타인의 상대성 이론에 기초한 현대 물리학에 철학적 토대를 마련하기 위해 노력했다. 이로 인해 그는 현대 과학을 철학에 도입하여 철학사의 새로운 장을 연 과학 철학자로 높이 평가받고 있다.

화이트헤드는 자신의 형이상학을 유기체의 철학 또는 과정 철학이라 불렀다. 이것은 실체(substance)를 과정 또는 생성의 범주로 이해한 데 근거한 것이다. 예를 들어, 그는 「과학과 현대 세계」에서 자연의 성격을 분석하면서 자연을 하나의 유기체라고 주장했다. 그것은 살아 활동하며 내적으로 그들의 환경과 연결되어 있는 실체들을 포함하고 있기 때문이다. "자연은 과정을 가지고 있다. 그 실재성은 과정에 있다. 붉은 빛이 실재하냐고 묻는 것은 우스운 일이다. 붉은 빛은 실현의 과정에서 존재한다. 자연의 실재성은 자연의 이해, 즉 자연의 사건 속에 있다."

한편, 존재와 절대성에 우위를 두는 전통적인 철학과는 달리 생성과 관계성을 강조하는 것이 화이트헤드 사상의 특징이었으며, 실재를 구성하는 기본적인 요소들이 어떻게 서로 관계되는가를 제시하는 것이 그의 철학의 목적이었다. 이러한 화이트헤드 형이상학의 핵심을 이루는 것은 그의 실체 개념, 즉 현실적 존재, 영원한 대상 및 신에 대한 이론이다.

1. 현실적 존재

화이트헤드는 「과정과 실재」에서 이 우주가 무수한 사건 또는 계기로 구성된 유기체라고 주장했다. 그리고 우주를 구성하고 있는 그런 기본적인 요소를 "현실적 존재(actual entity)" 또는 "현실적 계기(actual occasion)"로 불렀다. 현실적 계기는 이보다 더 실재적인 것을 발견할 수 없는 우주의 궁극적인 사실들을 의미한다. 모든 실재가 이것에 의해 설명되며 어떤 것도 이것을 떠나서는 존재할 수 없다. 그것은 존재하는 것들의 유일한 토대이다. 이것이 화이트헤드 사상의 중심 개념인 동시에 그의 철학의 핵심이다.

화이트헤드의 현실적 존재 개념을 좀더 분석하면 다음 몇 가지로 요약된다. 모든 현실적 존재는 계기와 사건으로서의 성격을 지닌다. 그는 「과학과 현대 세계」에서 고전 역학과 양자 역학(quantum mechanics)의 입장을 대비함으로써 이것을 설명했다. 고전 역학은 자연에서 일어나는 일들을 물질의 이동(locomotion)으로 설명하는 반면, 양자 역학은 그것을 진동(waves of vibration)으로 설명한다. 예를 들어, 전자는 빛의 방사(放射)를 물질적 에테르(ether)의 이동으로 설명했고 후자는 어떤 주기를 지닌 진동으로 설명했다. 따라서 전자는 물질의 지속을 실재로 간주하는 반면, 후자는 반복을 실재로, 모든 진동을 하나의 사건으로 간주했다. 화이트헤드는 자연 현상을 이동으로 설명하고 실체를 지속으로 보는 고전적인 물질 개념을 거부하고 자연 현상을 진동으로, 실체를 사건으로 보는 물질 개념을 제시했다. 그에게는 모든 사건이 과정이며 생성이었다. 진동과 진동 사이에 존재하는 도약과 단절은 곧 새로운 창조와 신기성(novelty)의 출현을 의미한다.

현실적 존재는 시간과 공간의 모든 영역에 편재해 있고 내적으로 연결되어 있으며 상호 의존적이다. 따라서 서로를 반영한다. 이것은 화이트헤드가 현대 물리학의 시공 연속체에 있어서의 장(場, field)의 개념을 자신의 형이상학 체계에 도입한 것으로 이해된다. 장의 개념에 따르면 물질, 분자, 원자, 전자 등은 시공에 있어서의 장의 여러 측면이며, 이들은 상호 관계를 맺고 있으며 서로를 반영한다.

모든 현실적 존재의 관계 방식은 파악(prehension) 또는 느낌이다. 파악은 관계성의 구체적 사실을 나타낸다. 파악에서 현실적 존재는 다른 현실적 존재들의 가능성을 실현시킨다. 또한 그것은 파악의 활동을 통하여 사회 또는 연쇄(nexus)로 무리지어진다. 연쇄는 현실적 존재가 집합하는 독특한 사실을 의미한다.

현실적 존재와 연쇄들은 "만족"이라고 부르는 최종 국면에 이를 때까지 함께 성장하는 과정 속에 있다. 새로운 파악이 계속적으로 일어나는 이 성장의 과정을 "합생(concrescence)"이라고 한다. 합생의 과정 속에는 새로운 파악이 일어나는 국면의 연속이 있다. 그것은 이전의 국면에 존재하는 파악의 통합에 의해 일어난다. 이 과정은 모든 파악들이 하나의 완전한 만족스런 구성 요소가 될 때까지 계속된다.

따라서 모든 현실적 존재들은 그 자체를 과정으로 나타낸다. 그것은 생성과 흐름이다.[9] 그것은 항상 신기성을 지니며 창조적이다. 그러므로 사건으로서의 모든 현실 존재는 물질적인 것이 아니고 유기적(organic)이다. 유기적 자연의 근원에는 무한한 창조성이 있다. 이에 근거하여 화이트헤드는 자신의 철학을 유기체의 철학이라 규정한다.

현실적 존재들은 양극성(bipolarity)을 지니고 있다. 물극(物極, physical pole)과 심극(心極, mental pole)이 그것이다. 어떤 현실적 존재도 이 중 하나를 결여하고는 존재할 수 없다.[10] 데카르트가 물질과 정신을 두 종류의 독립된 실체로 간주한 데 비해, 화이트헤드는 그들을 한 실체의 두 속성으로 취급했다. 화이트헤드에게는 현실적 존재가 물질과 정신의 양극을 가진 유일한 종류의 실체였다. 따라서 현실적 존재는 주체적인 동시에 객체적이며, 능동적인 지각 작용과 수동적인 소재의 역할을 함께한다. 그 지각 작용이 앞서 말한 파악이다.

2. 영원한 대상

화이트헤드는 현실 세계를 현실적 존재들이 합생하는 과정으로 이해하는 한편, 이와 대비되는 긍극적 실재로서 영원한 대상들(Eternal Objects)과 신을 제시했다. 따라서 이들은 그의 형이상학 체계의 골조를 이루는 또 다른 중요한 개념이다.

영원한 대상이 현실적 존재의 순수 가능태라면, 현실적 존재는 영원한 대상의 현실태를 의미한다. 영원한 대상은 항상 현실적 존재를 위한 가능태이다. 그것은 "사실의 특수한 결정을 위한 순수 가능태(Pure Potentials)"이며 현실적 존재들의 성격을 규정하는 "한정의 형식(Forms of Definiteness)"이다.[11] 영원한 대상의 기능은 현실적 존재 속으로 "진입(ingression)" 하는 것이다. 진입은 "영원한 대상의 가능태가 특정한 현실적 존재의 한정에 기여하면서 그 곳에서 실현되는 특정한 양식"이다. 따라서 화이트헤드는 "영원한 대상은 현실적 존재의 생성 속으로 진입하기 위한 그것의 가능태에 의해서만 기술될 수 있다"고 주장했다.[12]

영원한 대상은 추상적인 성격을 지니고 있다. 영원한 대상은 그 자체 속에 있으므로 그 본질은 어떤 특수한 경험의 힘을 빌리지 않고 이해된다. 오히려 그것은 그런 경험을 초월한다.[13] 예를 들어 초록색 공이나 초록색 깃발이 감각 대상이라고 한다면, 초록색은 영원한 대상이다. 초록은 시간적 사건으로서의 감각 대상을 초월하는 불변의 존재자인 것이다. 이런 면에서 영원한 대상은 플라톤의 형상(form) 개념과 유사하다. 그러나 양자의 차이는 후자가 현실적인 존재 배후에 독립적으로 존재하는 관념적인 존재자라면, 전자는 현실적 존재들 속에서 존재의 진정한 모습을 가진다.[14] 영원한 대상은 그것이 표명되는 현실태와 독립해서 존재할 수 없다. 이 때문에 화이트헤드는 그것을 현실적 존재가 될 수 있는 가능성으로 정의했다.

영원한 대상은 두 가지 본질을 지닌다. 개체성과 관계적 본질(relational essence)이 그것이다. 전자는 영원한 대상의 개별적인 본성이며 존재 자체 외의 다른 것으로 기술될 수 없다. 후자는 영원한 대상이 다른 영원한 대상과 분리될 수 없을 정도의 관계성을 가지고 있다는 의미이다. 관계적 본질은 어떻게 영원한 대상이 현실적 존재로 진입하는 것이 가능한가를 결정한다.[15]

영원한 대상이 현실적 존재로 진입하는 경우, 영원한 대상들 사이의 관계성은 시간과 공간의 관계성 내에서의 그들의 지위에 대한 언급을 필요로 한다. 그것은 현실적 존재의 지위에 대한 언급 없이는 표현될 수 없다. 따라서 화이트헤드는 시간과 공간의 관계성을 영원한 대상들 사이의 일반적이고 체계적 관계성 내에 존재하는 선택적인 한정으로 간주했다. 여기서 그는 궁극적인 한정(the ultimate limitation)으로서의 신 개념을 제시했다.[16] 그러한 형이상학적 상황이 어떤 매개하는 작인(作因, agency)을 필요로 하기 때문이다. 이 작인이 신이다. 신은 맹목적인 현실태와 단순한 가능태의 무시간적 영역 사이의 매개자로 나타난다.

Ⅲ. 양극적인 신

1. 신 개념

현실적인 존재와 영원한 대상은 우주의 근본 요소이기는 하나, 그들만으로 체계적인 우주가 구성되는 것은 아니다. 화이트헤드의 형이상학 체계에는 이 양자와 함께 제3의 근본적인 개념이 있다. 현실적인 존재와 영원한 대상 사이의 중재자로서의 신 개념이 그것이다. 현실적 존재들은 영원한 대상들에 참여함으로써 일어나며, 이 양자를 중재하는 궁극적인 존재자가 신이다. 신은 시간적인 것의 현실성과 가능적인 것의 무시간성을 결합한다.[17] 신은 양자의 요소를 공유하고 있기 때문에, 이것이 가능하다. 신은 시간적인 사건으로서의 현실적인 존재와 같이 현실적일 뿐만 아니라, 영원한 대상과 같이 비시간적이다. 신은 "현실적이면서도 비시간적인 존재자" 이다. 그는 비시간적인 현실적 존재자인 동시에 시간적인 현실적 존재자들과 영원한 대상들의 종합이다. 신은 자신 안에 전체 우주의 종합을 포함한다.[18] 그러므로 질서 있는 우주는 신에 의해 구성된다.

화이트헤드는 신을 한정의 원리 또는 구체화의 원리로서의 기능을 가진 것으로 보았다.[19] 우주는 무한한 자유를 가진 창조성과 무한한 가능성을 가진 형상의 영역을 가지고 있다. 신은 이들을 직시하여 한정함으로써 생성에 적절한 가능성이 현실화될 수 있는 계기를 부여한다. 즉 가능성과 현실성을 이상적으로 조화한다. 따라서 한정이 과정에 본질적이다. 현실적 존재자는 한정의 원리 없이는 존재할 수 없다. 그러나 이런 한정의 이유를 합리적으로 제시하는 것은 불가능하다. 신의 본성에 대해서도 이유가 제시될 수 없다. 그 본성이 합리성의 토대이기 때문이다. 이런 의미에서, 신은 "궁극적인 한정"이며, 신의 존재는 "궁극적인 비합리성"이다. 한편 신은 현실적 존재와 영원한 대상을 한정하여 우주를 구체화하나, 그 자신은 구체적인 존재가 아니다. 오히려 "구체적인 현실성의 근거"이다.[20]

이와 같이 화이트헤드는 신을 한정의 원리 또는 구체화의 원리로 정의하고, 이것이 모든 종교에서 예배의 대상이라고 선언했다. 여호와, 알라, 브라만 등의 명칭은 동일한 존재에 대한 다른 이름일 뿐이다.[21]

「과정과 실재」에서 화이트헤드는 기독교 전통 신학을 지배해 온 신관 가운데 세 가지 잘못된 신 개념들, 즉 부동의 동자(unmoved mover), 절대 군주(monarch), 냉혹한 도덕주의자의 개념을 비판하고 자신의 독자적인 신 개념인 신의 양극성 이론을 제시했다. 종래의 개념들은 각기 아리스토텔레스, 신격화된 시저(Caesar) 그리고 히브리 예언자와 연결된 것으로 신을 세 가지 표상(image), 즉 황제, 도덕적인 힘의 의인화 및 궁극적인 철학적 원리로 만들었다.

그는 근원적이며 실재적인, 초월적 창조자로서의 기독교 전통적인 신관은 두 근원을 가졌다고 보았다. 아리스토텔레스의 철학 사상으로부터 유래한 부동의 동자로서의 신 개념과 기독교 신학이 선호한 "탁월하게 실재적인" 존재로서의 신 개념이 그것이다. 이 두 개념이 결합하여, 그의 명령에 의해 세계가 존재하게 되고 그가 부과하는 의지에 세계가 복종하는 초월적 창조자의 교리가 형성되었다. 그는 이것을 기독교 역사에 나타난 비극적인 오류로 간주했다.[22]

한편 기독교가 전파되었을 당시, 서구 세계는 시저의 통치하에 있었으며, 이로 인해 그의 법률가들이 서구 신학의 형성에 지대한 영향을 끼쳤다. 그것은 또한 황제의 표상으로 신을 만들어 내는 우상 숭배적 요소도 있었다. 전적으로 시저에게 속했던 속성들을 신에게 부여하게 된 것이 바로 그러한 예들이다.[23]

화이트헤드는 전술한 세 가지 신 개념과 구별되는 또 다른 신 개념을 기독교의 갈릴리적 기원에서 발견했다. 그것은 사랑으로 역사하는 세계 내의 부드러운 요소를 강조한다. 즉 부드럽게 사랑으로 역사하는 신의 개념이다. 사랑은 지배하는 것도 부동적인 것도 아니며 도덕에 별로 관심을 갖지도 않는다. 그것은 직접적인 현재에서 목적을 찾는다.[24]

2. 신의 본성

화이트헤드에 따르면, 신은 양극적인 본성을 가지고 있다. 현실적 존재들이 물극과 심극을 가지고 있듯이, 신 역시 개념적이며 물리적인 양극성이 있지만 양극의 관계성은 현실적 존재와 동일하지 않다. 신에게는 심극이 물극보다 우선하는 데 비해, 세계에 있어서는 물극이 심극보다 우선한다.[25] 그는 신의 개념적인 본성을 원초적 본성(primordial nature)이라 부르고 신의 물리적인 본성을 결과적 본성(consequent nature)이라 불렀다.[26] 이 두 본성의 구별은 신이 다른 현실적 존재들에 관계되는 방법과 관련되어 있다.

(1) 원초적 본성

원초적 본성은 순수한 정신적 본성이라는 의미로 신의 절대성을 나타낸다. 이것은 영원한 대상들을 직시하고 배열함으로써 그들의 질서 있는 영역이 이루어지게 하며, 한정의 원리와 신기성의 기관과 유사하다.[27] 신은 영원한 대상들의 다양성을 완전하게 개념적으로 파악함으로써 이 세상에 있는 가능성 전체를 그 자신 내에 포함한다. 그러므로 화이트헤드는 원초적 본성으로서의 신을 "절대적으로 풍부한 가능태의 무한한 개념적 실현"이라고 하였다.[28]

원초적 본성은 현실적 존재로서의 신으로부터 추상된 것이다. 그것은 "탁월한 실재성"으로부터 멀리 떨어져 있기 때문에 그 자체 내에 현실성이라곤 전혀 존재하지 않고, 완전히 개념적일 뿐이다. 원초적인 본성으로서의 신은 충만한 느낌이나 의식도 가지고 있지 않으며 이 세상의 사랑이나 증오에 영향을 받지도 않는다. 따라서 화이트헤드는 신을 "느낌을 위한 유혹(lure for feeling)이며 욕구의 영원한 충동"이라고 표현하고 있다.[29] 이것은 원초적 본성으로서의 신은 의식적인 것이 아니라 개념적이며, 현실적인 것이 아니라 현실적인 것의 토대임을 의미한다.

원초적인 본성으로서의 신은 초월적인 존재이다. 그는 자유로우며 완전하며 원초적이며 영원하다.[30] 이러한 본성은 그의 개념적 경험에 의해 구성된 것이다. 그는 어떤 의미에서도 시간 또는 과정에 전혀 영향받지 않는다. 원초적 본성은 세계에 영향을 끼치나 그 자신은 세계로부터 영향을 받지 않는다.[31]

원초적인 본성으로서의 신의 역할은 무엇인가? 그것은 현실적 존재의 순수 가능태인 영원한 대상들을 직시하여 그들을 배열하고 한정하여 질서화하는 것이다. 즉 가능성의 구체화이다. 그러나 신이 다른 현실적 존재들을 창조하는 것은 아니다. 그들에게 자기 창조를 위한 최초의 자극을 부여하는 것이다. 다니엘 윌리암즈(Daniel W. Williams)의 설명에 따르면, 원초적 본성으로서의 신은 세계에 대하여 아무런 행동도 하지 않는 것이 그의 행동이다. 그가 존재하는 것, 바로 그 자체가 그의 행동이다. 원초적 본성으로서의 신은 세계와 직접적으로 관계하는 것이 아니라 영원한 대상들을 통한 간접적인 관계만을 가진다.

(2) 결과적 본성

결과적 본성은 신의 물극이며, 이것은 현실 세계를 구성하고 있는 현실적 존재에 대한 신의 물리적 파악으로부터 생겨난다. 원초적 본성으로서의 신은 세계에 내재하면서 합생의 과정에서 현실적 존재들에게 한정성의 자극을 부여함으로써 세계를 창조적으로 전진하게 한다. 이러한 세계의 창조적 전진의 결과로 생겨난 것이 신의 결과적 본성이다.[33] 따라서 결과적인 본성에서 신은 세계와 직접적인 관계를 가지며, 세계는 신에 대해 반응한다. 신은 물질 세계의 모든 현실 존재들을 파악하는 반면, 모든 현실 존재는 신에게로 수용됨으로써 신의 실재에 그들의 실재를 첨가하게 된다. 그리고 이로 인해 신은 계속적으로 변하게 된다.[34]

신의 결과적 본성의 또 다른 특징은 의식을 가지고 있는 것이다. 원초적 본성이 개념적인 감정에 존재하는 까닭에 의식을 소유하지 않는데 반해, 결과적 본성은 의식적이다. 그것은 신의 본성의 통일에서 현실 세계가 실현되며 신의 원초적 개념들 위에 신의 물리적 느낌들을 짜맞춘 것이다.

결과적 본성으로서의 신은 유한하고 제한적이다. 원초적 본성으로서의 신은 모든 가능성들의 개념적인 질서에서 무한하다. 하지만 결과적인 본성으로서의 신은 그의 성취, 가치, 개념적인 본성의 실현에서 유한하다. 신의 결과적 본성은 원초적인 본성에 대한 세계의 반작용으로 구성되기 때문에, 가치의 실현에서 물질적으로 제한받는다.

결과적 본성과 관련된 신의 또 다른 중요한 측면은 그의 무한한 인내심이다. 이것은 세계를 구원하려는 신의 사랑을 의미한다. 신은 인내하는 가운데 그의 개념적 조화의 합리성이 이루어지게 한다. 화이트헤드는 신의 이런 면을 "진리, 미, 선에 관한 그의 비전에 의해 세계를 주도하는 부드러

운 인내심을 가진 세계의 시인"으로 표현했다.[35]

한편 결과적인 본성은 현실적인 신을 의미한다. 원초적인 본성으로서의 신은 현실성을 완전히 결여한 개념적인 존재이다. 반면, 결과적 본성은 이를 보완하여 "현 실태의 다양한 자유를 신 자신의 현실화의 조화 속으로 수용함으로써 신의 경험을 성취"하는 것이다. 따라서 결과적 본성은 개별적인 자기 실현을 동반하는 여러 요소로 구성되어 있다.[36] 멜러트의 설명에 따르면, 그것은 세계의 모든 현실태의 합성이다.[37]

신의 결과적인 본성은 영속적(everlasting)이다. 원초적인 본성이 시간이나 과정에 영향받지 않는 영원한 것이라면, 결과적인 본성은 시간과 같이 창조적인 전진을 포함하고 있다는 점에서 영속적이다. 신은 현실적인 존재이나 생성하고 소멸하지 않고, 다른 현실 존재들을 파악하고 수렴하면서 지속적으로 존재한다. 뿐만 아니라 세계에서 소멸되던 모든 현실적 존재들이 신의 본성 속에 수용됨으로써 역시 영속적인 것이 된다.[38]

요약하면, 결과적 본성은 파생적인 본성으로 유한하며 불완전하고 결과적이며 영속적인 동시에 현실적이면서 의식적인 것이 그 주요한 특성들이다.

(3) 양성의 관계

화이트헤드 비판가들은 그가 자주 이 두 본성을 별개의 것처럼 다루거나 심지어 신이 이 본성들의 첨가물인 것처럼 기술한다고 지적했다. 즉 두 본성이 각기 다른 기능을 수행하는 것처럼 보인다는 것이다.[39] 그러나 이것은 화이트헤드가 두 본성을 분리하거나 또는 대비해서 취급한 데서 일어난 오해로 이해된다. 그의 의도는 전혀 그렇지 않았다. 그에게 있어, 신의 존재는 양극적이다. 그러나 두 본성을 가진다고 해서 어떤 이중성(duality)을 의미하는 것은 아니다. 그들은 단순히 한 현실적 존재의 두 측면이기 때문이다. 따라서 멜레트는 신의 원초적 본성과 결과적 본성은 신을 구성하는 두 요소가 아니라고 설명했다. 신은 통일체이며 그의 본성의 어떤 측면도 다

른 것 없이는 존재할 수 없는 것이다.[40]

원초적 본성과 결과적 본성에 대한 화이트헤드의 견해는 각각 그의 철학적 신관과 종교적 신관을 반영하고 있다. 원초적 본성에 대한 논의에서는 단지 그의 철학적인 사고만이 표현되고, 결과적 본성에 대한 논의에는 철학적 관심과 종교적 관심이 함께 나타나고 있다.[41] 전자에서는 화이트헤드의 철학적 신 개념이 전개되고 후자에서는 그의 종교적인 신관이 전개된다. 따라서 그의 철학적 신관인 원초적 본성에 대한 토의는 그의 형이상학 체계에 대한 참조 없이는 이해하기 어렵다.

요약하면, 화이트헤드에게 있어서 신은 일종의 현실적 존재이다. 그는 실재가 나오는 구조인 동시에 실재의 전체이다.[42] 전자는 신의 원초적 본성이며, 후자는 결과적 본성이다. 신은 이 두 본성으로 가능성의 전체와 현실성의 전체를 완전히 파악한다. 이 두 본성은 또한 화이트헤드가 이해한 신이 추상적인 동시에 구체적이며, 영원한 동시에 시간적이며, 초월적인 동시에 내재적인 존재임을 말해 준다.

결론

화이트헤드 사상의 역사적 공헌점은 두 가지로 요약된다. 첫째, 그는 현대 과학에 철학적 토대를 제시했다. 그는 실체를 정적인 것이나 실체적인 것으로 간주하지 않고 동적이며 과정 속에 있는 것으로 생각했다. 신을 포함하여 실재는 불변적인 본질로 구성된 것이 아니라 변화하는 활동으로 구성되었다고 주장했다. 자연을 살아 활동하는 하나의 유기체로 이해했던 것이다. 존재와 절대성을 강조하는 전통적인 형이상학과는 대조적으로, 생성과 관계성을 강조하는 것이 화이트헤드의 형이상학의 특징이었다. 이것이 현대 과학의 동적인 세계관에 사상적 토대가 되었다.

둘째, 현대 신학의 주요한 흐름 중 하나인 과정 신학에 사상적 기초를 제공했다. 실재를 과정으로 해석하는 화이트헤드 형이상학은 현대인의 경험과 현대 과학적 세계관에 어울리는 유신론을 재구성하려는 신학적 시도에 사상적 단서를 제공했다. 그의 사상 체계의 가장 폭 넓은 응용이 신학 분야에서 시도되었다. 과정 신학은 그의 철학을 모델로 하여 현대 정황에 맞게 형성된 신학이다. 과정 신학이 신의 본성과 신과 세계의 관계를 중심 문제로 삼은 것이나 신의 내재성을 강조한 것은 화이트헤드의 영향이었다.

화이트헤드의 형이상학적 관점은 독창적인 것은 아니었다. 이미 고대 헬라의 헤라크리투스(Heraclitus)를 비롯하여 현대의 헤겔(Hegel), 베르그송(Henri Bergson) 등과 같은 철학자들도 과정 사상을 주장했다. 따라서 화이트헤드 사상의 역사적 의의는 사상의 독창성이 아니라, 서구 전통 사상이 외면해 온 사상적 측면을 재발견하여 현대 과학과 과정 신학에 이론적 토대로 제공한 데 있다고 할 것이다.

주(註)

1. Ewert H. Cousins(ed.), *Process Theology*(New York: Newman Press, 1971), pp. 3 – 5.

2. David F. Ford, *The Modern Theologians*, Vol. II(Oxford: Basil Blackwell Ltd. 1989), p. 103.

3. 브라운, "미국의 과정 신학," 존 B. 캅, 「과정 신학과 목회 신학」(서울: 기독교 출판사, 1983), p. 9. Ronald Nash(ed), *Process Theology*(Grand Rapids: Baker Book House, 1987), Introduction.

4. Autobigraphical Notes, *The Philosophy of Alfred North Whitehead*, pp. 3 – 14.

5. A. N. Whitehead, *Science and the Modern World*(김준섭 역, 「과학과 현대」, 서울: 을유 문화사, 1951, p. 113).

6. A. N. Whitehead, *Process and Reality*(New York: The Macmillan Company, 1953), pp. 27 –28.

7. 공간에 이동하는 지극히 작은 어떤 것이 있다고 가정하고 그것을 에테르라 하였다(「과학과 현대 세계」, p. 156).

8. *Process and Reality*, p. 33.

9. *Science and the Modern World*, p. 175

10. *Process and Reality*, p. 280.

11. Ibid., p. 26.

12. Ibid., pp. 27 – 28.

13. *Science and the Modern World*, pp.159. 「과학과 현대 세계」, p. 237.

14. Robert B. Mellert, *What is Process Theology*(New York: Paulist Press, 1975), p. 23.

15. *Science and the Modern World*, pp. 159 – 160.

16. Ibid., p. 161.

17. Donald W. Sherburne, *A Key to Whitehead's Process and Reality*

(New York: The Macmillan Co., 1966), p. 25.

18. Alfred N. Whitehead, *Religion in the Making*(New York: New American Library, 1974), pp. 88, 95.

19. Stephen Lee Ely, *The Religious Availability of Whitehead's God* (The University of Wisconsin Press, 1942), p. 20.

20. *Science and the Modern World*, p. 178.

21. Ibid., p. 179.

22. *Process and Reality*, pp. 403 - 404.

23. Ibid., p. 404.

24. Ibid.

25. Ibid., p. 410.

26. Ibid., p. 407.

27. 화이트헤드는 원초적 본성과 구체화의 원리 또는 한정의 원리를 동일시했다. John B. Cobb, Jr., *A Christian Natural Theology*(Philadelphia: The Westminster Press), pp. 161, 177.

28. *Process and Reality*, p. 405.

29. Ibid., p. 406.

30. Ibid., p. 407.

31. Cobb, p. 187.

32. Daniel Day Williams, "How Does God Act?", *Process and Divinity*, William L. Reese and Eugene Freeman (ed.), p. 171.

33. *Process and Reality*, pp. 37, 407.

34. Mellert, p. 46.

35. *Process and Reality*, p. 408.

36. Ibid., pp. 411 - 412.

37. Mellert, p. 47.

38. *Process and Reality*, pp. 412 - 413.

39. Cobb, p. 178.

40. Mellert, pp. 44 - 45.

41. Cobb, p. 161.
42. Mellert, p. 48.

22장
과정 신학 2: 과정 신학 논쟁

서론

과정 신학이란 말은 그 근원에 따라 두 가지 의미로 사용되고 있다. 좁은 의미로, 과정 신학은 화이트헤드의 과정 사상에 근거하여 미국에서 일어난 신학 전통을 말한다. 보다 넓은 의미로는 샤르댕 또는 화이트헤드와 샤르댕 사상 모두로부터 유래하는 신학 전통을 가리킨다. 화이트헤드가 과정 형이상학파를 대변한다면, 샤르댕은 과정 사상의 진화론파를 대변한다. 화이트헤드는 과정을 "창조적인 전진"이라 부르고 그것을 어떤 "정점(climax)"을 향해 반복적으로 진화하는 것이 아니라 다양한 형태로 증대하거나 감소하는 운동으로 이해했다. 반면, 샤르댕은 과정을 그가 오메가(Omega)라 부른 정점을 향해 계속적인 진화 단계를 거치며 일직선으로 상승 발전하는 운동으로 간주했다. 샤르댕의 핵심 사상은 진화의 개념이었으며 신학의 중심개념은 우주적 그리스도의 개념이었다. 그는 다윈으로부터 유래하는 생물학적 진화의 개념을 문화와 영적인 영역에 확대 적용했으며 전체 우주가 계속적인 단계를 거치면서 진화하는 것으로 보았다. 또한 그는 진화의 오메가와 계시의 그리스도를 동일시했다.

필자는 과정 신학의 두 흐름 가운데 화이트헤드의 사상에 근원을 두고 있는 미국의 과정 신학에 논의를 제한하려고 한다. 과정 신학은 어떻게 일어났으며 무엇을 주장하는가? 전통 신학과는 어떻게 다르며 왜 신학적 논쟁을 일으키게 되었는가 하는 문제를 중심으로 과정 신학이 어떤 것인지를 해명하려고 한다.

Ⅰ. 과정 신학의 태동

과정 신학은 화이트헤드의 철학 개념을 활용하여 기독교 신앙을 체계적으로 표현한 것이다. 과정 신학은 세계가 불변적인 실체나 고정된 존재가 아니라 변화와 과정 속에 있는 것으로 이해한 화이트헤드의 동적인 세계관을 수용했다. 특히 신의 본성과 신과 세계의 관계를 중심 문제로 삼은 것이나 신의 내재성의 강조는 화이트헤드의 영향이었다.

화이트헤드는 종래의 세 가지 신 개념, 즉 절대 군주, 냉혹한 도덕주의자 및 부동(不動)의 동자(動者)를 비판하는 한편, 기독교의 갈릴리적 기원에서 또 다른 신 개념을 발견했다. 그것은 부드럽게 사랑으로 역사하는 신이다. 또한 그는 하나님이 양극적인 본성을 지니고 있다고 주장했다. 원초적 본성과 결과적 본성이 그것이다. 전자는 순수한 정신적 본성을 의미하는 것으로 신의 절대성을 나타낸다. 원초적 본성으로서의 신은 초월적인 존재이며 세계에 대해 영향을 끼치나 그 자신은 세계로부터 영향을 받지 않는다. 한편 후자는 현실적인 신을 의미하는 것으로 신의 유한성과 제한성을 나타낸다. 결과적 본성으로서의 신은 세계와 직접적인 관계를 가지며, 세계는 신에 대해 반응한다. 신은 정적인 완전 속에 있지 않고 과정과 변화 속에 있다.

이러한 화이트헤드의 신관은 상반된 평가를 받았다. 이것은 그의 신이 철학적인 신이냐 혹은 종교적인 신이냐 하는 논쟁과 밀접한 관계가 있다. 한편에서는 그의 신관을 단지 철학적인 신관으로 간주하고, 다른 편에서는 종교적인 신관으로 이해한다. 전자의 입장을 대변하는 엘리(Stephen Ely)에 따르면, "형이상학이 도달할 수 있는 신은 종교적인 가치를 가지지 못하며 신이라 불릴 수도 없다. 화이트헤드가 형이상학적 분석으로부터 이끌어 낸 신은 종교의 신이 아니다."[1]

이 견해에 대해 루우머(Bernard M. Loomer)는 비판적이었다. 엘리의 저서는 화이트헤드의 형이상학과 종교 철학에 대한 비전문가적인 설명으로 구성되어 있으며 화이트헤드 사상의 풍성함을 충분히 평가하지 못했기 때문이다.[2] 그러나 화이트헤드의 신 개념은 토마스 아퀴나스의 사상에 기초한 전통적인 신관과 같지 않았다. 따라서 신의 주권적 의지와 존재 자체로서의 신 개념을 강조하는 기독교의 전통적인 입장을 변호하는 학자들은 화이트헤드의 사상을 기독교에 수용하는 것을 반대했다.

한편 일부 학자들은 화이트헤드의 사상에 매혹되어 그것을 기독교에 적용하기를 주저하지 않았다. 그의 신관은 기독교 계시의 하나님을 반영하며, 과정적인 신 개념이 헬라 철학의 영원한 절대자의 개념보다 기독교인의 경험과 성서의 증거에 보다 가까이 접근해 있다고 주장했다.[3] 멜러트(Robert B. Mellert)는 플라톤, 아리스토텔레스, 어거스틴, 아퀴나스의 신 개념보다 화이트헤드의 신 개념이 성서에 나타난 하나님의 모습을 이해하고 설명하는 데 보다 탁월하고 적절한 방법이라고 평가했다.[4] 이것은 화이트헤드의 사상에 기초하여 기독교 신앙을 재해석하려 했던 과정 신학자들의 공통된 인식이었다.

과정 신학은 1930년 이후 시카고 대학교의 신학부를 중심으로 일어났다. 이로 인해 과정 신학파는 흔히 시카고 학파라고 불리기도 한다. 시카고 대학교가 과정 사상의 중심지가 된 주요한 이유는 하트숀(Charles Hartshorne)의 활동에서 찾을 수 있다. 하트숀은 하바드 대학교에서 화이트헤드로부터 직접 가르침을 받은 제자요 그의 조교였다. 뿐만 아니라 그는 화이트헤드의 저명한 해석자요 그의 원리들을 가장 완전하게 발전시켰던 철학자였다. 그는 시카고 대학교의 철학 교수로 재직하면서 화이트헤드 사상의 해석과 확산에 크게 이바지했다. 또한 화이트헤드의 과정 사상과 시카고 대학교의 신학 교수들을 연결시킨 사람이 하트숀이었다.

하트숀은 화이트헤드의 사상에 기초하여 고전적 유신론(theism)을 비판하는 한편, "신(新)고전적" 유신론을 제시했다. 고전적 유신론에서는 하나님은 모든 면에서 절대적으로 완전하여 그 누구도 능가할 수 없으며 세계에 필요한 존재이나 그 자신은 세계를 필요로 하지 않는다. 반면 신고전적 유신론에서는 하나님과 세계는 서로를 필요로 하며 서로에게 영향을 주고받는 동적인 관계에 있다. 하나님은 세계 안에 있고, 세계는 하나님 안에 있다. 하나님과 세계는 상관적이나 동일한 것은 아니다.[5] 하트숀은 이것을 만유재신론(panentheism)이라고 불렀다.

헬라 사상으로부터 기원하는 전통적인 철학은 존재와 절대성을 높이 평가한 반면, 변화와 과정 및 관계성을 평가 절하했다. 전통 신학은 이러한 편중적인 경향성 위에 세워진 것이다. 그러나 과정 신학자들은 성서의 하나님은 변화하는 세계와 밀접한 관계를 가지고 있으며 세계에서 일어나는 것에 의해 영향을 받는다고 생각했다. 그리고 정적인 존재와 초자연적인 독립성과 절대성을 선언하는 언어로는 이러한 성서적인 관점이 충분하고 절절하게 표현될 수 없다고 보았다.[6] 그들은 과정과 생성, 관계성과 상대성을 강조하는 화이트헤드의 동적인 세계관과 개념을 수용할 때, 성서적인 기독교 신앙을 적절히 표현할 수 있다고 보았다. 그들은 화이트헤드의 신 개념이 기독교의 계시를 반영할 뿐 아니라 전통 신학의 절대자로서의 신 개념보다 성서의 증거에 더 부합된다고 판단했다.[7]

이와 같이 미국의 과정 신학은 화이트헤드와 하트숀의 철학 사상을 기독교 신앙에 도입하여 그것을 현대 세계의 정황에 맞게 재해석한 것이다. 시카고 대학 교수로 과정 신학의 기초를 놓았던 제1세대 과정 신학자들은 위이맨(Henry N. Wieman), 윌리암즈(Daniel D. Williams), 루우머(Bernard Loomer), 멜란드(Bernard Meland) 등이다. 그 후 윌리암즈는 뉴욕의 유니온 신학교로, 루우머는 캘리포니아의 버클리 연합 신학대학원으로, 하트숀은 텍사스 대학교로 옮겼다. 이들의 활동에 힘입어 과정 신학은 미국 전역으로 확산되었다.

한편 시카고 대학교에서 과정 신학을 배우고 그것을 계속적으로 발전시키고 있는 제2세대 과정 신학자들은 오그덴(Schubert M. Ogden)과 캅(John B. Cobb, Jr.)이다. 피텐저(W. Norman Pittenger)는 미국 출신으로 캠브리지 대학 교수가 되어 영국에 과정 신학을 소개했다. 과정 신학은 20세기 후반부 미국에서 가장 활력적으로 발전하여 다양한 기독교 전통 출신의 학자들을 매혹했다. 과정 신학을 지지하는 대표적인 학자로는 그리핀(David R. Griffin), 하밀톤(P. Hamilton), 쿠씽(Cousins) 등이 있다.

한편 과정 신학은 세 가지 흐름으로 전개되었다. 이것은 화이트헤드의 과정 철학을 구성하고 있는 두 요소, 즉 합리적인 요소와 경험적인 요소 중 어느 것을 중시하느냐에 따라 형성된 신학 경향이다. 첫 번째 흐름은 과정 신학의 합리주의적 전통이다. 이는 화이트헤드 철학의 합리주의적이며 논리적인 요소를 탐구하고 발전시키려는 것이었다. 하트숀이 이를 대변하며, 주로 신고전적 유신론을 주장했다. 두 번째 흐름은 과정 신학의 경험주의적 전통이다. 이는 화이트헤드 철학의 경험적인 요소를 탐구하고 발전시키려는 것이었다. 위이맨과 루우머가 이를 대변한다. 특히 루우머는 시카고 대학에서 "화이트헤드의 철학에 있어서 경험적인 분석 방법의 신학적 의의"라는 논문으로 박사학위를 취득했다.[8] 이 논문은 화이트헤드의 철학을 이용하여 신학적 방법을 정립하려 한 것이다. 루우머는 화이트헤드를 "합리적인 경험론자"로 간주했다. 세 번째 흐름은 화이트헤드의 사상 체계를 보다 명백하게 기독교 신학적인 방향에서 취급하려는 경향으로 캅이 이를 대변한다.

Ⅱ. 과정 신학설

과정 철학은 존재를 실재(實在)로 보는 실체론적 존재론(substantial ontology)을 거부하고 생성과 과정을 실재로 보는 사상이며, 이것에 근거하여 기독교 신앙을 재해석한 것이 과정 신학이다. 따라서 과정 신학은 초자연적 존재론에 사상적 기반을 두고 있는 전통 신학의 교리들은 폐기되거나 재진술되어야 한다고 주장했다. 뿐만 아니라 과정 신학자들은 신약 성서에 대한 역사 비평적인 연구 방법을 수용하여 성경의 기록을 문자적으로 참된 것으로 간주하지 않았다. 성서의 역사성을 신뢰하지 않고 오히려 초기 기독교 공동체의 필요에 의해 예수의 생애와 교훈에 관한 본래의 자료들이 변경되거나 초자연적 교훈과 기적 이야기들이 첨부되었다고 보았다.[9]

과정 신학은 기독교의 주요 교리들을 어떻게 재해석하며 무엇을 주장하는가? 하나님의 본성, 하나님과 세계, 창조론 및 기독론을 중심으로 과정 신학의 핵심 교리를 살펴보도록 하자.

1. 양극적 본성

과정 신학은 하나님의 본성과 하나님과 세계의 관계 문제를 중심 주제로 삼고 있다. 이는 과정 신학이 전통 기독교의 교리 가운데 신론을 가장 신랄히 비판한 것과 무관하지 않다. 신론에서 과정 신학과 전통 신학의 차이점이 가장 분명히 드러난다.

어거스틴, 안셀름, 아퀴나스 등으로 이어지는 고전적 유신론(theism)은 하나님을 정적인 존재로 이해하여 완전한 선과 동일시했다. 하나님을 인간의 희노애락에 참여하는 동적인 인격적 행위자로 보지 않고 불변적이며 고정적인 존재로 설명했다. 과정 신학자들에 따르면, 이런 신관은 인간과 밀접한 관계를 가지고 상호 작용하는 인격체로서의 하나님에 대한 성서적 증거를 위협한다. 성경의 하나님은 계획을 세우고 결정하고 실천할 뿐만 아니라 과거의 일을 기억하며 미래의 일을 예상하여 인간에게 반응한다. 반면, 고전적 유신론의 하나님은 이런 일들을 어떻게 하는지가 분명하지 않기 때문이다. 따라서 과정 신학은 전통 신학의 신론을 성서적인 개념과 헬라사상의 혼합물로 간주했다. 고전적인 유신론은 이교적인 헬라 철학으로부터 빌려 온 개념들에 지나치게 의존할 뿐만 아니라 성경이 증거하고 있는 살아 계신 하나님의 개념과 일치하지 않기 때문이었다.[10]

과정 신학자들은 전통 신학의 문제점을 해결할 수 있는 방법을 화이트헤드의 양극적인 신 개념에서 찾았다. 화이트헤드에 따르면, 신은 부동의 동자, 지고의 존재, 천지의 창조자가 아니다. 위로하고 사랑하며 이해하는 신이요 세계 안에 구체적으로 살아 활동하는 신이다. 이러한 화이트헤드의 신관이 과정 신학자들을 매혹시켰다. 하나님과 세계의 관계성에 대해 적절히 설명하지 못한 전통 신학과는 다른 방식으로 새롭게 하나님에 대해 말할 수 있기 때문이었다.

과정 신학은 일반적으로 하나님의 본성에 대해서는 양극적인(bipolar) 본성을 주장하는 것이 특징이다. 과정 신학은 하나님을 단순히 절대자로만 보는 전통 신학의 단일극적인 신론은 상대성과 생성이 결여된 하나님을 주장하는 것이라고 비판하고, 화이트헤드의 양극적인 신 개념, 즉 신의 원초적인 본성과 결과적인 본성의 개념을 수용했다.[11] 하나님은 지극히 절대적인 동시에 지극히 상대적이다. 하나님은 영원하고 불변적인 동시에 시간적이며 변화한다. 하트숀에 따르면, 하나님은 추상적인 극과 구체적인 극, 또는 절대적인 측면과 상대적인 측면을 지니고 있다. 추상적인 극에는 영원성, 절대성, 독립성, 불변성과 같은 필연적인 속성이 포함되며, 구체적인 극에는 시간성, 관계성, 생성과 변화와 같은 우연적인 속성이 포함된다. 이 두 극은 상호 보충적이며 한 하나님의 이중적인 면을 나타낸다.[12]

과정 신학은 전통 신학에서 말하는 하나님의 속성의 교리를 거부하거나 재해석했다. 전통 신학이 정적인 개념이나 용어에 의해 하나님에 대해 논의하는 것과는 달리, 과정 신학은 동적인 개념과 용어로 하나님을 진술한다. 즉 고전적 유신론은 하나님을 정적이며 무감각한 실체로 간주하는 데 비해, 과정 유신론은 실체를 과정으로 이해하고 하나님 역시 과정과 변화 속에 있다고 보았다. 따라서 하나님의 불변성(immutability)에 대한 고전적 교리를 거부하고 변화하는 하나님의 개념을 주장했다.

이에 대한 근거로 제시된 것이 성서의 증거와 기독교인의 경험이다. 과정 신학자들은 불변적인 절대자의 개념보다는 변화하는 하나님의 개념이 더 성서적이라는 것을 성서적 근거에 의해 입증하려 했다. 또한 기독교인의 경험에 호소하여 어떻게 불변적인 하나님이 그의 백성에 응답하는 것이 가능한지를 문제시했다. 쿠씽은 "과정 사상의 하나님이 헬라 철학의 영원한 절대자보다 기독교인의 경험과 성서의 증거에 가깝다"고 했다.[13] 같은 이유로 과정 신학은 하나님의 무감각성(impassibility)의 개념을 부정했다.

하나님의 인격성에 대해서는 과정사상가들의 의견이 일치하지 않는다. 화이트헤드는 하나님을 인격적인 존재로 취급하지 않았지만, 캅은 하나님을 살아 계신 인격자로 인정했다. 한편 피텐저는 중간 입장을 택해 하나님을 인격적인 것의 근거이자 인격적 범주를 초월하는 분으로 묘사했다.[14]

과정 신학자들은 하나님의 무시간성(timelessness) 혹은 영원성의 교리를 부정한다. 하나님이 살아 있으면서도 불변적이라고 하는 것은 모순이라고 보았다. 즉 하나님이 살아 있다면, 어떤 변화를 경험해야 한다는 것이다. 과정 신학은 하나님은 시간적이며, 관계적이며, 가변적인 면을 지니고 있다고 주장했다. 그것이 신의 구체적인 면 또는 결과적인 본성이다.[15]

하나님의 완전성에 대해서도 과정 신학은 전통 신학과 입장을 달리한다. 양자 모두 하나님의 완전성을 주장하지만, 완전에 대한 의미가 서로 다르다. 전통 신학은 완전성을 더 이상 아무것도 첨부될 수 없는 또는 결코 능가될 수 없는 것으로 이해한다. 그것은 완성된 또는 성취된 완전이다. 반면 과정 신학은 하나님의 완전을 계속적으로 획득되는 것으로 취급한다. 특히 하트숀에 의하면, 하나님의 완전성은 하나님이 세계에 의존한다는 것이나 피조물로부터 영향을 배제하는 것이 아니다.[16]

2. 만유재신론

과정 신학은 하나님과 세계의 관계에 대해서 형이상학적 일원론에 근거하여 만유재신론을 주장하는 것이 특징이다. 과정 신학자들은 범신론과 고전적 유신론을 수용할 수 없는 양 극단으로 취급했다. 그리고 양자로부터 구별하기 위하여 자신들의 입장을 만유재신론(panentheism) 또는 신고전적 유신론이라고 불렀다. 범신론은 하나님과 세계를 동일시하는 데 비해, 과정 신학은 하나님과 세계를 동일시하지 않는다. 오히려 만유재신론은 하나님은 세계 안에 있으며 세계는 하나님 안에 있다고 한다. 고전적 유신론과 만유재신론은 하나님과 세계를 동일시하지 않는 점에서는 동일하다. 그러나 유신론은 하나님이 모든 면에서 절대적으로 완전하며 세계에 대해 필요한 존재이나 자신은 세계를 필요로 하지 않는다고 한다. 즉 세계에 의존하거나 영향을 받지 않는다는 것이다. 반면 만유재신론에 따르면, 하나님과 세계는 서로를 필요로 하는 내적 의존 관계에 있으며 하나님과 세계는 서로 영향을 주고받는다.[17]

요약하면, 과정 신학의 만유재신론은 범신론과 전통적인 유신론의 중심적인 관심사를 종합한 것이다.[18] 그러나 만유재신론은 하나님과 세계를 동일한 것으로 보지 않는다는 점에서 범신론과 구별된다. 그리고 하나님과 세계의 관계를 상관적인 것으로 이해한다는 점에서 고전적 유신론과 다르다.

3. 무로부터의 창조

화이트헤드는 하나님을 세계의 창조자나 지배자가 아닌, 진선미의 환상과 매력에 의해 영향을 미치는 "세계의 시인" 또는 세계의 "위대한 동료"로 간주했다. 화이트헤드는 하나님 자신이 변한다고 생각했다. 왜냐하면 하나님이 과정 속에 있고 과정이 하나님 속에 있기 때문이다. 따라서 그는 하나님도 세계도 정적인 완성에 이를 수 없고 양자 모두 신기성에 이르는 창조적인 전진 속에 있다고 주장했다.[19]

이러한 화이트헤드의 견해는 전통 신학의 창조론과 정면으로 어긋난다. 전통 신학에 따르면, 전능한 하나님이 말씀에 의해 무(無)로부터 이 세계를 존재하게 했다. 하나님은 모든 존재의 근원이요 창조자이며, 세계는 그가 창조한 피조물이다. 이것이 성서적 창조론의 핵심 교리이다.

과정 신학은 전통 신학의 창조론을 받아들이지 않고, 화이트헤드의 견해에 근거하여 성서적 창조 교리를 재해석했다. 과정 신학은 무로부터의 창조는 물론, 하나님이 우주의 창조자라는 사실조차 부정했다. 하나님은 태초에 우주를 무로부터 창조하지도 않았으며, 그것이 존재하도록 보존하지도 않는다고 주장했다. 과정 신학은 하나님의 세계 창조를 선재하는 재료의 단순한 재형성을 의미하는 것으로 해석했다.[20] 이 세계는 어느 시점부터 존재하게 된 것이 아니라 항상 존재해 온 것이다. 끊임없이 과정 속에서 존재했다 소멸하고 다시 존재한다. 하트숀에 따르면, 하나님은 이전에 존재했던 우주로부터 현재의 우주를 만들었다. 이 세계는 이전의 세계와 비슷하게 만들어진 것이다. 또한 이전의 세계는 그 이전의 세계로부터 만들어졌다. 그러므로 하트숀에게 있어서, 창조는 성장하도록 지고의 영향력을 미치는 것을 의미했다.[21]

이러한 과정 신학의 창조론에 따르면, 세계는 존재론적으로 하나님으로부터 구별되지 않으며 오히려 세계는 하나님의 존재의 일부이다. 하나님은 세계 없이 존재할 수 없다. 하트숀은 이것을 인간의 정신과 육체의 유비에 의해 설명했다. 하나님과 세계의 관계는 정신과 육체의 관계와 유사하다는 것이다. 인간의 육체는 여러 부분으로 구성된 세계와 같으며, 정신은 육체에 내재(內在)하는 하나님과 같다. 정신이 육체에 영향을 미치는 것 같이 하나님은 세계에 영향을 미친다. 세계는 하나님의 몸이다. 그러므로 세계가 하나님의 창조물이라고 말할 수 없다. 왜냐하면 그것은 하나님의 일부이기 때문이다. 세계와 하나님은 서로 영향을 주고받지만, 세계가 하나님에 의해 창조된 것은 아니다.

요약하면, 전통 신학에서는 하나님이 무로부터 세계를 만든 창조자이다. 세계는 하나님에게 의존하지만, 하나님은 세계에 의존하지 않는다. 하나님은 세계의 통치자이다. 반면 과정 신학에서는 하나님이 이미 있는 재료로 세계를 재형성한 것을 뜻한다. 하나님과 세계는 상호 의존 관계에 있으며, 하나님은 세계의 지배자가 아니라 협력자요 동반자이다.

4. 과정 기독론

과정 신학은 기독론을 신론처럼 철저히 탐구하지 않았다. 신론이 중심 주제였던 데 비해 기독론은 파생적인 주제였다. 화이트헤드와 하트숀은 기독론을 발전시키지 않았으며, 멜란드가 과정 사상의 관점으로부터 기독론에 대한 체계적인 진술을 시도했다. 그러나 과정 사상 내에서 기독론에 대한 주요 공헌을 이룩한 사람은 피텐저였다.

그리스도에 관한 가장 고전적인 신조는 칼케돈 신조(A.D. 451)이다. 칼케돈 신조는 예수 그리스도는 완전한 하나님인 동시에 완전한 사람이며 그 안에 신성과 인성이 연합(union)되어 있다는 양성의 교리를 명시하고 있다. 피텐저는 이런 고전적 신조는 더 이상 현대인에게 의미가 없다고 주장했다.[23] 그것은 세계, 역사 및 인간의 경험을 현대인과 전적으로 다른 방식으로 이해한 고대 세계관에 근거하여 만들어진 것이기 때문이다. 캅 역시 성자 예수가 성부 하나님과 본질상 동일하다는 교리를 거부했다. 따라서 과정 신학자들은 과정 세계관에 근거하여 기독론을 재구성했다.

피텐저는 예수를 다른 영역으로부터 이 세상에 들어온 침입자(intruder) 또는 신적인 방문자로 간주하는 것은 예수를 무의미하게 만드는 것이라고 생각했다. 하나님이 이 세상에 내려와서 인간처럼 행동한다는 것은 고대 헬라인들의 개념이며, 현대인들은 그것을 신뢰할 수 없는 것으로 취급한다. 피텐저에 따르면, 예수는 1세기에 살았으며 그 시대의 사고 방식으로 생각하고 행동한 진정한 인간이었다.[25] 예수는 마리아와 요셉 사이에서 태어나 목수 생활을 한 유대인이었다. 따라서 예수는 진정으로 이 세상 안에 있었으며 이 세상에 속했던 자로 간주되었다. 예수의 모든 것은 인간적이었다. 이것이 피텐저가 본 과정 세계 내에서의 예수의 위치였다.

피텐저는 예수가 말씀이 가장 역동적으로 활동하는 지점이라는 데서 예수의 의의를 찾았다. 예수는 하나님의 행위와 인간의 반응적인 행위의 일치점이다. 창조적인 말씀이 우주 전체에 임재하며 활동한다. 예수 안에서 그 말씀이 육화(肉化)되었으며 가장 역동적으로 활동한다. 우리는 예수 안

에서 거대한 사랑의 표현을 발견하게 된다. 그 사랑이 하나님 자신이다.[26]

피텐저의 견해에서 보듯이, 과정 신학은 그리스도의 동정녀 탄생, 선재성과 신성, 성육신과 같은 전통적인 기독론의 핵심 교리를 부정했다. 그것을 신화적이며 비역사적인 것으로 보기 때문이었다. 그리고 예수를 단지 보통 인간, 즉 목수의 직업을 가졌던 팔레스틴 유대인으로 취급했다.

Ⅲ. 과정 신학 논쟁

과정 신학은 1960년대 이후 현재에 이르기까지 근 30여 년 동안의 발전과정을 통해 전통적인 개신교 신학과 가톨릭 신학에 대한 주요한 경쟁자와 도전자가 되었다. 과정 신학은 전통 신학의 사상적 토대가 되는 존재의 형이상학 자체를 문제 삼고, 그것을 과정 형이상학으로 대치했다. 그리고 그것에 기초하여 기독교 신학을 재구성하려고 했다. 이에 대해 지지자들은 과정 신학이 현대 정신과 조화될 수 있는 기독교 신앙에 대한 훌륭한 재해석을 현대인에게 제공했다고 평가했다. 반면 비판자들은 과정 신학은 현대 교회에 나타난 가장 위험한 이단이며, "이교(異敎)주의에 대한 항복문서"에 불과하다고 혹평한다.[27]

과정 신학이 문제를 제기하고 재해석을 시도한 주제들은 대부분 기독교의 핵심에 관련된 것이었다. 하나님은 영원 불변하며 우주의 창조주인가? 예수 그리스도는 진정한 하나님이자 진정한 인간인가? 그리스도의 성육신, 죽음 및 부활이 인류 구원을 위해 필요한가? 그리스도에 대한 신앙이 속죄와 구원의 유일한 근거인가? 과정 신학은 이런 질문에 대해 부정적인 대답을 제시했다. 이것은 전통 신학에 대한 부정이요 공격이었다.

과정 신학의 도전에 대한 전통 신학의 응전은 신속한 편은 아니었다. 단지 과정 신학에 대한 단편적인 비판과 평가가 있었을 뿐이었다. 복음주의적 관점에서 과정 신학에 대해 포괄적이며 비판적인 평가를 본격적으로 하게 된 것은 1980년대 이후부터라 해도 과언이 아니다. 그 대표적인 것이 내쉬(Ronald Nash)가 편집한 「과정 신학(*Process Theology*, 1987)」이다. 이는 13명의 복음주의 신학자들이 전통 신학과 과정 신학을 비교 분석하고 신학적인 면과 철학적인 면에서 과정 신학을 비판적으로 평가한 것이다.

과정 신학이 특히 관심을 기울인 주제는 신론에 관한 것이다. 따라서 전통 신학과 과정 신학 사이에서 논쟁도 신론에 관련된 것이 많다. 신론에 관한 논쟁은 하나님의 본성과 하나님의 사역에 관한 것으로 나뉜다. 과정 신학은 하나님의 절대성과 완전성, 영원성과 불변성에 대한 전통적인 견해를 거부하고 이들 개념을 재해석했다.

이와 관련한 논란 가운데 가장 중요한 것이 "무감각(apatheia)"의 원리이다. 전통 신학에 따르면, 하나님은 어떤 외적인 사건이나 원인에 의해 전혀 영향을 받을 수 없다. 하나님이 세계로부터 영향을 받을 수 있다면, 그는 전적으로 자족적인 존재나 불변적인 존재가 아니기 때문이다. 따라서 하나님은 고통이나 슬픔의 감정을 가질 수 없다. 이것이 무감각성 혹은 무고통성(Impassibility)의 교리이다. 과정 신학은 이 교리의 포기를 주장했다. 왜냐하면 피조물과 함께 고통받을 수 없는 하나님, 어떤 방식으로든지 피조물에 의존하지 않는 하나님은 종교적인 신앙과 예배의 대상이 될 수 없다고 보았기 때문이다. 이에 대해 전통적인 신학자들은 무감각성의 원리가 세상의 일과 사건에 대한 하나님의 관여를 배제하는 것은 아니라고 반박했다. 즉 하나님이 피조물과 함께 고통받을 수 없다는 것이 곧 하나님이 피조물의 고통에 구속적으로 관여할 수 없다는 것은 아니다.[28]

한편 하나님의 사역에 관해서는 특히 창조론이 논쟁의 대상이 되었다. 과정 신학은 무로부터의 창조를 부정하고 창조를 기존 재료들의 재형성으로 해석했으며, 하나님을 세계의 창조주가 아니라 세계의 협력자로 간주했다. 이에 대해 성서와 전통 신학에 근거한 많은 반론이 제기되었다. 예를 들어, 피노크(Clark H. Pinnock)는 과정 신학의 창조론이 비성서적임을 지적했다.[29] 왜냐하면 "창조하다"는 히브리어 동사는 오직 하나님의 활동에만 사용되며 하나님이 사물을 만든 재료를 말하는 것이 결코 아니기 때문이다. 또한 성경에는 하나님이 말씀으로 세상을 존재하게 했다는 강한 암시가 있다(시 33:9).

과정 신학의 기독론 역시 전통 신학과 충돌을 피할 수 없었다. 과정 기독론은 그리스도의 선재성, 성육신, 동정녀 탄생, 무죄성, 신성, 대속적 죽음, 부활, 승천, 재림, 하나님의 삼위 일체성 등을 부정하거나 재해석했다. 이런 이유로 기독론 역시 논란과 비판의 표적이 되었다.

결론

과정 신학은 기독교 신앙과 현대 과학 사상을 중재하고 종합하려고 한 시대적 산물이다. 진화, 상대성, 유기체, 창조성 등 자연 과학적 개념들을 신학에 도입하여 기독교 신앙을 현대 지성인이 수용할 수 있는 방식으로 재해석한 것이다.

전통 신학은 존재와 절대성을 근본적인 것으로 간주하는 플라톤이나 아리스토텔레스의 철학을 사상적 기반으로 하고 있다. 반면 과정 신학은 과정과 관계성을 근본으로 취급하는 화이트헤드의 유기체 철학을 사상적 기반으로 하고 있다. 화이트헤드 사상의 특징은 동적인 세계관 주장이다. 그는 실재를 존재나 본질과 같은 정적인 개념이 아닌 과정이나 생성과 같은 동적인 개념으로 파악했으며, 우주를 생성과 소멸의 끝없는 과정을 반복하는 살아 있는 유기체로 간주했다.

화이트헤드의 과정 사상이 추종자들을 매혹시켰던 것은 하나님과 세계의 관계를 새로운 방식으로 말할 수 있게 한 때문이었다.[30] 전통 신학이나 철학이 하나님과 세계 사이의 접촉점이 취약한데 비해, 과정 철학은 하나님을 세계의 본질적인 부분으로, 그리고 세계를 하나님의 본질적인 부분으로 보았다. 화이트헤드는 하나님과 세계는 불가분의 관계라고 주장했다.

화이트헤드의 사상적 체계 내에서 기독교 신앙을 해석하려 한 과정 신학은 많은 난점과 문제점을 지니고 있다.

첫째, 과정 신학은 전통 신학이 헬라 철학에 사상적 기반을 두고 있다고 비판했다. 그러나 고대 헬라 사상에 영향을 받고 있는 것은 과정 신학도 전통 신학과 다를바 없다. 단지 존재의 형이상학이 아닌 생성과 과정의 형이상학에 의존하는 것이 다를 뿐이다.[31]

둘째, 과정 신학은 전통 신학의 결점을 개선하려고 시작했으나, 오히려 그것을 개악하는 것으로 끝을 맺었다. 과정 신학은 전통 신학이 성서적인 신관과 일치하지 않는다고 보았다. 전통 신학은 하나님이 영원 불변하고 무감각하다는 것을 강조하는 데 반해, 성경은 하나님이 신자의 기도에 따라 행동하실 뿐 아니라 후회도 하시는 것으로 나타내고 있기 때문이다. 따라서 전통 신학의 정적인 신관을 동적인 신관으로 수정했다. 창조의 하나님을 진화와 변화의 하나님으로 만들었다. 그러나 성서에 나타난 하나님은 성장하는 하나님, 변화와 과정 속에 있는 하나님이 아니라 활동하는 하나님이다. 그러므로 과정 신학은 전통 신학을 개선한 것이 아니라 오히려 개악했다고 판단된다.

셋째, 과정 신학은 성서적 근거가 희박하다. 그것은 성서적 교훈과 반대이거나 성서로부터 이탈되었다. 그것은 초자연적인 것이 자연 세계 내에 존재하며 활동한다는 성서의 증거를 부정했기 때문이다. 따라서 과정 신학은 기독교 핵심 교리의 본질적 의미를 왜곡했다. 하나님의 영원성과 불변성, 세계 창조를 부정하고 그리스도의 신성, 구속적 죽음, 부활 승천, 삼위일체와 육체적 부활의 교리를 거부했다.

주(註)

1. 엘리는 그의 저서 *The Religious Availability of Whitehead's God*에서 화이트헤드의 신의 종교적 이용 가능성에 대해 부정적인 결론을 내렸다.
2. Bernard M. Loomer, "Ely on Whitehead's God", *Process Philosophy and Christian Thought*, Delwin Brown, ed.(Indianapolis: BobbsMerrill Company, 1971), pp. 264 - 286.
3. Ewert H. Cousins, (ed.), *Process Theology*(New York: Newman Press, 1971), p. 15.
4. Robert B. Mellert, *What is Process Theology*(New York: Paulist Press, 1975), p. 50.
5. Charles Hartshorne, "Philosophical and Religious Uses of 'God'", *Process Theology*, Ewert Cousins (ed.)(New York: Newman Press, 1971), pp. 101 - 117.
6. W. N. Pittenger, "Process Thought: A Contemporary Trend in Theology", *Process Theology*, p. 27.
7. Ibid., p. 15.
8. Bernard M. Loomer, "The Theological Significance of the Method of Empirical Analysis in the Philosophy of A. N. Whitehead" (unpublished Ph. D. dissertation, The University of Chicago, 1942).
9. 예를 들어, 캅은 예수가 광야에서 시험받은 것이나 십자가 죽음을 앞두고 겟세마네 동산에서 고뇌한 것, 십자가 상에서 "하나님이여 왜 나를 버리십니까"라고 외친 것 등과 같은 이야기는 역사적으로 신뢰할 수 없는 것이라고 주장했다. John B. Cobb, Jr., *Christ in a Pluralistic Age* (Philadelphia: Westminster, 1975), p. 142.
10. Ronald Nash (ed), *Process Theology*(Grand Rapids: Baker Book House, 1987), pp. 13, 39, 314.
11. 모든 과정 신학자들이 양극적인 개념을 받아들인 것은 아니다. 하트숀, 오그덴 등은 그것을 수용했으나 캅 같은 과정 신학자들은 거부했다.
12. Kenneth Surin, "Process Theology," David F. Ford, *The Modern*

Theologians, vol. II (Oxford : Basil Blackwell Ltd., 1989), p. 105.

13. Cousins, *Process Theology*, p. 15.

14. John B. Cobb, Jr., *A Christian Natural Theology*(Philadelphia : Westminster, 1965), pp. 188.

15. John B. Cobb, Jr. and David R. Griffin, *Process Theology*(Philadelphia : Westminster Press, 1976), p. 47.

16. Cousins, *Process Theology*, p. 14, Surin, "Process Theology," p. 106.

17. Cousins, *Process Theology*, pp. 14 –15, 101 ff, 119 ff. 하트숀은 선생과 학생의 유비에 의해, 그리고 오그덴은 자아와 몸의 유비에 의해 하나님과 세계의 관계를 설명했다.

18. John B. Cobb, Jr., *The Structure of Christian Existance*, 이기춘(편역) 「과정 신학과 목회신학」(서울: 대한 기독교 출판사, 1983), p. 61.

19. Alfred North Whitehead, *Process and Reality*(New York : Macmillan, 1969), p. 408

20. Nash, *Process Theology*, pp. 41, 145.

21. Charles Hartshorne, *Man's Vision of God and the Logic of Theism* (Chicago : Willet, Clark, & Co., 1941), p. 194. Nash, *Process Theology*, p. 147 참조할 것.

22. 과정 신학의 창조론에 대해서는 William L. Craig의 논문 "Creatio ex nihilo"를 참조할 것. Nash, *Process Theology*, pp. 145 –172.

23. W. Norman Pittenger, "Bernard E. Meland, Process Thought and the Significance," Cousins, *Process Theology*, p. 208.

24. John B. Cobb, Jr., *Christ in a Pluralistic Age*(Philadelphia : Westminster, 1975), p. 170.

25. Pittenger, p. 210.

26. Ibid., p. 213.

27. Nash, *Process Theology*. 서론 참조할 것.

28. Surin, "Process Theology," p. 109. 이에 대한 자세한 논증은 Herbert McCabe, *God Matters*, pp. 39 –51, Richard E. Creel, *Divine Impassibility*, pp. 140 –158 참조할 것.

29. Clark H. Pinnock, "Between Classical and Process Theism," Nash,

Process Theology, p. 318.

30. Mellert, *What is Process Theology*, p. 51.
31. Nash, *Process Theology*, p. 22.

23장

과정 신학 3: 슈베르트 오그덴

서론

미국의 과정 신학은 화이트헤드와 하트숀의 철학에 근원을 둔 신학이다. 화이트헤드는 본시 영국의 캠브리지 대학 수학 교수였으나 하버드 대학교 철학 교수로 초빙되어 미국에 온 이후 새로운 과학과 조화를 이루는 형이상 학 정립에 자신의 만년을 보냈다. 유기체 철학 또는 과정 철학으로 불리는 그의 사상은 생성(becoming)과 관계(relation)를 강조하는 것이 특징이 다. 하버드 대학에서 그에게 가르침을 받았으며 그의 제자로 일했던 제자 가 하트숀이었다. 시카고 대학교 철학 교수로 재직한 후, 텍사스 대학교 철 학 교수로 활약했던 그는 선생 화이트헤드에 대한 저명한 해석자였던 동시 에 그의 철학을 독창적으로 발전시켰던 미국의 철학자였다.

1930년 이후 화이트헤드의 사상을 기독교 신앙에 도입하여 그것을 재해 석하려는 시도가 시카고 대학교의 신학부를 중심으로 일어났다. 이것이 과 정 신학과 시카고학파의 태동이었다. 시카고 대학교가 과정 사상의 중심지 가 된 것은 하트숀의 영향 때문이었다. 시카고 대학 교수로 시카고학파의 제1세대 학자들은 위이맨(Henry N. Wieman), 윌리암즈(Daniel D. Williams), 루우머(Bernard Loomer), 멜란드(Bernard Meland) 등이 다. 이들은 과정 신학의 확장을 위한 기초를 놓았다.

시카고 대학교는 이제 더 이상 과정 신학의 중심지는 아니다. 그러나 이 대학교에서 교육 받은 동문들이 그밖의 여러 곳에서 과정 신학을 계속적으로 발전시키고 있다. 이러한 시카고학파의 제2세대에 속하는 대표적인 학자들이 오그덴(Schubert M. Ogden)과 콥(John B. Cobb, Jr.)이다.

1928년 출생한 오그덴은 미국 오하이오 주 웨슬레안 대학교와 존즈 홉킨즈 대학교를 졸업했다. 그 후 박사 학위 과정을 위해 시카고 대학교에 진학하여 하트숀의 제자가 되었다. 이것이 그가 화이트헤드 철학에 대한 하트숀의 해석으로부터 큰 영향을 받고 자기의 독특한 과정 신학을 발전시키게 된 계기가 되었다. 당시 그의 지도 교수이던 페리칸(Jaroslav J. Perikan)의 지도 아래 박사 학위 논문으로 제출된 것이 "신화 없는 그리스도(Christ without Myth)"였다. 이것은 불트만의 신학에 근거한 연구로 불트만의 신학을 분석 비판하고 극복하고자 했던 것이다. 오그덴은 박사 학위 취득 후 현재까지 미국 텍사스 주에 있는 남감리교 대학교 신학부 교수로 활약하고 있다.

오그덴의 신학에는 두 가지 주요 원천이 있다. 하나는 불트만 및 하이데거의 실존주의 철학이요, 다른 하나는 하트숀 및 화이트헤드의 과정 철학이다. 오그덴은 불트만을 자신의 신학의 출발점으로 삼고 있다. 이것은 그가 자신의 학위 논문이자 첫 번째 저서인 「그리스도 없는 신화」의 부제를 "루돌프 불트만의 신학에 근거한 연구"라고 한 것에 의해서도 입증된다. 이 외에도 그는 불트만의 저서들을 영어로 번역했을 뿐 아니라, 독일의 비신화화 논쟁에 관한 많은 논문을 집필함으로써 미국 내에서 불트만 해석자로 널리 인정받고 있다.

오그덴은 현대의 신학적인 문제들에 대한 불트만의 해결책을 비판 분석하여 문제점을 지적하고, 하트숀의 사상에 기초하여 해결책을 제시했다. 예를 들어 불트만은 인간을 적절히 분석하고 강조했지만, 하나님은 분석하지 않고 오히려 배제했다. 그는 신학을 인간론과 병행하여 발전시키지 않았다. 이에 반해, 오그덴은 하이데거나 불트만의 인간론을 화이트헤드와 하트숀의 신론과 결합시킴으로써 불트만의 문제점을 보완하려고 했다. 즉 불트만의 실존주의적인 배경으로부터 출발하여 하트숀의 과정으로서의 신 개념에 접근했다. 이 결합은 상당히 성공적이었다. 양자의 인간 실존의 분석에는 상당한 유사점이 있었기 때문이다. 예를 들어 하트숀은 하이데거의 인간 존재 이해에 상응하는 신의 존재 이해를 제시하고 있다. 오그덴은 이런 결합으로 직접적인 경험의 영역과 과학에 적합한 사유 양식 안에서 말하는 것을 가능하게 하였다.

필자는 오그덴의 저서 가운데 「신의 실재」와 「신화 없는 그리스도」 및 「기독론의 초점」에 근거하여 그의 신학 사상을 살펴보고자 한다.

Ⅰ. 창조적 생성으로서의 하나님

미국 과정 신학의 중심 주제는 하나님의 본성과 하나님과 세계의 관계이다. 이것은 근본적으로 화이트헤드의 신론에 크게 힘입었다. 화이트헤드는 종래의 세 가지 신 개념, 즉 절대 군주, 냉혹한 도덕주의자 그리고 부동의 동자를 비판하는 대신, 기독교의 갈릴리적 기원에서 또 다른 신 개념을 발견했다. 그것은 부드럽게 사랑으로 역사하는 하나님이다. 그는 자신의 형이상학적인 원리에 근거하여 하나님의 본성에 대한 양극적인 개념을 제시했다. 하나님은 원초적 본성과 결과적 본성을 가진다. 전자로서의 하나님은 현실성의 근거요, 감정에 대한 매혹이요, 갈망의 영원한 촉구이다. 이것은 어떤 현실성에 의해 제한되지 않는다. 한편 후자로서의 하나님은 세계의 창조적 전진의 결과이다. 하나님은 세계에 관계하며, 세계는 하나님에게 반응한다. 하나님과 세계 모두 정적인 완전 속에 있지 않다. 동정과 구속적인 사랑을 가진 하나님은 과정 속에 있다. 이와 같이 화이트헤드는 양극적인 신 개념을 통하여 하나님과 세계가 창조적인 전진에 서로 참여한다는 견해를 확립했다.

화이트헤드의 신론은 하트숀에 의해 탐구되고 발전되었다. 하트숀은 고전적 유신론(theism)을 신랄하게 비판하고 그 대안으로 "신고전적 유신론"을 제시했다. 고전적 유신론에서 하나님은 모든 면에서 절대적으로 완전하여 누구도 능가할 수 없으며, 따라서 세계에 필요한 존재이나 그 자신은 세계를 필요로 하지 않는다. 반면 하트숀의 신고전적 유신론에서는 하나님과 세계는 서로를 필요로 하며 서로 영향을 주고받는 동적인 관계이다. 하나님은 세계 안에 있고, 세계는 하나님 안에 있다. 하나님과 세계는 상관적이나 동일하지는 않다. 하트숀은 이것을 만유재신론(panentheism)이라고 불렀다.

한편 하트숀은 화이트헤드와 비슷한 신 개념을 발전시켰다. 즉 하나님은 추상적이고 절대적인 본성과 구체적이고 상대적인 본성을 가진다. 특히 후자에 있어서 하나님은 자기 능가적인 창조성이며, 사회적이며 상대적이다. 그는 하나님과 세계의 창조적인 관계를 강조했다.

다른 과정 신학자들과 마찬가지로, 오그덴의 신학에서 중심 문제는 하나님의 본성이다. 오그덴은 화이트헤드와 하트숀의 신관을 탐구하여 이것을 발전시켰다. 현대의 세속인에게 정당하면서 기독교 신앙에 적절한 하나님의 실재를 확립하는 것이 그의 목적이었다. 이를 위해 그는 화이트헤드의 "재구성된 주관주의자의 원리"를 출발점으로 삼았다. 이 원리에 따르면, "우리는 주체(subject)의 경험 분석에서 드러난 요소들을 일반화함으로써 실재의 의미에 대한 형이상학적인 질문에 적절히 대답할 수 있다." 즉 이것은 자신의 실존의 원초적인 현상을 모든 근본적인 개념의 토대로 취하는 것을 말한다.

그러므로 오그덴은 하나님의 본성과 하나님과 세계의 관계를 해명하기 위해 인간의 경험, 관계성과 시간성 속에서의 인간 주체를 검토했다. 그 결과 자아로서 존재하는 것은 자신의 몸과 다른 존재들로 둘러싸인 사회와 관계하는 것임을 발견했다. 따라서 자아는 관계적 또는 사회적인 동시에 변화의 과정이나 시간적인 것으로 해석되었다. 자아의 기본 범주는 존재나 실체(substance)가 아니라 과정 또는 "창조적 생성(creative being)"이다.

오그덴은 이 존재의 유비를 사용하여 하나님을 실체가 아닌 창조적 생성의 완전한 예, 사회적이고 시간적인 실재로서 규정했다. 또한 우리가 우리의 몸에 관계하는 것 같이, 하나님은 자신의 몸인 세계에 관계한다고 보았다. 따라서 오그덴의 하나님은 고전적인 유신론의 불변하고 무시간적이며 비관계적인 절대자로서의 하나님과는 근본적으로 다르다. 그의 하나님은 불변적이거나 무시간적이지 않다. 오히려 그는 계속적으로 자기 창조의 과정 속에 있는 살아 있는 하나님이요 성장하는 하나님이다. 오그덴은 하나님에 대한 이러한 개념을 신고전적 유신론으로 불렀다.

Ⅱ. 신고전적 유신론

오그덴은 고전적인 유신론을 거부했다. 그것은 해결할 수 없는 세 가지 모순을 내포하고 있었기 때문이다. 창조, 봉사, 그리고 관계성의 모순이 그것이다.

창조의 모순은 피조된 세계의 우연성과 하나님의 필연성 사이에 존재한다. 고전적 유신론에 따르면, 하나님은 우연적인 세계를 자유롭게 창조한다. 그러나 하나님의 창조 행위는 자신의 필연적 행위와 일치해야 하므로, 모든 면에서 필연적이다. 따라서 전적으로 우연적인 세계의 전적으로 필연적인 창조라는 모순에 빠지게 된다.

봉사의 모순은 하나님의 절대적인 완전성과 하나님에 대한 인간의 봉사 사이에 존재한다. 인간의 목적은 하나님을 섬기고 그에게 영광을 돌리는 것이다. 그러나 하나님은 어떤 것에 의해서도 증감될 수 없는, 영원히 그리고 정적으로 완성된 완전자이다. 따라서 인간의 어떤 봉사도 하나님에게는 무익하다는 모순에 이른다. 관계성의 모순은 하나님과 세상의 관계성에서 일어나는 모순이다. 고전적 유신론에서는 하나님을 만물의 불변적이며 독립적인 원인으로 간주한다. 그러나 하나님은 진정으로 세계에 관계할 수 없다는 모순에 빠지게 된다. 왜냐하면 진정한 관계성은 상호 의존을 포함하는 반면, 하나님은 본질상 의존적이며 가변적인 관계성을 가질 수 없기 때문이다.

이와 같이 오그덴은 고전적 유신론의 약점과 모순을 지적했으나, 동시에 기독교를 하나님 없이 해석하는 것도 부정했다. 오히려 그는 화이트헤드와 하트숀의 신고전적 형이상학에 근거하여 유신론을 재건하려고 노력했다. 따라서 그는 하나님의 속성에 대한 모든 전통적인 견해들을 재해석했다.

그의 신고전적 유신론의 신 개념에는 두 가지 특징이 있다. 첫째, 하나님은 세상의 모든 것에 참으로 관계하는 실재이다. 하나님은 이 세계에 상관적일 뿐 아니라 또한 의존적이다. 둘째, 하나님은 양극적이다. 하나님은 단순히 절대자만은 아니다. 지극히 절대적인 동시에 지극히 상대적이다. 하나님이 시간적이며 변화한다면, 또한 영원하고 불변적이어야 한다. 왜냐하면 항상 변한다는 것은 불변의 산물이기 때문이다. 따라서 하나님은 변화의 변화 없는 근거이다. 또한 상대적인 분으로 하나님이 모든 다른 것에 관계한다는 것은 모든 관계성의 절대적인 근거임을 뜻한다.

오그덴에 의하면, 이 새로운 유신론은 하나님이 본질상 시간적이요 사회적임을 강조한 점에서 고전적 유신론과 범신론 양자와 전적으로 다르다. 그것은 아퀴나스의 초월적인 하나님과 스피노자의 내재적인 하나님 사이의 모순을 극복한다. 또한 그들이 해결하지 못했던 무한성과 유한성, 필연성과 우연성, 영원성과 시간성 그리고 절대성과 상대성 사이의 공존 문제를 해결할 수 있다. 즉 하나님을 창조적인 생성으로 간주함으로써 하나님이 세계를 초월한다는 것을 말하지 않고 세계로부터의 하나님의 독립에 동의한다. 반면 세계가 그 필연적인 근거로서의 하나님에 완전히 의존하고 있다는 것을 부정하지 않고, 하나님이 세계에 포함되어 있음을 확인하고 있다. 그는 고전적 유신론의 난점들이 신고전적 유신론에 의해 제거될 수 있다고 확신했다. 또한 이것이 세속인에게 이해될 뿐 아니라, 기독교 신앙에 적절한 유신론의 형태라고 주장했다.

Ⅲ. 신 중심적 기독론

과정 신학은 기독론을 신론처럼 철저히 탐구하지 않았다. 신론이 중심적이었던 데 비해 기독론은 파생적이었다. 특히 화이트헤드와 하트숀은 기독론을 발전시키지 않았다. 반면 오그덴은 「신화 없는 그리스도」, 「신앙과 자유」, 「기독론의 초점」 등에서 기독론의 문제를 폭 넓게 토의했다. 이제 「신화 없는 그리스도」를 중심으로 그의 그리스도관을 살펴보고자 한다.

오그덴이 그리스도를 어떻게 이해했는지 함축적으로 보여 주는 것이 그의 계시관이다. 그는 전통 신학에서와 같이 계시의 기본 구조를 이중적인 것, 즉 자연 계시와 특수 계시로 보았으나 그것을 완전히 재해석했다. 그는 자연 계시를 원계시(original revelation), 즉 인간을 향한 하나님의 원초적 시현(presentation)으로 보고 이것을 시현 계시로 불렀다. 한편 이 시현 계시를 다시 표현한 것을 특수 계시 또는 재현(representation) 계시라고 불렀다. 원계시와 재현 계시는 본질적으로 내용이 동일하나, 근원적인 것은 원계시이다. 이것은 모든 장소에서 모든 인간에게 항상 나타나는 보편적인 계시이다. 그 반면 재현 계시는 인간 실존에 암묵적으로 나타난 원계시의 명시화 또는 객관화이다. 따라서 파생적이다. 이와 같이 오그덴이 자연 계시인 원계시를 불충분한 것으로 보는 전통 신학과는 달리, 그것을 적극적으로 평가한 것이 그의 계시론의 특징이다.

한편 오그덴은 그리스도의 계시를 여러 재현적인 계시 가운데 표준적이며 결정적인 한 예로 취급했다. 따라서 인간의 구원이 그리스도 안에서만 가능하다고 생각하지 않았다. 오히려 모든 사람에게 항상 가능했던 것이 그리스도 안에서 결정적으로 재표명되었다고 보았다. 인간 구원의 유일한 근원은 하나님의 원초적인 사랑이다. 그것은 그리스도 안에서 명백히 계시되고 있으나 그와 동일시되지는 않는다. 다시 말하면 구원의 가능성은 그리스도의 케리그마와 같은 재표현된 계시에 근거하지 않고 하나님과의 직접적인 만남인 원계시에 근거한다는 것이다.

따라서 그는 개신교 신학자들이 신약 성경의 신앙은 그리스도 중심적이라고 말하는 것을 신약 성경에 대한 심각한 오해로 간주했다. 우리는 "그리스도의 것이요, 그리스도는 하나님의 것"(고전 3:23)이기 때문이다. 하나님의 구원 역사를 예수 그리스도라는 한 점에서 배타적으로 국한시키는 것은 신화일 뿐이다. 그러므로 예수 그리스도를 구원의 절대 규범으로 보지 않는 오그덴의 기독론은 그리스도 중심주의가 아닌 신 중심의 비규범적 기독론을 제시했다고 평가된다.

결론

오그덴의 신학은 화이트헤드의 과정 철학과 불트만의 실존 신학을 도구로 하여 현대 세속인의 경험과 20세기 과학적 세계관과 조화되는 유신론을 재건하려 한 점에 그 의의가 있다. 그러나 이런 건설적인 노력에서 그는 성경의 권위보다는 과정 철학을 근본적인 원리로 수용하고 그리스도 안에서의 하나님의 구원 역사를 제거해 버렸다. 그래서 그는 기독교적 하나님에 대한 이해를 제대로 전개시켰는가라는 심각한 문제에 직면하게 되었다.

24장

종교신학 1 : 종교 다원주의란 무엇인가

서론

최근 신학적 토의에 뜨거운 논쟁거리로 대두된 것은 기독교와 다른 종교의 관계 문제이다. 기독교는 다른 종교에 대해 어떤 태도를 취해야 하는가, 구원은 기독교에만 있는가, 그리스도를 통하지 않고 구원에 이를 수 있는 길은 없는가, 다른 종교에는 구원이 없는가 등의 문제가 조직 신학자, 종교 철학자, 종교 현상학자, 선교학자, 에큐메니칼 운동가들의 관심의 대상이 되었다.

이것은 20세기 후반에 처음으로 제기된 새로운 문제는 아니다. 이 문제의 기원은 구약 시대, 이스라엘의 가나안 정착까지 소급된다. 이스라엘 종교와 다른 종교들 혹은 여호와 하나님과 다른 신들의 관계는 가나안 정착 후 하나의 문제로 등장했다. 그 후 특히 교부 시대에 들어서면서 타 종교와의 논쟁이 활발해지고 변증가들에 의해 기독교와 그리스 및 로마 고전 문화의 관계 문제가 여러 모로 해명되었다.

기독교는 전통적으로 기독교만이 참 종교요 절대 종교라고 믿는 기독교 절대주의(Christian absolutism)의 입장을 견지해 왔다. 그러나 현대에 들어와서, 종교는 하나가 아니라 여럿이며 절대 종교란 있을 수 없고 모든 종교는 상대적이라고 주장하는 종교 다원주의(religious pluralism)가 일어나게 되었다. 따라서 기독교와 다른 종교의 관계는 기독교의 자기 이해를 위한 중요한 주제가 되었다. 그와 동시에, 다원주의는 기독교인에게 큰 도전과 위협이 되었다. 기독교처럼 자신을 절대적으로 유일한 종교 혹은 살아 계신 하나님의 유일한 계시라고 주장하는 종교는 없기 때문이다.

기독교와 다른 종교의 관계 문제는 기독교의 자기 이해를 위한 중요한 주제가 되었으며 종교 신학이란 이름으로 폭넓게 논의되고 있다. 특히 종교 다원주의는 기독교인에게 큰 도전과 위협이 되었다. 기독교처럼 자신을 절대적으로 유일한 종교 혹은 살아 계신 하나님의 유일한 계시라고 주장하는 종교는 없기 때문이다.

한국은 여러 종교가 만나는 지점이므로 기독교와 타종교의 관계성은 민감한 문제이자, 목회와 삶의 현장에서 부딪히는 실제적인 문제이다. 예수 믿으라고 전도하다 보면 "모든 종교는 다 마찬가지 아니냐, 어느 것이나 하나만 믿으면 되지 않느냐"고 항변하는 사람을 흔히 만난다.

필자는 종교 다원주의가 어떻게 일어났으며 그 주장하는 바는 무엇인지 살펴보고 문제점과 오류를 지적하려고 한다.

I. 종교 다원주의의 태동

에덴 동산에서 인류가 추방된 이후, 종교적 다원화의 문제는 세계 도처에서 제기되어 왔다고 해도 과언은 아니다. 앞서 말한 바와 같이 구약 시대의 여호와 하나님과 다른 신들의 관계 문제 그리고 교부 시대의 기독교와 고전 문화의 관계 문제가 그 좋은 예이다. 이러한 과정을 통해 기독교는 특히 중세 이후 다른 종교에 대해 배타적인 기독교 절대주의의 입장을 고수해 왔다. 그렇다면 현대에 들어와서 기독교와 다른 종교 문제가 관심과 논의의 대상이 되고, 전통적인 기독교 절대주의에 대한 강한 도전이 일어나는 이유는 무엇인가?

종교 다원주의의 태동은 두 가지 측면에서 추적될 수 있다. WCC의 종교 연합 운동의 영향을 받은 선교사들과 비교 종교학자들이 종교적 다원주의를 제기했다.[1] 기독교는 313년 로마 제국 콘스탄틴 황제의 밀라노 칙령에 의해 종교의 자유를 공인받은 후 데오도시우스 황제 치하(379 – 395)에서 로마 제국의 국교가 됨에 따라 로마 제국과 기독교는 밀접한 관계를 유지하게 되었다. 로마 제국은 기독교 왕국이 되었으며 제국의 안정은 교회의 안정과 직결되고 제국의 적은 동시에 기독교의 적이 되었다.

이에 근거한 18, 19세기의 기독교 선교 정책은 서구의 식민주의 정책과 궤를 같이하는 식민주의적 선교 정책, 제국주의적 선교 정책이었다. 서구의 군대가 동양의 나라들을 점령하면, 선교사가 뒤따라 들어가 기독교로 그 지역의 종교를 정복하는 정책이었다. 기독교로 개종시키는 것이 전통적인 선교의 목적이었다. 이러한 식민지주의와 제국주의는 결과적으로 기독교가 전세계로 확산되고 전파되는 데 큰 역할을 했다.

그러나 세계 대전을 전후로 하여 식민지 정책이 종식되고 식민지들이 독립하자, 정복식의 선교 정책은 위기를 맞게 되었다. 1954년 인도 정부는 개종을 주 목적으로 활동하는 선교사들은 철수하도록 명령했으며, 그 후 선교사들은 중국, 앙골라, 아랍 세계 등에서도 동일한 상황에 직면했다. 선교 상황이 이론과 실제 모두에서 위기에 처한 것이다. 이렇게 되자 WCC의 연합 운동의 영향 아래, 다른 신앙과 정면으로 대결하고 있던 선교지 최일선의 일부 선교사들로부터 다른 종교를 인정하고 그와 대화하려는 움직임이 일어났다. 다른 종교들과의 대화는 공존의 논리를 전제로 한 것이었다.

한편, 과학의 발전이 종교적 다원주의의 태동을 촉진했다. 16세기 이후 유럽에 발견과 탐험의 시대가 시작되면서 콜럼버스, 마젤란 등이 기독교 세계 밖의 새로운 세계를 발견하게 되었으며 그 곳에 기독교와 서로 다른 종교들이 존재한다는 것을 알게 되었다. 또한 역사, 인류, 과학 연구가들은 인류의 기록들에 대한 검토를 통해 세계의 다른 곳에도 종교의 유형들이 있다는 것을 보게 되었다. 동서의 활발한 교류를 통해 서구의 기독교인들이 다른 종교권의 사람들과 빈번하게 접촉하고 그들의 종교에 관한 문헌에 쉽

게 접근할 수 있게 되었다. 이러한 이유로 기독교와 다른 종교의 문제가 긴급하게 일어났다.[2]

특히 비교 종교학이 발전함에 따라 비교 종교학자와 종교사 연구가들을 통해 다른 종교가 기독교와 동일한 면을 많이 가지고 있다는 주장이 일어나게 되었다. 19세기 종교사학파의 대표자, 트뢸취(Ernst Troeltsch, 1865-1923)가 그 좋은 예이다. 그는 기독교 절대주의를 거부하고 종교의 상대주의를 주장했다. 트뢸취에 따르면, 모든 종교는 상대적이며 제각기 진리의 요소를 가지고 있으므로 어느 종교가 다른 종교보다 더 훌륭하다고 말할 수 없다.[3] 기독교가 기독교인에게 훌륭한 종교인 것처럼, 힌두교가 힌두교인에게는 훌륭한 종교라는 것이다.

이 같이, 최일선의 일부 선교사와 비교 종교학자들이 제기한 기독교와 다른 종교의 관계는 지금까지 배타적인 선교 정책을 고수해 온 기독교인들에게 당혹스러운 문제였다. 또한 신학자와 종교 철학자들이 심각하게 다루어야 할 중요한 문제이기도 했다. 따라서 이에 대한 다양한 논의가 계속되어 왔으며 여러 가지 이론이 제시되었다.

Ⅱ. 종교 신학의 유형

다른 종교를 대하는 기독교의 입장은 학자와 관점에 따라 다르다. 필자는 현대 신학자들이 타종교에 대한 기독교의 관계를 어떤 유형으로 구별하고 있는지 최근에 출판된 저서들에 근거하여 밝히려고 한다.

1980년대 들어와 기독교와 타종교에 대한 논의가 활발하게 전개되면서 많은 저서들이 출판되었으며 이 문제에 대한 신학적 이해를 종교 신학(theology of religion)이란 용어로 표현하게 되었다. 이 시대에 저서를 출판하여 종교 신학의 유형을 논한 대표적인 학자로는 존 힉(John Hick), 레이스(Alan Race), 린드벡(George A. Lindbeck), 카워드(Harold Coward), 니터(Paul F. Knitter), 디 코스타(Gavin D' Costa) 등이 있다.

존 힉은 현재 미국 크레어몬트(Claremont) 대학원 교수로 재직하고 있는 종교 철학자이다. 그는 모든 종교는 제각기 다른 신을 섬기는가, 아니면 동일한 신을 섬기는가, 또는 여호와, 알라, 라마 등은 별개의 신인가 아니면 동일한 존재에 대한 다른 이름인가 하는 문제를 다루었다. 그리고 모든 종교는 동일한 신을 섬기며 여호와, 알라 등은 동일한 신의 다른 이름에 불과하다는 극단적인 다원주의를 주장했다.

힉이 영국 케임브리지 대학 교수 헤브레드웨이트(Brain Hebblethwaite)와 공동으로 편집한 「기독교와 다른 종교들(Christianity and Other Religions, 1980)」에 따르면, 다른 종교에 대한 기독교인의 태도는 세 가지로 대별된다. 기독교 절대주의와 종교적 다원주의 그리고 양자의 중간 길이 그것이다.

기독교 절대주의는 하나님이 유일하게 자신을 예수 그리스도 안에서 계시했다고 주장하는 것으로, 바르트(Karl Barth)와 같은 전통적인 신학자들이 이를 대변한다. 반면 트뢸취와 힉이 대변하는 종교적 다원주의는 기독교인들의 신앙이 인간에 대한 하나님의 최종적이며 절대적인 자기 계시의 증거가 아니며 그리스도 안에서 하나님을 만난 그들의 경험 역시 신적인 것을 만난 여러 다른 경험 중 하나에 불과하다고 주장한다. 폴 틸리히(Paul Tillich)와 윌프레드 스미쓰(Wilfred Cantwell Smith)는 기독교 절대주의보다는 종교적 다원주의에 가까운 인물로 분류되고 있다. 한편 기독교 절대주의와 종교적 다원주의 양극 사이에 위치하는 입장이 있다. 가톨릭 신학자들인 라너(Karl Rahner)의 "익명의 크리스천(anonymous Christian)"이나 파니카(Raymond Panikkar)의 "미지의 그리스도 (unknown Christ)" 개념이 이를 대변한다.

영국 교회 신학자인 알란 레이스는 「기독교인과 종교적 다원주의: 기독교 종교 신학의 유형들(Christians and Religious Pluralism: Patterns in the Christian Theology of Religions, 1982)」에서 종교 신학을 세 가지 유형, 즉 배타주의, 포괄주의 및 다원주의로 분류했다.[4] 배타주의(exclusivism)는 사도행전 4:12과 요한복음 14:6에 근거한 것으로 예수 그리스도를 통한 하나님의 계시만이 유일하고 참된 진리이며, 구원은 교회에만 있다는 주장이다. 전통적인 가톨릭 교회, 바르트, 브룬너(Emil Brunner), 크래머(Hendrik Kraemer)가 이를 대변한다. 포괄주의는 누가복음과 사도행전의 신학에 근거한 것으로 "다른 종교에 있는 모든 진리는 본래 기독교의 것"이라는 주장이다. 다른 종교에도 진리가 있을 수 있지만 구원에 이를 정도로 충분하지 못함으로 구원은 그리스도를 통해서만 가능하다고 한다. 교부 시대의 순교자 저스틴(Justin), 제2 바티칸 공의회 문서, 라너 등이 이 입장에 속한다. 다원주의는 모든 종교의 근본에는 하나의 신적인 실재가 있으며, 종교의 차이를 단지 이 실재에 대한 형식의 차이로 간주하는 태도이다. 틸리히, 스미쓰, 힉, 트뢸취, 토인비 등이 여기에 속한다.

린드벡 역시 「교리의 본질: 자유주의 이후 시대에 있어서 종교와 신학 (*The Nature of Doctrine: Religion and Theology in a Postliberal Age*, 1984)」에서 종교 신학에 대한 접근 방법으로 세 가지를 제시했다. 명제적, 존재론적 방법, 경험적, 표현주의적 방법, 문화 – 언어적 방법이 그것이다.[5]

첫 번째 방법은 진리 문제에 관심을 두는 것으로 배타주의에 해당되는 것이다. 두 번째 방법은 종교의 공통 근원인 신적 실재에 대한 표현의 유효성에 의해 종교를 평가하는 것이다. 이는 다른 종교를 인정하면서 자기 종교의 우월성을 주장하는 것으로 포괄주의에 해당된다. 마지막 방법은 실재를 해석하며 경험을 표현하고 삶에 질서를 부여하는 것에 대한 다른 표현 방식으로 종교를 간주함으로써, 종교간의 차이를 실재를 표현하는 방식의 차이로 취급한다. 이는 곧 다원주의적 태도라고 할 수 있다.

카나다 연합 교회 신학자 카워드는 「다원주의: 세계 종교들에 대한 도전 (*Pluralism: Challenge to World Religions*, 1985)」에서 최근의 종교 신학 이론으로 신중심적 방법, 그리스도 중심적 방법 및 대화의 방법 세 가

지를 제시했다.[6]

신 중심적 방법은 그리스도보다는 하나님에 일차적인 초점을 두는 접근 방법이다. 따라서 하나의 공통적 실재를 인정하는 반면, 예수 중심적인 배타적 태도를 피함으로써 유대교, 이슬람교 및 힌두교와 같은 신 중심적인 다른 종교와의 연결을 가능하게 한다. 이는 곧 다원주의에 해당되는 것으로, 카워드는 동방 정교회의 성령 중심 신학, 틸리히, 힉, 스미쓰 등을 여기에 속하는 것으로 분류했다. 그리스도 중심적 방법은 예수 그리스도를 하나님의 유일한 성육신으로 주장하는 기독론에 근거한다. 이것은 예수의 종국성과 보편성을 견지하며 다른 종교의 유효성을 부정하는 배타적인 방식과 그것을 부분적으로 인정하는 포괄적 방식으로 세분된다. 로잔 대회를 통해 발표된 복음주의 신학이 전자를, 라너와 콥(John Cobb), 판넨버그(Wolfhart Pannenberg) 등이 후자를 대표한다. 대화의 방법은 모든 종교는 각각 양보할 수 없는 절대적 주장을 가지고 있다는 전제에서 출발한다. 이것은 다른 종교와 서로 영향을 주고받음으로써 보다 깊은 영성에 도달할 수 있다고 주장하는 인간학적 접근 방법이다. 대표자로는 사마르타(Stanley Samartha), 파니카 등이 있다.

현재 미국 신시내티의 사비에르 대학 교수인 가톨릭 신학자 니터는 「오직 예수 이름으로만?(No Other Name?, 1985)」에서 종교적 다원주의에 대한 기독교의 태도를 네 가지 모델로 제시했다.[7] 보수적 복음주의 모델, 개신교 주류의 모델, 가톨릭의 모델 및 신 중심적 모델이 그것으로 이것은 교회 전통에 따른 분류 방식이다.

보수적 복음주의 모델은 참된 종교는 하나이며 나머지 종교는 오류라고 보는 개신교 보수파의 입장이다. 바르트가 이 모델의 제창자이며 "프랑크푸르트 선언(Frankfurt Declaration)"과 로잔 대회 선언문이 이를 대변한다.

프랑크푸르트 선언은 튀빙겐 대학교의 선교 신학자인 바이엘하우스(Peter Beyerhaus)가 기초한 것으로 1970년 3월 4일 프랑크푸르트에서 개최된 복음주의자들의 모임에서 채택되었다. 기독교를 이해하고 다른 종교들을 평가하는 일차적인 참조의 틀은 오직 성서라는 것, 구원은 단 한번 그리고 영원히 인류를 위해서 발생한 예수 그리스도의 희생적 십자가에서 비롯되기 때문에 오직 그리스도에 대한 신앙에의 참여를 통해 얻어질 수 있다는 것, 그러므로 비기독교 종교들과 세계관들도 기독교 신앙과 유사한 구원의 길이라는 주장은 거짓된 교훈으로 거부해야 한다는 것이 이 선언의 요지이다.[8] 한편 1974년 7월 16 - 25일 스위스 로잔에서 모인 세계 복음화 국제 대회는 프랑크푸르트 선언의 강조점인 성서의 절대적 권위와 그리스도의 유일회성을 재확인했다.

개신교 주류의 모델은 계시의 보편성은 인정하지만 구원은 예수 그리스도를 통해서만 가능하다고 보는 개신교 자유파의 입장이다. 이것은 일반 계시와 특수 계시의 개념을 원용한 것이다. 다른 종교에도 하나님의 계시가 있다는 것은 긍정하지만, 다른 종교를 통한 구원의 가능성은 부정한다. 알트하우스, 브룬너, 틸리히, 판넨버그, 브라텐 등이 이를 대변한다.

가톨릭 모델은 구원의 길은 많으나 규범은 하나라는 입장이다. 하나님의 구원 의지가 보편적이라는 전제에 기초하여 모든 종교를 구원의 길로 수용하는 반면, 규범성과 종국성은 기독교에 돌린다. 대표자는 라너이다. 니터는 가톨릭 모델이 개신교 주류의 모델로 수용될 수 있다고 생각한다. 필자는 가톨릭의 입장에 대해서 다음 장에서 상술하려고 한다.

신 중심적 모델은 하나의 중심에 이르는 많은 길들이 있다고 보는 다원주의의 입장이다. 그리스도 중심에서 신 중심으로 전환함으로써 그리스도의 유일회성과 종국성이라는 "걸림돌"을 피하려는 시도이다. 힉, 파니카, 사마르타, 니터 자신이 이를 대변한다.

디 코스타는 「신학과 종교적 다원주의: 다른 종교들의 도전(*Theology and Religious Pluralism: The Challenge of Other Religions*, 1986)」에서 기독교인의 종교적 다원주의에 대한 반응을 세 가지 유형으로 분류했다.[9] 존 힉으로 대표되는 다원주의, 크래머로 대표되는 배타주의 및 라너로 대표되는 포괄주의가 그것이다.

이상에서 다른 종교에 대한 기독교인의 반응을 최근에 출판된 저서들을 중심으로 살펴보았다. 정리해 본다면, 타 종교에 대한 기독교의 입장은 기독교 절대주의와 종교적 다원주의, 또는 배타주의와 다원주의를 양극으로 하여 이 양자를 절충하고자 하는 포괄주의로 대별된다. 절대주의가 다른 종교의 모든 주장을 거부하고 그것을 거짓된 것으로 간주하는 것이라면, 포괄주의는 다른 종교의 주장을 부분적으로 받아들이면서 부분적으로 거부하는 것이다. 또한 다원주의는 거부와 용납의 변증법적 결합을 통하여 다른 종교의 주장을 인정하고 그것과 공존하려는 것이다. 대화의 모델은 다원주의의 변형으로 이해된다. 교회 중심주의가 배타주의를 대변한다면, 그리스도 중심주의는 포괄주의를, 그리고 신 중심주의는 다원주의를 대변한다. 전통적인 가톨릭 교회와 복음주의적인 개신교가 배타주의의 입장에 있다면, 현대 가톨릭 교회는 포괄주의에, 그리고 동방 정교회와 일부 자유주의적 혹은 급진적 개신 교회는 다원주의의 입장에 서 있다.

바르트, 브룬너, 크래머, 바이엘하우스, 린드셀(Harold Lindsell), 칼 헨리(Carl F. H, Henry) 등이 배타주의에 속한다면, 라너, 콥, 판넨버그, 한스 큉 등은 포괄주의에, 그리고 스미쓰, 힉, 트뢸취, 토인비, 니터, 사마르타 등은 다원주의에 속한다. 한편 틸리히, 파니카 등은 학자에 따라 포괄주의자로 분류되기도 하고 다원주의자로 분류되기도 한다.

Ⅲ. 종교 다원주의의 근거

일반 학자들과 신학자들은 각기 다른 근거에서 종교 다원주의를 주장한다. 일반적인 입장이 기초하고 있는 토대는 세 가지로 정리된다.[10]

첫째, 모든 종교는 상대적이라는 신념이다. 기독교 절대주의를 거부하고 종교의 상대주의를 주장한 19세기 종교사학파의 트뢸취가 이를 대변한다. 그에 따르면, 모든 종교는 상대적이며 제 각기 진리의 요소를 가지고 있음으로 어느 종교가 다른 종교보다 더 훌륭하다고 말할 수 없다. 기독교가 기독교인에게 훌륭한 종교인 것처럼, 힌두교가 힌두교인에게는 훌륭한 종교이다. 기독교가 서구인에게 최상의 종교일 수 있으나 절대적인 종교일 수는 없다. 동양인에게는 불교와 힌두교가 동일한 역할을 한다. 따라서 하나님의 계시가 모든 사람, 모든 종교에 주어졌다는 것이 트뢸취의 근본 신념이었다.

둘째, 모든 종교는 동일하다는 신념이다. 하나님이 모든 사람의 구원을 원하신다면 당연히 시간과 공간적으로 다른 문화와 상황 속에서 이 일을 수행하실 것이기 때문에, 깊이에서 보면 모든 종교는 동일하며 길은 다르더라도 동일한 목표를 지향한다는 것이다. 따라서 종교간의 차이는 본질적인 것이 아니라, 단지 우연적이고 문화적이며 시대적인 것에 불과한 것으로 취급한다. 그리고 모든 문화성과 우연성 배후에는 하나의 신, 즉 공동의 본질이 있다고 주장한다. 영국의 역사학자 아놀드 토인비, 윌프레드 스미쓰 등이 이를 대변한다.

셋째, 모든 종교는 공동의 심리학적 기원을 가지고 있다는 신념이다. 이것은 모든 종교가 각 개인에게 공통으로 존재하는 심리학적 과정으로부터 시작된다는 견해이다. 하나님의 계시를 무의식 속에 기원을 가진 심리학적 사건으로 취급하여 그리스도의 유일성과 규범성을 부인한다. 이것은 종교를 심리학으로 환원시키려는 일부 현대 심리학자들의 시도로서 스위스의 심리학자 칼 융(Carl Gustav Jung)이 그 대표자이다.

종교의 다양성을 주장하는 이 일반적인 견해는 전통적인 기독교 신앙과 일치하지 않는다. 모든 종교를 상대적인 것으로 취급하는 것은 예수 그리스도는 인류 역사상 하나님의 유일회적인 성육신이요 전 인류의 유일한 구원자라고 믿는 기독교의 핵심적인 진리와 모순된다. 모든 종교가 공동의 본질을 가지고 있다는 주장은 기독교의 본질인 예수 그리스도 안에 주어진 계시의 유일회성과 규범성 및 궁극성에 대한 신앙을 포기하거나 부정한 것이다. 그리고 모든 종교가 공동의 심리적 기원을 가지고 있다는 융의 주장은 지나친 주관주의적 해석이며 예수의 유일회성을 부정하고 단지 여러 구원자 중 하나로 간주한 것이다.

이와 같은 비기독교적이며 비성서적인 요소에도 불구하고, 종교의 다양성에 대한 상식적인 견해는 일반 대중은 물론 자유주의적 성향의 신학자들에게까지 직접, 간접으로 많은 영향을 주었다. 그 중에서 가장 극단적인 유형의 종교 다원론을 주장한 개신교 신학자는 존 힉이다. 그는 영국 출신의 장로교회 목사로 현재 미국 클레마운트 신학 대학원 교수로 활동하고 있다. 그는 다른 종교를 판단하는 규범과 모든 종교의 중심을 그리스도에서 하나님으로 전환하는 "신학의 코페르니쿠스적 혁명"을 주장했다. 그는 성육신과 그리스도의 신성을 신화로 이해하고, 하나님은 "오직" 예수 안에서만 만날 수 있는 것이 아니라 예수 안에서 "참으로" 만나질 수 있다는 식으로 기독교 전통 신앙을 재해석했다. 그리고 세계의 다양한 종교들은 동일한 신을 섬기고 있다는 극단적인 견해를 제시했다.

특히 「하나님은 많은 이름을 가지고 있다(*God Has Many Names*, 1980)」라는 저서의 제목이 시사하듯이, 힉은 세계의 모든 종교들은 다른 신이 아닌 동일한 신을 예배하며, 그 신은 여러 가지 별명을 가지고 있다고 하였다.[11] 모든 종교의 배후에는 하나의 궁극적 실재가 있으며, 기독교는 그것을 여호와 하나님(God)으로, 유대교는 아도나이(Adonai)로, 모슬렘교는 알라(Allah)로, 힌두교는 라마(Rama)나 크리슈나(Krishna)로 부른다. 그러므로 힉은 "교회 밖에는 구원이 없다"는 전통적인 교리로부터 "교회 밖에도 구원이 있다"는 새로운 주장에로의 일대 전환을 제안했다. 이러한 힉의 견해는 기독교와 다른 종교의 예배 현상의 유사성으로부터 한 하나님의 개념을 이끌어 낸 것으로 다른 종교와 그리스도에 대한 이해에 있어서 코페르니쿠스적 혁명이었다.

힉 이외에도, 종교적 다원주의에 가까운 인물로 폴 틸리히, 윌프레드 스미쓰, 알란 레이스, 스탠리 사마르타 등이 있다. 가톨릭 신학자로는 니터, 파니카, 라너, 큉을 들 수 있다. 라너와 큉은 다른 종교를 기독교 안에 포용시키려는 포괄주의의 입장이다. 로마 가톨릭 교회는 제2차 바티칸 공의회 (1965) 선언문을 통해 그리스도의 복음을 듣지 못했으면서도 진실로 하나님을 찾는 신도를 포함시키려 함으로써 포괄주의적 입장을 공식적으로 천명했다. "어쩔 수 없이 그리스도의 복음을 듣지 못했으면서도 하나님을 진실로 찾고, 하나님의 은혜로 자기 양심의 소리에 귀를 귀울여 하나님의 뜻을 따르려고 애쓰는 사람은 영생을 얻을 수 있다"고 선언했던 것이다.[12]

결론

다른 종교에 대한 기독교의 태도는 성서적이어야 한다. 이 원칙을 벗어나면 이미 기독교가 아니다. 따라서 다른 종교에 대한 태도는 성서관에 따라 달라진다. 성경을 하나님의 영감된 무오한 말씀으로 믿는다면 선택의 폭은 좁다. 예수 믿어야 구원을 얻는 것이다.

종교 다원주의는 기독교를 유일한 참 종교가 아닌 여러 종교 가운데 하나로 간주한다. 그렇다면 종교 다원주의의 문제점과 결정적인 오류는 무엇인가? 종교적 다원주의는 성경의 진리와 일치하지 않으며 원칙으로부터 완전히 벗어나 있다. 성경을 무오한 하나님의 말씀으로 믿지 않는 데서 반(反) 성서적인 종교 다원주의가 일어났다. 따라서 종교 다원주의는 비성서적인 것이 가장 큰 문제점인 동시에 오류이다. 그것은 인도주의적인 관점에서 출발하여 이성적 방법으로 문제 해결을 시도한 끝에 그리스도와 교회 밖에도 구원이 있다는 비성서적 결론에 도달했다. 기독교 안에만 구원이 있다면 세계 인구의 70 - 80%에 달하는 비기독교인의 운명은 어떻게 될 것인가 하는 인도주의적 관심에서 종교 다원주의가 일어났다.

이와 같이 종교 다원주의자들은 인도주의적인 관점으로부터 기독교와 다른 종교 문제에 접근하여 합리적으로 구원 문제를 해결하려 했다. 그러나 그것은 성경의 진리에 배치될 뿐만 아니라 성경을 오도하는 것이다.

첫째, 모든 종교의 신이 이름만 다를 뿐이지 실제로 동일한 신이라는 주장은 비성서적이다. 여호와 하나님 이외의 다른 신을 섬기지 말라고 한 성경 말씀이 이를 입증한다(출 20:3, 23:24-25, 시 96:5, 사 44:6-8). 이름만 다르지 실제로 동일하다면, 왜 다른 신을 섬기지 말라고 경고했겠는가?

둘째, 종교 다원주의는 하나님의 계시 대신에 인간의 이성과 인도주의에 근거했다. 인간의 구원 문제는 하나님의 주권에 속하는 것임에도 불구하고, 다원주의자들은 이를 합리적으로 해결하려 한 것이다. 성경은 세상적인 지혜로는 하나님을 알지 못한다고 명시하고 있다(고전 1:21).

셋째, 종교 다원주의는 영생에 이르는 유일한 길과 좁은 문을 넓히려는 인간적인 시도이다. 성경은 그리스도가 영생에 이르는 유일한 길이며(요 14:6), "다른이로서는 구원을 얻을 수 없나니 천하 인간에 구원을 얻을만한 다른 이름을 우리에게 주신 일이 없음이니라"(행 4:12)고 하였다. "영생은 곧 유일하신 참 하나님과 그의 보내신 자 예수 그리스도를 아는 것"이다(요 17:3). 따라서 종교 다원주의는 성경의 진리를 거부하고 이를 다른 복음으로 대치하려는 인간적인 노력이라 해도 과언이 아니다.

기독교 절대주의와 종교적 다원주의를 절충하여 그 중간을 가려는 것이 포괄주의이다. 그러나 포괄주의는 양심대로 산 사람은 영생을 얻을 수 있다든지, 익명의 그리스도인, 미지의 그리스도 개념, 그리스도와 예수의 분리 등의 개념을 받아들임으로써 원칙으로부터 반쯤 벗어난 것으로 이해된다. 양심이 구원의 기준이 된다는 것도 양심이 보편적이냐 상대적이냐 하는 또 다른 물음에 직면하게 된다. 피레네 산맥의 이쪽과 저쪽의 양심이 다르다는 주장이 가능하지 않은가? 극단적인 예로 식인종의 양심과 기독교인의 양심을 비교할 수 있다. 식인종은 사람을 잡아 먹어도 양심에 문제될 게 없었을 것이다. 관습적으로 그렇게 행해왔기 때문이다. 그러나 성경은 사람을 마음으로 미워하기만 해도 이미 살인한 것이라고 말하고 있다. 따라서 양심 심판에 대한 적극적인 해석 역시 경계해야 한다(롬 2:14-15).

비기독교권의 구원 문제는 하나님의 주권에 맡기는 것이 성서적이고 복음적이다. 사랑과 공의의 하나님께서 정의롭게 판단하실 것이다.

주(註)

1. John Hick and Brian Hebblethwait(ed), *Christianity and Religion* (Philadelphia: Fortress Press, 1981), pp. 87-91.
2. Ibid., p. 92.
3. 폴 F. 니터, 「오직 예수 이름으로?」(서울: 한국 신학 연구소, 1970), p. 58.
4. Alan Race, *Christians and Religious Pluralism: Patterns in the Christian Theology of Religions*(Maryknoll: Orbis, 1982).
5. George A. Lindbeck, *The Nature of Doctrine: Religion and Theolory in a Postliberal Age*(Philadelphia: Westminster, 1984).
6. Harold Coward, *Pluralism: Challenge to World Religions*(New york: Crossroad, 1985). 「종교 다원주의와 세계종교」(서울: 서광사, 1990).
7. Paul F. Knitter, *No Other Name?: A Critical Survey of Christian Attitudes Toward the World Religions*(Maryknoll: Orbis, 1985), 「오직 예수 이름으로?」(서울: 한국 신학 연구소, 1970).
8. 니터, 「오직 예수 이름으로?」 p. 135.
9. Gavin D. Costa, *Theology and Religious Pluralism: The Challenge of Other Religions*(Oxford, 1986).
10. 니터, 「오직 예수 이름으로?」 pp. 48 – 125. 참조
11. John Hick, *God has Many Names*(London: Macmillan, 1980).
12. Walter M. Abbott, S. J. (ed.), *The Documents of Vatican II* (New York: Guild Press, 1966).

25장

종교 신학 2: 종교 다원주의와 가톨릭 교회

서론

기독교와 다른 종교의 관계에 관한 이론은 크게 세 가지로 나눌 수 있다. 기독교 절대주의, 종교 다원주의 및 포괄주의가 그것이다. 기독교 절대주의는 성서적이며 전통적인 기독교의 입장으로 기독교만을 참 종교요 절대 종교로 믿는 것이다. 따라서 구원은 예수 그리스도와 기독교를 통해서만 가능하다는 이론이다. 종교 다원주의는 진정한 종교는 하나가 아니라 여럿이며, 절대 종교란 있을 수 없고 모든 종교는 상대적이라는 주장이다. 따라서 구원에 이르는 길도 하나가 아니라 여럿이며 다른 종교에도 구원이 있을 수 있다는 이론이다. 포괄주의(inclusivism)는 기독교 절대주의와 종교 다원주의를 절충하는 입장이다. 다른 종교나 문화권에 있는 경건한 사람들은 사실상 기독교인이므로 구원받을 수 있다는 주장이다.

현대 가톨릭 교회는 다른 종교 문제에 대해 가장 개방적이며 적극적인 태도를 표명하고 있다고 해도 과언이 아니다. 라너, 큉, 파니카, 니터 등 많은 가톨릭 신학자들이 이 문제에 대한 다양한 이론을 제시하고 있다.

가톨릭 교회는 제2차 바티칸 공의회(1965)를 분수령으로 하여 "교회 밖에는 구원이 없다"는 전통적인 교회 중심주의와 타종교에 대한 배타주의를 포기하고 타종교들과 교회의 관계성을 주장하는 포괄주의로 입장을 전환했다. 그것은 기독교 절대주의와 종교적 다원주의의 중간을 의미한다. 가톨릭 교회의 관점은 교회 중심주의로부터 그리스도 중심주의로, 그리고 다시 신 중심주의로 이동하고 있다.

필자는 이 문제에 대해 다양한 이론을 제시하고 있는 가톨릭 교회의 입장과 동향을 파악하는 것이 기독교와 다른 종교의 관계 해명에 도움이 되리라고 생각한다. 따라서 가톨릭 교회의 전통적인 입장과 현대적인 입장을 비교하여 제시하려고 한다.

Ⅰ. 전통적인 입장

교부 시대, 특히 변증가들의 시대에 들어서면서 기독교는 다른 문화 및 종교와의 관계 문제에 관심을 가지고 활발히 논의하기 시작했다. 예를 들어 저스틴은 기독교 신앙과 고전 문화의 관계를 해명하는 것을 자신의 과제로 삼았다. 기독교는 로마 제국의 국가 종교가 되기 이전까지 다른 종교와 문화에 대해 어느 정도 다양한 한 태도를 취했다. "교회 밖에는 구원이 없다"는 교회 중심의 배타주의적 입장이 있었는가 하면, 고전 문화에 대해 관용적인 태도를 보인 포괄주의적 입장도 있었다.

2세기의 키프리안은 교회를 노아의 방주로 해석했다. 노아의 시대에 많은 사람이 살고 있었지만, 대홍수시 구원은 노아의 방주 안에만 있었다. 방주 밖에는 구원이 없었다. 그러므로 교회 안, 기독교 안에 있는 사람에게만 구원이 있다는 논리이다.

4세기의 어거스틴 역시 교회를 그리스도의 영역과 신비스런 몸으로 해석함으로써 교회를 떠나서는 구원이 없다는 입장을 재확인했으며, 이것이 서방 교회의 전통적인 입장이 되었다.

한편 동방 교회에 속하는 저스틴, 알렉산드리아의 클레멘트, 안디옥의 테오필루스, 아테나고라스 등은 그리스도의 유일회성과 종국성을 고수하는 동시에 참된 계시와 구원의 가능성이 모든 사람에게 개방되었다는 입장을 취했다. 이들은 로고스 개념에 근거하여 성서적인 구원사에서의 특별 계시와 다른 종교들에서의 일반 계시를 연결시키려 했다.

예를 들어, 저스틴에 따르면, 기독교인은 로고스를 따라서 그리고 로고스를 위해 사는 사람들이다. 누구든지 로고스를 따라 사는 한 기독교인이다. 그리스도가 이 땅에 오시기 전에 살았던 사람들은 로고스의 씨를 가지고 있었으므로 진리의 단편적인 면에 도달할 수 있었다. 따라서 이성으로 산 이교도들은 어떤 의미에서 그리스도 이전의 기독교인들이었다. "합리적으로 살았던 사람들은 비록 그들이 무신론자라고 불렸을지라도 다 그리스도인들이다. 헬라인들 중 소크라테스와 헤라클레이토스 등이 그러하였고, 야만인들 중에는 아브라함, 엘리야… 등이 그러하였다."[1] 이와 같이, 저스틴은 이교 철학에 어느 정도 진리가 있음을 인정했으며 철학자들의 지고한 학설은 성경의 진리와 일치한다는 것을 제시하려고 시도했다.

헬라 철학과 기독교의 조화를 시도한 저스틴의 입장을 수용하여 더욱 발전시킨 사람이 알렉산드리아의 클레멘트이다. 그는 유대인에게 있어서의 율법의 역할이 헬라인에게는 철학이 담당했다고 주장했다. 즉 율법이 유대인을 교육하여 그리스도에게로 인도한 것 같이, 철학은 헬라인을 교육하여 복음에 이르게 했다.[2]

이는 하나님의 보편적 사랑에 대한 신념에 근거한 것이며, 이것은 473년 알즈(Arles) 공의회에서도 확인되었다. "그리스도, 즉 우리의 주요, 구세주가 모든 사람의 구원을 위해 죽음을 당한 것이 아니었다"고 말하는 사람을 저주하고 "그리스도는 누구도 멸망하기를 원치 않았다"고 선언했다.[3]

그러나 이러한 고대 교회의 입장은 중세에 이르면서 철저한 배타주의로 입장이 정리되었다. 1215년 라테란(Lateran) 공의회는 키프리안의 신조를 강화하여 "교회 밖에는 전혀 구원이 없다"고 선언했다. 1302년 교황 보니파스(Boniface) 8세는 교회 밖에는 구원도 죄의 용서도 없다는 것과 교회에 복종하는 것이 구원에 전적으로 필요하다는 것을 천명했다. 또한 1442년 플로렌스(Florence) 공의회는 이를 다시 확인하여 "자선을 베풀고 그리스도의 이름을 위해서 피흘렸다 하더라도, 가톨릭 교회 울타리 안, 통일성 안에 머물러 있지 않는 사람은 결코 구원을 얻을 수 없다"고 하였다.[4]

이상에서 살펴본 바와 같이, 고대 교회는 배타주의적인 입장과 함께 포괄주의적 요소도 지녔지만 중세 교회로 넘어오면서 교회 중심적 배타주의가 가톨릭 교회의 전통으로 자리잡게 되었다.

Ⅱ. 현대적인 입장

로마 가톨릭 교회는 트렌트(Trent) 공의회(1545 – 1563)에서 다른 종교에 대한 종래의 극단적인 배타적 입장이 문제가 있음을 자각하고, 하나님의 보편적 사랑과 교회의 필연성이 균형을 유지하는 신조를 채택했다. "만약 이교도들이 도덕적 양심을 따라 도덕적으로 살고 있다면, 그들은 묵시적으로 교회에 들어오고 싶은 욕망을 표현하고 있는 것이다. 따라서 그들은 구원의 문턱을 통과할 수 있을 것이다."[5] 이 선언은 가톨릭 교회의 입장이 교회를 은혜의 유일한 통로로 보는 배타적 이해에서 포괄적인 이해로, 그리고 교회 밖에는 구원이 없다는 신념에서 교회 없이는 구원이 없다는 신념으로 변화했음을 보여 준다.

가톨릭 교회가 다른 종교에 대한 배타주의를 포기하는 분기점은 제2차 바티칸 공의회이다. 이 공의회의 몇몇 선언은 다른 종교에 대해 보다 긍정적인 태도를 취할 수 있는 길을 열어 놓았다. 특히 "비기독교적 종교들과 교회의 관계성에 대한 선언"은 다섯 항목, 즉 서론, 힌두교와 불교, 이슬람교, 유대교 및 보편적 형제애를 손상시키는 분리주의에 대한 비판으로 구성되어 있다.

이 선언은 하나님의 은혜와 구원의 보편성을 출발점으로 하고 있다. "하나님이 모든 인류를 만들고 그들에게 거주하도록 온 땅을 주셨으므로 모든 민족은 공통적인 기원을 가진 단일 공동체를 형성한다. 하나님의 섭리와 그의 분명한 선하심과 구원의 계획은 모든 사람에게 확장된다." 또한 가톨릭 교회가 힌두교, 불교, 이슬람교 등 다른 종교 안에 있는 참되고 거룩한 것을 거부하지 않는다는 것과 그들의 교훈이 모든 사람의 빛이 되는 진리를 반영한다는 것을 분명히 하고 있다. 다른 종교 안에서 발견되는 영적, 도덕적 요소들을 인정하고 보존, 발전시키라고 권하고 있다. 뿐만 아니라 "어쩔 수 없이 그리스도의 복음을 듣지 못했으면서도, 하나님을 진실로 찾고, 하나님의 은혜로써 자기 양심의 소리에 귀를 기울임으로 하나님의 뜻을 따르려고 애쓰는 사람은 영생을 얻을 수 있다"[6]고 선언하고 있다.

제2 바티칸 선언은 모든 종교가 구원의 길이라고 명시적으로 말한 것은 아니다. 그러나 그리스도의 복음을 듣지 못했으면서도 진실로 하나님을 찾는 신도를 구원에 포함시키려 함으로써 전통적인 교회 중심주의로부터 포괄주의적인 입장에로 방향을 전환했다.

현대 가톨릭 신학자들은 바티칸 선언과 보편 계시 개념을 기초로 하여 종교적 다원주의에 개방적이고 긍정적인 응답을 하고 있다. 그러나 해석과 방법론은 학자들에 따라 매우 다르다. 예를 들어, 라너는 그리스도 중심적인 포괄주의를, 큉은 구원의 일반적인 방법과 특수한 방법을 주장하는 포괄주의를, 파니카는 종교간의 대화를 중심한 다원주의 그리고 니터는 신 중심주의적인 다원주의를 주장하고 있다. 필자는 이들 중 라너, 파니카, 니터를 중심으로 현대 가톨릭 신학의 동향을 살피고자 한다.

라너는 바티칸 선언 출현에 여러모로 기여한 신학자인 동시에 종교 신학의 개척자이다. 그의 신학은 하나님의 보편적 구원 의지와 그리스도의 유일성, 즉 하나님은 모든 사람을 구원하기를 원한다는 것과 구원은 그리스도를 통해 이루어진다는 것에 근거한다.

특히 1961년 4월 28일 바바리아에서 한 강연 "기독교와 비기독교 종교들"이라는 강연에서 라너는 네 개의 명제를 중심으로 자신의 이론을 전개하고 있다. 이를 요약하면, 기독교는 유일한 절대 종교라는 것과 다른 종교도 그리스도로 말미암은 초자연적 은총의 요소를 지닌 합법적인 종교라는 신념을 동시에 수용하기 위한 대안으로 "익명의 크리스천(anonymous Ch-ristian)" 개념을 도입했다. 구원은 그리스도를 통해서만 얻을 수 있음에도 불구하고, 다른 종교를 통해서도 구원에 도달할 수 있다면 다른 신앙인은 "이름 없는 그리스도인", 크리스천인지도 모르는 그리스도인이라는 것이다. 따라서 익명의 크리스천은 자력으로 스스로를 구원한 사람을 의미하지 않는다. 교회 밖에 있으며 역사적 예수의 이름은 모르지만, 그리스도인과 똑같은 신앙으로 하나님의 보편적 은총을 수락한 사람을 말한다.[7]

한편 라너는 익명의 크리스천 개념을 주장하면서도 다른 종교의 타당성을 명확히 제한한다. 다른 종교 안에 구원의 은혜가 있으나 그것은 그리스도의 은혜라는 것과 다른 종교의 타당성은 한시적이라는 것이다. 복음과 접하게 되면 그 효력은 상실된다.[7]

라너의 견해는 다른 종교에 대한 중요한 태도 변화를 의미한다. 다른 종교에도 하나님의 은총과 구원의 가능성이 있음을 인정함으로써 기독교 배타주의를 포기한 것이다. 그의 입장은 한마디로 교회 밖에서는 구원이 가능하지만 그리스도 밖에서는 불가능하다는 것이다. 그 기준은 교회가 아니라 그리스도이다. 따라서 교회 밖에는 구원이 없다는 전통적인 개념을 그리스도 밖에는 구원이 없다는 개념으로 전환시켰다. 이러한 라너의 견해는 대부분 가톨릭 신학자들의 종교 신학에 기초가 되었다.

파니카는 가톨릭 사제로서 저명한 가톨릭 신학자인 동시에 힌두교 학자이다. 스페인의 가톨릭 신자인 어머니와 인도의 힌두교 신자인 아버지 사이에서 태어났다. 이러한 가정적인 배경과 두 문화와 종교 전통 사이에서 성장한 그는 세계 종교의 정황 속에 기독교의 주장을 설정하는 일에 관심을 가졌다. 그는 대화의 방법을 통해 하나 이상의 종교에 종교적 진리가 존재한다는 것을 제시하려고 했다. "정상에 이르는 서로 다른 길들이 있을 뿐만 아니라, 이러한 모든 길들이 사라진다면 정상 자체도 사라질 것이다"[8]라고 말함으로써 자신이 철저한 다원주의자란 사실을 분명히 했다. 그는 1960년대 초 이후 세계 종교들 사이의 일치를 목표로 하는 "범세계적 일치 운동

(ecumenical ecumenism)"을 주도했다. 이것은 다양성을 유지하는 통일성의 추구였다.

파니카는 그의 처녀작 「힌두교의 미지의 그리스도(The Unknown Christ of Hinduism, 1964)」에서 기독교와 힌두교의 만남을 논의하면서 이론적이거나 교리적인 면보다는 실존적인 면에서의 만남을 강조했다. 파니카에 따르면 양자가 만나는 지점이 그리스도이다. 그리스도는 힌두교 안에도 있기 때문이다. 그리스도는 기독교에 속하는 것이 아니라 단지 하나님에게 속한다. 그리고 기독교와 힌두교가 그리스도에 속한다. 따라서 그는 기독교인이 숨겨지고 미지이지만 힌두교에서 나타난 그리스도를 발견하기를 기대해야 한다고 주장했다.

한편 파니카는 다른 종교와의 대화의 모델로 "대화적인 대화 (dialogical dialogue)"를 제시했다. 이것은 다원주의를 근거로 한 대화이다. 특정 이데올로기나 종교를 절대화 하지 않고 상대화한다.[9] 상대를 자신과 동등한 주체로 간주하며 실존적인 차원에서 대화를 시도하기 때문에 진정한 상호 이해가 가능하다는 것이다.

이 대화는 파니카 자신의 기독론을 전제로 하고 있다. 그는 그리스도와 예수를 구분한다. 보편적인 그리스도(universal Christ)와 특수적인 예수 (particular Jesus) 개념이 그것이다. 그리스도는 하나님과 인간을 중재하는 구원자에 대한 보편적인 상징이라면, 예수는 그 표현이다. 예수는 그리스도지만, 그리스도가 반드시 예수는 아니다. 그리스도는 예수 이외에도 크리슈나, 이스바라, 부처 등에서 현현될 수 있기 때문이다. 모든 종교의 구세주들은 기능적인 면에서 보편적 그리스도와 동일시 된다.[10] 그러므로 그는 기독교와 다른 종교를 동등한 것으로 간주함으로써 특정 종교가 우월하다는 것을 부정했다.

니터는 최근에 논의되고 있는 종교 신학의 유형을 제시한 후, 가장 유망한 것이 신 중심적 모델이라고 주장하고 그 자신도 이 입장을 취했다. 이것은 하나의 중심에 이르는 많은 길들이 있다는 다원주의를 대변하는 것으로 교회 중심주의와 그리스도 중심주의로부터 신 중심주의로의 전환을 의미한다. 이 이론의 기초는 보편적이며 비규범적 그리스도론이다. 그리스도를 유일한 규범으로 받아들이지 않고 신의 계시와 구원을 밝힌 보편 타당한 구원자로 간주했다. 뿐만 아니라 예수에 대한 신약 성서의 배타적 주장을 복음의 핵심이 아닌, 그 시대와 문화의 종교적 언어에 불과한 것으로 취급했다.

결론

이상에서 필자는 다른 종교에 대한 기독교의 반응이 어떻게 표명되고 있는지 가톨릭 교회를 중심으로 살펴보았다. 가톨릭 교회는 제2 바티칸 공의회를 분수령으로 다른 종교에 대해 가장 개방적이며 긍정적인 태도를 취하고 있다. 그 입장은 다음 몇 가지로 정리된다.

첫째, 가톨릭 교회의 종교 신학 흐름은 교회 중심에서 그리스도 중심을 거쳐 신 중심주의로, 또는 배타주의로부터 포괄주의를 거쳐 다원주의로 변천하고 있다. 고대에는 동방 교회를 중심한 포괄주의와 서방 교회 중심의 배타주의가 혼재하는 등 비교적 다양한 입장이 제시되었다. 그러나 중세에 들어서면서 제국주의의 영향으로 극단적인 배타주의와 교회 중심주의가 교회를 지배했다. 그러나 제2 바티칸 공의회 이후로는 배타주의가 포기되었을 뿐만 아니라, 최근의 많은 가톨릭 신학자들은 신 중심적 다원주의를 전개하고 있다.

둘째, 가톨릭 교회의 공식 입장은 기독교 절대주의와 종교적 다원주의, 양극 사이에 위치한다. 구원에 이르는 길은 많지만 규범은 하나라는 포괄주의이다.[11] 다른 종교에도 구원의 가능성이 있지만 그 역시 그리스도를 통해야 된다는 것이다. 이것은 고대 교회가 수용하지 않았던 저스틴과 클레멘트 등의 포괄주의로 복귀한 것이다.

셋째, 이것은 자연 신학과 인간 본성의 선을 주장하는 가톨릭 교회의 전통에 근거한 것이다. 교회 밖에도 하나님의 은총이 역사한다는 신념을 다른 종교에 대한 통찰과 종교간의 대화에 대한 지성적 토대로 삼고 있다.

넷째, 가톨릭 교회의 입장은 다른 종교권에 사는 무수한 사람들이 역사적이며 지리적인 우연으로 인해 구원에서 자동적으로 배제될 수 없다는 현실 인식의 반영으로 평가된다. 따라서 기독교 편에서의 중대한 태도 변화인 것이다.

주(註)

1. 한철하, 「고대 기독교 사상」(서울: 대한기독교서회, 1970), p. 38.
2. Ibid., pp. 62 - 64.
3. 폴 F. 니터, 「오직 예수 이름으로?」(서울: 한국 신학 연구소, 1985), p. 200.
4. Ibid.
5. 니터, p. 250.
6. Walter M. Abbott. S. J.(ed.), *The Documents of Vatican Ⅱ*(New York: Guild Press, 1966). 이 책은 바티칸 공의회 문서와 함께 해설과 논평을 수록하고 있다.
7. John Hick and Brian Bebblethwait(ed.), *Christianity and Other Religions*(Philadelpia: Fortress Press,1981), pp. 5 -79.
8. 폴 F. 니터, 「오직 예수 이름으로?」(서울: 한국 신학 연구소, 1985), p. 250.
9. Frank Whaling(ed.), *The World's Religious Traditions*(London: T. T. Clarke LTD.,1984), p. 207.
10. 니터, pp. 253 - 254.
11. Ibid., p. 199.

26장

생태학적 신학과 창조 신학

서론

현대인은 생태학적 위기 속에 살고 있다. 인간의 유일한 삶의 공간인 지구의 자연 환경이 훼손되어 인간 생존의 필수 조건인 공기, 물, 땅이 오염되고 있기 때문이다. 각종 배기 가스로 공기가 오염되어 대기권에 온실막이 생겼다. 이에 따라 해수면이 상승하고 개발 도상국들이 사막화되며 기후의 급변 현상이 일어난다. 생활 오수와 쓰레기, 산업 폐수와 폐기물, 농약의 남용 등으로 물과 땅이 오염되고 있다. 폭발적인 인구 증가, 자원 고갈, 핵의 공포와 위협 등 인간의 생존을 위협하는 현상 등이 그 수를 헤아릴 수 없을 정도로 많이 나타나고 있다.

이러한 생태계의 파괴는 이제 우리들의 삶에 직접적인 영향을 미치는 절박한 문제가 되었다. 수돗물을 마음놓고 마실 수 없어 산골 생수가 상품화된 것은 이미 오래 전이며 신선한 공기를 사서 마셔야 할지도 모른다.

대통령 자문 기구인 "21세기 위원회"가 지적한 대로, 환경 문제는 20세기뿐 아니라 21세기 최대 난제가 될 것으로 예상되며, 이는 동 서양, 민족, 국가, 종교, 이념을 초월하여 인류 최대의 관심사가 되고 있다. 최근 브라질의 리우데자네이로에서 유엔 주최로 개최된 지구 환경 정상 회의에 100여 개국 이상의 국가 정상들이 참석한 것이 이를 입증해 준다. 이 회의는 환경 문제를 지구 차원의 생존 전략으로 취급했으며, 지구 헌장의 성격을 지 닌 "리우 선언"과 지구 환경 보전의 지침격인 "의제 21"을 채택하여 지구 환경 문제 해결의 실마리를 마련했다.

이렇듯 인류 최대의 관심사로 등장한 자연 환경의 보존 문제에 대해 기독 교도 적극적으로 대처해야 한다. 그렇다면 어떠한 입장을 취해야 하는가? 성서에 근거한 기독교적 대안은 무엇인가? 이에 대한 응답 중 하나가 생태 학적 신학 또는 생태학적 윤리이다. 이는 생태학적인 관점에서 성서를 이 해하고 해석하고자 하는 최근의 신학 사조로서, 자연과의 사귐에 대한 신 학적 근거 제시를 목적으로 삼고 있다. 따라서 창조론이 그 중심에 있으며 새로운 창조 신학이 제시된다.

현대 신학은 일반적으로 상황 신학이라고 규정할 수 있다. 현대의 정황 (context)이라는 관점에서 성경 본문(text)을 해석하기 때문이다. 해방 신 학, 여성 신학, 흑인 신학 등이 이를 반영한다. 이것은 현대 신학의 아버지 로 불리는 슐라이에르마허 신학 사상의 영향으로 이해된다. 그는 신학을 "주어진 시대의 기독 교회에서 유행하는 교리를 체계화하는 학문"으로 정 의함으로써 최초로 현대의 정황에서 신학의 발전을 문제시했다.[1] 이런 면 에서 생태학적 신학과 창조 신학 역시 현대라는 정황이 만들어 낸 전형적인 상황 신학이다. 생태학적 위기에 직면한 현대의 정황을 주제로 하여 전통 신학의 창조 이해를 비판하고 창조 보존을 위한 새로운 신학적 기반을 마련 하려 했기 때문이다.

우리 나라는 1960년대와 70년대에 경제 개발과 산업 발전에 주력한 결 과 낙후된 후진국에서 선진 세계의 대열에 설 수 있게 되었다. 그러나 이에 반해 삼천리 금수강산으로 불리던 아름다운 자연 환경과 삶의 터전이 산업 공해와 환경 파괴로 생존이 흔들릴 만큼 심각한 지경에 이르게 되었다. 따 라서 이 문제에 대한 관심이 점증적으로 고조되고 있으며, 한국 신학계에 서도 생태학적 신학과 창조 신학이 소개되거나 주장되고 있다.

그렇다면 생태학적 신학은 어떻게 일어났는가? 생태계의 위기의 원인은 무엇인가? 생태학적 신학은 전통 신학과는 어떻게 다른가? 이런 문제를 중심으로 생태학적 신학의 주장을 검토, 분석함으로써 이 문제에 대한 복음주의적 입장 정리를 위한 기초를 마련하고자 한다.

Ⅰ. 생태학적 신학의 태동

생태학(ecology)이란 말은 집과 학문을 의미하는 헬라어 'oikos'와 'logos'의 합성어이다. 문자적인 의미로는 집에 관한 학문, 삶의 공간에 관한 학문이 생태학이다. 인간이 자신의 삶의 공간인 자연과 어떠한 관계를 유지해야 하는지 연구하는 것이 생태학이다. 미국의 과정 신학자 존 캅(John Cobb)은 생태학을 더 적극적으로 정의하여 생명 해방의 학문으로 정의하기도 했다.[2]

교회와 신학이 생태학을 신학적 사유와 관심의 대상으로 삼았던 것은 비교적 최근이었다. 1970년대 이후 세계 교회 협의회(WCC)의 주도 아래 교회는 이 문제에 관심을 가지기 시작했다.

1975년 아프리카의 나이로비에서 열린 제5차 세계 교회 협의회 총회는 생태학적 위기 상황에 대해 문제 의식을 가지고 이것을 신학과 교회의 핵심 과제로 설정해야 한다고 선언했다. 이 위기 상황을 성서적인 창조 신앙에 근거한 생태학적 신학으로 극복할 것을 촉구했다. 이것은 생태학에 대한 기독교의 입장을 최초로 공식 표명한 것이었으며 이를 계기로 생태학적 성서 해석이 시도되었다.

1983년 캐나다 뱅쿠버에서 열렸던 제6차 세계 교회 협의회 총회는 자연 보전의 문제가 신학적 토론과 실천 과제임을 천명했다. 예수 그리스도가 생명의 주임을 재확인함으로써 생명의 존엄성에 대한 관심을 불러일으켰다. 또한 개교회와 기독교 운동 단체들이 정의, 평화, 생명을 지키기로 결의한 것은 창조 보전의 문제를 신학적 논의의 중심 문제로 등장하게 하고 창조론이 부흥하도록 하는 데 이바지했다.

세계 교회 협의회가 생태계의 파괴 위기에 대처하기 위해 1990년 3월 서울에서 개최했던 정의, 평화, 창조 질서의 보전(Justice, Peace, the Integrity of Creation) 세계 대회는 특히 창조 질서의 보전을 신학적 주제로 새롭게 부각되게 했다. 이 대회는 정의, 평화, 창조 보전을 분리된 개념이 아닌 내적으로 연관된 문제로 인식하고 생태계의 위기를 체계적으로 해결할 수 있는 대책을 구체적으로 모색했다.

세계 교회 협의회는 JPIC 서울 대회의 결의와 요청에 의해 1991년 오스트렐리아 켄버라에서 개최했던 세계 교회 협의회 제7차 총회의 주제를 "성령이여 오시옵소서!"로 하고 부제를 "창조 보전"으로 삼음으로써 이 문제를 계속 다뤘다. 그리고 창조 질서의 보전에 대한 전세계 교회의 역할을 새롭게 인식하고 인류의 생존을 위협하는 환경 파괴에 교회가 적극 개입해야 한다는 신앙 고백을 하게 되었다. 이와 같이 세계 교회 협의회는 정의, 평화, 창조 보전을 오늘날 전세계가 당면하고 있는 가장 절박한 문제로 인식하고 이를 실현하기 위한 운동을 전개했다. 따라서 세계 교회 협의회의 활동은 생태학적 신학의 발전에 큰 영향을 미쳤다.

한편 생태학적 신학은 창조론을 중심 문제로 하여 신학의 여러 분야에서 다양하게 전개되고 있다. 대표적인 예로 베스터만(C. Westermann)은 성서 신학적 접근을, 몰트만(Jurgen Moltmann), 링크(Christian Link), 죌레(Dorothee Soelle), 콥(John B.Cobb) 등은 조직 신학적 접근을, 리드케(G. Liedke)와 후버(W. Huber) 등은 윤리학적인 접근을 시도했다. 특히 베스터만과 몰트만은 그 이론적 토대를 제시함으로써 생태학적 신학 형성에 결정적인 역할을 했다.

폰 라드의 제자인 베스터만은 1972년에 출판 된 「창세기 주석」에서 전통 신학적인 입장과 대비되는 생태학적 입장에서 성서를 해석했다. 전통적인 창조론은 대부분 창세기 1장에서 3장에 근거했으며 창조를 이스라엘 민족 중심의 구속사적 관점에서 해석했다.[3] 하나님이 이스라엘 백성을 애굽에서 구원했다는 전제하에서만 창조가 의미를 지닐 수 있었다. 따라서 하나님의 창조보다는 하나님의 구원이 중시되어 창조는 신학적 독자성을 확보하지 못하고 단지 구속사를 위한 부차적인 위치에 있게 되었다. 베스터만은 창세기 1장에서 11장에 근거하여 이스라엘 민족 중심이 아닌 전체 인류 중심의 보편적인 관점에서 창조 기사를 이해했다. 구원보다 창조를 중시하여 창조의 맥락에서 이스라엘의 구속사를 해석했다. 창조 사건이 이스라엘 민족 특유의 구속 신앙으로부터 성립된 것이 아니라 그 이전부터 존재했던 것으로 전인류의 공통적인 사건이다. 베스터만의 접근 방법은 창조를 구원과의 관계에서가 아닌, 창조 그 자체로부터 이해하려는 데 그 의의가 있다.

한편 베스터만은 어원학적 연구를 통해 새로운 창조 이해의 길을 열었다. 그는 땅에 대한 인간의 지배권(창 1:28)은 왕의 지배권에 상응되는 것임을 지적했다. 고대 세계에서 왕은 독재적인 지배자가 아니라 그 나라의 축복과 번영에 대한 책임과 의무를 지닌 보호자겸 관리자였다. 이와 같이 땅에 대한 인간의 지배도 자연에 대한 정복이나 착취가 아닌 책임적인 보전을 의미한다. 인간은 땅의 관리자요 보호자이지 지배자와 착취자가 아니다. 인간은 자연의 소유자가 아니라 자연에 대한 봉사자로 부름을 받았다. 따라서 땅을 지배하라는 신적 위임은 전통 신학에서처럼 인간에게 귀속된 속성 또는 하나님의 형상으로 간주될 것이 아니라, 하나님과 인간 사이의 역동적 관계를 나타내는 개념으로 이해해야 된다고 보았다.

전통 신학은 하나님의 형상을 인간의 정신적 능력, 영적인 능력 등과 같은 인간의 특성으로 간주함으로써 자연에 대한 인간의 지배권과 통치권으로 주장했으나 베스터만은 그것을 자연의 운명을 함께 책임질 인간의 미래적 목적으로 해석했다. 그는 하나님의 구원 행위 못지 않게 축복의 행위를 중시하고 이를 관계의 관점에서 이해했다.

생태학의 입장에서 창조론을 최초로 전개한 학자는 몰트만이었다. 그는 「창조 안에 계신 하나님(Gott in der Schoepfung, 1985)」[4]에서 현대의 생태론적 세계관의 도전에 대한 기독교 신학의 응답으로 생태학적 창조 신학을 제시했다. 이것은 그가 "생태학적 창조론(Oekologische Schoepfungslehre)"을 그 책의 부제로 삼았던 것에 의해서도 입증된다. 그의 생태학적 창조 신학은 통전적 사유를 출발점으로 삼은 것이 특징이다. 세계를 주체와 객체, 육체와 영혼, 개별과 전체로 분리하는 이분법적 사고를 거부하고 통전적인 관점에서 창조를 인식하려 했다. 몰트만은 자연 파괴의 정신적 원리를 제공한 사람이 데카르트(Descartes)라고 주장했다.

17세기 프랑스 철학자로 현대 서양 철학의 아버지로 불리는 데카르트는 "나는 생각한다. 그러므로 나는 존재한다"는 명제를 그의 철학의 근본 토대로 삼았다. 데카르트의 사상에서는 인간은 생각하는 정신적 존재인 반면, 자연은 비인격적이며 비정신적인 물질로서 지배의 대상에 불과했다. 몰트만은 이러한 인간 중심적 세계관이 근대 자연 과학을 발전시키는 정신적 원리를 제공했던 동시에 자연 파괴와 생태계 위기에 대한 철학적 원리를 제공했다고 생각했다. 따라서 몰트만은 생태계의 파괴와 위기의 근본적인 원인을 유대교 - 기독교의 창조 신앙에 돌리는 견해를 배격했다.

몰트만의 생태학적 창조론은 하나님에 대한 새로운 사고에 기초했다.[5] 그것은 하나님과 세계를 이원론적으로 구분하는 유일신론적 신관이 아니라, 세계 안의 하나님과 하나님 안에 있는 세계를 강조하는 삼위 일체론적 신관이었다. 몰트만은 하나님을 유일신론적 절대 주체로 이해한 것이 세계를 대상화하고 하나님과 인간의 세계 지배를 초래했다고 생각했다. 따라서 그는 생태학적 위기의 신학적 원인을 유일신론으로, 자연 과학적 원인은 자연의 대상화임을 지적하고 이에 대한 대안으로 사회적 삼위 일체론을 제시했다.

사회적 삼위 일체론은 지배의 관계보다 사귐의 관계를 강조하는 것으로 성부 하나님의 말씀을 통한 창조만을 강조하는 유일신론적 창조론과 달리, 성령 하나님 안에서의 창조를 기술하는 것이다. 그는 성령 안에서의 창조에 근거하여 하나님과 세계의 단절을 강조하는 초자연주의적 유신론과 하나님과 세계를 동일시하는 자연주의적 범신론의 대립을 극복하고 세계를 초월한 하나님과 세계에 내재하는 하나님이 한 하나님임을 강조함으로써 하나님의 세계 내재를 정당화했다. 따라서 몰트만의 삼위 일체론적 창조론은 하나님과 세계의 대립이 아닌, 하나님과 세계의 상호 내재를 근본 원리로 삼았다.[6]

몰트만은 생태계의 위기에 대한 근본 해결책을 안식일의 의미 재발견에서 찾았다. 전통 신학은 창조를 6일간의 사역으로, 인간을 창조의 완성으로 이해하고 안식일의 의미를 간과했으며, 이것이 인간 중심적인 세계관 형성에 기여했다. 이에 반해, 몰트만은 안식일에 대한 올바른 이해 없이는 창조를 올바로 이해할 수 없을 정도로 양자는 밀접한 관계에 있으므로 유대교와 기독교의 창조론은 한마디로 안식일에 관한 이론이라고 주장했다. 그는 인간이 아닌 하나님의 안식을 창조의 완성이라고 생각했다.[7] "안식일에 창조는 완성된다… 안식일은 창조의 완성이요 왕관이다. 안식일의 쉼을 통하여 창조적인 하나님은 비로소 그의 목적에 도달한다… 안식일을 축하하는 인간은 세계를 하나님의 창조로 생각한다."[8] 하나님은 안식일에 휴식하고 축복하고 자신의 창조를 기뻐할 뿐만 아니라 피조물로 하여금 자신의 기쁨에 참여하게 한다. 하나님의 쉼, 평화, 기쁨에 참여하는 것은 평화의 사귐을 의미한다. 따라서 안식일의 경험이 자연 파괴의 위기를 해결할 수 있다. 안식일의 경험과 축제를 통해 인간과 자연과의 평화가 이룩될 수 있기 때문이다.

이상에서 살펴본 바와 같이, 생태학적 신학 또는 새로운 창조 신학의 태동에는 세계 교회 협의회(WCC)의 활동과 베스터만과 몰트만의 역할이 컸다. 세계 교회 협의회는 환경 문제에 기독교인의 관심을 불러일으켰다. 베스터만은 창조에 관련된 구약 성서 본문을 생태학적 관점에서 해석하여 새로운 의미를 제시했으며, 몰트만은 생태학과 창조론을 접목시켜 생태학적 창조 신학을 전개했다.

Ⅱ. 생태계 위기의 원인

자연 파괴와 위기의 근본 원인은 어디에 있는가? 환경 문제에 대한 근본적인 책임이 기독교와 신학에 있는 것인가? 이에 대해서는 두 가지 다른 견해가 있다. 기독교의 창조 신앙의 인간 중심적 세계관이 생태계 파괴와 위기의 근본 원인이라는 극단적인 주장과, 그 근본 원인을 단지 기독교의 창조 신앙에서 찾을 수만은 없다고 생각하는 온건한 입장이다. 전자의 입장을 최초로 주장한 사람은 일본의 선 불교 철학자 스즈키(Daisetz Suzuki)와 미국의 역사학자 린 화이트(Lynn White)였으며 칼 아메리(Carl Amery), 쵤레(D. Soelle) 등이 이를 지지했다. 후자의 입장을 대변하는 학자는 몰트만, 듀보(Rene Dubos) 등이다.

미국 캘리포니아 대학 역사학 교수인 화이트는 기독교의 창조 이해가 인간의 자연 지배와 착취의 토대를 제공했다고 주장했다. 땅을 정복하고 모든 생물을 다스리라(창 1 :28)는 성서의 창조 신앙이 인간 중심적인 세계관을 형성하고 자연에 대한 약탈과 훼손을 뒷받침했기 때문이었다. 고대 동양이나 헬라 로마의 종교들은 동물, 나무, 강, 산 및 자연의 물체들이 인간과 같이 영적인 의미를 가질 수 있으며 외경심의 대상이 될 수 있다는 것을 인정했다. 그러나 기독교는 인간과 자연을 분리했으며 유일신론을 택했다. 기독교의 창조주 신앙이 자연을 비신격화하고 비신성시함에 따라 자연에 대한 외경심이 사라지고 자연은 단지 인간의 필요를 충족시키는 대상물로 전락되었다. 따라서 화이트는 효과적인 환경 보호를 위해서는 기독교를 다른 종교로 대치해야 한다고 주장했다.[9]

어메리 역시 생태계 위기의 근본 원인을 기독교 창조 신앙의 인간 중심적 세계관에서 찾았다. 기독교가 하나님과 모든 피조물 사이의 계약을 하나님과 인간 사이의 계약으로 축소시킴으로 그들을 하나님의 축복과 보호의 대상으로 간주하지 않고 단지 인간을 위한 대상으로만 취급했기 때문이었다. 따라서 다른 피조물에 대한 경시 풍조가 일어났다는 것이다.[10]

독일의 여성 신학자 죌레가 과정 신학의 상호 작용 원리를 도입하여 창조론을 전개한 것이 그의 저서 「사랑과 노동(*Lieben und ArbeitenEine Theologie der Schoepfung* ,1984)」이다. 이 책에서 죌레는 하나님의 절대적 초월성을 강조한 기독교의 신앙 태도가 땅을 인간의 뜻대로 착취할 수 있는 자연 제국주의를 필연적으로 초래했다고 주장했다. 특히 죌레는 남성과 여성의 관계성에 대한 유비에 근거하여 하나님과 자연의 관계를 설명했다. 남성적 창조자와 여성적 피조물 사이의 무한한 차이를 주장하는 전통적인 창조 신학은 하나님을 피조물과의 상호 작용이 철저히 배제되는 초월적 절대자로 만들고 자연에 대한 제국주의적 입장을 견지하게 했다. 이에 반해, 죌레는 남성과 여성의 바람직한 상호 관계를 근거로 하여 하나님과 자연 세계의 상호 작용을 주장했다.[11]

쿠르트 마르티(Kurt Marti)는 자본주의와 자연 과학이 자연을 파괴해 왔음을 지적하는 동시에, 가부장적 기독교가 자연 착취와 자연 파괴에 정신적인 개척자 역할을 했다고 주장했다.[12]

이상에서 살펴본 바와 같이, 기독교를 환경 파괴와 생태계 위기의 근본 원인으로 취급하는 견해는 전통 신학의 창조론 비판에 근거했다. 전통적인 기독교의 창조론은 자연을 비신격화, 비신성화시켰으며 이로 말미암아 자연은 모든 신화적 성격을 상실하고 인간의 지배 대상이 되었다. 이러한 인간 중심적인 기독교 세계관이 자연 세계에 대한 인간의 지배와 정복에 영향을 미쳤다.

한편, 기독교의 창조 신앙이 생태계의 파괴 원인이 아니라는 견해가 있다. 미국 록펠러 대학 교수로서 퓰리처상 수상자였던 듀보는 생태학적 위기의 원인이 기독교의 창조 신앙에 있다는 견해가 역사적으로 완전히 타당한 견해는 아니라고 주장했다. 땅의 침식, 동식물의 멸종, 자연 자원의 과도한 착취, 생태학적 재난은 기독교 세계에만 일어나는 독특한 현상이 아닌 전세계적인 현상으로 간주했다. 성경이 쓰여지기 오래 전에 그리고 기독교 신앙이 전파되기 훨씬 전에도 인간은 환경을 파괴하고 자연을 훼손했

다.[13]

"고대의 가장 비옥하고 풍요로웠던 땅들이 저주의 땅이 된 듯하다. 메소포타미아, 페르샤, 이집트, 서 파키스탄은 오랜 기간 동안 강력하고 부유했던 문명의 보금자리였으나 이제는 세계에서 가장 가난한 지역에 속하게 되었다. 그 땅들은 불모지가 되었으며 그들의 고대 도시 중 많은 것이 폐허화되었다. 민족 갈등, 전쟁, 기근, 질병이 고대 동양 문명의 멸망에 확실한 원인이다. 그러나 오늘날 그 땅의 황폐한 현상은 다수의 사람이 오랜 기간 점유함으로써 일어난 땅의 생산력 저하였음을 제시할 것이다. 수자원의 고갈이 뒤 따라 일어나 마지막 일격을 가했을 것이다."[14] 따라서 듀보는 동양 문명이 기독교 문명 이상으로 자연을 존중했다고 믿을 아무런 근거가 없다고 주장했다.

듀보가 지적했던 인간을 통한 자연 고갈 이외에도, 데카르트의 이원론, 현대 과학과 기술, 현대인의 가치관과 욕구 등이 생태계의 위기를 초래한 원인으로 지적되고 있다.

데카르트 세계관의 핵심은 참으로 존재하는 실재(reality)를 정신과 물질, 둘로 보는 이원론이다. 그는 정신과 물질, 주체와 개체를 이분법적으로 분리했다. 정신의 속성이 사유라면, 물질의 속성은 연장(extension)이다. 데카르트는 인간의 본질은 사유 속에 존재한다고 생각했다. "나는 생각한다. 그러므로 나는 존재한다"는 그의 철학 명제가 이를 입증한다. 따라서 인간은 사유하는 존재인 반면, 자연은 연장된 존재로 정의된다. 데카르트의 철학에서는 인간의 주체화와 자연의 대상화가 명확하다. 인간의 사유 이외의 모든 것은 대상이 되기 때문이다. 인간과 자연은 철저히 분리되고, 주체로서의 인간은 객체로서의 자연의 주인과 소유자가 되었다. 독일 본 대학 교수 뎀봅스키(H. Dembowski)에 의하면, 이러한 데카르트의 인간 중심적인 세계관이 생태계의 위기를 촉진시켰다. 이것이 환경 훼손과 생태계의 위기의 또 다른 원인인 현대 과학과 기술에 정신적 원리로서 작용했다.[16]

많은 학자들은 생태계의 위기를 초래하는 중요한 원인 중 하나로 현대 자연 과학의 발전을 지적한다.[17] 자연 과학은 자연에 대한 지배와 이용을 근본 목적으로 한다. 따라서 자연을 분석하고 객관화시키는 방법을 사용한다. 즉 자연 과학의 방법은 철저히 주객 도식에 근거한다. 이것은 곧 자연에 대한 지배와 이용의 방법이다. "나누어라 그리고 지배하라"는 원리가 함축적으로 이를 설명해 준다.

몰트만에 따르면, "과학을 통한 자연의 대상화는 인간을 통한 자연의 기술적 착취를 초래한다. 현대 산업 국가들에 있어서 사회와 자연의 관계는 자연의 소유와 자연 자원의 착취를 통하여 결정되어 있다." 인간과 자연의 관계는 단순한 약탈적 관계였다. 물리학자 하이젠베르그(W. Heisenberg) 역시 오늘날의 생태계 위기를 "대상에 대한 과학적 파악과 대상 사이의 균열의 결과"로 간주했다.[19]

현대인의 가치관과 욕구가 생태계 파괴를 초래한 요인으로 작용했다. 소유와 소비와 향락에 삶의 의미와 가치를 둘 때, 이를 얻기 위해 자연 자원을 과소모하고 환경을 오염시키거나 파괴하게 된다. 몰트만이 생태계의 위기를 극복하기 위해서는 현대인과 현대 사회의 가치관이 바뀌어야 한다고 주장한 것이 이를 증명한다. "인간의 자연 환경은 사회적 환경과 분리되어 파악될 수 없다. 자연 환경을 파괴하면서 지배하는 과정의 원인은 경제적 과정들과 사회적 과정들 속에 있다. 자연의 파괴가 중지되려면 인간 사회의 경제적, 사회적 상황들이 달라져야 한다… 가치 체계와 의미 체계를 철저하게 변화시킬 수 없는 사회들은 자기 자신을 변화시킬 수 없으며 그가 초래하는 파괴를 중지할 수 없다."[20]

한편 생태계 위기의 근본적 원인을 데카르트의 이원론으로 간주하는 견해 역시 이 문제에 대한 기독교의 책임을 전적으로 부정하는 것은 아니다. 전통 신학에 성경 해석상의 오류가 있다는 것과 기독교가 자연에 대해 관심을 기울이지 못했다는 것을 인정한다.[21]

이상에서 살펴본 바와 같이, 생태계의 위기의 근본적인 원인과 책임을 기독교 창조 신앙에서 찾는 입장과 자연 과학 및 기술의 발전과 데카르트적인 주객 분리론 등에서 찾는 입장이 있다. 그러나 자연 파괴의 정신적 기반을 전적으로 기독교가 제공했다는 전자의 입장은 설득력이 희박하다. 기독교권 이외의 지역에서도 생태계 위기가 존재하기 때문이다.

또한 기독교의 인간 중심적 세계관이 자연에 대한 인간의 지배와 정복을 정당화시키는 원리의 역할을 했다는 것도 타당하지 않다. 왜냐하면 성서는 인간 중심적인 세계관을 말하지 않고 하나님 중심적인 세계관을 말하고 있기 때문이다. 기독교의 인간 중심적 세계관은 성경 본래의 세계관이 아니라, 근대 서구의 인간 중심적 세계관에 맞도록 성서를 해석한 결과이다. 최근에 열렸던 유엔 환경 개발 회의에서도 지구 환경 파괴의 원인을 산업 발전에 따른 공해에서 찾았다. 그러므로 생태계 위기의 모든 원인과 책임을 기독교에 돌리는 것은 적절하지 않다.

Ⅲ. 생태학적 신학과 전통 신학

생태계적 위기 상황에 직면하여 기독교가 창조의 보전 문제를 소홀히 했던 점을 반성하고 생태학적 관점에서 창조에 관한 성서 본문을 재해석하여 자연과 인간의 관계를 정립함으로써 이 위기를 극복하려는 것이 생태학적 신학이요 새로운 창조 신학이다. 따라서 생태학적 신학은 전통 신학에 대한 비판적 성찰을 출발점으로 삼고 있다. 그렇다면 생태학적 신학 또는 새로운 창조 신학의 핵심은 무엇인가? 생태학적 신학은 전통 신학을 어떻게 이해하고 있으며 무엇이 다른가? 쟁점이 되고 있는 몇 가지 주제를 중심으로 생태학적 신학의 입장을 살펴봄으로써 그 신학적 특징을 제시하려고 한다.

1. 땅에 대한 지배
전통 신학은 "땅을 정복하라 … 모든 생물을 다스리라"(창 1:26 - 28)는 말씀에 근거하여 자연에 대한 인간의 지배권을 주장해 왔다. 정복과 다스림을 소유의 의미로 이해하여 인간을 세계의 지배자와 정복자로 간주하는 인간 중심의 세계관을 가르쳤다. 인간과 자연의 관계는 지배자와 피지배자, 정복자와 피정복자의 관계였다. 자연 세계는 인간을 위한 이용 대상에 불과하므로, 파괴와 착취가 가능하게 되었다.

그러나 생태학적 신학은 그 의미를 재해석했다. 베스터만에 따르면, "다스리다"라는 의미로 번역된 히브리어 "라다(raddah)"는 본래 고대 이집트와 바빌론의 궁중 언어로서 "돌보다"는 의미를 지닌 말이다. 황제가 그 땅백성들이 행복하게 살 수 있도록 돌보는 것이 곧 다스리는 것이었다. 따라서 인간이 자연을 다스리는 자로 창조되었다는 것은 자연을 억압하고 파괴하는 것을 뜻하는 것이 아니라 자연 세계의 행복과 평화를 위해 가꾸고 돌보는 사명을 부여 받았다는 것을 말한다.

"정복하다"라는 의미로 번역된 히브리어 카바쉬(kabas)는 파괴와 착취를 의미하는 것이 아니라 인간에 대한 하나님의 축복을 의미한다. 자연을 돌보고 가꾸면서 자연의 소산물을 먹고 건강하게 사는 것을 말한다. 몰트만에 따르면, "땅을 정복하라"는 말은 전통 신학에서처럼 땅의 통치를 말하는 것이 아니라 음식물에 대한 하나님의 계명이다. 즉 "식물을 음식물로 삼으라는 지시에 불과하다."[22] 그러므로 인간과 자연의 관계는 정복과 착취가 아니라 보호와 사귐의 관계이다.

2. 하나님의 형상

전통 신학은 인간과 다른 동물의 비교를 통해 하나님의 형상이 무엇인지를 정의했다. 하나님의 형상은 인간의 특성을 의미했다. 인간의 정신적 능력, 도덕적 능력 등이 그것이었다. 따라서 하나님의 형상은 자연 세계에 대한 인간의 소유권과 지배권을 뒷받침하는 것으로 취급되었다. 인간이 하나님의 형상대로 창조되었다는 것은 인간이 하나님을 대리하여 자연 세계의 소유자요 지배자임을 말했다.

한편 생태학적 신학은 하나님의 형상을 정적인 상태로 간주하지 않고 역동적인 개념으로 생각했다. 몰트만에 따르면, 삼위 일체 하나님의 존재 방식은 서로 함께, 서로를 위해서, 서로 안에서 존재하고 일한다. 인간이 하나님의 형상으로 창조되었다는 것은 인간이 자기와 다른 존재에 참여하고 모든 것을 함께 나누며 한 몸을 이루며 살도록 창조된 것을 말한다. 인간은 자연 세계에 대한 지배자가 아니라 자연 세계의 동료와 친구이다.

3. 창조의 면류관

전통 신학은 하나님이 만물을 창조하시고 마지막에 인간을 만드셨다는 것에 근거하여 창조의 초점을 인간에 두었다. 하나님의 창조 사역은 인간의 창조를 향해 진행되다 인간의 창조와 더불어 완성되었다. 따라서 인간은 창조의 면류관이요 창조의 완성이었다. 이러한 인간의 중심성과 우월성에 대한 강조는 인간 중심적 세계관 형성에 근거가 되었다.

이에 반해 생태학적 신학은 창조의 면류관을 인간이 아닌, 안식일로 생각한다. 안식은 단순히 쉬는 날이 아니라 창조의 완성이었다. 모든 창조가 안식일을 향해 진행되었기 때문이다. 하나님이 안식일을 축복하고 거룩하게 하신 것은 안식일이 모든 것을 위한 대관식임을 말해 준다. 하나님의 안식은 창조된 것을 존속하도록 한 것이며 스스로 생육하고 발전할 수 있도록 한 것을 말한다.[23] 몰트만은 서구 전통 신학이 하나님의 창조를 6일간의 사역으로 해석하여 안식일을 소홀히 다루어 왔음을 지적하고, 창조와 안식일의 연계성을 강조하는 "안식일의 창조론"을 제시했다.[23] 따라서 생태학적 신학은 안식일, 안식년, 희년을 하나님의 창조 질서로 해석하고 이 질서가 준수될 때, 생태계의 평화가 유지된다고 보았다.

4. 공동 운명체

전통 신학은 인간을 자연으로부터 구분하여 자연 위에 군림하는 존재로 이해했다. 또한 자연에 대한 인간의 권리를 강조했으나 자연에 대한 인간의 책임이나 자연의 가치와 권리에 대해서는 거의 침묵했다.[23] 반면, 생태학적 신학에 따르면, 인간은 자연에 의존할 수밖에 없는 존재로서 자연의 일부이다. 자연의 일부로서의 인간은 자연에 대한 관리자와 봉사자로 부름을 받았다. 따라서 생태학적 신학은 자연과 인간이 공동 운명체임을 강조한다. 인간이 병들면 자연도 병들고, 자연이 병들면 인간도 병든다. 생태학적 신학은 오랫동안 등한시되거나 망각되어 온 인간과 다른 피조물과의 연계성을 재발견했다. 그리고 인간뿐만 아니라 자연도 또한 하나님의 구원의 대상임을 주장했다.

이상에서 살펴본 바와 같이, 생태학적 신학은 생태학적 관점에서 성경의 창조 신앙을 해석한 것이 특징이다. 생태학적 신학은 전통 신학이 인간 중심적으로 창조를 해석하여 인간 중심적인 세계관을 형성했을 뿐 아니라 자연에 대한 인간의 지배와 정복을 정당화했으며, 그것이 환경 오염과 자연 파괴의 원인이 되었다고 비판했다. 그리고 다스림과 정복, 하나님의 형상, 안식일 등의 의미를 재해석하여 인간과 자연은 지배와 피지배의 관계에 있는 것이 아니라 사귐과 보호의 관계에 있는 공동 운명체임을 주장했다.

결론

생태학적 신학은 생태학적 관점을 신학에 도입하여 자연 환경의 위기를 극복할 수 있는 대안을 모색하려는 학적 노력이다. 따라서 창조론이 그 중심 내용이며 전통적인 창조 신학에 대한 반성과 비판이 그 출발점이다. 생태학적 신학은 자연을 인간의 지배와 이용의 대상으로 간주하는 전통 신학의 인간 중심적 세계관이 생태계의 위기를 초래했다고 비판하고, 창조 본문과 개념을 새롭게 해석하여 그 본래적인 의미를 파악하려고 했다. 따라서 인간과 자연의 분리를 부정하고 양자의 사귐에 강조점을 두며 신학적 관심의 초점을 인간으로부터 우주로 전환했다.

세계 교회 협의회가 정의, 평화, 창조 질서의 보전이 세계가 당면한 긴급 과제임을 천명하고 이 문제에 관심을 불러일으킨 것이 생태학적 신학의 형성에 중요한 배경이 되었으며, 베스터만의 성서 해석과 몰트만의 생태학적 창조론이 이 신학의 근간이 되었다.

생태학적 신학의 가장 큰 공헌은 그 동안 등한시되었던 창조론을 신학의 주제로 새롭게 부각시켜 창조론의 부흥을 가져온 것이다. 이와 더불어, 성서적 창조 신앙의 본래 의미를 탐구하여 그에 대한 새로운 해석을 제시한 것도 중요한 의의가 있다. 전통 신학뿐만 아니라 현대 신학에서도 하나님의 구원사의 배경으로만 취급되어 어떤 중요성도 지니지 못하던 자연 세계를 신학의 중심 주제로 삼아 인간과 자연의 관계성을 새롭게 해명한 것이 생태학적 신학이다.

인간의 생존을 위협하는 환경 오염과 생태계의 파괴 현상은 인류 공동의 관심사이며 그 누구도 외면할 수 없는 문제이다. 생태학적 신학은 주로 자유주의적 성향을 가진 학자들에 의해 주도되어 온 반면, 복음주의 신학은 이 문제에 큰 관심을 기울이지 못했다. 그러나 이 문제 자체는 자유주의 신학과 복음주의 신학이 공동으로 신학적 논의의 장을 마련할 수 있는 문제로 평가된다.

일부 신학자들은 기독교가 생태계 위기의 주범이라고 주장하고 전통 신학에 모든 책임을 전가하여 전통 신학의 내용을 비판하고 있다. 하지만 이는 타당한 주장이 아니다. 그것은 성서는 물론 다른 생태학적 신학자들에 의해서도 반증되고 있기 때문이다. 책임이 누구에게 있느냐 하는 일보다 자연 세계를 어떻게 보존하느냐가 더 긴급하고 중요한 과제이다.

한편 기독교가 근대 서구의 식민주의적 사고의 영향으로 자연 세계를 지배의 대상으로 간주했던 점도 없지 않았다. 그러나 그것은 성서 본래의 세계관이 아니다. 성서 본래 의미로는, 인간은 자연에 대한 지배자와 정복자가 아니라 관리자요 청지기이다. 자연 세계도 하나님의 피조물이다. 따라서 그것을 아름답게 가꾸고 돌보는 것이 인간의 사명이다. 이러한 성서적 창조 신앙과 자연관을 확산시키는 것이 위기에 직면한 환경 문제에 교회와 신학이 공헌할 수 있는 길이다.

주(註)

1. Friedrich D. Schleiermacher, *The Christian Faith*(Philadelphia: Fortress Press, 1976), p. 88.
2. C. Birch, J. B. Cobb, *The Liberation of Life*(Cambridge, 1981), p. 1.
3. 바르트, 노트, 폰 라드 등이 이런 입장을 대변한다.
4. 이 책은 김균진 교수에 의해 한국어로 번역되었다. J. 몰트만, 「창조 안에 계신 하나님」(서울: 한국 한국 신학 연구소, 1986).
5. Ibid., p. 27.
6. Ibid., p. 29.
7. Ibid., pp. 324–325.
8. Ibid., p. 19.
9. Lynn White, "The Historical Roots of our Ecological Crisis," *Science*, vol. 155(1967), pp. 1203–1207.
10. Carl Amery, *Das Ende der Vorsehung: Die gnadenlosen folgen des Christentums*(Hamburg:1972), pp. 15 ff.
11. 도로테 죌레, 「사랑과 노동」(서울: 한국 신학 연구소, 1987) 참조할 것.
12. 쿠르트 마르티, "창조 신앙 연구 - 하느님의 생태학," 「창조 신앙과 생태학」이 정배 편저, (서울: 설우사, 1987), pp. 22–24.
13. Rene Dubos, *A God Within*(New York: Charles Scribner' s Son, 1972), pp. 157–159.
14. Ibid., pp. 153–155.
15. H. Dembowski, "Natuerliche Theologie – Theologie der Natur," *Oekogische Theologie*(Stuttgart, 1989), p. 30. 김균진, 「생태학의 위기와 신학」(서울: 대한기독교서회, 1991), p. 46.
16. 몰트만, 「창조 안에 계신 하나님」, pp. 43–44.
17. 데카르트는 「방법서설」에서 자연과학의 목적은 인간을 자연의 주인과 소유자로 만드는 데 있다고 했다.
18. 몰트만, 「창조 안에 계신 하나님」, p. 44.
19. W. Heisenberg, "Die Goethesche und Newtonsche Farbenlehre im Licht

der modernen Physik" *Goethe im XX. Jahrhundert, Spiegelungen und Deutungen*(Hamburg, 1967), p. 432. 김균진, 「생태학의 위기와 신학」, p. 47, 재인용.

20. 몰트만, 「창조 안에 계신 하나님」, p. 39.
21. 김균진, p. 32.
22. 몰트만, 「창조 안에 계신 하나님」, p. 228.
23. 쿠르트 마르티, "창조 신앙 연구", 「창조 신앙과 생태학」, pp. 72-73.
24. 몰트만, 「창조 속에 계신 하나님」, pp. 19-20, 324-347.
25. 김균진, "생태계의 위기 앞에 서 있는 창조 신학", 「기독교 사상」(1991년 9월), pp. 63-64.
26. 쿠르트 마르티 "창조 신앙 연구", pp. 49-51.

부록

1장

현대 구미(歐美)신학의 특징과
21세기 신학

서론

한 세기가 종료되고, 또 다른 세기가 시작되는 역사적 전환기를 맞아 지나간 과거를 되돌아보며 다가올 미래를 준비하는 것은 의미 있는 일이라 하지 않을 수 없다. 이런 의미에서 "구미신학의 총체적 특징과 21세기 신학"이라는 주제는 시의 적절한 것이라 생각한다. 왜냐하면 그것은 서구 신학의 어제를 정리하고 내일을 전망하고자 하는 것이기 때문이다.

이 장에서 다룰 내용은 두 가지로 요약된다. 하나는 구미신학의 총체적 특징이요, 다른 하나는 21세기 신학이다. 이 중에서도, 논의의 초점은 후자, 즉 21세기 신학에 있다. 어떤 신학이 21세기를 주도할 것이며, 그것은 과연 어떻게 전개될 것인가를 논의하려는 것이 서구 신학을 총 정리하려는 근본 의도로 이해되기 때문이다. 따라서 필자는 구미신학 전체를 논의의 대상으로 하기보다, 현대 구미신학으로 그 범위를 제한하려고 한다. 21세기 신학을 논하기 위해서라면, 현대 구미신학의 특징을 정리하는 것이 더 적절하리라 생각하기 때문이다.

한편, 21세기의 신학을 논하는 것은 의미 있는 일이기는 하지만 쉬운 일이 아니다. 그것은 아직도 실체가 드러나지 않은 것을 전망하고 예상하는 것이 때문이다. 따라서 이 문제 역시 논의의 범위를 포스트모던 신학과 복음주의 신학 두 가지로 제한하려고 한다. 그 이유는 그들이 21세기에 형성되거나 존속될 신학들로 간주되기 때문이다. 포스트모던 신학은 포스트모더니즘에 대한 신학적 응답이며 지금 형성과정에 있는 신학이다. 복음주의 신학은 21세기에 더욱 발전될 것으로 기대되는 신학이다. 왜냐하면 복음주의 교회가 성장하고 있기 때문이다. 또 다른 이유는 신학적 흐름에 대한 균형적 고려 때문이다. 포스트모던 신학이 진보적 신학에 속한다면, 복음주의 신학은 보수적 신학에 속한다. 따라서 이 두 진영의 신학이 어떻게 전개될 것인가를 살펴보는 것이 21세기 신학을 전망하는 지름길로 여겨진다.

I. 현대 구미신학의 특징

서구 지성사에서 현대는 르네상스에서 잉태되고, 계몽시대에 출산되었다. 계몽주의는 인간을 역사의 주인공으로, 그리고 이성을 진리의 척도로 간주하는 현대 정신의 길을 열었다.계몽사상의 특징, 곧 현대성의 기본 이념은 대략 세 가지, 이성에 대한 무한한 신뢰, 기계적, 이원론적 세계관, 그리고 진보에 대한 신앙으로 요약된다.[1]

현대 정신은 기독교 신앙에 중대한 도전이 되었다. 왜냐하면 비판적 합리주의와 과학적 실증주의는 성서의 역사적 확실성과 신학의 모든 전제들을 문제시하고 비판했기 때문이다. 따라서 서구 교회와 신학은 토대가 흔들리고 존립이 위협받는 위기에 처하게 되었다. 19세기 초, 신학의 과제는 이러한 도전에도 불구하고 기독교가 어떻게 존립할 수 있으며, 신학이 어떻게 가능하고 어디에서 그 토대를 발견할 수 있는가 하는 것이었다.

현대 세계와 사상의 도전에 직면하여 19세기 초 신학적 응답으로 일어난 것이 현대신학이다. 슐라이에르마허는 현대의 정황에서 신학의 발전을 처음으로 문제 삼았으며 인간의 종교적 경험을 신학의 토대와 출발점으로 삼았다. 그것은 신학방법론에 있어 코페르니쿠스적 전환이었다. 신학을 계시에 대한 연구로부터 인간의 종교 경험에 대한 연구로, 신학의 중심을 하나님에서 인간으로 전환시킨 것이다. 이로 인해 그는 현대신학의 아버지로, 그리고 그의 「종교론」은 현대 신학의 선언서로 간주되고 있다.

슐라이에르마허로부터 시작되는 현대 구미신학은 지난 200년 간 매우 다양한 형태와 흐름으로 전개되어왔다. 그것은 1920대까지 유럽 신학계와 1930년대까지 미국 신학계를 주도한 자유주의 신학, 그리고 자유주의 신학에 대한 반작용으로 20세기 유럽에서 시작된 신정통주의 신학과 미국에서 일어난 근본주의 신학, 그리고 최근 신학들로 구분될 수 있다. 그렇다면 그들을 하나로 묶을 수 있는 총체적 특징이 존재하는가? 존재한다면, 어떤 것들인가?

1. 현대성에 대한 적응

현대 구미신학의 중심 과제는 현대성에 대한 적응 문제라 해도 과언이 아닐 것이다. 19세기 자유주의 신학, 20세기의 신정통주의 신학, 최근의 세속화 신학, 해방 신학, 과정 신학 등은 외형적으로 볼 때, 매우 다른 형태의 신학들이다. 그럼에도 그들은 현대인에게 그리스도의 복음을 어떻게 해석하고 전달해야 하는가 하는 문제에 대한 신학적 고심의 산물이다. 현대인들은 전통 신학의 표현과 개념을 단순히 받아들이지 않으며, 과학적 세계관과 성서적 세계관이 서로 충돌하는 경우에는 후자를 포기하고 전자를 받아들이는 경향이 있다. 따라서 신학자들은 기독교 신앙과 교훈을 현대인들이 신뢰할만하게 재해석하거나 진술해야 한다고 생각한다.

기독교의 현대화에는 두 가지 방법이 있다.[2] 번역자(translator)와 변혁자(transformer)로서의 접근이다. 전자는 기독교의 메시지를 현대인이 이해할 수 있는 언어와 형태로 새롭게 표현해야 한다는 필요성을 인정하지만, 기독교 메시지의 기본 내용을 그대로 보존해야 한다는 보수주의 신학자들의 관점이다. 후자는 기독교의 메시지를 현대인에게 전달하기 위해서는 내용상의 심각한 변화도 감수해야 한다는 자유주의 신학자들의 관점이다. 신앙은 환경에 따라 변하며, 인간 역시 시간의 흐름에 따라 변한다. 변혁자들은 현대인이 받아들일 수 없는 기독교 메시지는 변경될 수 있어야 한다고 주장한다. 그들은 기독교 진리를 재 표현하거나 진술하는 것에 만족하지 않고, 필요한 경우 그것을 새로운 메시지로 대체하려고 한다. 자유주의 신학은 과학적 세계관에 적응하기 위해 전통적 기독교 신앙의 내용을 포기하기도 했다. 특히 1960년 이후 출현한 대부분의 급진신학자들은 변혁자에 속한다. 그들은 기독교의 메시지 자체가 문제성을 내포하고 있기 때문에 그것을 폐기하고 새로운 메시지로 대체해야 한다고 주장한다. 본 회퍼는 현대 세계에서 존립할 수 있는 기독교의 존재방식을 모색하여 "성인된 세계"와 성서적 개념의 비종교적 해석이라는 혁명적 개념을 제시했다. 신 죽음의 신학자들은 기독교의 메시지를 급진적으로 변혁시켰으며, 하나님에 대한 전통적 신앙 내용 포기를 주저하지 않았다. 그들이 전파한 새로운 메시지가 바로 신의 죽음이었다. 과정신학자들은 기독교 신앙과 현대 과학의 동적 세계관을 중재하려 한 것으로 진화, 상대성, 유기체 등 과학적 개념들을 신학에 도입하여 기독교 신앙을 현대 지성인이 수용할 수 있는 방식으로 재해석했다. 종교 다원주의자들은 기독교의 절대성을 포기하고 종교의 상대성과 다원성을 주장한다. 일부 급진적 여성신학자들은 기독교의 하나님을 가부장적 남성 신과 여성 억압의 주원인으로 간주하고 여성 신을 믿는 새로운 종교를 주장하기도 한다. 흔히 신정통주의 신학자로 분류되는 불트만 역시 변혁자의 입장에 있는 것으로 볼 수 있다. 그는 신약성서의 초자연적 사건들을 신화로 취급하고 그 역사성을 인정하지 않았다.

2. 종교적 경험

현대 구미 신학의 또 다른 특징은 종교적 경험을 중시하고, 그것을 신학작업의 주요한 자원으로 받아들이고 있다는 것이다. 현대 들어 신학에 대한 종교적 경험의 중요성을 재발견한 사람은 슐라이에르마허였다. 그는 종교를 도덕이나 철학에 종속시키는 계몽주의 종교관에 반기를 들고, 직관과 감정을 종교의 본질로 주장하여 종교의 독자성을 확보했다. 또한 그는 종교적 경험에서 신학의 가능성을 찾고자 했다. 신학의 과제는 "기독교인의 삶에서 발견되는 종교적 감정을 기술하는 것"이다.[3] 슐라이에르마허는 교리와 신조 배후에 있는 생생한 경험의 중요성을 발견하여 그것을 신학의 토대로 확립함으로써 신학에 새로운 활로를 모색했다.

현대 구미 신학은 신학 방법적인 면에서 종교적 경험에 대한 작용과 반작용의 과정으로 이해된다. 슐라이에르마허로부터 시작하여 리츨, 하르낙으로 이어지는 자유주의 신학 전통은 경험을 강조했다. 특히 슐라이에르마허는 인간의 종교 의식을, 그리고 리츨은 그리스도를 통한 화해의 경험을 신학의 근본 자료로 간주했다. 따라서 자유주의 신학은 인간 중심적이요 주관주의적 성격을 띄게 되었다. 반면 20세기 일어난 신정통주의 신학과 근본주의 신학이 하나님의 계시를 강조하게 된 것은 자유주의 신학에 대한 반작용이었다.

희망의 신학, 해방신학, 여성신학, 흑인신학, 아시아신학 등 최근의 신학들 역시 인간의 경험을 중시한다. 몰트만의 희망의 신학은 2차 세계 대전 당시 그가 겪은 전쟁 포로 수용소의 체험으로부터 태동된 것이다. 그는 희망을 가진 사람이 생존 확률이 높다는 것을 발견하고 희망의 문제에 관심을 가졌으며, 사신신학의 도전에 직면하여 하나님의 존재에 대한 희망을 신학화했다. 해방신학은 전체 인구의 5퍼센트가 전체 재산의 80퍼센트 이상을 소유하고 있는 남미의 극심한 경제적 불평등과 불균형과 가난한 자에 대한 정치적 억압상황을 제거하고 보다 자유롭고 인간적 사회를 건설하려는 공동 노력의 체험에서 생긴 신학사상이다.[4] 여성신학은 기독교의 성 차별적이며 여성 억압적 요소를 자각하고, "신에 대한 인간경험의 의미와 가치를 여성 입장에서 성찰"하는 것이다.[5] 북미의 흑인신학은 미국에서 흑인들이 백인들로부터 받은 억압의 경험으로부터 나온 것이다. 이렇듯 대부분의 현대 구미 신학은 신적 계시보다 인간의 경험과 더불어 시작하고 있는 것이 특징이다. 인간의 경험이 그들의 신학작업의 중심과 토대가 된 것이다.

3. 시대적 상황

현대 구미 신학은 다양한 형태와 흐름으로 전개되고 있으나, 그 수명이 그리길지 못하고 유행성이 지니고 있는 것이 특징이다. 새로운 형태의 신학이 출현하여, 신학도들의 관심을 사로잡다가도 언제 사라졌는지도 모르게 사라진다. 하나의 신학을 이해하고 평가하기도 전에 그것이 쇠퇴하고 또 다른 신학이 등장하기도 한다. 이렇듯 최근 구미 신학이 유행 신학화된 것은 어떤 이유에서인가?

신학은 그 기초가 되는 두 개의 극(pole)을 가지고 있다. 성서의 메시지(text)와 시대적 상황(context)이다. 서구의 정통 신학은 메시지만 강조하고, 상황의 문제를 고려하지 않았다. 성서 본문이 신학세계의 전부였다. 텍스트만 있고, 컨텍스트는 없었다. 반면 현대신학은 일반적으로 역사적 정황에서 신학의 발전을 추구하고 있다. 슐라이에르마허는 신학을 과거 도식의 단순한 반복으로 생각하지 않고 현대 세계와의 살아있는 관계에서 형성되는 것으로 보았다. 신학에 대한 그의 정의에 이를 증거한다. 신학이란 그 시대 교회에서 널리 유행하는 교리를 체계화하는 학문이다.[6]

슐라이에르마허 이후 서구 신학은 시대적 상황의 맥락에서 성서를 해석하는 경향이 있다. 따라서 현대신학은 상황 신학이라 해도 과언이 아니다. 특정 상황이 특정 신학을 만들어낸다. 어떤 상황 아래서 발전하던 신학도 상황이 바뀌면 사라지고 만다. 현대 신학이 유행성을 지닌 것은 상황에 의존하고 있기 때문이다. 19세기 자유주의 신학은 인간 이성의 능력을 신뢰하고 역사적 진보를 확신하는 낙관주의적 분위기를 배경으로 일어났다. 그렇지만 20세기 초 세계대전과 경제 대공황이라는 비극적 사건에 직면하자 그 사상적 기반을 잃고 붕괴되었다. 신 정통주의 신학은 당시 유행하던 실존주의 사상을 신학에 반영한 것으로 이해될 수 있다. 특히 1970년대와 80년대에 출현한 일련의 신학들은 사회적이며 정치적 관심에 의해 영감 받고 그것으로부터 성장했다. 해방신학, 정치신학, 여성신학, 흑인신학, 생태학적 신학, 종교신학 등이 그러하다.

4. 신학적 관심의 전환

현대 구미 신학은 현실에 대한 적응의 하나로 신학 방법론의 전환, 즉 인간의 경험과 시대적 상황을 중시하는 방법론을 택하고 있을 뿐만 아니라 신학의 주제와 관심의 대상을 바꾸고 있다. 특히 그것이 20세기 후반에 나타난 급진 신학의 가장 큰 특징 중 하나다. 신학적 관심이 하나님으로부터 인간으로, 하늘로부터 땅으로, 저 세상에서 이 세상으로, 정통 교리로부터 정통 실천으로 전환되었다. 또한 개인적 신앙보다는 타인을 위한 삶이, 그리고 말씀 전파보다는 인간화가 강조되었다. 이런 신학적 변화에 결정적 역할을 한 사람이 본회퍼였다.

본 회퍼의 핵심 사상인 성인된 세계와 성서 개념의 비종교적 해석은 젊은 신학도들에게 큰 감명을 주었으며, 세계 신학의 흐름을 바꾸어 놓았다. 세속화신학, 사신신학, 정치신학, 혁명의 신학, 해방신학, 상황윤리 등이 그와 직·간접으로 연관을 맺고 있다. 이들의 신학적 관심사는 세상성, 즉 세상적인 일이나 사건이었다.

요약하면, 현대 구미 신학은 전통 신학과 전통적으로 이해된 하나님은 현대인에게 적절하지 않다는 인식으로부터 출발하고 있는 것이 특징이다. 따라서 어떻게 현대인에게 복음을 전할 것인가를 신학의 중심 과제로 삼고 있으며, 인간의 경험과 역사적 정황을 중시하는 신학 방법론을 통해 그것을 실현하고자 했다. 이런 면에서 현대 신학은 인간의 종교적 경험과 현실 상황을 신학의 기본 자료로 받아들인 슐라이에르마허의 길을 따르고 있다고 할 수 있다. 그러나 현대 신학은 슐라이에르마허가 도달한 결론보다는 그가 택했던 방향에 의해, 그리고 그가 제시한 대답보다는 그가 제기한 문제에 의해 큰 영향을 받고 있다.

Ⅱ. 21세기 신학

계몽주의와 더불어 시작되었던 서구의 현대 세계와 정신은 20세기 후반 들어 중대한 국면에 이르게 된다. 학자들은 현대가 막을 내리고 새로운 시대, 즉 현대 후기가 도래하고 있다고 지적한다. 20세기 초 오스왈드 스펜글러(Oswald Spengler)는 서구의 몰락을 경고하고 새로운 시대의 도래를 예고했으며, 앨런(Diogenes Allen)은 현대 세계를 지탱하고 있는 네 개의 기둥, 즉 자족성, 이성,

진보 및 낙관주의가 붕괴되고 있다고 보았다.[7] 토마스 오든(Thomas Oden)은 현대성은 죽었으며, 그것은 어디에서나 분명하다고 주장했다.[8]

21세기는 현대 후기가 본격적으로 전개되는 시대이다. 그렇다면 이 시대에 신학은 어떻게 전개될 것인가? 포스트모던 신학과 복음주의 신학을 중심으로 살펴보자.

1. 포스트모던 신학

포스트모던(postmodern)이란 용어는 현대로부터 현대 후기로의 역사적 전환을 나타내기 위해 1930년대부터 사용된 것이며, 포스트모더니즘(postmodernism)은 현대 정신의 이념, 원리 및 가치를 문제시하는 20세기 후반의 지성적 분위기를 표현하는 말이다. 포스트모더니즘은 모더니즘과 단절과 계승, 두 면을 모두 포함하고 있다. 포스트모더니즘이 모더니즘으로부터 단절한 것은 개인주의, 인간 중심주의, 관념론 등이라면, 계승한 것은 비판적 사고, 개인에 대한 관심, 자유에 대한 헌신, 탐구의 자유 등이다. 포스트모더니즘의 특징은 몇 가지로 정리된다.[9]

첫째, 현대의 이성 중심주의에 대한 반성이요 반작용이다. 포스트모더니즘은 진리를 합리적 영역으로 제한하거나 인간의 이성을 진리의 척도로 간주하는 현대 정신을 거부한다.

둘째, 새로운 세계관이다. 현대 세계관이 기계적이요 결정론적이라면, 포스트모더니즘의 세계관은 관계적이요 비결정론적이다. 포스트모더니즘은 세계를 완성된 기계장치로 보는 것이 아니라 끊임없이 진화되고 계속적으로 창조되는 내적 관계를 가지고 있는 역동적 연계체로 간주한다.

셋째, 통전주의(wholism)다. 인간과 객관적 세계를 이분법적으로 구분하는 이원론적 사고가 현대 정신을 지배했다면, 포스트모더니즘은 현대 정신이 분리한 것을 다시 결합하며, 인간과 세계 사이의 존재론적 연속성을 주장한다. 전체에 대한 관심이 포스트모던적 의식에 중심을 이루고 있다.

넷째, 염세주의와 상대주의적 경향이다. 포스트모더니즘은 이성과 과학에 대한 무한한 신뢰에 근거하여 역사의 진보를 주장하는 현대의 낙관주의를 거부하고 인간의 한계성을 인정한다. 또한 절대적 진리와 보편적 사실들에 대한 신념을 받아들이지 않고 철저히 상대주의적 입장을 취한다.

다섯째, 다원주의다. 포스트모더니즘은 중심성의 상실과 표준의 해체다. 그것은 유일성을 부정하고 다원성을 강조한다.

포스트모더니즘은 하나의 현상이 아닌, 다양한 현상을 의미하며, 그것에 대한 통일된 정의도 존재하지 않는다. 그러나 포스트모더니즘에 두 형태가 있다는 것은 일반적으로 인정되고 있다. 해체주의와 건설주의다. 해체주의적 포스트모더니즘은 세계의 본질에 대한 현대의 가정들을 해체하고 파괴하려고 한다. 특히 서구의 전통 형이상학의 실재론에 공격을 집중하며 신과 도덕성의 죽음, 자유의 존재, 의미와 목적을 부정한다. 프랑스의 푸코(Michel Foucault)와 데리다(Jacques Derrida), 미국의 로티(Richard Rorty) 등이 이를 대변한다. 그들은 해체를 허무주의적 파괴 아닌 잘못된 개념으로부터 자유롭게 하는 치료로 이해한다. 해체주의는 서구 정신의 자기 파괴의 표현이며 파괴가 곧 구원의 도래를 촉진한다는 역설이다. 한편, 건설주의적 포스트모더니즘은 현대 정신을 거부하기보다 개정하려는 것이다. 현대 과학의 통찰력과 지혜를 수용하는 한편, 현대인의 관점에서 과거의 전통을 재평가해 오늘의 문제를 해결하려고 한다. 가다머와 과정사상가들이 이를 대변한다. 이 두 형태의 포스트모더니즘은 현대의 지성적 낙관주의를 거부하고 현대 세계관을 극복해야 한다는 목적은 같으나 그것을 추진하는 방법이 서로 다르다. 해체주의는 현대 세계관의 가능성을 제거하고 해체하는 방법을 택하는 반면, 건설주의는 현대의 전제들을 개정하는 방법을 택하고 있다.

포스트모던이란 용어는 최근 신학계에서도 지속적으로 사용되고 있으며 신학자들도 현대적 사고 방식이 전환되고 있다는 것을 의식하고 있다. 그러나 포스트모던 신학의 실체를 명확히 드러내는 것은 쉬운 일이 아니다. 왜냐하면 그것은 이미 형성된 것이 아니라 지금 형성 과정에 있는 것이기 때문이다. 따라서 학자들 사이에도 현대 신학과 포스트모던 신학의 구별에 대한 논란이 계속되고 있는 실정이다. 포스트모더니티의 기준이 무엇이냐에 따라 포스트모던으로 구분되기도 하고 되지 않기도 한다.

테드 피터스(Ted Peters)는 콕스(Harvey Cox), 테일러(Mark C. Taylor), 스미스(Huston Smith), 그리핀(David Griffin)의 포스트모던 신학 방법을 검토하고, 이 중 누구도 아직 적절한 포스트모던 신학을 제공하지 않았다고 평했다.[10] 콕스의 해방신학은 현대적 사유의 형태에 속하며, 포스트모던 의제(agenda)의 강조점을 충분히 설명하고 있지 않다. 테일러의 해체주의는 포스트모던이 추가되고 있지만 실제로 엄격히 현대적 의제로 남는다. 스미스는 영구적 철학(perennial philosophy)으로 돌아가자는 제안은 포스트모던에로의 전진이라기보다 전 근대로의 후퇴를 의미한다.[11] 그리핀의 과정철학은 포스트모던 통찰의 본질과 중심을 가장 잘 이해하고 있으나 그가 의존하고 있는 화이트헤드의 형이상학은 그리스도를 통해 계시된 하나님 이해를 자주 왜곡한다.

머어피(Nancy Murphy)와 맥클렌돈(James McClendon)은 현대 사상의 세 가지 축, 즉 인식론적 축으로 기초주의적 인식론, 언어학적 축으로 표상 표현주의적 언어론 그리고 형이상학적 축으로 개인주의 또는 환원주의를 설정하고, 이것으로부터 벗어난 사상을 포스트모던으로 정의한다. 그리고 린드벡(George Lindbeck), 티이만(Ronald Thiemann), 콕스, 알타이저(Thomas Altizer), 테일러의 최근 저서들에 대한 검토와 분석에 근거하여 많은 신학자들이 포스트모던으로 분류되지만 현대성으로부터의 이탈 정도는 각각 다르다고 주장한다.[12]

하비 콕스는 「세속도시의 종교: 포스트모던 신학을 향하여」에서 "종교의 소멸보다는 종교의 재생이 가장 심각한 질문을 제기하는 때에 기독교 메시지를 해석하는 것"이 포스트모던 신학의 과제로 간주한다. 그리고 포스트모던 신학은 사회 주변에 있는 운동, 즉 문화적 현대성에 대한 반작용으로부터 나올 것이라고 예상하고 포스트모던 신학을 주도할 후보로 근본주의와 해방신학을 지목한다. 그리고 그 중에도 해방신학을 포스트모던 시대에 선두에 설 최고의 기독교 신학 후보로 생각한다. 왜냐하면 해방신학만이 포스트모던 신학에 대한 약속을 가지고 있기 때문이다. 근본주의는 과거 지향적일 뿐 아니라 반 현대적이며 포스트모더니티에 대해 항거하는 태도를 취한다. 반면 해방신학은 미래 지향적일 뿐만 아니라 사회정의, 가난한 자의 권리, 구원에 대한 공동체적 이해, 온건한 개혁으로부터 혁명적인 것으로 확장하는 정책을 지지한다. 따라서 콕스는 해방신학을 수용하여 포스트모던 정신의 도전에 응전해야 한다고 역설한다.[13]

그리핀은 포스트모던 신학을 네 가지 기본 형태로 분류한다. 해체신학, 해방신학, 건설신학 및 보수주의적 포스트모던 신학이다. 한편 존 캅은 포스트모더니즘을 해체주의와 과정사상, 두 형태로 구별하고 있다.[14]

어떤 것이 포스트모던 신학인가에 대한 논란에도 불구하고, 흔히 포스트모던 신학의 대표적 형태로 지적되는 것은 해체신학, 과정신학, 해방신학, 보수주의 신학 또는 근본주의신학이다. 해방 사상은 현대적 사유 형태에 속하고 현대적 삶을 변호하고 있는 것은 분명하나 그것이 포스트모던적인가에 대해서는 논란의 여지가 있다. 보수주의 또는 근본주의 신학은 반 현대적일 뿐 아니라 반 포스트모던적이라 할 수 있다. 따라서 이 두 신학은 여기서 논외로 하기로 하고 해체신학과 과정신학에 대해 간략히 살펴보려 한다. 왜냐하면 그들이 포스트모더니즘의 두 흐름을 반영하고 있기 때문이다.

해체신학은 해체 철학적 방법을 신학에 적용하는 것으로 정의된다. 그것은 전통신학의 근본 토대를 해체하여 신학을 갱신하고 재생하려는 것이다. 하나님, 자아, 진리, 목적, 실재적 세계의 존재를 부정하고 일체의 세계관을 파괴한다. 특히 전통적 신 개념을 현 시대에 맞게 재해석하는 것이 아니라 하나님 자체의 죽음을 주장한다. "해체가 신의 죽음의 해석학이며, 신의 죽음이 해체의 신학이다."[15] 미국 윌리암즈대학 종교학 교수 막크 테일러가 대표적 해체 신학자라고 할 수 있다.

테일러는 그의 대표적 저서 「방황: 포스트모던 비/신학」(Erring: A Postmodern A/theology)에서 데리다의 철학에 힘입어 헤겔과 키에르케고르의 사상적 유산을 극복하는 것을 자신의 과제로 삼는다.[16] 그는 서구 전통사상의 두 논리, 즉 헤겔의 양자 통합(both/and)과 키에르케고르의 양자 택일

(either/or)의 대립적 구조 속에서 자신의 활동 영역을 발견한다. 그것이 해체(neither/nor)다. 그는 해체를 제3의 변증법으로 그리고 포스트모던 시대에 종교적 반성을 위한 토대로 취급한다. 그는 해체를 단순히 부정하는 것이 아니라 이면에 숨어 있는 것을 드러내는 작업이라고 주장한다. 즉 교리들 배후에 숨겨져 있는 신학적 사실들을 밝혀내려는 시도라는 것이다.

테일러는 신학을 건설하기보다 파괴한다. 신이나 신학이란 용어의 사용을 거부하며 그것을 거룩이나 종교학으로 대체한다. 또한 신의 의미를 성경과 교리가 아니라 문화 속에서 찾으며 전통적으로 이해된 신의 죽음을 주장한다. 초월적 하나님은 이 세상의 물질 속에 완전히 육화되어 저 세상적이며 초월적인 것이 남아있지 않다. 신의 죽음은 또한 자아와 목적의 상실을 의미한다. 왜냐하면 신이 사라지면 자아와 역사의 목적 자체가 사라지게되기 때문이다. 그럼에도 테일러는 그의 해체신학이 무신론은 아니라고 주장한다. 그의 사상은 신학적인 것도 비 신학적인 것도, 유신론적인 것도 무신론적인 것도, 종교적인 것과 세속적인 것도 아니며, 항상 그 중간에 위치하고 있다는 것이다. 그것은 정상적 진로로부터 이탈하여 방황하고 배회하는 것이다. 그는 포스트모던 시대의 인간을 목표가 없는 삶, 옛 확실성의 상실과 새 신념의 발견 사이에서 방황하며, 신앙과 불신앙의 경계선 상에서 방랑하는 삶을 사는 존재로 규정한다.[17]

과정신학은 화이트헤드의 과정철학에 근거하여 현대 사상의 전제들을 개정하여 서구 사상의 한계를 극복하려는 건설주의 포스트모던 신학이다. 그 대표적 신학자가 미국의 데이비드 그리핀이다.[18] 그는 현대 사상의 전제 가운데 가장 문제가 있는 것으로 감각론과 기계적 자연관을 지적한다. 이 두 이론 모두 초자연주의의 영향 아래 형성된 것으로, 전자는 감각 지각이 우리가 외부 세계에 대한 지식을 획득할 수 있는 유일한 방법이며, 감각 경험을 통해 얻을 수 없는 지식은 초자연적 교훈을 통해 공급된다는 주장인 반면, 후자는 세계의 구성 요소들은 자발성, 즉 스스로 움직일 수 있는 힘을 가지고 있지 않다는 주장이다. 그리핀은 기계적 자연관을 개정하여 자연적 유신론을 주장한다. 그것은 하나님만이 아니라 모든 유한한 존재가 창조적 힘을 지니고 있으며, 모든 현실적 개체들이 자발성의 원리를 구현하며 감각 배후에 있는 실재를 세계와 상호작용 하는 유기체로 이해하는 견해다.

그리핀은 자연적 유신론에 근거하여 생태학적 포스트모던 신학을 주장한다. 그는 정신과 물질, 주체와 객체를 이분법적으로 분리하는 데카르트의 인간 중심적 세계관을 자연 환경이 파괴되거나 착취되는 생태계 위기의 원인으로 지적한다. 인간을 자연의 주인과 소유자로 간주하는 반면, 세계 내 존재들의 자유와 창조성을 부정함으로써 생태학적 위기가 일어난다. 그리핀은 이 위기를 해소하기 위해 자연적 유신론에 호소한다. 그는 세계 내 모든 존재들을 자유롭고 창조적인 것으로 취급하며 인간을 자연의 일부로, 자연 세계와 분리해서 생각할 수 없는 것으로 본다. 따라서 그는 인간과 자연 세계가 조화를 이루는 공동체에 대한 생태학적 비전을 제시하고 있다. 그리고 그는 포스트모던 사상은 철저히 생태학적이며, 미래 세대들은 생태학적 의식과 더불어 성장할 것이라고 예견하고 있다.[19]

포스트모더니즘은 이성과 과학의 한계성을 지적하고 이성의 자율성, 과학의 효능, 역사의 진보를 맹목적으로 신뢰한 계몽주의를 비판하고 그 환상을 깨트린 것이 그 주요한 공헌으로 여겨진다. 그것은 새로운 의식으로 기독교 진리를 재진술하며 복음을 증거할 기회와 성서의 의미에 대한 새로운 통찰을 제공할 것이다. 반면 현대성이 포함하고 있는 문제점에도 불구하고, 그것이 종교, 사회, 정치, 기술 등의 분야에서 성취한 것이 상당하다는 것은 역설적으로 포스트모더니즘의 한계점이 될 것이다. 왜냐하면 현대성이 이루어낸 것을 포기하는 것은 쉬운 일이 아니기 때문이다. 해체주의 신학은 진리, 의미와 목적, 심지어 세계와 신의 존재까지도 부정한 결과, 극단적 허무주의에 빠지게 될 가능성이 많다. 따라서 해체주의자들은 해체는 파괴를 의미하는 것이 아니라 치료를 의미한다고 주장하고 있지만 그 치료가 질병만큼 위험하게 된다.[20] 한편 과정 신학은 21세기를 주도할 신학으로 평가받고 있으며, 특히 자연적 유신론은 생태계 보존 운동에 철학 및 신학적 토대를 제공하고 있다. 그러나 그것 역시 태생적 한계점을 지니고 있다. 왜냐하면 그 사상적 기반이 되는 화이트헤드의 신관이 기독교 계시를 전혀 고려하지 않을 뿐 아니라 성서적 신관을 왜곡한다는 비판을 받고 있기 때문이다. 따라서 포스트모더니즘은 현대주의와는 다른 근거에서 기독교를 비판하고 공격하는 새로운 도전이 되고 있다.[21]

2. 복음주의 신학

현대 들어 복음주의란 말은 넓은 의미와 좁은 의미, 두 가지로 사용되고 있다. 넓은 의미의 복음주의는 18세기 부흥운동을 계승한 신앙전통을 말한다면, 좁은 의미는 그 하부 그룹인 신복음주의를 말한다. 최근 활발하게 저술활동을 하고 있는 복음주의 학자들은 대부분 신복음주의자에 속한다. 따라서 신복음주의의 최근 동향은 21세기 복음주의 신학을 전망할 수 있는 중요한 단서가 될 수 있다.

근본주의는 현대주의와 자유주의에 맞서 초자연주의를 옹호하며 기독교 신앙의 본질적 요소를 성실히 보존하는 데 공헌했다. 반면 지성적 면에서는 여러 가지 문제를 일으켰다. 학문을 불신하고, 합리적 추론의 가치를 인식하지 못했다. 신앙을 이성에 반대적인 것, 또는 합리적 분석이나 비판적 평가에 의해 도달할 수 없는 것으로 간주했다. 이것이 신앙에 대한 추론을 거부하는 비교화주의(obscurantism)를 일어나게 했다.

신복음주의는 근본주의 영향권에서 성장한 온건한 보수주의 기독교인들의 운동이요, 자유주의와 근본주의 중간에 위치하기를 선호하는 북미 개신교 내의 제3세력이다. 신복음주의는 제2차 세계대전 이후 오켄가(Harold J. Ockenga), 칼 헨리(Carl Henry), 카넬(Edward John Carnel) 등 근본주의 영향권에서 성장한 젊은 학자들이 근본주의의 모순을 자각하고 그것을 개혁하려 한 것에서 태동되었다.[22] 그들은 정통 교리를 유지하면서도, 학문적 연구에 가치를 부여하고, 사회문제에 적극적 관심을 표명했다. 영혼을 구원할 뿐 아니라 문화를 변혁시키는 복음에 대한 비전을 회복했다.

신복음주의는 1950년대 미국에서 중요한 대중 운동으로 성장했으며, 1970년대 초에 이르러서 그 중요성이 널리 인정되었다. 신복음주의는 1970년대에 성경 무오성 문제로 보수적 복음주의와 진보적 복음주의, 두 그룹으로 분열되는 진통을 겪기도 했다. 전자는 근본주의 입장을 계승하여 무오를 신앙에 대한 테스트로 강조한 반면, 후자는 무오가 성서의 권위를 정의하는 방법으로는 너무 편협하다고 생각하고 대부분 성경의 제한적 무오를 주장한다.[23] 보수적 복음주의자로 분류되는 인물은 오켄가, 칼 헨리, 빌리 그래함(Billy Graham) 칸저(Kenneth Kantzer), 린드셀(Harold Lindsell) 칼슨(D. A. Carson), 웰스(David F. Wells), 놀(Mark Noll) 등이다. 진보적 복음주의에 속하는 인물은 넬(Edward J. Carnel), 토마스 오든(Thomas Oden), 래드(George E. Ladd), 램(Bernad Ram), 블로쉬(Donald Bloesch), 핀녹(Clark Pinnock), 그렌츠(Stanley Grenz) 등이며, 학교는 풀러신학교, 위튼대학, 골든-콘웰신학교 등이다.

복음주의는 전통적으로 체험과 정서를 강조한 반면, 지성과 교리에 큰 관심을 기울이지 않았다. 그것은 대중 운동 차원에서는 상당한 성과를 이룩했으며 복음의 단순한 진리로 수백만 명의 신자들을 양육했다. 반면, 지성적인 면에서는 취약하여 진지한 지성생활을 유지하는데 실패하고, 대학교와 예술, 고급문화의 영역을 포기했다. 그것이 복음주의의 스캔들로 지적되기도 하고, 심지어 복음주의에는 신학이 없다는 평을 듣기도 했다. 신복음주의의 출현은 현대 미국 교회에 복음주의의 부흥을 일어나게 했으며, 보수주의 학계에 반지성적 경향이 개선되는 새로운 지성적 활력을 불어넣었다. 복음주의 지성의 르네상스를 이룩하고, 복음주의 서적 출판 등이 활성화되었다. 신 복음주의의 중요한 업적은 현대 후기의 급진 신학에 굴복하지 않고 근본주의적 극단성의 늪으로부터 복음주의 교회와 신학을 구출하는 데 크게 공헌한 것이다.

1990년대 이후 진보적 복음주의자들이 복음주의의 중심 세력으로 등장하고 있다. 최근 활발한 저술 활동을 하고 있는 복음주의 학자들은 대부분 이 그룹에 속한다. 따라서 이들이 21세기 복음주의 신학계를 주도할 것이라고 보아도 무리는 아닐 것이다. 그렇다면 진보적 복음주의의 최근 동향은 어떠한가? 북미 복음주의 신학계에서 가장 활발한 활동을 하고 있는 막크 놀(Mark

Noll), 스탠리 그렌츠와 진보적 복음주의의 대표 격으로 간주되는 핀녹을 중심으로 살펴보자.

놀은 프랜팅가(Cornelius Plantinga, Jr.), 웰즈(David Wells)와 공동 집필한 "복음주의 신학의 오늘날"에서 복음주의의 스캔들을 치유하기 위한 처방으로 복음주의 신학의 갱신을 제의하고 있다. 복음주의 사상이 오랫동안 밀폐되었던 지성적·신학적 다락방으로부터 나오려한다면, 현대적 사고의 영향에 개방적이어야 하며 현대 사상과의 솔직한 대화를 통한 복음주의 신학에 대한 반성이 필요하다. 따라서 놀은 복음주의자들에게 현대 철학, 역사, 사회과학은 물론, 비복음주의적 자원도 개방적 자세로 활용할 것을 권한다. 또한 "위대한 전통과 현대 정신 사이의 경계선에서 조심스럽게 활동하는 신학"이 필요하다고 강조한다.[24]

그렌츠의 「복음주의 신학의 수정: 21세기를 위한 새로운 의제」에 따르면 우리는 현대로부터 현대 후기로 전환되는 시대에 살고 있으며, 이 전환기는 어떻게 우리가 새로운 정황에서 복음주의 전통의 거장들에게 영감을 준 비전을 표현해야 하는가에 대한 솔직한 생각을 요구한다.[25] 따라서 그렌츠는 복음주의 신학의 중요한 요소들을 성서적이며 복음주의적 조명 아래 재고하며 신학에 대한 새로운 접근을 제의한다.

그렌츠의 수정 복음주의는 20세기 후기 근본주의적 복음주의자와 특히 신학 방법론에서 구별된다. 첫째, 성서와 더불어 신학적 상황을 강조한다. 근본주의적 복음주의자들은 신학에 대한 명제적 접근을 옹호하여 성서에 내재하는 교리 체계를 발견하는 것을 신학의 과제로 생각했다. 그들은 신학을 성서의 가르침을 조직화하는 것으로, 신학자의 중심 과제를 성경을 요약하는 것으로, 그리고 성경에 계시된 하나님의 진리를 명제적이며 불변적인 것으로 간주했다. 따라서 오직 성서만이 관심의 대상이며, 성서 안에서 자신을 계시한 하나님이 신학의 대상이었다. 반면, 그렌츠는 오직 성서만이라는 전통적 신념에 신학의 상황화에 대한 관심을 통합하려고 한다. "새로운 복음주의적 패러다임을 위한 우리의 연구는 신앙 공동체와 더불어 시작해야 한다. 신학을 적절히 이해하기 위하여 우리는 하나님의 백성의 삶의 상황 내에서 그것을 검토해야 한다."[26] 신학은 단순히 성서 내용을 반복하는 것이 아니라, 신앙 공동체의 신앙을 반성하며 신앙 공동체의 실재를 진술하는 것이다. 따라서 신학은 항상 문화적, 역사적 조건이 주어지는 상황적 학문이며, 항상 변하는 것이다. 신학자들은 "그 시대의 아이요 그 시대에 전달자"다. 따라서 그 시대 사람들이 이해할 수 있는 언어로 성서의 영원한 진리를 설명하기 위하여 그들의 문화를 진지하게 고려해야 한다.

둘째, 신학의 3 규범 또는 기둥을 주장한다. 근본주의적 복음주의는 성서를 신학의 유일한 규범으로 간주한다. 반면, 최근 복음주의자들 사이에서 점증적 지지를 얻고 있는 신학 방법론이 "웨슬리의 4변형"(quadrilateral)이다. 웨슬리는 신학적 권위의 근거를 성경, 전통, 이성, 경험에 두고 이 네 가지 근원이 언제나 균형을 유지하는 상호의존적인 4변형의 신학을 전개했다. 그랜츠는 웨슬리의 4변형을 검토하고, 그 대안으로 신학의 3규범을 제시하고 있다. 그것은 성서의 메시지, 교회의 신학적 유산 그리고 현대의 역사-문화적 상황이다. 이것은 그렌츠가 웨슬리의 4변형 가운데 경험을 삭제한 것으로 이해된다. 그는 경험을 별개의 신학적 자원보다는 오히려 신학적 과제의 초점으로 간주하고 있다. 그렌츠는 참으로 만족할만한 신학은 이 세 자원들, 즉 성서의 메시지, 유산 및 문화가 적절한 균형을 유지하는 신학이라고 생각한다.[27]

그렌츠의 신학 방법론은 독창적이거나 새로운 것은 아니다. 그럼에도 신학 작업에서 인간의 역사적 상황이나 문화의 역할을 강조한 것은 복음주의 신학의 지평을 확대한 것으로 평가된다. 이러한 수정 복음주의는 그렌츠 자신뿐 아니라 최근의 많은 복음주의 신학자들에 의해 변호되고 있다.[28]

한편, 그렌츠가 신학 방법적인 측면에서 복음주의의 전통적 입장을 수정하고 있다면, 핀녹은 보다 구체적으로 교리적인 면에서 수정을 가하고 있다. 그의 개방적 신론, 포괄주의적 구원론, 조건적 불멸설 등이 그것이다.

개방적 신론(the open view of God)은 기독교 전통적 신론이 하나님의 정적이며 초월적 면을 강조하는데 반해, 하나님의 내재성과 관계성을 강조하는 견해다. 전통적 신론은 하나님과 인간의 관계를 법적인 이미지로 이해하는데 비해, 개방적 신론은 가족적 이미지로 이해한다. 하나님은 발전적일 뿐 아니라 개방적이다. 스스로 사랑 가운데 세상에 의해 한정받으며, 그의 명령과 체험도 세상의 사건들에 의해 영향을 받는다. 개방적 신론은 기독교 고전적 유신론과 과정신학의 신고전적 유신론의 중간 길을 택하고 있는 것으로 이해되며, 이를 지지하는 복음주의 학자로는 핀녹 이외에도, 보이드(Gregory Boyd), 프랭클린(Stephen Franklin), 라이스(Richard Rice) 등이 있다.[29]

포괄주의적 구원론은 기독교 절대주의와 종교 다원주의를 절충하는 입장으로, 다른 종교나 문화권에 있는 경건한 사람은 사실상 기독교인이므로 구원받을 가능성이 있다는 주장이다. 대부분의 진보적 복음주의자들은 기독교 절대주의를 포기하고, 구원의 범위를 보다 넓게 이해하려는 경향이 있다. 그 중 하나가 핀녹의 온건한 포괄주의다. 그는 기독교 신학은 구원의 보편성과 포괄성에 대해 말해야 한다고 생각한다. 왜냐하면 성서가 하나님의 보편적 구원의지를 증거하고 있는 것(딤전 2:4, 요일 2:2)과 기독교 밖의 수많은 사람들과 종교들은 무조건 모두 멸망한다고 하는 것은 기독교적 정신이라 할 수 없다는 것 때문이다. 따라서 핀녹은 다른 종교들도 인류 구원에 어떤 역할을 할 수 있다고 본다. 완전한 구원을 제시하는 그리스도의 복음을 준비하는 것이다.[30]

조건적 불멸설은 인간은 본래 유한한 존재며, 불멸성은 하나님이 신앙을 조건으로 인간에게 주시는 은총의 선물이라는 주장이다. 신자는 불멸, 곧 영생을 누리게 되는 반면, 불신자는 존재의 소멸에 이르게 된다. 조건적 불멸설은 지옥의 존재나 악인의 지옥형벌 자체를 부정하는 것이 아니라 영원한 지옥형벌을 부정한다. 그것은 악인의 최종적 파멸을 지옥의 본질로 이해한다. 조건적 불멸설은 전통적 견해가 사랑과 은총의 하나님과 일치하지 않는다고 생각하는 사람들이 대안으로 제시한 것이다. 현대 복음주의자 가운데도, 조건적 불멸설을 지지하는 학자들이 있다. 존 스토트(John Stott), 필립 휴그스(Philip Hughes), 존 웬햄(John Wenham), 핀녹(Clark Pinnock) 등이다.

특히 핀녹은 「매이지 않는 사랑」(Unbounded Love), 「지옥에 관한 네 가지 견해」 등의 저서에서 공개적으로 조건적 불멸설을 변호하고 논증했다. 첫째, 조건적 불멸설은 보다 성서적이다. 전통적 견해는 하나님이 악인에게 영원한 형벌의 고통을 준다고 보는 반면, 그것은 새디스틱적 요소를 포함하고 있지 않다. 따라서 전자는 하나님의 사랑의 성품과 일치되지 않으나, 후자는 일치된다. 둘째, 조건적 불멸설은 도덕적으로 더 정당하다. 전통적 견해는 하나님을 피에 굶주린 괴물(monster)처럼 그리고 있는데 반해, 조건적 불멸설은 하나님이 악인의 선택을 존중하는 것으로 나타내고 있다. 셋째, 그것은 법적으로 더 타당하다. 전통적 견해는 악인이 받아야할 것 이상의 영원한 형벌을 요구하는데 반해, 조건적 불멸설은 일정 기간의 형벌과 소멸을 요구한다. 넷째, 그것은 형이상학적으로 더 의미가 있다. 전통적 견해는 천국과 지옥이 영원히 공존하는 우주론적 이원론에 기초하여 악과 고통이 지옥에서 계속 존재한다고 주장함으로써 그리스도의 궁극적 승리와 구속의 의미를 약화시키고 있다. 반면, 조건적 불멸설은 지옥의 본질을 파멸로 이해함으로써 죄와 죽음과 사단의 세력에 대한 그리스도의 완전한 승리를 적절히 나타내고 있다.

요약하면, 현대 복음주의는 대중 운동으로서는 성공했으나, 신학 및 지성적인 면에서는 실패했다. 그것은 근본주의의 반지성적 경향 때문이었다. 이러한 복음주의의 지성적 스캔들은 신복음주의의 등장과 더불어 어느 정도 극복되기 시작했다. 그러나 신복음주의는 보수적 복음주의와 진보적 복음주의로 분열되었다. 21세기 복음주의 신학은 신복음주의자들에 의해 주도되리라 예상된다. 보수적 복음주의자들은 자유주의 신학의 실패를 지적하며, 성서적 기독교의 재발견과 정통 기독교 신앙의 회복을 위해 노력할 것이며, 진보적 복음주의자들은 현대 사상과 상황에 개방적 태도를 취하며, 그것에 근거하여 기독교 전통신학을 개정하려고 할 것이다.

결론

현대 구미신학은 현대 사상의 도전에 직면하여 기독교 생존 전략의 하나로 시작되었으며, 현대에 대한 적응문제가 그 중심과제였다. 그것은 전통 신학이 현대인에게 설득력이 없다는 인식으로부터 출발하여 그에 대한 다양한 대안을 제시했다. 특히 신학 방법론에서 역사적 상황과 인간의 경험을 중시한 것이 특징이다. 따라서 현대 신학의 역사는 전통 신학에 대한 도전의 역사라고 할 수 있다.

21세기 신학 역시 시대적 상황과 종교적 경험을 신학의 중요한 자원으로 간주한다는 점에서는 현대 신학과 크게 다르지 않을 것이다. 그러나 탈 현대성을 수용하고 있다는 점에서 현대 신학과 다른 모습으로 전개될 것이다. 따라서 이성보다는 감성이나 영성이 강조될 것이라고 보여진다.

한편 복음주의 신학계는 그 취약점 중 하나인 반지성적 경향을 치유하기 위해 다양한 노력이 이루어지고 있다. 특히 신 복음주의자들이 복음주의 지성을 주도하고 있으며, 그 중에서 진보적 복음주의자들은 자유주의 쪽으로 편향하여 복음주의 신학을 개정하기를 계속할 것이다. 반면, 온건한 복음주의자들은 전통 신학과 현대 사상의 경계선에서 조심스럽게 활동하리라 예상된다.

기독교의 메시지(text)는 그 자체를 위해 존재하는 것이 아니라 인간의 삶(context)을 위해 존재한다. 그 시대에 맞게 기독교 신앙을 재진술하는 것은 중요하고도 필요한 일이다. 그러나 동시에 위험한 일이다. 그것을 재진술하지 않으면, 진부하게 되거나 시대에 부적합하게 되는 반면, 잘못 진술하면 기독교 신앙을 손상하게 되거나 그것에 위해가 된다. 따라서 어떻게 그것을 시대에 적합하게 하느냐, 즉 어떻게 상황화하느냐가 중요하다. 상황을 지나치게 강조하다보면 기독교 신앙의 기본 내용까지 부인하거나 포기하게 된다.

21세기 신학은 19세기 자유주의 신학의 실패를 거울 삼아야 할 것이다. 자유주의 신학은 현대인에게 복음을 어떻게 전달해야 하는가 하는 올바른 문제의식을 가졌으나 잘못된 해결책을 제시했다. 기독교 복음에 가해질 해악은 고려하지 않고 현대 문화가 쉽게 수용할 수 있는 것으로 복음을 해석한 것이다.

주(註)

1. 윤평중, 「포스트모더니즘의 철학과 포스트마르크스주의」(서울: 서광사, 1992), pp. 16-23. 현대 성의 기본 이념은, 첫째, 이성에 대한 무한한 신뢰다. 현대는 이성의 시대며, 현대성의 이념적 핵은 이성 중심주의, 즉 합리주의다. 현대를 지배하는 이성적 사고는 전 근대적 환상, 선입견을 거부하고, 합리적 비판을 통해 지식의 확실한 토대를 마련했다. 둘째, 기계적, 이원론적 세계관이다. 코페르니쿠스(Copernicus), 케플러(Kepler), 갈릴레오(Galileo), 뉴톤(Newton) 등을 통해 이루어진 과학적 발견들은 전통적 우주관은 물론, 사유방식 자체를 근본적으로 변화시켰다. 중세의 천동설은 지동설로, 그리고 자연을 거대한 유기체로 간주하는 중세의 자연관은 기계적 자연관으로 대체되었다. 현대인은 자연을 물체들의 단순한 운동으로 이루어진 거대한 질서 있는 기계로 이해하게 되었으며, 우주를 물질과 정신의 영역으로 나누는 이원론적 세계관을 가지게 되었다. 셋째, 진보에 대한 신앙이다. 역사의 진행을 반복적인 것으로 해석하는 순환론이 고대의 지배적 견해였다면, 그것을 발전적인 것으로 해석하는 진보론이 현대적 사고의 특징이다. 또한 현대 과학과 기술의 발달은 삶의 질을 향상시켰으며 진보가 불가피하다는 낙관주의적 전망을 확산시켰다.

2. William Hordern, *New Directions in Theology*, vol. I(Philadelphia : Westminster, 1966), pp. 141-147.

3. Friedrich D. E. Schleiermacher, *The Christian Faith*(Philadelphia: Fortress Press, 1976), p. 88.

4. 구스타보 구티에레즈, 「해방신학」(서울: 분도출판사, 1977), p. 11.

5. 손승희, 「여성신학의 이해」(서울: 한국신학연구소, 1989), p. 16.

6. Schleiermacher, *The Christian Faith*, p. 88.

7. Diogenes Allen, "Christian Values in a Post-Christian Context," *Postmodern Theology*, ed. Frederic Burnham(New York: Harper & Row, Publishers, 1989), p. 2.

8. Thomas Oden, *After Modernity... What? Agenda for the Theology*(Grand Rapids: Zondervan, 1991).

9. 목창균, "포스트모더니즘과 포스트모던 신학," 「교수논총」 제9집(서울: 서울신학대학교, 1998), pp. 111-136.

10. Ted Peter, "Toward Postmodern Theology," Part I-II, *Dialog* 23(Summer, 1985),

11. 영구적 철학은 준신비주의가 널리 수용되던 고대 문명에서 반복적으로 나타나는 형이상학적 신념들의 집합체다. 예를 들어, 세계는 신적 실체가 철저히 침투되어 있다거나 인간 영혼은 궁극적 신적 실재와 비슷하다는 신념이 이에 속한다.

12. Nancy Murphy and James Wm. McClendon Jr., "Distinguishing Modern and Postmodern Theologies," *Modern Theology*(April, 1989), pp. 191-192.

13. Harvey Cox, *Religion in the Secular City: Toward a Postmodern Theology*(New York: Simon & Schuster, 1984), pp. 20-25.

14. David R. Griffin, William A. Beardslee, J. Holland, *Varieties of Postmodern Theology*(Albany: State Univ. of New York Press, 1989), pp.1-7, John B. Cobb, "Two Types of Postmodernism: Deconstruction and Process," *Theology Today*(July, 1990).

15. Mark C. Taylor, *Deconstructing Theology*(New York: The Crossroad Publishing Company, 1982), p. xix.

16. Mark C. Taylor, *Erring: A Postmodern A/theology*(Chicago : University of Chicago Press, 1984).

17. Terrence W. Tilley, *Postmodern Theologies*(New York: Orbos Books, 1995), p. 59.

18. 그는 과정 신학자로 전 세계에 널리 알려져 있으며, 켈리포니아 산타 바바라에 포스트모던 세계를 위한 센터를 창립하여 포스트모더니즘 발전에 공헌하고 있다. 뉴욕 주립대 출판부(SUNY Press)에서 출판된 건설주의적 포스트모던 사상에 대한 일련의 문헌들이 그 센터의 작품들이다.

19. Tilley, *Postmodern Theologies*, p. 24.

20. Griffin, *Varieties of Postmodern Theology*, p. 40.

21. 특히 포스트모더니즘의 상대주의, 무중심주의, 거대 담론에 대한 거부, 다원주의 등이 기독교 신앙과 갈등을 일으킬 것이다.

22. 근본주의의 문제점은 분파적 분리주의, 문화적 고립주의, 개인적 율법주의, 고등교육에 대한 회의, 지나친 논쟁 지향주의, 무비판적 정치적 보수주의 등이었다.

23. 제한된 무오설은 성경 가운데 계시된 부분, 복음에 관련된 부분, 성경의 중심 주제, 즉 신앙과 실천에 관련된 부분에는 오류가 없는 반면, 비계시적인 부분, 복음과 관련 없는 부분, 성경의 주변적인 문제에 관련된 부분에는 오류가 있다는 견해다.

24. Mark Noll, Cornelius Plantinga, Jr., and David Wells, "Evangelical Theology Today," *Theology Today*(January 1995), pp. 495-507.

25. Stanley J. Grenz, *Revisioning Evangelical Theology : A Fresh Agenda for the 21st Century*(Downers Grove : InterVasity Press, 1993), p. 17.

26. Grenz, *Revisioning Evangelical Theology*, p.75

27. Ibid., pp. 92-93, 100.

28. Ibid., p. 83.

29. Clark Pinnock et al., *The Openness of God: A Biblical Challenge to the Tranditional Understanding of God*(Downers Grove: InterVarsity, 1994).

30. Dennis l. Okholm & Timothy R. Phillips(ed.), *More Than One Way?: Four Views on Salvation in a Pluralistic World*(Grand Rapids: Zondervan, 1995), pp. 95-102.

2장

포스트모더니즘과 포스트모던 신학

서론

서구 세계와 문화는 역사적 전환기에 있다. 현대와 현대사상은 막을 내리고, 새로운 시대와 사상이 출현하고있다. 포스트모던(postmodern) 시대와 포스트모더니즘(postmodernism)이 그것이다.

포스트모더니즘이란 용어는 문학, 예술, 건축, 철학, 사회이론, 매스컴 등 다양한 분야에서 사용되고 있으며, 하나의 현상이 아닌 여러 현상을 의미한다. 따라서 포스트모더니즘에 대한 통일된 정의는 존재하지 않는다. 그런데도 합리적으로 설명할 수 없거나 모순되고 혼란스러운 현상을 포스트모던으로 이해하는 경우가 적지 않다. 포스트모더니즘은 그 실체가 완전히 드러난 것이 아니라 아직도 형성 과정에 있다.

신학에도 포스트모던이란 용어가 사용되기 시작했다. 신학자들, 특히 미국 신학자들은 현대적 사고방식이 전환되고 있다고 생각한다. 현대 신학이 현대 정신과 세계관에 대한 응답으로 출현한 것이라면, 포스트모던 신학은 포스트모던 정신과 세계관에 대한 신학적 응답이다. 그러나 포스트모던 시대를 주도하는 신학이 무엇인가에 대한 의견이 일치하지 않는다. 어떤 이는 해방신학을, 어떤 이는 과정신학이나 해체주의 신학을 지적하나 아직 적절한 포스트모던 신학이 출현하지 않았다고 주장하는 이도 있다.

포스트모더니즘이 한국에도 이미 소개되어 문학, 예술분야에서 활발한 논의가 전개되고 포스트모던 사상에 대한 연구서적이 적지 않게 출판되었으나 포스트모던신학은 이제서야 소개되고 있다. 번햄이 편집한 「포스트모던 신학」이 번역되었고, 숭실대 〈한국기독교문화연구소〉에서 펴낸 「21세기, 포스트모더니즘과 기독교」 등이 있다.

포스트모더니즘은 복음적 기독교에 큰 도전인 동시에 복음증거를 위한 새로운 기회다. 포스트모더니즘은 무엇이며, 어떻게 일어났는가? 그 본질과 특징은 무엇이며, 현대주의와 어떻게 구별되는가? 포스트모더니즘에 대한 신학적 반응은 무엇인가? 이 연구는 포스트모던 사상과 신학에 대한 기초적 이해를 제공하는 데 그 목적이 있다.[1]

Ⅰ. 현대의 종말과 포스트모던 시대의 출현

포스트모더니즘은 서구 사회의 새로운 지성적 관점이다. 그것은 현대 세계관에 대한 반작용으로, 현대성의 모순과 부작용에 대한 대응으로 시작되었다. 동시에 그것은 현대주의의 논리적 발전이요 계승이다. 포스트모더니즘은 현대주의를 떠나서 생각될 수 없다. 포스트모더니즘의 본질과 성격을 파악하기 위해 그 출현 배경이 되는 현대성에 대한 논의가 선행되어야 한다.

서구 정신 문화의 역사는 흔히 세 단계로 구분된다. 전근대(premodern), 근대(modern), 후기근대(postmodern)이다. 전근대는 고대, 중세, 종교개혁시대를 포함하며, 우주론과 형이상학이 사상적 중심이다. 특히 그리스의 사변적 우주론과 기독교의 신학적 우주론이 결합되었다. 세계를 하나의 유기체로 간주한 것이 이 세계관의 특징이다. 피터스(Ted Peters)에 따르면, 이 시대는 "우주를 정신과 물질, 신과 자연, 자아와 전체의 단일 구조물로 간주하는 종교 의식에 의해 지배되었다. 형이상학적으로, 그리고 사회학적으로 모든 것이 하나의 계급적 계열(chain)에 연결되어 있다. 물질은 정신에, 노예는 왕에, 왕은 천사에, 그리고 모든 것은 하나님께 종속되어 있다."[2] 밀러(James Miller)에 따르면, 전근대 세계관의 주요 요소는 천상의 영역과 지상의 영역을 분리시키는 형이상학적 이론, 우주 안에 있는 사물들과 질서를 기술하는 목적론적 언어, 전통을 지식의 근원으로 간주하는 인식론, 인간을 우주의 중심으로 보는 인간관 등이다.[3] 한마디로, 전근대는 신적 계시를 진리의 최종 척도로 삼았다.

근대는 르네상스에서 준비되고 계몽시대에서 시작되었다. 계몽시대는 인간의 지위와 능력에 대한 평가를 향상시켰다. 인간을 역사의 주인공으로, 이성을 진리의 척도로 간주하는 현대 정신의 길을 열었다. 계몽사상의 특징, 곧 현대성의 기본 이념은 대략 세 가지로 요약된다.[4]

첫째, 이성에 대한 무한한 신뢰다. 현대는 이성의 시대며, 현대성의 이념적 핵은 이성 중심주의, 즉 합리주의다. 현대를 지배하는 이성적 사고는 전근대적 환상, 선입견을 거부하고, 합리적 비판을 통해 지식의 확실한 토대를 마련했다. 그 상징적 인물이 현대 서양철학의 아버지 데카르트(Rene Descartes)다. 그는 이성을 "잘 판단하고 참과 거짓을 분간할 줄 아는 능력"으로 규정하고, 그것에 절대적 신뢰를 두었다. 모든 사람이 이성을 고루 가지고 있다고 믿었다.[5] 그는 생각하는 자아의 존재를 진리탐구의 제1원리로 삼았다.

둘째, 기계적, 이원론적 세계관이다. 근대는 17세기 과학혁명과 더불어 시작되었다. 코페르니쿠스(Copernicus, 1473-1543), 케플러(Kepler, 1571-1630), 갈릴레오(Galileo, 1564-1642), 뉴톤(Newton, 1643-1727) 등이 이룩해낸 과학적 발견들은 전통적 우주관은 물론, 사유방식 자체를 근본적으로 변화시켰다. 중세의 천동설은 코페르니쿠스의 지동설로, 그리고 자연을 거대한 유기체로 간주하는 중세의 자연관은 뉴톤의 기계적 자연관으로 대체되었다. 현대인은 자연을 물체들의 단순한 운동으로 이루어진 거대한 질서 있는 기계로 이해하게 되었다. 한편 데카르트는 우주를 물질과 정신의 영역으로, 그리고 칸트는 현상과 실재의 영역으로 나누었다. 이런 이원론이 현대 세계관의 또 다른 특징이 되었다.

셋째, 진보에 대한 신앙이다. 역사의 진행을 반복적인 것으로 해석하는 순환론이 고대의 지배적 견해였다면, 그것을 발전적인 것으로 해석하는 진보론이 현대적 사고의 특징이다. 계몽시대는 진보에 대한 신앙의 시대다. 현대 사상가들은 적당한 방법을 사용하면 우주에 대한 진정한 지식에 이를 수 있다고 확신했다. 우주는 질서 있고 알 수 있는 것이었다. 현대 정신은 지식을 확실하고 객관적이며 좋은 것이라고 가정했다. 또한 현대 과학과 기술의 발달은 삶의 질을 향상시켰으며 진보가 불가피하다는 낙관주의적 전망을 확산시켰다. 낙관주의는 평화적 분위기, 급속한 산업화, 민주적 정치구조, 역사의 진행에 대한 진화론적 해석, 과학에 대한 신뢰 등으로부터 유래했다.

한편, 현대성의 문제점으로 지적되는 것은 분리주의였다. 현대 정신은 자아와 세계의 통일 의식을 파괴했다. 인간의 정신을 객관적 세계로부터 분리시켰다. 데카르트는 사유하는 인간의 주체(주관)와 자연적 대상(객체)을 예리하게 구별했다. "현대세계는 분리된 세계요, 깨어진 세계다." 전체를 부분들로 나누는 환원주의가 현대주의자의 방법론이다.[6]

현대에 대한 비판은 19세기 니체로부터 시작되었다. 니체의 비판은 계몽시대의 개념 거부에 그 토대를 두었다. 그가 신의 죽음을 선언한 것은 서양 이성 체계의 근거, 즉 형이상학의 정당성을 부정한 것이다. 또한 합리적 노력을 통해 발견되고 증명되는 보편적 진리를 거부한 것이다. 「짜라투스트라는 이렇게 말했다」(1883)의 출판은 현대성의 종말과 포스트모더니티의 잉태로 간주되었다.

앨렌에 따르면, 현대 세계를 지탱하고 있는 네 기둥이 붕괴되고 있다.[7] 자족성, 이성, 진보 그리고 낙관주의다. 우리가 자기 완결적인 우주 안에 살고 있다는 신념은 일반 철학적, 과학적 신념으로 더 이상 수용될 수 없었다. 이성 위에 전통적 도덕과 사회를 세우려는 모든 계몽주의적 시도들은 실패로 끝났다. 진보가 불가피하다는 개념은 범죄, 오염, 빈곤, 인종차별, 전쟁과 같은 심각한 사회, 경제적 문제들로 퇴색되었다. 지식이란 본래 선한 것이며, 학문은 선을 위한 도구라는 낙관적 신념은 유전공학의 남용, 핵무기의 위협 등으로 깨지게 되었다.

1차 세계 대전은 근대로부터 근대 후기로의 대 전환 시기였다. 포스트모던이란 용어는 이 역사적 전환을 나타내기 위해 1930년대에 처음 사용되었다. 스페인 작가 오니스(Federico de Onis)가 「스페인 및 라틴 아메리카 시 선집」

(1934)에서 현대주의에 대한 반작용을 나타내기 위해 그 용어를 도입했다. 1939년 영국 역사학자 아놀드 토인비는「역사의 연구」에서 현대는 제1차 세계 대전과 함께 종료되고, 새로운 시대가 시작되었다고 확신하고 포스트 모던이란 용어로 그것을 표현했다.[8] 포스트모더니즘은 1970년대까지 큰 영향력을 끼치지 못하다가 점차 건축과 예술 영역의 주목을 받게 되었다. 1980년대 들어 문학, 철학, 사회과학 등 학술분야는 물론, 대중문화에까지 널리 확산되었으며, 20세기 후반의 시대 정신으로 간주되었다.

　서구 지성사의 세 단계는 경계선을 명확히 그을 만큼 구별되지 않는다. 전근대에 발전한 거의 모든 것이 근대에 남아있으며, 근대의 요소들은 근대 후기의 도래에도 불구하고 쉽게 사라지지 않는다. 특히 포스트모더니즘과 모더니즘의 관계, 즉 불연속성과 연속성의 문제가 논쟁되고 있다. 많은 학자들, 특히 미국 학자들은 포스트모더니즘을 모더니즘으로부터의 이탈과 단절 또는 그것에 대한 비판적 반작용으로 이해한다. 이 경우, 포스트모더니즘은 탈모더니즘으로 번역된다. 한편, 다른 학자들은 포스트모더니즘을 모더니즘의 계승과 발전으로 생각한다. 포스트(post)라는 접두어는 단순히 모더니즘 다음에 오는 후시성(後時性)을 가리킬뿐 단절이나 이탈을 의미하지 않는다. 또한 중도적인 학자들은 포스트모더니즘과 모더니즘의 관계를 단절 또는 계승의 양자 택일적 관점이 아닌, 양자 모두를 포용하는 관점에서 이해한다. 존 캅에 따르면, 포스트모더니즘이 근대성에 속한 것 중에 거부한 것은 개인주의, 유물론적 원자주의, 인간중심주의, 관념론 등인 반면, 계승한 것은 자기 비판주의, 개인에 대한 관심, 인간 자유에 대한 헌신, 탐구의 자유 등이다. 따라서 포스트모더니즘은 현대주의의 논리적 발전이며 계승인 동시에, 현대주의에 대한 비판적 반작용이며 의식적 단절로 정의될 수 있다.[9]

Ⅱ. 포스트모더니즘의 본질과 특징

포스트모더니즘은 본래 미국에서 시작된 20세기 후반의 새로운 시대 사조였으나, 국가간의 경계선을 넘어 국제적 현상으로 대두되었다. 포스트모더니즘이란 용어가 처음 사용된 것은 건축분야였지만, 문학, 사진, 영화, 연극, 댄스, 비디오, 음악, 미술, 조각 등 대부분의 예술 형태는 물론, 사회과학, 자연과학 분야에도 나타나는 보편적 현상이 되었다. 따라서 포스트모더니즘은 어떤 단일한 운동이나 경향이라기보다 오히려 20세기 중엽부터 나타나기 시작한 여러 현상들에 대한 포괄적 명칭이라 할 수 있다. 하나의 포스트모더니즘이 존재하는 것이 아니라 여러 형태의 포스트모더니즘이 존재한다. 포스트모더니즘은 한마디로 정의하기 어려운 개념이요 현상이다. 포스트모더니즘이 무엇을 포함하고 있는가에 대해서도 학자들의 의견은 일치하지 않는다.

포스트모더니즘은 "현대 정신 사조의 핵심 이념, 원리 및 가치를 문제시하는 지성적 분위기와 문화적 표현"을 의미한다. 포스트모더니즘의 기본적 정서는 대개 부정적 성향을 지니고 있다. 그것은 현대성의 토대가 되는 계몽주의 정신에 대한 거부를 나타낸다.[10] 계몽주의가 현대의 개념이라고 한다면, 현대에 대한 비판으로서 등장한 포스트모더니즘이 반(反)계몽적일 수밖에 없다. 포스트모더니즘의 특징은 몇 가지로 정리될 수 있다.

첫째, 포스트모더니즘은 현대의 이성 중심주의와 보편주의 형이상학 전통에 대한 반성이며 반작용이다.[11] 그것은 현대적 이성과 합리주의에 대한 근본적 비판으로 정의된다. 포스트모던 정신은 진리를 합리적 영역에로 제한하거나 인간 지성을 진리의 전결자로 간주하는 것을 거부한다. 포스트모더니즘 운동은 현대 이성에 대한 비판을 급진화시킨 것이다.

둘째, 포스트모더니즘은 세계를 보는 새로운 관점이다. 그것은 현대의 세계관, 즉 객관적 세계관의 종말을 의미한다. 현대의 세계관은 실재가 정해져 있고, 인간의 이성은 그 질서를 자연 법칙 속에서 인식할 수 있다고 가정한다.[12] 우리의 진리 체계 속에 존재(present)한다고 가정되는 것은 실제로 주어진(given) 것이다. 반면, 생물학의 진화이론과 물리학의 양자 이론의 발전은 현대 세계관과 전혀 다른 세계관의 출현을 촉진시켰다.[13] 그것은 지각 대상이 되는 통일된 세계의 실재성을 부정한다. 포스트모던 사상가들은 우리가 실재하는 세계(real world)라고 부르는 것은 실제로 항상 변하는 사회적 창조라고 주장하며 비 실재론을 선호한다. 우리 세계는 일상 언어를 통해 건설되는 상징적 세계요 사회적 실재다. 현대 세계관이 기계적이요 결정적이라면, 현대 후기 세계관은 관계적이요 비결정적이다. 현대 사상가들은 객관적인 모든 것을 비인격적 기계장치로 이해했다. 세계를 기계 부속품과 같이 외적 관계로 연결된 독립적 부분들로 이루어진 것으로 간주했다. 반면, 포스트모던 사상가들은 세계를 내적 관계를 갖고 있는 역동적 연계체로 이해한다. 세계를 하나의 완성된 피조물로 보는 것이 아니라, 끊임없이 진화하며, 계속적으로 창조되는 것으로 본다. 인간은 이 계속적 창조과정의 산물인 동시에, 참여자다. 세계의 모든 존재는 상대적이요, 참여적이다. 스스로 존재하는 것은 없다. 존재한다고 하는 것은 관계를 맺는 것이다. 20세기 철학자 화이트헤드가 이러한 세계관을 가장 잘 대변했다. 그는 세계를 실체라는 개념으로서가 아닌, 사건이라는 개념으로 설명했다.[14]

셋째, 포스트모던 정신은 통전주의적이다. 포스트모더니티의 표어는 통전주의(wholism)다.[15] 현대의 세계관은 이원론적이다. 인간은 물질적 또는 객관적 세계로부터 분리된다. 반면, 포스트모더니즘은 현대 정신이 분리한 것을 재결합하며, 인식하는 인간 주체와 인식되는 객관적 세계 사이의 존재론적 연속성을 재확인한다. 포스트모던 의식의 중심은 전체에 대한 관심, 인격적, 우주적 통합에 대한 관심이다.

넷째, 포스트모더니즘은 염세주의와 상대주의적 경향을 지니고 있다. 그것은 이성의 자율성, 과학의 능력, 역사의 진보를 신뢰하는 현대의 낙관주의를 염세주의로 대체한다.[16] 지식은 본질적으로 선하며, 인간은 세계의 큰 문제를 해결할 수 있다는 낙관적 사고를 신뢰하지 않고, 인간의 유한성과 한계를 인정한다. 지식이 객관적이라는 계몽주의 신념을 받아들이지 않고 철저히 상대주의 입장을 취하고 있다. 절대적 진리, 영원불변적 실재, 모든 판단의 근거를 제공하는 초월적 관점이나 원리, 보편적 사실들은 존재하지 않는다. 모든 담론은 개별적이며 제한되고 편협하다. 리요타르드에 따르면 포스트모던은 "거대 담론

에 대한 불신"이다.[17]

다섯째, 포스트모더니즘은 중심성의 상실, 표준의 해체다. 포스트모던 문화적 표현의 중심은 다원주의다.[18] 포스트모더니즘은 현대의 유일성이나 전체성을 철거하거나 교정하는 반면, 다원성을 강조한다. 포스트모더니즘 또는 포스트모더니즘 운동은 그 자체 내에 많은 의미와 흐름을 지니고 있다. 그것은 여러 형태로 구분되지만, 대표적인 것은 해체주의와 건설주의 포스트모더니즘이다.[19]

포스트모더니즘은 건설적 대안을 제시하는 긍정적 방향보다는 현대주의를 예리하게 비판하는 부정적 방향으로 전개되었다. 특히 해체주의는 서구의 전통 형이상학인 실재론에 대한 공격을 중심 주제로 삼고 있다. 실재론에 따르면, 우리의 진리 체계 속에 존재한다고 가정되는 것은 실제로 주어진 것이다. 그것은 언어와 사유에 앞서 존재하며, 우리는 그것을 언어와 사유를 통해 적절히 파악한다. 해체주의는 언어와 개념에 선행하여 존재하는 실재에 결코 이를 수 없다고 주장한다. 또한 세계관의 필수 요소인 하나님, 자아, 목적, 의미의 제거를 통해 현대 세계관을 파괴하고, 신과 도덕성의 죽음 및 진리의 소멸을 가정한다. 자아는 순전히 관계적 감각 현상을 말하며, 자유란 존재하지 않는다. 세계는 무의미하며, 역사는 목표를 가지고 있지 않다. 선과 악이 없으며, 공유적(公有的) 가치도 없다. 보편성과 실재에 대한 현대의 주장은 사라지고, 절대적 상대주의가 출현한다. 그러나 해체주의에 따르면, 해체는 허무주의적 파괴를 의미하는 것이 아니라 적극적, 치료적 역할을 의미한다. 잘못된 개념으로부터 자유롭게 하는 것이다.[20]

해체주의적 포스트모더니즘의 철학적 토대를 마련한 사상가는 푸코(Michel Foucault), 데리다(Jacques Derrida), 로티(Richard Rorty) 등이다. 프랑스 출신의 푸코는 문화 역사학자요 니체주의자다. 그는 현대 세계관, 자아 개념, 인간론을 철저히 거부하고, 니체의 족보학(genealogy)을 도구로 서구 사상을 지배해온 질서를 비판했다. 지식과 권력의 관계를 밝히기 위해 담론의 학적 영역을 탐구했으며, 지식은 항상 권력으로부터 유래한다고 주장했다. 알제리 태생의 데리다는 유대인 철학자요, 니체의 재해석자다. 그는 플라톤, 헤겔, 니체, 훗셀, 하이데거와 같은 서구 철학 전통의 주요 인물들의 저서에 대한 창조적 재해석을 통해 자신의 견해를 발전시켰다. 그는 또한 로고센트리즘(logocentrism), 즉 언어의 토대에 존재의 임재 또는 본질이 있다는 가정을 공격하고, 언어가 고정된 실재에 연결된 의미를 가지고 있다는 것을 부정했다. 언어와 외적 세계 사이에 어떤 직선적 일치가 있다는 일반적 개념을 거부하고 양자를 연결하는 분명한 선을 긋는 것은 불가능하다고 주장했다. 미국 철학자 로티는 포스트모던 실용주의다. 그는 현대 자아 개념에 대한 공격에 동조하여 보편적 인간 자아를 부정했다.

반면, 건설주의적 포스트모더니즘은 현대 정신에 대한 항거로 일어났으나 그것을 거부하는 대신, 개정하려는 것이다. 즉 해체주의는 현대 세계관의 가능성을 제거함으로써 현대 세계관을 극복하려는데 비해, 건설주의는 현대의 전제들과 전통적 개념들의 개정을 통해 포스트모던 세계관을 구성함으로써 현대 세계관을 극복하려고 한다.[21] 건설주의자들은 인간은 적어도 어떤 가치관과 진리를 공유한다고 주장한다. 실제 세계, 자유와 진리, 도덕성의 존재를 인정한다. 그들은 세계에 대한 과학적, 도덕적, 미적, 종교적 관심들을 상관시키는 포스트모던 세계관을 형성하려고 한다. 생태학자, 평화주의자, 여권주의자의 관심을 지지하는 세계관을 제의한다.

건설주의적 포스트모더니즘은 화이트헤드의 과정사상을 철학적 토대로, 그의 창조성의 개념을 변화의 모델로 수용한다. 화이트헤드는 「과학과 근대 세계」에서 근대 세계의 종료를 암시했으며, 「과정과 실재」에서 과학, 종교, 철학의 새 방향을 제시하고 포스트모던적 사고의 길을 열었다. 화이트헤드 사상에 토대를 둔 건설주의적 포스트모더니즘은 현대 과학의 통찰력과 지혜를 수용하는 한편, 현대인의 관점에서 과거의 전통을 재평가해 오늘의 문제를 해결하려고 한다.

Ⅲ. 포스트모던 신학

1. 포스트모던 신학의 태동

포스트모더니티에 대한 보편적 정의는 아직 존재하지 않는다. 포스트모던 이란 용어는 최근 신학에서 지속적으로 사용되고 있으나, 그 의미들은 동일하지 않다. 공통적인 것은 현대적 사고방식이 전환되고 있다는 평가와 의식이다. 따라서 포스트모던 신학이 무엇인가에 대해 명확한 정의를 내리는 것은 쉬운 일이 아니다. 앞서도 얘기했듯 그것은 지금 형성과정에 있는 신학이기 때문이다.

현대 신학과 포스트모던 신학의 구별도 논란이 되고 있다. 포스트모더니티의 기준이 무엇이냐에 따라, 동일한 신학자가 포스트모던으로 분류되기도, 안 되기도 한다. 테드 피터스(Ted Peters)는 콕스(Harvey Cox), 테일러(Mark C. Taylar), 스미스(Huston Smith), 그리핀(David Griffin)의 포스트모던 신학 방법을 검토하고, 이 중 누구도 아직 적절한 포스트모던 신학을 제공하지 않았다고 평했다.[22] 반면, 머어피(Nancy Murphy)와 맥클레돈(McClendon)은 "현대신학과 포스트 모던 신학의 구별"에서 현대 사상의 세 가지 축으로 기초주의적 인식론, 표상-표현주의적 언어론 및 개인주의 또는 환원주의를 지적하고, 이것으로부터 벗어난 사상 형태를 포스트모던으로 정의했다. 그리고 이에 근거해 린드벡(George Lindbeck), 티이만(Ronald Thiemann), 콕스, 알타이저(Thomas Altizer), 타일러의 최근 저서를 분석하여 많은 신학자들이 포스트모던으로 분류되지만, 현대성과의 이탈 정도는 각각 다르다고 주장했다.[23]

포스트모던 신학은 현대 후기 세계관과 문화 및 의식의 전환에 대한 신학적 응답으로 이해될 수 있다. 포스트모던 정황의 조명 아래 기독교 메시지를 해석하려는 것이 포스트모던 신학이다. 그렇다면, 포스트모던 신학운동은 어디서 시작되는가? 토인비에 따르면, 제1차 세계대전이 그 결정적 전환점이다. 칼 바르트가 포스트모던 신학의 시발점으로 지목될 수 있다. 그는 1차 대전과 그 선행적 사건들에 대한 경험을 통해 많은 현대적 실험들을 거부했다. 그렇다고 그가 포스트모던 패러다임의 개척자는 아니었다. 단지 발기인이나 선창자로 간주될 수 있을 뿐이다. 1964년 존 캅이 신학에서 포스트모던이란 용어를 처음 사용했으며, 뉴 예일학파(New Yale School)는 미국에서 가장 영향력 있는 포스트모던 실험을 했다. 이 학파는 린드벡(George Lindbeck), 켈시(David Kelsy), 프레익(Hans Freirk) 등이 그 학파의 지도적 인물들이었으며, 새로운 인식론적 상황을 기독교 진리, 성경 및 교리 이해에 대한 새 도전으로 간주했다.[24]

2. 포스트모던 신학의 조류

포스트모던 신학은 여러 흐름과 형태로 전개되고 있다. 존 캅(John Cobb, Jr.)은 포스트모더니즘을 해체주의와 과정사상으로, 그리고 칼 헨리(Carl Henry)는 해체적 접근과 건설적 접근으로 구별했다. 알렌(Diogenes Allen)은 그것을 네 종류, 즉 칼 바르트에 의해 대표되는 고백적 흐름, 실존주의적-해석학적 흐름, 신학적 해체 및 과정신학으로 분류했다. 그리핀(D. R. Griffin)은 포스트모던 신학을 네 가지 기본 형태로 분류했다. 해체, 해방, 건설 및 보수적 포스트모던 신학이다.[25] 이 가운데 해체주의, 건설주의, 해방주의 신학을 중심으로 포스트모던 신학의 흐름을 살펴보자.

1) 해체주의적 신학

해체주의적 신학은 푸코와 데리다로 대변되는 해체주의 포스트모더니즘에 근거한 신학이다. 그것은 전통적 가치 체계의 해체에 근거해 전개된 부정적 성격의 신학이다. 그것은 하나님, 자아, 진리, 목적, 의미, 실제적 세계의 존재를 부정하고, 일체의 세계관을 파괴한다. 전통적 신 개념을 현 시대에 맞게 재해석한 것이 아니라, 하나님 자체의 죽음을 가정한다.

해체주의적 신학은 신학의 실제적 또는 문자적 제거를 의미하는 것은 아니다. 그것은 전통 신학의 근본 토대의 해체를 통해 신학을 갱신하고 재생하려는 것이다. 따라서 해체주의는 신의 죽음의 중요성을 강조하고 있다. 테일러에 따르면, "해체가 신의 죽음의 해석학이며, 신의 죽음이 해체의 신학"이다.[26] 해체주의 사조와 운동은 헤겔, 키에르케고르, 니체 등의 영향을 통해 형성되었으며, 특히 그 중심 역할을 한 사람은 프랑스 철학자 데리다이다.

해체주의적 신학의 대표로 간주되는 사람은 막크 테일러(Mark C. Taylor)다. 그는 하바드대학 출신으로 현재 마사추세츠 주의 윌리암스대학 종교학 교수이며, 미국 최초의 탈 교회적 조직신학자로 평해진다. 대표적 저서로는 「방황-포스트모던 비/신학」(Erring - A Postmodern A/theology)과 「해체 신학」(Deconstructing Theology) 등이 있다.

테일러는 신의 죽음을 받아들이고, 그에 근거해 비/신학(a/theology) 또는 해체주의 신학을 전개했다. 그럼에도 그는 자신의 신학은 인본주의적 무신론에 기초한 것이 아니라 급진적 기독론에 기초한 것이라고 주장했다.[27] 그는 초월적 하나님이 이 세상의 물질에 완전히 육화되어 저 세상적이며 초월적인 것이 남아있지 않다고 믿었다. 또한 신의 죽음과 더불어, 서구의 대표적 이념들, 즉 자아, 진리, 역사, 의미, 선과 악의 개념의 제거와 파괴를 주장했다. 그는 신학을 건설하기보다 파괴했다. 그리고 그것을 포스트모더니즘으로 불렀다.

테일러에 따르면, 포스트모던 시대의 인간은 목표가 없는 삶, 즉 방랑의 삶을 사는 존재다. 그들은 옛 확실성의 상실과 새 신념의 발견 사이에서 방황하며, 신앙과 불신앙의 경계선에서 산다. 테일러 자신도 이 부류에 속한다. 「방황」에서 그는 대립적 세계의 주변에서 살아갈 수 있는 가능성을 해명했다. 그의 저서의 독특한 주제는 서구 전통 사상의 양극, 즉 헤겔과 키에르케고르, 구조주의와 탈구조주의, 보편주의와 개별주의 사이에 위치하는 여백이다. 그는 헤겔의 보편적 긍정(both/and)과 키에르케고르의 양자택일적 선택(either/or) 대신, 해체(neither/nor)를 제3의 변증법으로 받아들였다.[28]

테일러는 서구 전통 사상의 양극 사이에서 자신이 활동할 수 있는 공간을 발견하고 그것을 포스트모던 시대에 종교적 반성을 위한 토대로 간주했다. 그는 신앙과 불신앙 사이에 위치해 있었다. 그의 사상은 신학적인 것도 비신학적인 것도, 유신론적인 것도 무신론적인 것도, 종교적인 것도 세속적인 것도 아니었다. 그것은 항상 중간에 있다. 그것은 근접성과 거리, 유사성과 차이, 내면성과 외면성을 동시에 의미하는 경계선을 주목한다. 비/신학적 반성은 방황하고 배회하고 정상적인 진로에서 이탈하는 경향이 있다. 비/신학은 유랑사상으로 정의될 수 있다.

한편, 테일러의 해체주의적 신학은 상대주의와 허무주의로 귀결된다고 비판받고 있다. 그가 영원한 진리란 없고, 오직 영원한 흐름만 있다고 주장하며 진리의 상실을 강조했기 때문이다.[29] 신의 죽음은 동시에 자아와 목적의 상실을 의미한다. 신이 사라지면, 자아는 물론, 역사의 목적 자체가 사라지기 마련이다. 테일러의 해체주의적 포스트모던 신학은 초월적 하나님뿐 아니라 참 세계를 거부하는 극단적 허무주의적 신학을 구성한다.

반면, 해체주의 지지자들은 해체는 건설에 반대된다거나 해체주의적 입장은 상대주의나 회의주의로 이르게 된다는 비판을 잘못된 신념으로 취급했다. 그들은 해체는 잘못된 개념으로부터 우리를 자유롭게 한다고 주장했다. 테일러는 해체주의가 서구 정신의 자기 파괴의 표현이며, 이 파괴가 도리어 구원의 역설적 도래가 된다고 보았다. 그러나 그리핀에 따르면, "해체적 포스트모더니즘이 제공하는 치료는 그 질병만큼이나 위험한 것이다."[30]

2) 건설주의적 신학

건설주의적 신학은 건설주의적 포스트모더니즘에 근거한 긍정적, 적극적 성격의 신학을 말한다. 건설주의적 포스트모더니즘은 현대주의의 잇점을 포기하지 않고 오히려 현대의 계획들을 확장 또는 완성하려고 한다.[31] 해체주의적 신학이 신, 진리, 자유, 가치, 도덕성의 소멸과 제거를 주장한데 반해, 건설적 신학은 그들의 존재를 인정하고 그들에 대한 서구 사상의 한계를 극복하려한다.

건설주의적 신학의 대표자는 미국 클레어몬트 신학대학 교수 존 캅과 데이비드 그리핀이다. 과정신학 분야에서의 활동으로 그들은 이미 세계적으로 알려져 있다. 특히 그리핀은 캘리포니아, 산타 바바라에 포스트모던 세계를 위한 센터를 창립하여 포스트모더니즘 발전에 크게 공헌하고 있다. 뉴욕 주립대 출판부(SUNY Press)에서 출판된 건설주의적 포스트모던 사상에 관한 일련의 문헌들은 그 센터의 작품이다.[32] 그들은 현대성의 분석, 해체주의적 포스트모더니즘의 비판, 포스트모던 세계관의 토대, 즉 화이트헤드 철학 연구, 만유재신론(panentheism)의 적용 등을 다루고 있다.

그리핀은 해체주의적 포스트모더니즘을 포스트모더니즘이 아닌, 초현대주의(ultramodernism) 또는 최고의 현대주의(mostmodernism)로 취급했다. 왜냐하면 그것은 현대성의 일부 전제들의 논리적 결론으로부터 유래한 것이기 때문이다.[33] 해체주의 신학은 현대 무신론적 신학 가운데 하나다. 반면, 그는 자신의 입장을 건설적, 재건적, 또는 개정적 포스트모더니즘으로 간주했다. 그것은 현대성의 전제들 가운데 많은 것에 도전하며 그들을 개정하고 있기 때문이다. 그리핀의 포스트모더니즘은 화이트헤드(Whitehead)의 과정철학에 근거하여 현대성의 전제들을 개정하며 하나님과 자아와 같은 관념에 새로운 의미를 부여하는 것이었다.[34]

그리핀에 따르면, 현대 사상의 전제 가운데 문제가 되는 것은 두 가지다. 감각이 지각의 근본 형태라는 것과 세계의 근본 존재들은 자발성(spontaneity)을 결여하고 있다는 것이다. 전자가 감각론(sensationism)이고, 후자가 기계적 자연관, 비물활론(nonanimism)이다. 이들 모두 초자연주의의 영향 아래 형성된 것이다. 현대 사상가들은 우리가 외부 세계에 대한 지식을 획득할 수 있는 유일한 방법이 감각이며, 선악에 대한 지식과 같이 감각 경험을 통해 배울 수 없는 지식을 공급하는 것은 초자연적 교훈이라고 생각했다. 한편, 비물활론은 세계의 구성요소들은 스스로 움직일 수 있는 힘을 가지고 있지 않다는 주장이며, 그것 역시 초자연적 유신론으로부터 유래한 것이다. 하나님이 모든 창조적 힘을 가지고 있다면 세계는 아무 것도 가질 수 없다.[35]

초자연적 유신론은 현대 후기에 들어 점차 그 영향력을 잃게 되었다. 해체주의적 포스트모더니즘은 초자연적 유신론의 영향 아래 형성된 현대 사상의 전제들을 거부했다. 반면, 건설주의적 포스트모더니즘은 현대성의 비물활론을 개정하여, 신물활론(neoanimism), 즉 자연적 유신론을 주장했다. 그것은 모든 현실적 개체들이 자발성의 원리를 구현하고 있다는 견해다. 그 개체들에서 구현되고 있는 궁극적 실재가 창조성이다. 자연적 유신론은 감각 배후에 있는 실재를 세계와 상호 작용하는 유기체로 이해한다. 그것은 화이트헤드의 만유재신론(panentheism)과 같은 것이다. 하나님은 모든 것 안에 있고, 모든 것은 하나님 안에 있다. 초자연적 유신론은 오직 하나님만이 창조적 힘을 가지고 있다고 주장하는 반면, 자연적 유신론은 하나님은 물론, 유한한 존재도 그것을 가지고 있다고 주장한다.[36]

그리핀은 자연적 유신론에 근거하여 생태학적 포스트모던 신학을 주장했다. "포스트모던 사상은 철저히 생태학적이며, 생태학 운동에 의해 대중화된 통찰력에 철학적 신학 토대를 제공한다. 그것이 우리 문화의 새 파라다임을 위한 토대가 된다면, 미래 세대들은 생태학적 의식과 함께 성장할 것이다."[37] 그리핀은 이원론적이며 초자연적인 현대 세계관을 거부했다. 데카르트는 정신과 물질, 주체와 객체를 이분법적으로 분리하고, 주체로서의 인간을 객체로서의 자연의 주인과 소유자로 간주했다. 이러한 인간 중심적 세계관은 자연환경 파괴와 착취를 허용하고 생태계의 위기를 촉발시켰다.

그리핀은 세계 안에 있는 모든 존재들은 자유롭다고 생각했다. 어떤 것도 전적으로 수동적이거나 또는 능동적이지 않고, 모든 것이 창조적이다. 이 자유와 창조성의 부정으로 생태학적 위기가 일어난다. 그리핀은 이 위기를 해소하기 위해 자연적 유신론에 호소했다. 그는 인간을 자연의 일부로, 더 이상 자연 공동체와 분리되어 생각될 수 없는 것으로 보았다. 그리핀은 우리 자신과 모든 창조물과의 조화를 이루는 공동체의 범 세계적 생태학적 비전(vision)을 제시했다.[38]

그리핀의 건설주의적 신학은 화이트헤드의 철학에 토대를 두고 있는 것이 특징인 동시에 약점이다. 화이트헤드의 형이상학은 성서적 신 이해를 왜곡한다는 비판을 받고 있기 때문이다. 화이트헤드는 성서 계시에 대한 참조 없이 그 자신의 신 이해를 제시했다.[39]

3) 해방주의적 신학

하비 콕스(Harvey Cox)는 「세속도시」(The Secular City)의 저자로 널리 알려진 하바드대학 교수요 신학자다. 1965년 출판된 「세속도시」는 영문판만도 수십만 부가 팔린 베스트 셀러였으며 콕스를 일약 세계적인 인물로 만들었다. 이 책에서 그는 기독교의 철저한 세속화를 주장했다. 세속화는 종교를 무시하며 종교적 세계관을 상대화시키는 것이다. 따라서 세속화 사회는 종교가 전혀 없는 시대라고 할 수 있다. 그러나 콕스는 최근 저서 「세속도시의 종교: 포스트모던 신학을 향하여」(Religion in the Secular City: Toward a Postmodern Theology)에서 이제 종교가 소생하고 있다고 인정한다. 그는 "종교의 소멸보다는 종교의 재생(rebirth)이 가장 심각한 질문들을 제기하는 때에 기독교 메시지를 해석하는 것"이 포스트모던 신학의 과제로 보았다.[40]

콕스는 포스트모던 신학은 사회의 주변에 있는 운동, 즉 문화적 현대성에 대한 반작용으로부터 나올 것이라고 보았다. 그는 포스트모던 신학을 주도할 두 후보로 매스 메디아 근본주의와 해방신학과 결합된 기초–공동체 운동을 지목했다. 그리고 해방신학을 포스트모던 시대 선두에 설 최고의 기독교 신학 후보로 평가했다. 해방신학만이 포스트모던 신학에 대한 약속을 가지고 있기 때문이다. 근본주의는 반 현대적이며 포스트모더니티에 항거적인데 반해, 해방신학은 사회정의, 가난한 자의 권리, 구원에 대한 공동적 이해, 온건한 개혁으로부터 혁명적인 것으로 확장하는 정책을 주장한다.[41] 공동체 문제가 미래 지향적 기초 공동체와 과거 지향적 근본주의의 결정적 차이다. 근본주의 운동은 고립된 개인으로 이루어진 대중에게 호소한다. 반면, 라틴 아메리카에서 시작된, 기초 공동체 운동은 인격적 관계의 기계적 개념보다는 유기적 관계에 기초한 작은 그룹과 조직체에의 참여를 강조한다. 테드 피터스에 따르면, "포스트모던 잠재력을 가진 해방신학의 가장 탁월한 면은 기초 공동체(base communities)에 대한 긍정이다."[42] 그러므로 콕스는 해방신학을 수용하여 포스트모던 정신의 도전에 응전해야 한다고 생각했다.

한편, 콕스의 견해에 대한 문제점으로 지적되는 것은 해방사상이 과연 포스트모던적이냐 하는 것이다. 피터스는 해방사상은 사유의 현대적 형태에 속하며, 해방신학은 현대적 삶을 변호한다고 보았다. 머피는 콕스가 변호하고 있는 해방신학이 현대적인지 또는 포스트모던적인지 분명치 않다고 지적했다.[43]

결론

포스트모더니즘은 20세기 후반의 시대정신이요, 새로운 세계관이다. 그것은 하나의 운동이나 경향이 아닌, 여러 현상을 포괄적으로 나타내는 명칭이다. 따라서 한마디로 정의하기 어려운 개념이요 현상이다. 포스트모더니즘은 모더니즘의 계승과 단절, 양면을 모두 포함하고 있다. 포스트모더니즘의 특징은 합리주의에 대한 철저한 비판, 관계적 세계관, 통전주의, 상대주의, 다원주의 등으로 요약된다.

포스트모더니즘의 공헌은 현대 이성과 과학의 한계를 지적한 것이다. 포스트모더니즘은 이성의 자율성, 과학의 효능, 역사의 진보를 맹목적으로 신뢰한 계몽주의를 비판하고 그 환상을 깨뜨렸다.

기독교 세계관과 포스트모더니즘은 공통적인 요소를 지니고 있다. 계몽주의 인식론에 대한 비판도 그 하나다. 포스트모더니즘은 현대 정신의 토대, 즉 지식은 확실하고 객관적이며 좋다는 가정과 확실성의 기준은 인간의 합리적 능력에 있다는 가정을 거부한다. 복음주의적 기독교 역시 합리적, 과학적 방법이 진리의 유일한 척도라는 것을 부정한다. 이 외에도, 진보, 도덕적 완전, 기술적 발전에 대한 회의도 서로 공유하는 부분이다.

포스트모더니즘의 도래는 복음주의적 기독교인에게 큰 기회다. 포스트모더니즘은 새로운 의식으로 기독교 진리를 재진술하며 복음을 증거할 수 있는 기회와 성서 계시의 의미에 대한 새로운 통찰을 제공한다. 따라서 기독교 정신은 포스트모더니즘을 비판적으로 수용할 수 있는 여지가 있다.

동시에, 포스트모더니즘은 기독교인에게 새로운 도전이다. 왜냐하면, 그것은 현대주의와 다른 근거에서 기독교를 공격하기 때문이다.

첫째, 포스트모더니즘의 철저한 상대주의적 입장은 객관적 또는 보편적 진리의 존재를 부정하고 성경의 절대성과 기독교 교리의 객관성을 손상시킨다.

둘째, 포스트모더니즘의 무 중심주의는 통일된 중심이 있으며, 그 중심이 예수 그리스도라고 믿는 기독교 신앙과 충돌한다.

셋째, 포스트모더니즘의 중심교리, 즉 거대 담론(metanarrative))의 거부는 거대 담론을 믿는 기독교 신앙과 모순된다. 기독교는 인류 구원과 창조 목적 완성을 위한 하나님의 활동의 이야기가 거대 담론이며, 그 초점은 나사렛 예수의 이야기라고 선언한다. 거대 담론에 대한 포스트모더니즘의 불신이 기독교 진리에도 적용될 때, 양자의 충돌은 피할 수 없다.

넷째, 포스트모더니즘의 다원주의는 기독교를 여러 다른 신앙 가운데 하나로 취급하며,

기독교의 배타적 교리의 희생과 성경적 계시와 영감의 거부로 귀결된다.

포스트모던 신학에 대한 활발한 논의가 계속되고 있음에도 불구하고, 분명한 정의가 제시된 것은 아니다. 포스트모던 정신과 세계관에 대한 신학적 응답 가운데 대표적인 것이 해체주의 포스트모던 신학과 건설주의 포스트모던 신학이다. 그들은 포스트모더니즘의 두 조류, 즉 해체주의와 건설주의에 근거한 것이다. 해체주의 신학은 하나님, 자아, 진리를 비롯, 전통적 가치 체계와 신학 토대 해체를 주장하는 부정적 신학이다. 그것은 포스트모던적인 것이 아니라 실제로 현대적인 것이며, 결국 상대주의 또는 허무주의로 귀결된다고 비판받는다.

건설주의 신학은 화이트헤드의 과정사상에 기초하여 포스트모던 사고를 분석하고 새로운 세계관의 방향을 규정하려는 긍정적 신학이다. 그것은 21세기를 주도할 신학으로 평가받고 있으나, 그것 역시 태생적 한계를 지니고 있다. 그 사상적 기반인 화이트헤드의 신관이 기독교 계시에 대한 참조가 전혀 없으며, 성서의 하나님을 자주 왜곡하고 있기 때문이다.

주(註)

1. 복음주의적 관점에서 다룬 문헌으로는 미국 복음주의 신학회에서 편집한 *The Challenge of Postmodernism*과 그렌즈(Grenz)의 *A Primer on Postmodernism* 등이 있다.

2. Ted Peters, "Toward Postmodern Theology", part I, *Dialog* 24(Summer, 1985), pp. 221-223. 피터스는 서구 문화의 역사를 세 단계로 구분하는 패러다임을 제시하고 도표를 통해 이를 요약, 대비하고 있다.

3. James B. Miller, "The Emerging Postmodern World," in *Postmodern Theology*, ed. Frederic B. Burnham(New York: Harper & Row, Publishers, 1989), p. 2.

4. 윤평중, 「포스트모더니즘의 철학과 포스트마르크스주의」(서울: 서광사, 1992), pp. 16-23 참조.

5. 최명관, 「데까르트」(서울: 지문각, 1968), p. 97.

6. Ted Peters, "*Toward Postmodern Theology*," Part I, p. 221.

7. Diogenes Allen, "Christian Values in a Post-Christian Context," in *Postmodern Theology*, ed. Burnham, pp. 21-25.

8. R. Albert Mohler, Jr., "The Integrity of the Evangelical Tradition and the Challenge of the Postmodern Paradigm," in *The Challenge of Postmodernism*, ed. David S. Dockery(Wheaton, Ill.: A Bridgepoint Book, 1995), p. 68.

9. 토마스 오든(Thomas Oden)에 따르면, 포스트모더니티는 단순히 현대를 뒤이을 역사의 기간을 말한다. 현대성이 지금 끝나고 있는 세계관에 의해 특징지어지는 기간이라면, 시간적으로 그 다음에 오는 것은 무엇이든, 포스트모더니티로 불릴 수 있다. post는 단순히 after를 의미한다. Thomas Oden, "The Death of Modernity and Postmodern Evangelical Spirituality," in *The Challenge of Postmodernism*, p. 25.

10. Stanley J. Grenz, *A Primer on Postmodernism*(Grand Rapids: Wm. B. Eerdmans Publishing Co., 1996), pp. 12-13.

11. 김혜숙 편, 「포스트모더니즘과 철학」(서울: 이화여자대학교출판부, 1995), p. 8.

12. Grenz, *A Primer on Postmodernism*, p. 40.

13. Miller, "*The Emerging Postmodern World*," pp. 8-10.

14. Ibid., pp. 9-13.

15. Ted Peters, "*Toward Postmodern Theology*," Part I, p. 221.

16. Grenz, *A Primer on Postmodernism*, p. 7.

17. Jean-Francois Lyotard, *The Postmodern Condition: A Report on Knowledge* (Minneapolis: University of Minnesota Press, 1984), pp. xxiii-iv.

18. Grenz, *A Primer on Postmodernism*, pp. 19-20.

19. Carl F. H. Henry, "Postmodernism: the New Spectre?," *The Challenge of Postmodernism*, pp. 38-40, 48-49.

20. J. Richard Middleton and Brian J. Walsh, "Facing the Postmodern Scalpel", *Christian Apologetics in the Postmodern World*, ed. Timothy R. Phillips & Dennis L. Okholm(Downers Grove, Ill. : Inter Varsity Press, 1995), p. 136; A. T. Nuyen, "Postmodern theology and postmodern philosophy", *International Journal for Philosophy of Religion*, no. 2, vol. 30(1991), p. 73.

21. David R. Griffin, William A. Beardslee, J. Holland, *Varieties of Postmodern Theology* (Albany: State Univ. of New York Press, 1989), p. xii.

22. Ted Peters, "*Toward Postmodern Theology*", Part I-II. 콕스의 해방사상은 현대적 사유의 형태며, 포스트모던 아젠다의 강조점을 충분히 설명하지 못한다. 테일러의 해체주의(deconstructionism)는 포스트모던이 추가되고 있지만, 실제로 엄격히 모던 아젠다로 남는다. 영구적 철학(perennial philososphy)으로 돌아가자는 스미스의 제의는 포스트모던을 향한 전진이라기 보다 프리모던에로의 귀환을 나타낸다. 마지막으로 과정

신학자 Griffin은 포스트모던 통찰의 본질과 중심을 가장 잘 이해하고 있으나, 그가 신학적 건설을 위해 의존하고 있는 화이트헤드의 형이상학은 예수 그리스도를 통해 계시된 하나님 이해를 너무 자주 왜곡한다.

23. Nancy Murphy and James Wm. McClendon, Jr., "Distinguishing Modern and Postmodern Theologies," *Modern Theology*(April 1989), pp. 191-192.

24. Mohler, "The Integrity of the Evangelical Tradition and the Challenge of the Postmodern Paradigm," in *The Challenge of Postmodernism*, pp.73-77: Griffin, *Varieties of Postmodern Theology*, p. 7.

25. John B. Cobb, "Two Types of Postmodernism: Deconstruction and Process," *Theology Today*(July, 1990); Henry, "Postmodernism: the New Spectre?," *The Challenge of Postmodernism*, pp. 38-40, 48-49; Diogenes Allen, *Christian Belief in a Postmodern World: The Full Wealth of Conviction*(Louisville: Westminster, 1989); Griffin, *Varieties of Postmodern Theology*, pp. 1-7.

26. Mark C. Taylor, *Deconstructing Theology*(New York: The Crossroad Publishing Company, 1982), p. xix.

27. Mark C. Taylor, *Erring: A Postmodern A/Theology* (Chicago: University of Chicago Press, 1984), p. 103.

28. Terrence W. Tilley, *Postmodern Theologies*(New York: Orbis Books, 1995), p. 59.

29. Taylor, *Erring: A Postmodern A/Theology*, pp. 170, 172, 175, 180.

30. Griffin, *Varieties of Postmodern Theology*, p. 40.

31. Tilley, *Postmodern Theologies*, pp. vii, 3.

32. D.R. Griffin(ed.), *Spirituality and Society: Postmodern Visions*(Albany: State Univ. of New York Press, 1988);

D. R. Griffin/ W. A. Beardslee/ J. Holland, *Varieties of Postmodern Theology*(Albany: State Univ. of New York Press, 1989); D. R. Griffin(ed.), *The Reenchantment of Science : Postmodern Proposals*(Albany: State Univ. of New York Press, 1989); D. R. Griffin, *God and Religion in the Postmodern World*(Albany: State Univ. of New York Press, 1989).

33. Tilley, *Postmodern Theologies*, p. 17.
34. Griffin, *Varieties of Postmodern Theology*, p.30.
35. Ibid., pp. 41-42.
36. Ibid., p. 48.
37. Tilley, *Postmodern Theologies*, p. 24.
38. Ibid., pp. 21-23.
39. Grenz, *A Primer on Postmodernism*, p. 40.
40. Harvey Cox, *Religion in the Secular City: Toward a Postmodern Theology*(New York: Simon & Schuster, 1984), p. 20.
41. Ibid., p. 25.
42. Peters, "*Toward Postmodern Theology*," Part I, p. 224.
43. Peters, "Toward Postmodern Theology," Part I, p. 224; Murphy and McClendon, "Distinguishing Modern and Postmodern Theologies," *Modern Theology*, p. 209.

참고 문헌

1부 자유주의 신학

1장. 자유주의 신학의 태동

Barth, Karl. *Protestant Theology in the Nineteenth Century.* Valley Forge: Judson. 1973.

Ford, David F., ed. *The Modern Theologians: An introduction to Christian theology in the twentieth century.* vol. I – II. Oxford: Basil Blackwell, 1989. Gundry, Stanley N., Johnson, Alan F., ed. *Tensions in Contemporary Theology.* Chicago: Moody Press, 1976.

Heron, Alasdair I. C. *A Century of Protestant Thought.* London: Lutterworth Press, 1980.

Kant, Immanuel. *Religion within the Limits of Reason Alone.* New York: Harper & Row, Publishers, 1960.

Macquarrie, John. *Twentieth-Century Religious Thought.* London: SCM, 1963.

Schleiermacher, Friedrich D. E. *The Christian Faith.* Philadelphia: Fortress Press, 1976.

Smart, Ninian. *Nineteenth Century Religious Thought in the West.* vol. 1 – 3. Cambridge: Cambridge University Press, 1985.

Welch, Claude. *Protestant Thought in the Nineteenth Century.* vol. I – II. New Haven: Yale University Press, 1972.

게리쉬, B. A. 「19세기 개신교 신학」 목창균 역. 서울: 대한기독교서회, 1990.

게리쉬, B. A. 「현대 신학의 태동」 목창균 역. 서울: 대한기독교서회, 1988.

매킨토쉬, H. R. 「현대 신학의 선구자들」 김재준 역. 서울: 대한기독교서회, 1973.

목창균. 「슐라이에르마허의 신학 사상」 서울: 한국 신학 연구소, 1991.

호오던, 윌리암. 「프로테스탄트 신학 개요」 서울: 대한기독교서회, 1976.

2 - 3장. 슐라이에르마허

Barth, Karl. *The Theology of Schleiermacher*. Tr. G. W. Bromiley. Grand Rapids: W. B. Eerdmans Publishing Co., 1982.

Beisser, Friedrich. *Schleiermachers Lehre von Gött*. Gottingen: Vandenoeck and Ruprecht, 1970.

Bender, Wilhelm. "Schleiermachers theologische Gotteslehre," *Jahrbücher für deutsche Theologie*, XVII. Gotha: Rudolf Besser, 1871.

Christian, W. *Friedrich Schleiermacher*. Waco: Word Books, Publisher, 1979.

Cross, George. *The Theology of Schleiermacher*. Chicago: The University of Chicago Press, 1911.

Dilthey, Wilhelm. *Leben Schleiermachers*. 2 Bande. Ed. Martin Redeker. Berlin: Walter de Gruyter & Co., 1970.

Fluckiger, Felix. *Philosophie und Theologie bei Schleiermacher*. Zollikon - Zurich: Evangelischer Verlag AG., 1947.

Foster, F. H. "Schleiermacher's Absolute Feeling of Defence and its Effects on his Doctrine of God," *Bibliotheca Sacra* 40(1883).

Gerrish, B. A. *A Prince of the Church*. Philadelphia: Fortress Press, 1984. 「현대 신학의 태동」 목창균 역. 서울: 대한기독교서회, 1988.

_____ . *Tradition and the Modern World: Reformed Theology in the Nineteenth Century*. Chicago: University of Chicago Press, 1978. 「19세

기 개신교 신학」 목창균 역. 서울: 대한기독교서회, 1990.

Johnson, William A. *On Religiion: A Study of Theological Method On Schleiermacher and Nygren.* Leiden: E. J. Brill, 1964.

Mackintosh, Hugh Ross. *Type of Modern Theology : Schleiermacher to Barth.* New York: Charles Scribner's Sons, 1937.「현대 신학의 선구자들」김재준 역. 서울: 대한기독교서회.

Redeker, Martin. *Schleiermacher: Life and Thought.* Philadelphia: Fortress Press, 1973.「슐라이에르마허의 생애와 사상」주재용 역. 서울: 대한기독교서회.

Schleiermacher, Friedrich Daniel Ernst. *Aus Schleiermachers Leben in Briefen.* 4 vols. Berlin: Druck und Verlag von Georg Reimer, 1860 – 1863.

_____ . *Der Christliche Glaube nach den Grundsaetzen der evangelischen Kirche im Zusammenhange dargestellt.* Ed. Martin Redeker. 2 vols. 7th ed. Berlin: Walter de Gruyter & Co., 1960. E. T.: The *Christian Faith..* Tr. H.R. Mackintosh and J. S. Stewart. Philadelphia: Fortress Press, 1976.

_____ . *Briefe Schleiermachers.* Ed. Hermann Mulert. Berlin: Im Propylaen – Verlag, 1923. E. T.: *The Life of Schleiermacher as Unfolded in his Autobiography and Letters.* Tr. F. M. Rowan. 2 vols. London: Smith, Elder and Co., 1860.

_____ . *Kurz Darstellung des Theologischen Studium zum Behuf Einleitender Vorlesungen.* Leipzig: A. Deichert, 1910. E. T.: *Brief Outline on the Study of Theology.* Tr. Terrence N. Tice. Atlanta: John Knox Press, 1977.

_____ . *On the Glaubenslehre Two Letters to Dr. Lücke.* Chico: Scholars Press, 1981.

_____ . *Über die Religion*. Göttingen: Vandenhoeck & Ruprecht, 1967. E. T.: *On Religion: Speeches to Its Cultured Despisers*. New York: Harper & Row, Publisers, 1958.

Süskind, Hermann. *Der Einfluss Schellings auf die Entwicklung von Schleiermachers System*. Tübingen: Mohr, 1909.

Williams, Robert R. *Schleiermacher the Theologian*. Philadelphia: Fortress Press, 1978.

Wobbermin, G. *Das Wesen der Religion*. Leipzig, 1925.

목창균, 「슐라이에르마허의 신학 사상」 서울: 한국 신학 연구소, 1991.

4장. 스트라우스

Barth, Karl. *From Rousseau to Ritschl*. London: SCM Press LTD, 1959.

Frei, Hans. "David Friedrich Strauss," *Nineteenth Century Religious Thought in the West*, Vol. 1, ed. Ninian Smart. Cambridge: Cambridge University Press, 1985.

McGrath, Alister E. *The Making of Modern German Christology*. Oxford: Basil Blackwell Ltd., 1986.

Schweitzer, Albert. *The Quest of the Historical Jesus*. London: Adam & Charles Black, 1963.

Strauss, David F. T*he Christ of Faith and the Jesus of History*. Philadelphia: Fortress Press, 1977.

_____ . *The Life of Jesus Critically Examined*. London: 1972.
Welch, Claude. *Protestant Thought in the Nineteenth Century*, vol. I. New Haven: Yale University Press, 1972.

김광식, 「현대의 신학 사상」 서울: 대한기독교서회, 1975.

5장. 죄렌 키에르케고르

Carnell, Edward John. *The Burden of Sören Kierkegaard*. Grand Rapids; William B. Eerdmans Publishing Co., 1965.

Kierkegaard, Sören. *Attack upon Christendom*. Princeton: Princeton University Press, 1968.

_____. *Stages on Life's Way*. New YorK: Schocken Books, 1967.
Patka, Frederick. *Existentialisit Thinkers & Thought*. New York: The Citadel Press, 1962.

Smart, Ninian, ed. *Nineteenth Century Religious Thought in the West*, vol. 1. Cambridge: Cambridge University Press, 1985.

Welch, Claude. *Protestant Thought in the Nineteenth Century*, vol. 1. New Haven: Yale University Press, 1972.

마틴, H. V. 「켈케골의 종교 사상」 서울: 성암 문화사, 1960.

매킨토쉬, H. R. 「현대 신학의 선구자들」 서울: 대한기독교서회, 1973.

라우리, 월터. 「키르케고르」 서울: 종로 서적, 1982.

존슨, 하워드 A. 「키르케고르의 실존 사상」 서울: 종로 서적 주식회사, 1979.

짐머만, F. 「실존 철학」 서울: 서광사, 1987.

표재명. 「키에르케고어의 단독자 개념」 서울: 서광사, 1992.

6장. 알브레히트 리츨

Barth, Karl. *19 Century Protestant Thought*. London: SCM Press LTD, 1959.

Eliade, Mircea, ed. *The Encyclopedia of Religion*, Vol. 12. New York: Macmillan Publishing Company, 1987.

Mackintosh, Hugh R. *Types of Modern Theology*. London: Nisbet and Co. LTd., 1952.

Ritschl, Albrecht. *The Christian Doctrine of Justification and Reconciliation*. New York: Scribner, 1902.

Schleiermacher, Friedrich. *The Christian Faith*. Philadelphia: Fortress Press, 1976.

Welch, Claude. *Protestant Thought in the Nineteenth Centurty*. vol. 2. New Haven: Yale University Press, 1985.

리츨, "신론", 「세계 기독교 사상 전집」 3권. 서울: 신태양사, 1975.

목창균, 「슐라이에르마허의 신학 사상」 서울: 한국 신학 연구소, 1991.

전경연, "리츨 신학의 정신 세계(Ⅱ)", 「기독교 사상」 1991년 5월호.

7장 에른스트 트뢸취

Gerrish, B. A. T*he Old Protestantism and the New*, Edinburgh: T. & T. Clark Limited, 1982.

Hick, John and Hebblethwaite, ed. *Christianity and Other Religions*. Philadelphia: Fortress Press, 1980.

Morgan, Robert and Pye, Michael. *Ernst Troeltsch: Writings on Theology and Religion*. Atlanta: John Knox Press, 1977.

Rendtorff, Trutz and Graf, Friedrich W. "Ernst Troeltsch", *Nineteenth Century Religious Thought in the West*, vol. III, ed. Ninian Smart. Cambridge: Cambridge University Press, 1985.

Troeltsch, Ernst. *The Absoluteness of Christianity and the History of Religion*. Richmond: John Knox Press, 1971.

_____. "Historical and Dogmatic Method in Theology," *Religion in History.* Minneapolis: Fortress Press, 1991.

_____. "The Dogmatics of the History of Religions School," *Religion in History.* Minneapolis: Fortress Press, 1991.

_____. *The Absoluteness of Christianity and the History of Religions.* London: SCM Press LTD, 1972.

Wyman, Jr.,Walter E. *The Concept of Glaubenslehre: Ernst Troeltsch and the Theological Heritage of Schleiermacher.* Chico : Scholars Press, 1983.

김광식. 「현대의 신학 사상」 서울: 대한기독교서회, 1975.

니터, 폴 F. 「오직 예수 이름으로만?」 서울: 한국 신학 연구소, 1986.

2부 신정통주의 신학

8 - 9장. 칼 바르트

Baillie. *Natural Theology.* London: Centenary Press, 1946.

Barth, Karl. Barth, Karl. *Church Dogmatics.* Edinburgh: T. & T. Clark, 1960.

_____. *From Rousseau to Ritschl.* London: SCM Press LTD., 1959.

Brunner, Emil. *Nature und Gnade: Zum Gesprach mit Karl Barth.* Tubingen: Verlag von J.C.B. Paul Siebeck, 1934.

Eliade. Mircea, ed. *The Encyclopedia of Religion,* Vol.2. New York: MacMillan Publishing Company, 1987.

Erickson, Millard J. *Christian Theology,* vol.1. Grand Rapids: Baker Book House, 1983.

Green, Clifford. *Karl Barth.* Glasgow: Collins Publishers, 1989.

Heron, Alasdair I. C. *A Century of Protestant Theology*. London: Lutterworth Press, 1980.

Humphrey, J. Edward. *Emil Brunner*. Waco: Word Books, 1976.

Jenson, Robert W. "Karl Barth," *The Modern Theologians*, vol. I, ed. David Ford. Oxford: Basil Blackwell Ltd., 1989.

_____. "Nachwort," *Schleiermacher-Auswahl*. Muchen: Siebenstern – Taschenbuch, 1968.

_____. *The Theology of Schleiermacher: Lectures at Gottingen, Winter Semester of 1923 –24*. Grand Rapids: Wm. B. Eerdmans, 1982.

_____. *The Word of God and the Word of Man*. New York: Harper & Bothers Publishers, 1957.

Jungel, Eberhard. *Karl Barth: A Theological Legacy*. Philadelphia: The Westminster Press, 1986.

Kegley, Charles W., ed. *The Theology of Emil Brunner*. New York: Macmillan Company, 1962.

Oden, Thomas C. T*he Living God*. New York: Harper & Row, Publishers, 1987.

김광식. 「현대의 신학 사상」 서울: 대한기독교서회, 1975.

김균진. 「기독교 조직 신학」 I 서울: 연세대학교 출판부, 1986.

김영한. 「바르트에서 몰트만까지」 서울: 대한기독교서회, 1986.

뮬러, 데이비드 L. 「칼 바르트의 신학 사상」 서울: 양서각, 1986.

이종성. 「신론」 서울: 대한기독교서회, 1987.

쿠퍼쉬, 칼. 「칼 바르트」 서울: 한국 신학 연구소 출판부, 1977.

10장 루돌프 불트만

Bultmann, Rudolf. *Jesus Christ and Mythology*. London : SCM Press LTD, 1964.

_____ . *Jesus and the Word*. New York : Charles Scribner's Sons, 1934.

Heron, Alasdair I. C. *A Century of Protestnat Theology*. Guildford and London : Lutterworth Press, 1980.

Kegley, C. W., ed. *The Theology of Rudolf Bultmann*. New York : Macmillan Company, 1966.

Morgan, Rudolf. "Rudolf Bultman," *The Modern Theologians*, vol.1, ed. David F. Ford. Oxford : Basil Blackwell, 1989.

Oden, Thomas C. *Radical Obedience*. Philadelphia : Westminster, 1964.

Ogden, Schubert M., ed., "Introduction," *Existence and Faith: Shorter Writings of Rudolf Bultmann*. New York : Meridian, 1960.

김광식. 「현대의 신학 사상」 서울: 대한기독교서회, 1988.

박봉랑. 「신학의 해방」 서울: 대한기독교출판사, 1991.

불트만, R. 「성서의 실존론적 이해」 유동식, 허혁 역. 서울: 대한기독교서회, 1969.

슈미탈스, 발터. 「불트만의 실존론적 신학」 서울: 대한기독교 출판사, 1983.

11장. 폴 틸리히

Avis, Paul. *The Methods of Modern Theology*. London : Marshall Pickering, 1986.

Ford, David F., ed. *The Modern Theologians* , vol. 1. Oxford : Basil Blackwell Ltd, 1989.

Kegley, Charles W. and Bretall, Robert W., ed. *The Theology of Paul Tillich*. New York: The Macmillan Company, 1961.

Pauck, J. Adams and Shinn, W. Rger, ed. *The Thought of Paul Tillich*. New York: Harper & Row, Publishers, 1985.

Pauck, Wilhelm and Marion. *Paul Tiliich, His Life and Thought*, vol. I, Life. New York: Harper & Row, 1976.

Porteous, Alvin C. *Prophetic Voices in Contemporary Theology*. Nashville: Abingdon Press, 1966.

Tillich, Paul. *The Courage to Be*. New Haven: Yale University Press, 1952.

_____ . *Dynamics of Faith*. New York: Harper & Row, 1957. 「궁극적 관심」 서울: 대한기독교서회, 1970.

_____ . Systematic Theology, vol. I. Chicago: The University of Chicago Press, 1951.

김경재. 「폴 틸리히의 생애와 사상」 서울: 대한기독교 출판사, 1992.

틸리히, 폴. 「궁극적 관심」 서울: 대한기독교서회, 1970.

_____ . 「새로운 존재」 서울: 대한기독교서회, 1970.

12장 라인홀드 니버

Eliade, Mircea, ed. *The Encyclopedia of Religion*, Vol. 10. New York: Macmillan Publishing Company, 1987.

Harland, Gordon. *The Thought of Reinhold Niebuhr*. New York: Oxford University Press, 1960.

Kegley, Charles W.and Bretall, Robert W., ed. *Reinhold Niebuhr: His Religious, Social and Political Thought*. New York: The Macmillan Company, 1961.

Niebuhr, Reinhold. *Christian Realism and Political Thought*. London: Faber and Faber Ltd., 1953.

_____ . *An Interpretation of Christian Ethics*. New York: The Seabury Press, 1979.

_____ . *Moral Man and Immoral Society*. New York: Charles Scribner's Sons, 1960.

_____ . *The Nature and Destiny of Man*, vol. I –II. New York: Charles Scribner's Sons, 1964. 「인간의 본성과 운명」 서울: 민중서관, 1953.

3부 근본주의 신학

13장 세대주의 신학

Bass, Clarence B. *Backgrounds to Dispensationalism*, 「세대주의란 무엇인가」 황철영 역. 서울: 생명의 말씀사, 1988.

Erickson, Millard J. *Contemporary Options in Eschatology*. Grand Rapids: Baker Book House, 1985.

Ladd, George. *The Blessed Hope*. Grand Rapids: Eermans, 1956.

Poythress, Vern S. *Understanding Dispensationalists*, 「세대주의 이해」, 권성수 역. 서울: 총신대학 출판부, 1990.

Ryrie, Charles C. *Dispensationalism Today*. Chicago: Moody Press, 1970. 「세대주의의 바른 이해」, 정병은 역. 서울: 전도 출판사, 1993.

Sandeen, Ernest R. *The Roots of Fundamentalism*. Chicago: The University of Chicago Press, 1970.

Scofield, *Scofield Bible Correspondence Course*. Chicago: Moody Bible Institute.

_____ . *The Scofield Reference Bible.* New York : Oxford University Press, 1945.

14장. 근본주의 신학

Buswell, J. Oliver. *A Systematic Theology of the Christian Religion.* Grand Rapids : Zondervan, 1978.

Hodge, Charles. *Systematic Theology* , vol. I. Grand Rapids : Wm. B. Eerdmans Publishing Company, 1981.

Machen, John G. *Christianity and Liberalism.* New York : Macmillan, 1923.

Macartney, Clarence E. "Shall Unbelief Win? An Answer to Dr. Fosdick," *The Presbyterian,* July 13 and 20, 1922.

Marsden, George M. *Fundamentalism and American Culture.* New York : Oxford University Press, 1980.

Marty, Martin. *A Nation of Behavers.* Chicago : University of Chicago Press, 1976 .

Sandeen, Ernest R. *The Roots of Fundamentalism* . Chicago : The University of Chicago Press, 1970.

_____. "Toward a Historical Interpretation of the Origin of Fundamentalism," *Church History* 36, March 1969.

Secondin, Bruno. "Fundamentalism : challenge and dangers," *Theology Digest* 40 : 1, Spring 1993.

Smith, David L. *A Handbook of Contemporary Theology.* Wheaton : Victor Books, 1992.

바, 제임스 「근본주의 신학」, 장일선 역. 서울: 대한기독교 출판사, 1984.

팩커. 「근본주의와 성경의 권위」, 옥한음 역. 서울: 한국 개혁주의 신행협회, 1973.

4부 최근 신학

15 - 16장. 세속화 신학

Bethge, Eberhard. *Dietrich Bonhoeffer*. New York : Harper & Row, Publishers, 1977.

Bonhoeffer, *Dietrich. Letters & Papers From Prison*. New York : Macmillan Publishing Co., Inc. 1978. 「옥중 서간」 서울:대한기독교서회, 1967.

Callahan, Daniel, ed. *The Secular City Debate*. New York : Macmillan,, 1966.

Edwards, David L. *The Honest To God Debate*. Philadelphia : The Westminster Press, 1963.

Godsey, John D. "Dietrich Bonhoeffer," *Modern Theologians*. ed. David F. Ford. Oxford : Basil Blackwell, 1989.

Heron, Alasdair I. C. *A Century of Protestant* Theology. London Lutterworth Press, 1980.

Kuhn, Harold B. "Secular Theology," *Tensions in Contemporary Theology*. ed. Stanley N. Gundry, Alan F. Johnson Chicago : Moody Press, 1976.

Macquarrie, J. *God and Secularity, New Directions in Theology Today*, Vol. III. Philadelphia : Westminster Press, 1967.

Miller, David L. "False Prophets in the Secular City," *The Christian Ceutury*. November 17, 1965.

Tillich, Paul. *The Shaking of the Foundation*. New York : Charles Scribner's Sons, 1948. 「흔들리는 터전」, 김천배 역. 서울 : 대한기독교서회, 1973.

Yu, Suk - Sung, "Christologische Grundentscheidungen bei Dietrich Bonhoeffer," Dr. Theol. Dissertation. Tubingen University, 1990.

박봉랑. 「기독교의 비종교화」 서울: 범문사, 1975.

박봉랑. 「신의 세속화」 서울: 대한기독교 출판사, 1983.

로빈슨, 존. 「신에게 솔직히」 서울: 대한기독교서회, 1968.

콕스, 하아비. 「세속 도시」 서울: 대한기독교서회, 1970.

17장. 신 죽음의 신학

Altizer, Thomas J. *The Gospel of Christian Atheism*. Philadelphia: Westminster Press, 1966.

Altizer, Thomas J. and Hamilton, William. *Radical Theology and the Death of God*. New York: Bobbs Merrill, 1966.

Hamilton, W. "The Shape of Radical Theology," *The Christian Century*, October 1965. 하밀톤, W. "급진적 신학의 자세," 「기독교 사상」, 1966년 7월호

Ice, Jackson Lee and Carey, John J., ed. *The Death of God Debate*. Philadelphia: Westminster, 1967.

Ogletree, Thomas W. *The Death of God Controversy*. Nashville: Abingdon Press, 1966.

Robinson, John A. T. *New Reformation?* Philadelphia: Westminster Press, 1965.

Vahanian, Gabriel. *The Death of God*. New York: George Braziller, 1961.

박봉랑. 「신의 세속화」 서울: 대한기독교 출판사, 1983.

부리, 프리츠 「현대 미국 신학」 서울: 전망사, 1988.

서남동. 「전환 시대의 신학」 서울: 한국 신학 연구소, 1976.

펌, 딘 윌리엄. 「현대 신학의 흐름」 서울: 전망사, 1992.

18장. 희망의 신학

Bauckham, Richard. "Jürgen Moltmann," *The Modern Theologians*, vol.I, ed. David F. Ford. Oxford: Basil Blackwell, 1989.

Hoekema, Anthony A. *The Bible and the Future*, 「개혁주의 종말론」, 유호준 역. 서울: 기독교 문서 선교회, 1986.

Meeks, M. Douglas. *Origins of the Theology of Hope*. Philadelphia: Fortress Press, 1974.

Moltmann, Jürgen. *Hope and Planning*. New York: Harper & Row, 1971.

_____. *Religion, Revelation and the Future*. New York: Scribner, 1969.

_____. *The Theology of Hope*. New York: Harper & Row, 1971, 「희망의 신학」, 전경연, 박봉랑 역. 서울: 현대 사상사, 1973.

Scaer, David P. "Theology of Hope," *Tensions in Contemporary Theology*, ed. Stanley N Gundry, Alan F. Johnson. Chicago: Moody Press, 1976.

Smith, David L. *A Handbook of Contemporary* Theology. Weaton: Bridge Point Book, 1992.

김균진, "몰트만," 「현대 신학사상」, 맹용길 편역. 서울: 성광 문화사, 1980.

19장. 해방 신학

Boff, Leonardo and Clodivis. *Salvation and Liberation*. New York: Orbis Books, 1984.

Chopp, Rebecca S. "Latin American Liberation Theology," *The Modern Theologians*, vol. II, ed. David F. Ford. Oxford: Basil Blackwell Ltd, 1989.

McCann, Dennis. "Practical Theology and Social Action," *Practical Theology*, ed. Don S. Browning. San Francisco, 1983.

Moltmann, Jurgen. *Theology of Hope*. New York : Harper & Row, 1976.

Ogden, Schubert M. *Faith and Freedom*. Nashvill : Abingdon, 1979.

Segundo, Juan Luis. T*he Liberation of Theology*. New York : Orbis Books, 1976.

고범서 편저. 「이데올로기와 신학」 서울: 범화사, 1983.

고범서. 「해방 신학」 서울: 범화사 1985.

고재식 편저. 「해방 신학의 재조명」 서울: 사계절, 1986.

구티에레즈, 구스타보 「해방 신학」 서울: 분도 출판사, 1977.

김종서, 맹용길, 나학진, 신성종. 「최근의 해방 신학」 서울: 한국 정신 문화 연구원, 1989.

누네즈, 에밀리오 「해방 신학 평가」 서울: 기독교 문서 선교회, 1987.

20장. 여성 신학

Abbott, Walter M. ed. *The Documents on Vatican II*. Piscataway : New Century Publishers, 1966.

Christ, Carol P. "Why Women Need a Goddes," *Woman -spirit Rising*, ed. Carol Christ and Judith Plaskow. New York : Harper and Row, 1979.

Daly, Mary. *Beyond God the Father*. Boston : Beacon Press, 1973.

Fiorenza, E. S. *In Memory of Her*. New York : Crossroad, 1984.
「크리스천 기원의 여성 신학적 재건」, 김애영 역. 서울: 종로 서적, 1993.

Goldstein, Valerie Saiving "The Human Situation : a Feminine View," *Journal of Religion*, 40, 1960.

Loades, Ann. "Feminist Theology," *The Modern Theologians*, ed. David F.

Ford. Oxford: Basil Blackwell Ltd, 1989.

Russell, Letty M. *Human Liberation in a Feminine Perspective - A Theology*. Philadelphia: Westminster Press, 1974.

Smith, David L. *A Handbook of Contemporary Theology*. Wheaton: A Bridge Point Book, 1992.

Trible, Phyllis. *God and the Rhetoric of Sexuality*. Philadelphia: Fortress Press, 1978.

강남순. "현대 여성 신학 연구" I - II, 「기독교 사상」 1992년 5 - 6월.

구티에레즈, 구스타보 「해방신학」 서울: 분도 출판사, 1977.

박순경. "여성 해방의 신학과 세계," 「기독교 사상」 1981년 10월.

손승희. 「여성 신학의 이해」 서울: 한국 신학 연구소, 1989.

정현경. "여성 신학의 유형과 한국적 수용 및 비판," 「기독교 사상」 1989년 11월.

21 - 23장. 과정 신학

Cobb, Jr., John B. *A Christian Natural Theology*. Philadelphia: Westminster Press, 1965.

_____ . *Christ in a Pluralistic Age*. Philadelphia: Westminster, 1975.

Cobb, Jr. John B. and Griffin, David R. *Process Theology*. Philadelphia: Westminster Press, 1976. 「과정 신학」, 류기종 역. 서울: 열림, 1993.

Cousins, Ewert H., ed. *Process Theology*. New York: Newman Press, 1971.

Ely, Stephen Lee. *The Religious Availability of Whitehead's God*. The University of Wisconsin Press, 1942.

Hartshorne, Charles. *Man's Vision of God and the Logic of Theism.*

Chicago: Willet ,Clark ,& Co., 1941.

Loomer, Bernard M. "Ely on Whitehead' s God," *Process Philosophy and Christian Thought*, ed. Delwin Brown Indianapolis: Bobbs – Merrill Company, 1971.

Mellert, Robert B. *What is Process Theology*. New York: Paulist Press, 1975.

Nash, Ronald, ed. Process Theology. Grand Rapids: Baker Book House, 1987.

Ogden, Schubert M. *The Reality of God and Other Essays*. New York: Harper and Row, 1966.

Sherburne, Donald W. *A Key to Whitehead' s Process and Reality*. New York: The Macmillan Co., 1966.

Surin, Kenneth. "Process Theology," *The Modern Theologians*, vol. II, ed. David F. Ford. Oxford : Basil Blackwell Ltd., 1989.

Whitehead, A. N. *Process and Reality*. New York: Macmillan Company, 1953.

_____ . *Science and the Modern World* , 「과학과 현대」, 김준섭 역. 서울: 을유문화사, 1951.

_____ . *Religion in the Making*(New York: New American Library, 1974.

캅, 존 B. 「과정 신학과 목회 신학」 서울: 기독교 출판사, 1983.

24 – 25장. 종교 신학

Abbott, S. J. Walter M., ed. *The Documents of Vatican II*. New York: Guild Press, 1966.

Hick, John and Hick, Brian Hebblethwait, ed. *Christianity and Religion*. Philadelphia: Fortress Press, 1981.

Hick, John. *Religious Diversity*, ed. Willard G. Oxtoby. New York : Harper & Row, Publishers, 1976.

Neil, Stephen. *Christian Faith and Other Faiths*. London : Oxford University Press, 1961.

Roper, Anita, *The Anonymous Christian*. New York : Sheed and Ward, 1966.

Aldwinckle, Russell F. *Jesus - A Savior or the Savior ?* Macon, Ga : Merser University Press, 1982.

Whaling, Frank. *The World' s Religious Traditions*. London : T. T. Clarke LTD., 1984.

니터, 폴 F. 「오직 예수 이름으로?」 서울: 한국 신학 연구소, 1970.

카워드, H. 「종교 다원주의와 세계 종교」 서울: 서광사, 1990.

한철하. 「고대 기독교 사상」 서울: 대한기독교서회, 1970.

26장. 생태학적 신학과 창조 신학

Amery, Carl. *Das Ende der Vorsehung. Die gnadenlosen folgen des Christentums*. Hamburg : 1972.

Birch, C. and Cobb, J. B. *The Liberation of Life*. Cambridge, 1981.

Dubos, Rene. *A God Within*. New York : Charles Scribner' s Son, 1972.

Schleiermacher, Friedrich D. *The Christian Faith*. Philadelphia : Fortress Press, 1976.

White, Lynn. "The Historical Roots of our Ecological Crisis," *Science*, vol.155. 1967.

김균진. 「생태학의 위기와 신학」 서울: 대한기독교서회, 1991.

김균진. "생태계의 위기 앞에 서 있는 창조 신학," 「기독교 사상」 1991년 9월.

몰트만, J. 「창조 안에 계신 하나님」 서울: 한국 신학 연구소, 1986.

이정배 편저. 「창조신앙과 생태학」 서울 : 설우사, 1987.

쵤레, 도로테. 「사랑과 노동」 서울: 한국 신학 연구소, 1987.

부록

1장. 현대 구미(歐美)신학의 특징과 21세기 신학

Burnham, Frederic, ed. *Postmodern Theology*, New York: Harper & Row, Publishers, 1989.

Cox, Harvey, *Religion in the Secular City: Toward a Postmodern Theology*, New York: Simon & Schuster, 1984.

Grenz, Stanley J. *Revisioning Evangelical Theology: A Fresh Agenda for the 21st Century*. Downers Grove : InterVasity Press, 1993.

Griffin, David R., Beardslee, William A., Holland, J. *Varieties of Postmodern Theology Albany*: State Univ. of New York Press, 1989.

Hordern, William. *New Directions in Theology*, vol. I. Philadelphia : Westminster, 1966.

Oden, Thomas. *After Modernity... What? Agenda for the Theology*. Grand Rapids: Zondervan, 1991.

Okholm, Dennis l. & Phillips, Timothy R., ed. *More Than One Way?: Four Views on Salvation in a Pluralistic World*, Grand Rapids: Zondervan, 1995.

Pinnock, Clark, et al. *The Openness of God: A Biblical Challenge to the Tranditional Understanding of God*. Downers Grove: InterVarsity, 1994.

Schleiermacher, Friedrich D. E. *The Christian Faith*. Philadelphia: Fortress

Press, 1976.

Taylor, Mark C. *Deconstructing Theology*. New York: The Crossroad Publishing Company, 1982.
_____ *Erring: A Postmodern A/theology*. Chicago: University of Chicago Press, 1984.

Tilley, Terrence W. *Postmodern Theologies*. New York: Orbos Books, 1995.

구티에레즈, 구스타보, 〔해방신학〕, 서울: 분도출판사, 1977.

손승희, 〔여성신학의 이해〕, 서울: 한국신학연구소, 1989.

윤평중, 〔포스트모더니즘의 철학과 포스트마르크스주의〕, 서울: 서광사, 1992.

2장. 포스트모더니즘과 포스트모던 신학

Burnham, Frederic B.(ed.) *Postmodern Theology*. New York: Harper & Row, Publishers, 1989. 「포스트모던 신학」, 세계신학연구원 역. 서울: 조명문화사, 1990.

Cobb, John B. "Two Types of Postmodernism: Deconstruction and Process" Theology Today (July, 1990).

Dockery, David S.(ed.) *The Challenge of Postmodernism*. Wheaton, Ill.: A Bridgepoint Book, 1995.

Grenz, Stanley J. *A Primer on Postmodernism*. Grand Rapids: Wm. B. Eerdmans Publishing Co., 1996.

Griffin, D.R. *God and Religion in the Postmodern World*. Albany: State Univ. of New York Press, 1989.

Griffin, David R., Beardslee, William A., Holland, J. *Varieties of Postmodern Theology*. Albany: State Univ. of New York Press, 1989.

Lyotard, Jean-Francois. *The Postmodern Condition : A Report on*

Knowledge. Minneapolis: University of Minnesota Press, 1984.

Murphy, Nancy & McClendon, Jr., James Wm. "Distinguishing Modern and Postmodern Theologies," Modern Theology (April 1989).

Nuyen, A. T. "Postmodern theology and postmodern philosophy," International Journal for Philosophy of Religion, no. 2, vol. 30(1991).

Peters, Ted. "Toward Postmodern Theology," part I-II. Dialog 24 (1985).

Phillips, Timothy R. & Okholm, Dennis L. (ed.) *Christian Apologetics in the Postmodern World*. Downers Grove, Ill. : Inter Varsity Press, 1995.

Taylor, Mark C. *Deconstructing Theology*. New York: The Crossroad Publishing Company, 1982.

_____. Erring: *A Postmodern A/Theology*. Chicago: University of Chicago Press, 1984.

Tilley, Terrence W. *Postmodern Theologies*. New York: Orbis Books, 1995.

김혜숙(편). 「포스트모더니즘과 철학」 서울: 이화여자대학교 출판부, 1995.

윤평중. 「포스트 모더니즘의 철학과 포스트 마르크스주의」 서울: 서광사, 1992.

한국 기독교문화연구소 (편). 「21세기, 포스트모더니즘과 기독교」 서울: 숭실대학교 출판부, 1996.